交通运输部科技示范工程丛书

Proceedings of Science and Technology Demonstration Project on XinFu Expressway

忻阜高速公路科技示范工程论文集

山 西 省 交 通 运 输 厅
山西忻阜高速公路建设管理处 主编
交通运输部公路科学研究院

人民交通出版社

内 容 提 要

本书为山西省交通运输厅、山西忻阜高速公路建设管理处和交通运输部公路科学研究院主编的忻阜高速公路科技示范工程论文集。全书共包含五部分内容，分别为建设管理篇、资源节约篇、安全快捷篇、低碳环保篇和科研攻关篇，全面总结了示范工程的科技成果和管理经验，内容丰富，理论联系实际，对类似工程有一定的参考价值。

本书可供交通行业的科研人员、管理人员、工程技术人员等学习和参考。

图书在版编目(CIP)数据

忻阜高速公路科技示范工程论文集 / 山西省交通运输厅，山西忻阜高速公路建设管理处，交通运输部公路科学研究院主编. —北京 ：人民交通出版社，2011.6

ISBN 978-7-114-09211-4

Ⅰ. ①忻… Ⅱ. ①山… ②山… ③交… Ⅲ. ①高速公路－道路工程－工程技术－文集 Ⅳ. ①U415.12-53

中国版本图书馆 CIP 数据核字(2011)第 116292 号

交通运输部科技示范工程丛书

书　　名：忻阜高速公路科技示范工程论文集

著 作 者：山西省交通运输厅　山西忻阜高速公路建设管理处　交通运输部公路科学研究院

责任编辑：韩亚楠　富砚博　崔　健　贾秀珍

出版发行：人民交通出版社

地　　址：(100011)北京市朝阳区安定门外外馆斜街3号

网　　址：http://www.ccpress.com.cn

销售电话：(010)59757973,59757969

总 经 销：人民交通出版社发行部

印　　刷：北京市密东印刷有限公司

开　　本：880×1230　1/16

印　　张：18

字　　数：554千

版　　次：2011年6月　第1版

印　　次：2011年6月　第1次印刷

书　　号：ISBN 978-7-114-09211-4

定　　价：78.00元

《忻阜高速公路科技示范工程论文集》

编　委　会

前　言

忻阜高速公路是山西省“三纵十一横十一环”高速公路网规划中第四横的重要组成部分，途经世界文化遗产圣地——五台山，是一条重要的旅游通道和运输通道。忻阜高速公路沿线工程地质情况复杂、生态环境脆弱、交通走廊带狭窄、断面交通量分布不均衡且重载运输车辆比例高、旅游交通量季节性波动较大。忻阜高速公路在前期规划设计、中期建设施工、后期运营管理中必须充分考虑公路沿线及自身特点，既要满足山西省经济发展和交通运输的需要，也要保护高速公路沿线脆弱的生态环境；既要保证工程建设的安全、高效，也要尽量节约建筑材料并降低建设成本。针对忻阜高速公路建设的具体要求，如何在工程设计、施工、运营、管理中最大程度地节约资源、保护环境和确保安全，是忻阜高速公路建设过程中所面临的和必须解决的技术难题。

2007 年 7 月，交通运输部正式把忻阜高速公路列为科技示范工程，旨在通过管、产、学、研相互配合的形式，以忻阜高速公路为依托工程，展示近年来科技创新研究在新技术、新材料、新工艺等方面取得的成果。在提升工程建设质量的同时，提高运营安全水平，先进科技成果在忻阜高速公路上的应用，成功解决了工程建设中的诸多难题，节约了建设成本，保护了生态环境，提高了建设效率，缩短了施工周期，保障了行车安全。忻阜高速公路科技示范工程的实施，使“安全、节约、低碳、环保”的理念落到了实处，促进了山西省高速公路又好又快发展。

为了真实全面的总结和宣传示范工程的科技成果和管理经验，山西省交通运输厅、山西忻阜高速公路建设管理处和交通运输部公路科学研究院决定联合出版《忻阜高速公路科技示范工程论文集》。该论文集收集了颇具代表性的50余篇论文，集中体现了忻阜高速公路科技示范工程在建设管理、资源节约、安全快捷、低碳环保、科研攻关等方面的一系列成果。这些科研成果从一定程度上代表和体现了当前公路交通行业的整体科技水平和创新能力，许多科研成果在忻阜高速公路上得到检验，显示出独特的优越性，具有很高的社会效益和经济效益，值得大力推广应用。

论文集在编写和出版的过程中，得到了山西省交通运输厅、山西忻阜高速公路建设管理处、交通运输部公路科学研究院、山西省交通科学研究院、山西省交通规划勘察设计院、中国公路工程咨询集团有限公司、中铁十二局集团有限公司、山西四和交通工程有限责任公司、重庆交通大学、长安大学等单位和各级领导的大力支持，在此表示衷心感谢。由于论文集编写时间仓促，书中难免存在疏漏与不足之处，恳请专家、同仁和广大读者给予谅解，并提出宝贵意见。

《忻阜高速公路科技示范工程论文集》编委会

2011年5月于北京

目录

第一篇 建设管理

第二篇 资源节约

第三篇　安全快捷

第四篇　低碳环保

第五篇　科研攻关

第一篇　建设管理

成果应用铸精品 科技强交创一流

郜玉兰

（山西省交通运输厅 山西 030001）

摘 要：本文从忻阜高速公路建设面临的技术问题、管理问题出发，介绍了忻阜高速公路科技示范工程项目立项背景、立项目的；从需求引导的角度出发介绍了忻阜高速公路科技示范工程项目立项内容及推广应用的主要技术。忻阜高速公路的通车和试运营期间的效果，标志着忻阜高速公路工程建设取得了阶段性成果，也标志着为忻阜高速建设提供技术支持的忻阜高速公路科技示范工程各项目也取得了阶段性成果，基本实现了忻阜高速公路科技示范工程设立之初提出的"利用科技创新和科技成果应用推进交通发展模式转变"的目标，工程取得了巨大的实体效益、环境效益、经济效益和社会效益。忻阜高速公路科技示范工程项目中统筹应用的技术成果、管理经验和创新理念对山西省其他在建和处于项目规划阶段的项目具有重要的示范引导作用；对全面保障"十二五"期间公路工程建设的安全，提高工程质量和效益具有重要示范意义；对全国其他类似地质脆弱区修建多功能高速公路的建设和推广价值，对加快推进转变高速公路建设模式具有重要的探索意义。

关键词：忻阜高速公路科技示范工程 交通发展模式 科技创新 示范应用

1 序言

山西忻阜高速公路是国家发改委立项、交通运输部补助投资建设项目，是山西省"十一五"重点工程和"三纵十一横十一环"高速公路网规划中第四横，是交通运输部2007年正式确定的四条公路科技示范工程之一。山西忻阜高速公路起于忻州市忻府区秦城乡部落村，经晋冀交界处五台山长城岭与河北保定至阜平高速公路相接，全长124km。

山西忻阜高速公路沿线工程地质情况非常复杂、生态环境脆弱，道路交通量具有季节性和周期性波动大、重载运输车辆比例高等特点。因此，忻阜高速公路建设过程中需要考虑沿线的交通需求和需求特点；需要最大限度地节约资源、减少对当地环境的干扰和破坏，真正保护脆弱的生态环境；另外，在最大可能缩短工期的情况下确保施工安全也是忻阜高速公路建设过程中面临的技术难题和挑战。

"十二五"期间，山西省将建设并建成高速公路3 300km，完成干线公路升级改造6 000km，初步建成"畅通高效、安全绿色、科技引领、服务优质"的现代交通运输体系。许多在建高速公路在地质、环境、交通量方面与忻阜高速公路建设面临的情况极为相似，同样具有沿线地质环境脆弱、重载车辆比例高等特点。为了解决以山西忻阜高速公路为典型代表的山区脆弱区建设多功能高速公路建设面临技术难题，积极贯彻交通运输部提出的加快转变公路交通发展方式战略部署，实现李盛霖部长提出的由"科技兴交"向"科技强交"转变，2007年7月，交通运输部正式将忻阜高速公路科技示范工程列为全国高速公路科技示范工程，决定设立科技示范工程项目来解决忻阜高速公路建设过程中遇到的技术难题[1-3]。

经过全体建设者和科研人员近3年的努力，忻阜高速公路已于2010年9月30日实现通车，标志着忻阜高速公路工程建设取得了阶段性成果，也标志着为忻阜高速公路建设提供技术支持的忻阜高速公路科技示范工程各项目也取得了重要阶段成果，基本实现了忻阜高速公路科技示范工程立项之初设立的"利用科技创新和科技成果应用推进交通发展模式转变"，即"成果应用铸精品，科技强交创一流"的目标，取得的巨大的实体效益、环境效益、经济效益和社会效益。本文将从以下几个方面对忻阜高速公路科技示范工程建设取得成绩做一个简单的总结，并对示范工程建设对山西"十二五"期向公路建设的示范作用进行展望。

2 需求引导,统筹应用科技成果

忻阜高速公路科技示范工程项目立项之初就对忻阜高速公路沿线的经济情况、地质环境、交通特点进行了详细而深入的调研,进行了有针对性的需求分析,以示范工程建设的实际需求为引导,将成熟的技术成果统筹应用于工程建设中,重点推广和应用科技成果近20项,形成多个具有示范意义的工程实体,取得大量科技成果推广应用的经验,这些技术为铸就忻阜高速公路精品工程提供了全面的技术支持。主要应用的科技成果列举如下:

针对忻阜高速公路建设过程中"低碳环保"的要求,山西忻阜高速公路建设管理处与中国废胎胶粉橡胶沥青筑路技术研发单位——交通运输部公路科学研究院进行合作,利用自主研发的橡胶沥青加工设备——JTAR20和废胎胶粉橡胶沥青及混合料进行路面上、中、下各结构层铺设筑路的技术共铺筑路面多达80km。该技术的示范应用不仅有效提高了沥青路面的高温抗车辙能力、低温抗裂能力,防止沥青路面早期损坏现象的发生,延长路面使用寿命,同时,具有突出的环保意义,示范作用效果明显。忻阜高速公路作为交通运输部"材料节约和循环利用专项行动计划"橡胶沥青技术示范工程之一,是目前国内应用规模最大的实体工程。

忻阜高速公路沿途地质环境脆弱,建筑材料贫乏,为了更好地解决这个问题,忻阜高速公路科技示范工程项目通过应用机制砂混凝土技术,通过对隧道弃渣的筛选、破碎、筛分、除尘等加工工艺实现了资源的二次利用;通过科学的试验检测和行之有效的施工变异性控制,保证了机制砂混凝土应用时的质量安全,极大地节约了资源,提高了施工效率。

针对隧道施工空间狭小、烟气疏散困难等状况,忻阜高速公路科技示范工程选用温拌沥青混合料进行路面铺装的沥青混凝土施工工艺。温拌沥青混合料的拌和温度介于热拌(150℃～180℃)和冷拌(10℃～40℃)之间,性能达到热拌要求,是一种高节能、低排放的新型沥青混合料,大大减少了沥青烟等有毒气体的排放量,减少了对环境和施工人员的危害。

聚合物改性水泥混凝土路面技术是忻阜高速公路科技示范工程又一重要技术,采用普通混凝土搅拌设施搅拌后利用沥青摊铺机摊铺成型,路面无需碾压,具有良好的平整度,能够形成彩色路面,路面厚度仅为4cm,且比普通混凝土路面的通车时间早,兼具水泥混凝土路面的高强度和沥青混凝土路面的柔性。解决了水泥混凝土路面的不平整等问题,比铺装普通沥青路面节省石材、燃油、机械费用;聚合物改性水泥混凝土路面采用骨架空隙结构,其降噪效果明显,而且具有良好的透水功能,解决了隧道渗水和阻燃问题,提高了车辆行驶的安全性。

隧道施工动态监控技术是忻阜高速公路科技示范工程中一项关键技术,在总结围岩分级和亚级分级的基础上,提出了隧道围岩亚级分级建议方法,通过现场监测获得围岩动态的信息(数据),为修正初期支护参数、确定混凝土衬砌支护时间提供信息依据,为完善隧道工程设计与指导施工提供足够的可靠数据,指导了忻阜高速公路隧道施工实践;成果预报了险情,确保了隧道施工安全。

高速公路钢混组合箱梁桥建设技术是忻阜高速公路科技示范工程中另一项关键技术,依托忻阜高速公路实体工程 HK0+619 秦城互通 H 匝道桥,采用 28.5m+45m+28.5m 的钢—混组合梁结构,主梁采用槽形截面钢箱梁+现浇混凝土桥面板的组合形式,主梁钢箱梁由钢板拼装焊接而成,梁高为 2.20m。该技术仅在架设钢箱梁时占用部分行车道,其余施工环节对原有高速道路的交通均无影响,具有施工占地少、施工速度快、结构安全可靠、抗震性能强、跨越性能好等特点。

针对沿线交通量具有季节性和周期性波动大、重载运输车辆比例高等特点,忻阜高速公路科技示范工程采用高速公路重载交通抗车辙技术,在忻阜高速公路路面第二合同段(K22+000～K47+000)及路面第三合同段(K47+000～K67+500)的沥青面层(总计 45km)路面上实施铺装,重点解决重载交通下高寒山区高速公路连续长大纵坡路段沥青路面的车辙、低温开裂等技术难题。

"节能环保"是忻阜高速公路科技示范工程项目的始终贯彻的理念,针对忻阜高速长大隧道照明供电线路较长、洞口加强照明负荷较多,传统的供电方式线损较高,容易造成电能浪费等特点,在长城岭隧道的中压供电方案中选用了高速公路太阳能综合应用技术,在洞口设置了加强照明专用埋地式变压器,埋地变间距约

1km，使得照明的供电半径不超过500m，大大降低了加强照明的电能损耗。

为了更好地保护忻阜高速公路沿线脆弱的生态环境，忻阜高速公路科技示范工程项目选用忻阜高速公路与环境景观融合设计技术和忻阜高速公路路域工程技术，充分考虑人文因素、自然景观与道路走向和相关设施的特点，以"不破坏就是最大的保护"为原则开展公路设计及沿线环境的保护，减少占地、减少开挖、减少对周围的影响；注重施工建设中恢复、注重道路建设与清水河治理有机结合，达到道路与自然的和谐统一。

为了保证忻阜高速公路施工质量和运用安全，忻阜高速公路科技示范工程项目选用了成套的综合安全技术保障技术，具体包括工程质量过程动态监控与公路信息化管理技术、复杂交通条件下的安全评价与通行能力评估技术、高速公路数字化综合管理技术、高速公路紧急救援技术、安全运营车速控制与管理等技术，这些技术分别从保障安全和提高服务水平角度出发，针对忻阜高速重载车辆多，混合交通严重，不同车型速度差较大的实际情况，从施工期间的工程质量动态监控，到运营期间的应急处置与救援技术，全方位构建了安全、舒适、快捷的高速公路施工和运营环境。

综上所述，忻阜高速公路科技示范工程项目在科技成果选择和使用方面以实际需求为引导，统筹安排使用近二十项成熟的技术成果，有效增加了工程科技含量，提高了技术水平，为铸就忻阜高速公路精品工程提供了全方位的技术保障。

3　效益优先，全面铸就精品工程

忻阜高速公路科技示范工程项目坚持"资源节约、低碳环保、安全和谐"的建设理念与坚持"效益优先"在本质上是一致的，忻阜高速公路科技示范工程更加关注工程建设的整体效益而不是孤立的单一指标，通过统筹应用科技成果，在工程实体效益、经济效益、社会效益、环境效益等方面均取得了巨大成绩。本文将分别从这几个方面进行论述。

首先，忻阜高速公路科技示范工程通过合理选用现有成熟应用科技成果来实现"资源节约"，提高示范工程的实体效益，减少工程造价，主要体现在土地节约、材料节约、成本节约等方面；仅隧道弃渣变身机制砂项目一项，就利用隧道弃渣生产砂石约36万m^3，加工生产机制砂约12万m^3，减少占用耕地50多亩，相对于天然河砂，每立方米可节约建设成本的30元（混凝土可节约34元），直接节约造价360万元，取得具有巨大的实体效益。

其次，忻阜高速公路科技示范工程应用多项新技术使用，缩短了将近1年的建设工期，使忻阜高速公路科技示范工程成为山西当年12个计划通车高速项目中最早通车的工程。忻阜高速公路在2010年10月1日顺利竣工通车，进一步完善了忻州市高速公路路网布局，进一步拉近了忻州与首都北京以及环渤海经济圈的距离，对于凸显忻州区位优势，宣传和促进五台山旅游，扩大对外开放，促进忻州市经济社会转型和跨越、赶超式发展，具有十分重要的意义；对缓解山西省交通运输压力，方便晋煤外运，缓解相邻路网的交通压力也具有重要意义；对区域经济发展促进作用显著。

特别值得一提的是，忻阜高速公路科技示范工程通过应用多项新技术、新材料、新工艺来提高示范工程环境效益，主要体现在减少能耗、减少环境废弃物和有害气体的排放对环境的危害方面。忻阜高速公路作为交通运输部"材料节约和循环利用专项行动计划"橡胶沥青技术示范工程之一，是目前国内废胎胶粉筑路技术应用规模最大的实体工程。忻阜高速公路示范工程利用废胎胶粉筑路应用技术铺装了80km的示范路面，共消耗约60万条废旧轮胎，不仅大大节约了施工成本，而且减少了废旧轮胎对环境的破坏；另外，通过采用温拌沥青混凝土技术比热拌沥青混合料相比可降低拌和及摊铺温度30℃～40℃。温度的降低，不仅节省燃油20%～30%，而且还减少温室气体（CO_2等）排放量约50%，减少沥青烟等有害气体排放量80%以上，工程取得了巨大的环境效益。

最后，忻阜高速公路科技示范工程坚持"效益优先"，不仅是前文提到的"经济效益"和"环境效益"，而是更加注重施工安全，更加关注示范工程运营期间的社会效益。这方面主要体现在积极安排和应用交通信息化技术和管理手段全面提高公路运营期间的安全。如应用安全运营车速控制与管理技术制订了忻阜高速公路的安全运营车速标准、速度控制方案，为忻阜高速运营管理进行速度控制提供了依据；应用高速公路紧急救援技术向应急处置的决策者提供必要的决策信息，向道路使用者和现场救援人员提供公路实时路况信息，以提高救援效率；在沿路各服务区以触摸屏为服务终端的实时交通信息服务系统向道路使用者提供实时的道路交通信息，这些设施在为用户提供更加高品质的运输服务，大大提高公众的出行效率方面取得了巨大的社会效益。

4　创新为本，探索公路建设模式

忻阜高速公路科技示范工程项目的另一个重要目的是积极贯彻交通运输部提出的加快转变公路交通发展方式战略部署，实现李盛霖部长提出的由“科技兴交”向“科技强交”的转变，探索公路建设的新模式。为了实现这一目标，忻阜高速公路科技示范工程项目组坚持“创新为本”，运用“理念创新”、“管理创新”、“技术创新”等多种创新手段，不仅保证了示范工程的顺利建设，而且探索出一套在我国地质脆弱区修建高等级的多功能高速公路的新的建设模式。

首先，坚持“理念创新”是忻阜高速公路科技示范工程取得成果的基础，是探索公路建设新模式的重要前提。针对忻阜高速公路沿途地质、环境特点，项目参加单位通过认真调研沿线的经济、地质、生态、交通情况，坚持“理念创新”，确定了“节约土地资源、保护生态环境、安全和谐快捷”的建设理念，积极探索一种以“资源节约、低碳环保、安全和谐”为目标的高速公路建设新模式，充分考虑和衔接施工过程中的各项环节，统筹安排应用已有科技成果，摒弃了传统的粗放式“先破坏后建设”的高速公路建设模式，通过减少对环境的破坏来真正的保护了地方环境。示范工程的建设效果真正实现了“资源节约、低碳环保、安全和谐”的目标。

坚持“管理创新”，打造“官产学研”相结合的创新团队是忻阜高速公路科技示范工程取得成功的重要组织保证和必要条件，是探索公路建设新模式的重要保证。山西忻阜高速公路科技示范工程项目主要是在山西省交通运输厅直接领导下，交通运输部公路科学研究院作为科技示范工程项目技术总体承担单位，依托山西忻阜高速公路建设管理处，联合山西省交通规划勘测设计院、山西省交通科学研究院等科研院，以及中咨泰克公路科学技术研究所等企业和重庆交通大学、长安大学等高校，共同组成了“官产学研”相互配合的科技创新团队。该团队建立了协同高效的管理组织体系和科学严谨的管理制度体系，建立与施工工期严格吻合工作计划及任务安排，坚持“统一指挥、分工协作”的原则，充分发挥“官产学研”团队中各成员的管理职能和资源优势，如：山西省交通运输厅及山西忻阜高速公路建设管理处在协调管理、资金安排上的优势；交通运输部公路科学研究院作为国家级科研单位在重大科研项目上整体把握和组织管理优势；山西省交通规划勘测设计院、山西省交通科学研究院在专业工程领域的优势和重庆交通大学、长安大学等高校的理论优势。可以说，这支创新团队在示范工程建设中发挥了重要作用，特别是工作在一线的科研技术人员，是示范工程建设不可或缺的中坚力量。

坚持“以人为本”是忻阜高速公路科技示范工程取得成功的关键，探索公路建设新模式的核心。忻阜高速公路科技示范工程坚持“创新为本”中很重要的一方面在于坚持“以人为本”，包括对科技人才培养、技术人员培训两个部分。首先，忻阜高速公路科技示范工程项目建立了科研人员长期坚守在工程一线的工作管理制度，该制度的实施不仅能为工程建设提供及时有效的技术支持和工作指导，而且能真正把科学研究和工程实践结合起来，为技术创新提供了素材和灵感；另外，忻阜高速公路科技示范工程也非常重视对骨干技术人员的培训，开展有针对性的技术咨询、专业培训、技术普及、技术交流等活动，截至 2010 年底，共举办各类技术培训、技术讲座 20 余次，培训技术人员累计 1 000 人次，这些培训活动不仅使技术人员及时掌握了新技术、新施工工艺的技术要点和质量控制方法，而且锻炼了一大批善于学习、大胆创新、勇于实践的科研人员和管理人才，为我国公路交通建设事业培养和储备了大量的人才资源，为全面提升交通从业人员的技术水平和专业技能和科技成果的宣传推广奠定了坚实基础。

5　示范引导，科技引燃规模效应

在山西省委、省政府的正确领导下，在省交通运输厅和各重点公路工程建设单位的共同努力下，全省重点公路工程建设开局良好，进展顺利。在 2010 年，山西省在建成 1 000km 高速公路的基础上，拟再开工

500km约11个高速公路建设项目，拟建成里程达1 000km；截至目前，全省在建项目31个，建设总里程2 317km，项目总投资1 556亿元，力争实现“十一五”期间山西省高速公路达到3 000km的目标。在这些在建公路和拟开工的高速公路项目中，一大批建设项目在地质、环境、交通量方面与忻阜高速公路建设面临的情况极为相似，同样具有沿线地质环境脆弱、重载车辆比例高的特点。山西忻阜高速公路科技示范工程建设成功，不仅会大大激励在建工程的建设干劲，而且忻阜高速公路科技示范工程项目中统筹应用的技术成果、管理经验和创新理念对在建和处于项目规划阶段的项目具有重要的示范引导作用，对全面提高山西省“十二五”期间公路工程建设的质量和效益，保障工程建设的安全具有重要示范意义；对全国其他类似地质脆弱区修建多功能高速公路具有推广价值。山西忻阜高速公路科技示范工程为彻底转变高速公路建设模式，为实现李盛霖部长提出的由“科技兴交”向“科技强交”的转变，进行了积极尝试，对推进交通行业又好又快发展作出了重要贡献。

参考文献

[1] 李盛霖.转变发展方式加快发展现代交通运输业[J].中国水运，2010(2).
[2] 文丽.加快推进交通运输发展方式转变——访交通运输部部长李盛霖.2010.
[3] 李盛霖.着力转变交通运输业发展方式[J].交通标准化，2010(14).

组建“官产学研”创新团队　建设忻阜高速精品工程

张劲泉

（交通运输部公路科学研究院　北京　100088）

摘　要：本论文结合2007年7月交通运输部正式确定的全国高速公路科技示范工程——山西忻阜高速公路科技示范工程项目，借鉴国内外创新团队的实施情况，在总结忻阜高速公路科技示范工程实施以来所取得的研究成果基础上，深入分析了交通运输部公路科学研究院在承担忻阜高速公路科技示范工程项目中所发挥平台和纽带作用；探索性地提出了科研院所在组建“官产学研”创新团队和承担科技示范工程项目上的优势，对探索“官产学研”创新团队管理模式和转变传统的高速公路科技创新模式都具有重要作用。

关键词：忻阜科技示范工程　官产学研　科技创新　创新团队

1　引言

忻阜高速公路是国家发改委立项、交通运输部补助投资建设项目，是山西省“十一五”重点工程和“三纵十一横十一环”高速公路网规划中第四横，是交通运输部2007年正式确定的4条高速公路科技示范工程之一。忻阜高速公路起点位于忻州市忻府区秦城乡部落村，与忻州至保德高速公路相接，并以枢纽互通形式与大运高速公路相交，线路途经忻府区、定襄县、五台县3县（区）16个乡镇，止于晋冀交界五台山长城岭，出省后与河北保定至阜平高速公路相接，全长124km。

山西忻阜高速公路工程沿线地质环境非常复杂、生态环境脆弱；交通走廊带狭窄、具有旅游交通量季节性波动大和重载运输车辆占比高的特点。忻阜高速公路建设体系体现了保护环境和发展经济之间的矛盾，解决这一矛盾需要最大限度地节约资源，最大限度减少对当地环境的干扰和破坏，保护脆弱的生态环境，确保施工安全和运营安全。

为解决忻阜高速公路建设过程中面临的技术难题，也为了探索一条山区高速公路建设的新模式，交通运输部2007年7月正式将山西忻阜高速公路确定为高速公路科技示范工程之一，计划通过组建科技示范工程创新团队及科技示范工程建设的形式来示范应用各项适用于山区高速公路建设的各项新技术、新材料、新工艺，探索山区高速公路建设模式，为全面推广山区高速公路建设模式和技术积累经验。

2　国内外创新团队建设研究现状

“产学研”创新团队是当前各国学术界、产业界和政府部门共同关注的课题，各国普遍认为这种联合团队的形式是促进科技向生产力直接转化，提高市场竞争力的关键，而且也积累了大量成功经验。从20世纪80年代开始，中国就起步探索产学研结合，认为：产学研结合是现代科学研究、高等教育和生产部门相互合作、共同发展的重大国家举措，“产学研”创新团队的建设也是国家科教兴国战略的重要内容之一。

1993年，罗斯韦尔（Rothwell）提出了第五代创新理论，他认为创新实践发展到今天的最高形式是系统化和网络化。第五代创新不但要求企业内部组织一体化（即第四代创新），而且要求企业组织与外部环境一体化，这种一体化的表现是通过信息技术将企业组织与外部环境的相关因素网络化。其活动更多地依靠管理技术以及组织形式的创新。在市场环境多变、科学技术迅猛发展的科技环境下，创新必须突破固有的模式，形成一种新的共生型的网络模式，使创新过程成为一种“超主体”和“跨组织”的社会过程，成为一个多源驱动并由多种社会角色参与合作的网络化展开过程[2]。因此，通过网络化、虚拟化等方式形成符合自身实际的创新联盟等合作组织势在必行。以美国、日本、欧盟为代表，越来越多的企业开始注意外部资源在创新过程中的重要性，纷纷加强了与外部组织之间的合作，共同致力于资源共享、优势互补的合作创新，形成不同模式的创新联盟。日本在技术创新上取得的巨大成功，很大一部分原因应归功于企业有效地利用外在的创新资源。

随着我国经济结构转型和调整以及改革开放向纵深方向发展，专业化和系统化成为科技创新的两个必然方向，而组建"产学研"创新团队也取得了一定的成功。但是，示范工程建设与科技创新中创新团队所面临的风险具有一定的差异，即科技创新中创新团队所面临的风险在于新研发的产品是否能真正满足市场需要，而示范工程建设中由于选用的技术是相对成熟的技术，并不存在技术上的风险，但是创新团队所面临的风险在于示范工程承担单位、技术提供单位、建设单位之间的关系，在这种情况下，传统的"产学研"创新团队显然无法从更高层面上协调示范工程建设所涉及的大量创新主体之间的关系，为此，组建由"官产学研"（也叫政产学研）结合的科技创新团队是我国科技与经济结合的一项成功经验，也是科技示范工程建设成功的必然选择。

"官产学研"（也叫政产学研）中的"官"意旨政府和履行政府职能的委托管理机构；"产"意即产业界，及各类产业中依托技术创新的现代企业和现代企业家；"学"泛指学术界，专指大学中有可能占领市场，形成产业的知识、技术、人才和成果；"研"意即科研界，主要指应用型科研院所、科技成果和科技人员。

"官产学研"相结合的科技创新团队是指由各自相互独立的、具有独特核心能力的政府、企业、大学、研究院所等组织，围绕某一特定的创新目标和内容，本着优势互补、相互信任、利益共享、风险共担的原则，为了一个短期的共同的目标和利益而形成的一个"虚拟"的组织和团队。这里的"结合"是指相互联合、协作与合作之意，也含有系统整合，使"官产学研"融为一体之意[1]。根据各个主体地位和作用的不同分为：政府主导型、产业牵引型和学研拉动型 3 种模式。

3　国家级科研院所在科技创新团队中的作用

按照罗斯韦尔（Rothwell）提出了第五代创新理论，"官产学研"创新团队是由各自相互独立的、具有独特核心能力的政府、企业、大学、研究院所等主体按一种"超主体"和"跨组织"的形式进行合作的。但在市场经济条件下，各主体必然要首先考虑各方的利益。政府在科技创新中掌握大量的资金和政策资源，虽然对产业发展方向具有重要的导向作用，但是对合作项目的具体任务和日常管理往往无暇顾及；作为产业界代表的企业更重视周期短、见效快的项目，也更希望获取短期利益，而且会为了最大化的获取短期利益，有可能损害全局的长期的利益；对"官产学研"合作的主体的"学"，即高校而言，由于条块分割和部门保护主义，特别是各级科研和生产计划管理部门的管理体制分隔，很难争取到大型工程项目，而且高校也缺乏组织和管理大型示范工程的经验、资金和人才；而"官产学研"合作的主体的"研"，这里主要指国家级科研院所，在官产学研科技创新团队中具有天然的平台和纽带作用，具体表现在如下几个方面：

（1）国家级科研院所是政府重大决策的支持和咨询单位，其首要任务就是做好为政府决策咨询和技术准备工作，是国家的战略发展方向和产业发展规划参与编写单位，因此熟悉国家的产业发展方向和合作项目的具体目标。

（2）国家级科研院所是具有公益性研究的责任和义务的，它在组织和承担项目时不仅考虑项目的短期经济利益，更要考虑项目的公益性和对国家产业发展的支持作用。

（3）国家级科研院所由于拥有管理大型示范工程的经验、资金和人才，因此往往容易成为大型示范工程项目的承担单位和组织单位。

综上所述，国家级科研院利用其在人力资源、政策及产业方向的优势成为"官产学研"科技创新团队中的平台和纽带，在大型示范工程项目建设过程中能够发挥重要的作用。

4　山西忻阜高速公路科技示范工程项目科技创新团队的构成

为了更好地完成忻阜高速公路科技示范工程项目建设，加快推进我国山区高速公路建设发展模式的转变，按照现有创新团队建设和组织思路，建设了以“官产学研”相互配合的山西忻阜高速公路科技示范工程项目科技创新团队。

山西忻阜高速公路科技示范工程项目主要是在山西省交通运输厅直接领导下，交通运输部公路科学研究院作为科技示范工程项目技术总体承担单位，依托山西忻阜高速公路建设管理处，联合山西省交通规划勘测设计院、山西省交通科学研究院等科研院，以及中咨泰克公路科学技术研究所等企业和和重庆交通大学、长安大学等高校，共同组成“官产学研”相互配合的科技创新团队（图 1）。交通运输部公路科学研究院作为国家级科研单位，是示范工程项目的承担单位和组织实施单位，是整个科技创新团队的平台和纽带。

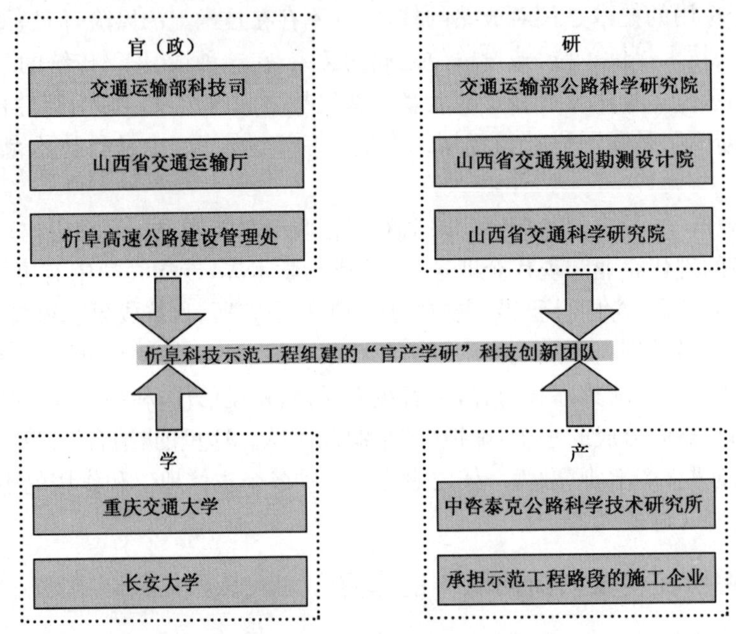

图 1　忻阜科技示范工程“官产学研”科技创新团队构成

忻阜高速公路科技示范工程项目创新团队，在项目规划设计阶段就按照“节约土地资源、保护生态环境、安全和谐快捷”的理念进行设计，统筹安排应用已有科技成果，充分考虑和衔接施工过程中的各项环节，来积极探索一种以“资源节约、低碳环保、安全和谐”为目标的高速公路建设新模式。不仅为忻阜高速公路的工程建设直接提供了大量的新技术、新材料和新工艺，而且为示范工程建设中创新团队的组织和管理也积累了一定经验。

5　科技示范工程项目取得的研究成果

忻阜高速公路科技示范工程项目以交通运输部科技创新成果、新材料、新工艺为基础，结合山西忻阜高速公路沿线地质特点和工程实际情况，利用忻阜高速公路工程建设这个平台有针对性地选择了实用、有效、先进的 18 项科技成果，将这些科技成果有机地融汇于整个工程中，从设计到施工，从运营到管理，技术涵盖路基、路面、交通工程施工、安全运营等各个方面，如机制砂混凝土技术、钢混组合箱梁建设技术、隧道围岩分级与动态监控技术、地方性材料应用技术、隧道弃渣综合利用技术、项目管理信息化系统、废旧橡胶粉筑路和 PR 改性沥青筑路技术、隧道节能照明技术、太阳能主动发光诱导技术、路侧安全防护技术、路域生态工程技术、环境景观融合技术等，在交通运输部的重点支持和山西省交通运输厅的直接领导下，示范工程进展顺利，有效提升了工程科技含量和技术水平，为忻阜高速公路顺利通车提供了全方位的技术支持。

通过忻阜高速公路科技示范工程项目的实施，有效地将科研成果转化成生产力，解决了忻阜高速公路规划、设计、建设、运营、管理过程中的重大问题，降低了筑路成本，产生了可观的经济效益，带来了不可估量的社会效益。主要表现在以下三个方面：一是资源节约，主要体现在土地节约、材料节约、成本节约等；二是低碳环保，主要体现在减少能耗和加大清洁能源的利用，在施工过程尽量减少对生态环境的破坏；三是安全和谐，公路建设和运营要处处体现"以人为本"的精神，确实保障施工安全和运营安全。

6 "官产学研"科技创新团队模式在示范工程建设中的借鉴价值

组建"官产学研"相组合的创新团队是山西忻阜高速公路科技示范工程取得成功的一条重要经验，对类似科技示范工程建设具有重要意义和借鉴价值。主要表现在如下两个方面：

6.1 发挥政府在主导行业需求和高层次协调方面的重要作用

由于科技示范工程建设并不简单等同于的科技创新活动，而是选择创新成果中相对成熟的技术进行示范应用。在这种情况下政府主导需求对技术的选择非常重要，而政府从更高层面上对示范工程管理单位、建设单位、技术提供单位之间的协调也对示范工程的顺利实施和推广具有非常重要作用。

在忻阜高速公路科技示范工程项目中，山西省交通运输厅在忻阜高速公路规划阶段就提出的"节约土地资源、保护生态环境、安全和谐快捷"的建设新理念，探索一种转变山区高速公路建设新模式。这些理念和模式都是政府在从行业建设和发展的角度在主导需求，这些需求为示范工程项目规划、设计和实施具有重要的导向性作用。在示范工程建设实施阶段，政府在高层次协调和支持对工程的顺利实施具有非常重要的作用，是示范工程建设取得成功的重要保障。

6.2 充分发挥科研院所在示范工程中具有的平台和纽带作用

在很多"产学研"创新团队研究理论中，往往把企业作为研究开发的主体、技术创新的主体、创新成果应用的主体，认为企业也应该是"产学研"活动的主体。但是示范工程建设，并不是简单的创新活动，而且创新活动的延续，更多情况下是对创新成果的实施和应用。在这种情况下，企业过度追求利润的市场行为，往往缺少考虑项目的公益性和对国家产业发展的支持作用的动力，并不利于示范工程的实施，而高校也缺乏国家级科研院所由于具有在资金、人才和大项目管理方面的经验项目，因此，在项目组织上，国家级科研院所就成为"官产学研"创新团队中的具体工作的组织者和管理者，成为联系其他创新主体的重要纽带。

在忻阜高速公路科技示范工程项目中，交通运输部公路科学研究院作为国家级重要院所，不仅为忻阜高速公路建设提供了全方位的技术支持，而且把优秀的科研人员派驻环境艰苦的建设一线，为示范工程的顺利实施提供了保障。交通运输部公路科学研究院作为科技示范工程项目技术总体承担单位，多次邀请交通运输部和山西省交通运输厅的领导来忻阜高速公路具体指导工作。交通运输部公路科学研究院不仅把自己的新技术、新工艺无偿地提供给示范工程建设单位，而且积极协调相关高校和科研单位为示范工程建设提供必要的技术指南和具体技术指导，作为国家级重要院所，在"官产学研"创新团队中真正起到了平台和纽带的作用，在忻阜高速公路示范工程建设中发挥了重要作用。

综上所述，山西忻阜高速公路科技示范工程组建以交通运输部公路科学研究院为平台和枢纽的"官产学研"创新团队是保证山西忻阜高速公路建设取得成功的一条重要经验，通过示范工程建设，探索出了一条组建"官产学研"创新团队模式和转变传统的高速公路科技创新的管理模式，对今后类似科技示范工程建设具有重要的借鉴意义和指导价值。

参 考 文 献

[1] 徐恩波. 试论产学研结合的基础、方式与风险性[J]. 科技与管理，2001(9)：44-47.

[2] 陈解放. "产学研结合"与"工学结合"解读[J]. 中国高教研究，2006 (12)：34-36.

[3] 吕伟斌，万锋锋. 加强产学研结合，服务地方经济社会发展[J]. 科技创新导报，2008(32)：175-176.

[4] 季佳玉. 产学研合作模式与机制研究[D]. 大连理工大学，2008.

[5] 刘须群，陈星. 产学研合作问题研究综述[J]. 江西社会科学，2002(12).

精心组织施工科学规范管理　打造优质安全廉洁示范工程

冯建刚

（山西忻阜高速公路建设管理处　山西　035500）

摘　要：本文从忻阜高速公路工程建设与廉政建设之间的关系出发，在工程建设中通过夯实制度基础、创新管理监督和强化现场管控等廉政工作手段，来促进项目建设管理的规范有序进行，以打造和谐利民、优质安全的廉洁示范工程。

关键词：忻阜高速公路　科学管理　廉政建设　优质安全

1　引言

忻阜高速公路项目建设在国家发改委、交通运输部、国土资源部等有关部委和山西省委、省政府的关心支持下，在地方各级党委、政府和广大人民群众的密切配合下，在山西省交通运输厅的直接领导下，全体建设者认真贯彻落实科学发展观，紧紧围绕“质量保部优，安全无事故，廉政不倒人，投资不突概，力争两年通”的总目标，以确保工程质量和安全生产为核心，以精细管理为主线，以信息化提升施工生产和管理水平，大力实施科技示范工程，扎实开展党建、党风廉政和文明创建，科学配置资源，加快施工进度，较好地实现了又好又快建设。

重点工程建设领域是反腐败的重点领域之一，也是社会关注的焦点和热点。高速公路工程标准高、投资大、战线长、参建单位多、工程管理难度大，使工程廉政建设面临挑战。作为建设管理者，必须认真吸取教训，时刻警钟长鸣，在廉政问题上如临深渊、如履薄冰，切实履行好公路建设管理工作和反腐倡廉工作的双重责任，抓好工程质量、安全、进度、环保、资金等关键要素的控制和廉政工作，才能保证工程建设的顺利健康运行，才能真正做到“工程优质，资金安全，干部廉洁”，才能不辜负组织的培养与重托，不辜负领导和同志们的希望，不辜负人民群众的期望。

忻阜高速公路全长124km，概算投资61.6亿元。从2009年初开工速度，到2010年国庆节建成通车，广大建设者努力克服有效工期短、施工难度大、环境保护要求高等诸多困难和挑战，坚持工程建设与廉政建设同等重要、同步推进，通过积极构建教育、制度、监督并重的廉政工作机制，强化廉政意识，狠抓制度落实，严格管理监督，以扎实有效的廉政工作促进项目建设管理的规范有序进行，努力把忻阜高速公路建成优质安全廉洁工程。

2　夯实制度基础，认真贯彻落实工程廉政建设责任制和廉政合同制

健全制度、规范管理是从源头上解决腐败问题的重要保证。忻阜高速公路开工之初，建设管理处（以下简称“建管处”）就组织制定了《工程变更管理细则》、《计量支付管理办法》、《合同管理办法》、《建设资金管理办法》、《工程质量管理细则》、《安全生产监督管理办法》、《监理工作监督管理办法》、《劳动竞赛实施办法》等20多项管理制度，并汇编成册，使项目建设管理所有工作均有章可循。在工程建设管理过程中，又对这些制度不断进行补充和完善，确保各项规章制度切实实际、可行有效，真正起到规范管理、约束行为的作用。同时，与忻州市检察院联合开展预防职务犯罪活动，印发治理商业贿赂实施方案，向各参建单位赠送了《国家工作人员预防职务犯罪实务手册》，经常深入各单位进行监督检查了预警提示，加强内外合作，形成预防合力，构建预防职务犯罪的“防火墙”，为忻阜高速公路建设创造良好的法制和廉政环境。

建管处结合工程建设实际，认真履行"谁主管，谁负责"、"一把手"负总责的工程廉政建设责任制，结合处领导分工和各部门职责，制订下发了具体责任分解意见，坚持廉政建设与工程建设一起部署，一起落实。在工程开工伊始，建管处就向全体工作人员约法三章：不准向参建单位介绍包工队，不准向参建单位推销建筑材料，不准向参建单位介绍出租机械设备。建管处将"三个不准"向全体参建单位郑重承诺，并公开接受参建单位和社会各界的监督。处领导以身作则，率先垂范，严于律己，自觉接受监督，主动过问重要问题，将工程廉政建设落实到每个部门，每个监理、施工单位和每个岗位，做到了责任到人，目标明确。同时，建管处将廉政建设与工程建设有机结合在一起，在签订建设合同的同时，与各参建单位签订《廉政合同》，将廉政工作与工程质量、进度、安全、农民工工资等内容一并明确，对照《廉政合同》进行严格检查监督，保证了《廉政合同》的执行落实到位。

3　创新管理手段，统筹协调推进，打造和谐利民阳光绩效工程

3.1　突出监理在项目建设管理中的重要作用

赋予监理单位项目二级管理职能，在人权、财权、事权方面充分授权，依靠监理抓管理，保质量，保安全。坚持了每旬一次、每月三次的总监协调会，形成了稳定高效的议事决策机制。各监理单位和广大监理人员在项目建设管理中发扬"铁的手腕、铁的面孔、铁的标准"的"三铁"精神，以"零容忍"的责任心对待项目管理中存在的问题和薄弱环节，对项目的质量、安全、进度、资金、环保控制等实施全方位的监管，有力地保证了建管处的各项工作部署能够落实到位，"小业主、大监理"的项目管理模式得到了充分体现，两级负责管理机制得到了切实执行，实现了"监管"结合，形成了既"监"又"管"的良好局面。

3.2　坚持风险共担，积极探索并推进了项目施工总承包管理模式

本项目的K67+500～K80+800共13.3km被列为山西省高速公路建设项目施工总承包试点路段，实行非迪克合同文本加风险合同文本的项目管理模式。这既是我省公路建设领域首个施工总承包试点项目，也是创新建设管理机制的一次有益尝试。在具体实施推进中，严格按照合同约定组织建设，特别加强工程变更方面的风险划分和合理界定，结合现场实际情况积极探索推进。一年多来的实践证明，施工总承包管理模式在忻阜高速建设中的应用是成功的，效果是非常显著的，有利于缩短建设工期，有效控制工程造价，降低业主风险，同时，能充分调动施工单位的积极性和创造性，优化资源配置，加快施工进度，保证工程质量，为创新公路建设机制做出了积极贡献。

3.3　全面推广应用项目建设信息化管理系统，有效提升管理效率和管理水平

忻阜项目率先在全省高速公路建设中引进开发建立了基于互联网技术的信息化管理系统，运用现代信息网络技术，细化、深化、量化建设管理行为，实现了全过程、动态、可控的精细化管理。一方面通过工程业务网建立起了建管处与各参建单位的业务交流平台，充分发挥了计量支付、工程变更、计划进度等行政审批管理功能；另一方面通过办公OA网建立了建管处内部信息处理和公文流转审批平台，具有远程办公和移动审批功能，实现了文件数据电子化归档和信息资源共享。信息化系统的应用，有效提升了工作效率，节约了建设管理成本，规范了管理行为，实现了管理的直线对接和信息的瞬间传递，全面提高了管理效能。

3.4　建立项目建设全过程跟踪审计机制，切实加强对建设资金的监管

针对高速公路项目建设投资规模大、建设周期长、可变因素多、资金管理环节多、结存时间相对较长的实际，忻阜建管处在项目建设中建立了跟踪审计机制，邀请有关会计师事务所和财务、审计专业人员主动、及时地介入到项目建设中，对项目建设的资金安全、财务核算、转包分包等进行监督检查，指导和规范参建单位财务管理行为，及时发现问题，纠正问题，把各种隐患消灭在萌芽状态，有效杜绝了建设资金的挤占、挪用、摊派等违规现象的发生，确保了资金安全高效运行。

3.5　抓协调，便民生，促和谐，保障群众利益不受损害，推动地方经济发展

坚持以人为本、便民利民的原则，反复优化完善技术方案，妥善解决了沿线农业浇灌和群众出行等问题；

充分依靠和发挥各级政府统筹兼顾的协调保障作用，依法规按政策开展征迁补偿安置工作，认真细致地处理好事关新农村建设和沿线群众利益的合理诉求，切实保护了农民利益；工程建设中大量使用了沿线的土、石、砂等地方材料和剩余劳动力，积极为地方财政增税、农民增收作贡献。在工程计量款中按15%的比例提取工资保障金，开设农民工工资银行结算专户，实行“一人一卡”和工资发放张榜公示制度，确保农民工工资发放到位，有效杜绝了工资拖欠行为的发生，营造了和谐友好的施工环境和秩序。

3.6 “围绕工程抓党建，抓好党建促工程”，基层党组织和作风建设得到了巩固和加强

各参建单位在进驻工地的同时同步设立党支部或党工委，统一纳入管理处党委协调指导，实现了党建工作与工程建设同部署、同考核、同奖罚；围绕工程建设任务目标组织开展了分阶段、有重点的劳动竞赛和“五比五看”创优争先竞赛活动，充分调动了各参建单位和广大建设者的积极性和创造性。同时，积极转变作风，主动热情服务，工程建设中建管处全体干部职工没有节假日和双休日，靠前工作，讲究效率，形成了求真务实的工作作风，有力支撑和保障了项目建设顺利运行。

4 强化现场管控，紧盯质量安全，打造优质安全示范工程

4.1 坚持质量为本，精心管理，精细施工，打造质量创优工程

工程质量是工程建设的生命，在忻阜高速公路建设过程中，紧紧围绕“工程合格率100%，竣工验收达部优”为目标，认真贯彻“一次成优不返工、不浪费”的质量管理理念，狠抓全面质量管理，全力打造质量创优工程。一是建立健全质量保证体系和规章制度，严格落实质量终身负责制，认真执行“政府监督、法人管理、社会监理、企业自检”的四级质量保证体系，形成分层负责的质量保证体系，以高标准、严要求来加强监管，组织施工；二是严格执行技术交底和首件产品认证管理制度，坚持把技术交底交到班组，交到施工一线，确立了样板引路、持续跟进的质量管理方法，通过对首件工程的试验研究和综合评价来考核施工工艺、工法是否满足规范要求，努力提升质量管理水平；三是强化履约考核和现场监督检查工作，狠抓人员、设备进场关，对照合同约定严格检查考核，确保资源配置满足要求。同时加强日常巡视检查和专项检查考核，审查质量保证体系的有效运转和质量保证措施的落实情况，不断强化参建人员的质量意识，保证各项质量措施落实到位；四是积极开展混凝土工程质量通病治理等质量创优活动，突出施工工艺通病和质量通病致病因素的监督检查，多次召开了箱梁预制、桥面系施工质量现场会，针对软基处理、台背填筑、隧道渗水、桥面铺装等重点部位和关键环节，在精细化、规范化施工上狠下工夫，全面提高混凝土结构工程的耐久性和安全性；五是狠抓试验检测和内业资料工作，突出原材料抽检试验，加大对关键部位、隐蔽工程的抽检频率，用科学的试验检测数据控制工程质量。同时，狠抓现场工程资料、台账、图表的管理工作，坚决纠正和处罚资料造假、抄袭行为，力求及时准确、客观真实、规范闭合。

4.2 坚持安全为天，规范管理，严格管控，打造安全放心工程

安全是一切工作的根本和前提，在忻阜高速公路的建设中，始终坚持关口前移，重心下移，以“事故隐患零容忍”的态度扎实开展安全生产工作。一是建立安全管理制度体系，依法规范安全生产管理行为，建管处依据法律法规和《安全合同》对参建单位进行有效监管，施工、监理单位通过逐级签订安全生产责任书保证安全生产各项制度措施的落实，自上而下层层建立了安全生产组织管理体系和责任体系，较好地形成了“人人抓安全、事事讲安全”的工作局面。二是加强安全教育培训和技术交底，严把一线队伍管理教育关，先后组织了特殊工种操作人员培训考核、“施工安全从这里抓起”宣传手册发放仪式、“迎国庆、保安全”宣传教育活动、“平安文明工地”创建活动启动仪式暨宣誓签名活动，推动整个项目安全监管从“要我安全”到“我要安全”、“我会安全”的转变。三是加强安全生产日巡查和定期检查，关口前移，变事后处理为事前主动预防，特别加强对危险性较大工程、重大危险源和施工中的重点部位、关键环节的重点监管，努力将事故消灭在萌芽状态，防患于未然。四是坚持因时、因地制宜采取相应的防范措施以保障施工安全，冬春季节重点加强防冰冻、防大雪、防大风、防森林火险等工作，夏秋季节重点做好防洪汛、防雷电、防滑坡等工作，并与地方政府建立了联动机制，加强信息沟通和协调配合，有效保障了人员和财产安全。五是深入开展安全生产专项整治、安全生

产年和平安文明工地创建活动，对照交通运输部《公路水运工程安全生产监督管理办法》和省交通运输厅《高危工程施工安全强制性标准》、和《公路工程施工安全检查评价标准》认真自查自纠，力求做到施工现场安全防护标准化、场容场貌规范化、安全管理程序化、安全教育制度化、文明施工常态化、工程管理信息化，营造安全文明、稳定和谐的建设氛围，全线安全生产稳定可控，实现了施工安全无事故。

4.3　坚持科技引领，注重节能环保，打造科技示范工程

忻阜高速公路是国家交通运输部首批命名的全国科技示范工程之一，以交通运输部科技创新成果为基础，结合山西的特点和忻阜高速公路的实际情况，有针对性地选择了实用、有效、先进的18项科技成果，将这些科技成果融汇于整个工程中，从设计到路基、路面、交通工程施工均有广泛应用，如机制砂混凝土技术、钢混组合箱梁建设技术、隧道围岩分级与动态监控技术、地方性材料应用技术、隧道弃渣综合利用技术、项目管理信息化系统、废旧橡胶粉筑路和PR改性沥青筑路技术、隧道节能照明技术、太阳能主动发光诱导技术、路侧安全防护技术、路域生态工程技术、环境景观融合技术等，在交通运输部和省厅领导的重视支持下，示范工程进展顺利，有效提升了工程科技含量和技术水平。通过科技示范工程的实施，有效地将产学研成果转化成生产力，产生了可观的经济效益，降低了筑路成本，带来了不可估量的社会效益。通过各项科技创新成果在高速公路建设中的充分展示和实际应用，集中体现科技对交通发展的引领和促进作用，把忻阜高速公路建设成为“安全、耐久、环保、和谐”的全国高速公路科技示范工程，为交通建设行业低碳、环保、节能、可持续发展提供了有益的经验，更对山西省实现转型发展、跨越发展，再造一个新山西具有积极的意义。

5　结语

总之，经过近两年时间的组织推进，忻阜高速项目建设取得了一定成绩，如期实现了通车目标。国家交通运输部、省交通运输厅、厅重点办和省交通质监站曾多次深入到忻阜项目全线进行质量安全监督检查，检查认为忻阜高速公路质量、安全管理制度健全，监管体系运转正常，无重大质量、安全事故发生，工程质量和安全生产总体处于受控状态，省交通质监站抽检合格率为92.1%，交通运输部抽检合格率为91.7%。同时，建设期间未发生违法违纪案件，廉政工作切切实实地起到了应有的预防保障作用，实现了“建精品工程，做廉政干部”的总要求、总目标。在后续项目建设管理过程中，我们将继续坚持以科学发展观为指导，认真贯彻落实交通运输部和省委、省政府及省厅党组的决策部署，始终保持清醒的头脑，始终保持严谨的工作作风，始终保持反腐败的高压态势，切实抓好党风廉政建设和建立起反腐倡廉的长效机制，抓好剩余收尾工程、缺陷责任维修和运营管理服务工作，为打造绿色清洁安全交通，促进新型能源和工业基地建设，实现山西省转型赶超跨越战略目标作出新的更大的贡献！

深入学习实践科学发展观 建设忻阜高速公路科技示范工程

焦建明

（山西忻阜高速公路建设管理处 山西 035500）

摘 要：本文依托忻阜高速公路科技示范工程，以科学发展观为指导思想，围绕项目的“建设主题”和“建设理念”，对“三个着力点”和“四个下功夫”进行了全面系统的阐述，为实现“又好又快”的建设目标奠定了基础。

关键词：科学发展观 科技示范工程 又好又快 四个下功夫

1 引言

胡锦涛总书记指出：“科学发展观，是对党的三代领导集体关于发展的重要思想的继承和发展，是马克思主义关于发展的世界观和方法论的集中体现，是同马克思列宁主义、毛泽东思想、邓小平理论和“三个代表”重要思想既一脉相承又与时俱进的科学理论，是我国经济社会发展的重要指导方针，是发展中国特色社会主义必须坚持和贯彻的重大战略思想。”

科学的本质追求的是“好”，发展的本质追求的是“快”。科学发展理论追求在经济社会的发展中“又好又快”。在深入学习和实践科学发展观的活动中，依托忻阜高速公路科技示范工程建设，带着工作深入学习实践，带着需要解决的矛盾和突出问题深入学习实践，认真思考“忻阜高速公路建设是为了什么？忻阜高速公路建设依靠什么？如何保证‘又好又快’地完成忻阜高速公路的建设任务？‘好’体现在哪里？‘快’的实现目标是什么？”等问题，坚持突出实践、贵在实践，坚持把科学发展观转化为谋划建设管理的正确思路，促进建设管理制度的规范，提高项目建设与管理的能力。

忻阜高速公路作为全国高速公路科技示范工程，在项目建设的全过程紧紧围绕“创新科技、传承文化、保障安全、构建和谐”的建设主题，坚持贯彻落实“依法筑路、科技筑路、优质筑路、安全筑路、廉洁筑路”的建设理念；着力于“科技管理、现场管理、合同管理、财务管理”；着力于“构建良好的建设环境，保障建设目标的实现”；着力于“解放思想、转变观念、改进作风、狠抓落实”，按照法律法规赋予的“三控制、两管理、一协调”的项目管理职能（即：工程进度、工程质量、工程投资控制，合同管理、信息化管理，项目组织协调），坚持在四个方面狠下功夫，实现“建精品工程，做廉政干部”的总要求，将忻阜高速公路建成“安全、耐久、环保、和谐”的示范工程，确保“十一五”末建成通车，努力做到“好中求快”。

2 在项目前期工作上下功夫，确保工程顺利开工

忻阜高速公路建设项目前期工作已历时7年，建管处组建已满两年，因种种原因制约，项目前期工作举步维艰，多磨多难。全体忻阜建设管理者从摩拳擦掌到心急如焚，沿线政府及群众从翘首以待到内心不满。经过各级努力和厅党组的重视和支持，我们坚持“依法办、守法干”，通过工作机制的创新突破，扎实有效地推进了前期工作。

一是本项目投资体制在山西省交通运输厅的决策下，经省政府批准由整个项目BOT模式变更为政府主体投资建设主线工程＋民营组织投资建设经营服务区的模式，着实解决了项目投资体制合作纠纷的问题，完成了国家的立项审批。

二是在面临项目估算低于项目概算20％的问题上，在省厅的指导下，沟通了国家发改委、交通运输部和初步设计代部审核单位，经与设计单位共同努力，争取到“政策性因素和物价上调因素产生的费用差”方面政

策性、规制性的意见支持，依概算控制投资，编制了投标最高限价，有效推进了项目前期进度。

三是充分利用政策，有机穿插辅助性工作和环节工作，即：在招投标工作中依据省人大讨论通过的、省政府行文批准的“山西省固定资产投资计划”进行了路基、桥梁、隧道的施工和监理资格预审工作，争得了有效工作时间两个月；在建设辅助性准备工作中，采用在国家用地许可批准后，在沿线政府的大力支持下，预付征迁补偿费和部分生产费用的工作机制，落实了征用林地、动迁坟地、水井等任务，省道改线任务基本完成，文物勘探、挖掘基本就绪，落实了控制性工程“四通一平”及临建设施准备工作，准备了国家正式用地审批工作的各项资料，为项目年内开工争取了三个月以上的时间，实现了项目前期工作的全面、协调推进。

但是，在前期工作任务中，距离“好”的要求还有很多的工作要完成，还有很多的困难和矛盾未解决。譬如，初步设计、施工图设计还未正式批准；林地手续和正式用地手续审批还未完成；项目开工前审计还未准备；投资补增还未落实；施工许可还未能申报批准等工作。政策落实的难度增大，利益的碰撞和冲突协调工作量还非常大，和谐建设环境的营造任务还异常艰巨。这些工作中的问题和矛盾，都需要我们在学习实践科学发展观的活动中，认真地加以研究，切实地落实到位。一要做好忻州市忻阜高速建设协调领导组第三次全体会议的各项准备工作，取得沿线各级政府和群众的理解和支持。二要按照分工合作的要求，抓住前期工作未完的重点环节，在开工前完成“两阶段”设计审批工作；呈报林地和用地审批工作并跟踪落实；资金准备到位，保证工程顺利进展。三要围绕征迁工作，部署政策宣传贯彻工作，编印发放政策手册和解答资料，分门别类召开各种座谈会，提早沟通，使政策落实到位，得到地方政府、有关部门和沿线群众的环境支持。四要提前研究临时用地的要点、措施，在施工单位进场签订合同中予以落实（临时用地少占耕地，少占林地，少占有争议的地块；缩短复耕周期，在工程用土的安排上，边取土，边复耕，谁取土，谁复耕，在取土工作中研究与如何为民办事结合起来）。

3 在精细管理上下功夫，确保工程质量创优

工程质量是工程建设的生命，建设高质量的忻阜高速公路是落实科学发展观的要求，延长工程的使用寿命就是交通运输发展的可持续，就是最大的节约，出现豆腐渣工程就是对人民、对国家的犯罪。忻阜高速公路的管理者深入学习实践科学发展观，以忻阜高速创建全国科技示范工程为载体，以“设施更完善，工程更耐久，质量更可靠，资源更节约，群众更满意”为目标，以强化精细管理为主线，全面提高工程质量。

一是要严格落实质量责任制，建立质量考核机制。立足于合同履约考核，全体参建单位和参建者按照各自职责，对所承担的公路工程项目在设计使用年限内承担质量责任；制定出台《忻阜高速公路工程落实质量责任制的意见》，建立工程质量责任登记制度；健全全体参建单位和参建者的质量工作档案；建立日巡检、旬抽检、月考核制度；建立质量处理与反馈、复验的整改承诺制度；建立质量责任分级分类通报制度（即：全线通报并抄送其主管部门，信息网公开通报曝光）。

二是要提高质量意识，提升工程总体质量水平。首先要从设计质量抓起，在开工建设过程中建立对设计单位、设计代表的考核体系，进行设计质量及设计代表的评价制度，要以“零容忍”的责任态度监管设计质量，及时修正与施工严重脱节、设计图纸错漏等问题现象，杜绝因设计质量低劣造成工程质量问题。其次要立足于工程建设的各关键环节点，重点抓住技术风险大、质量安全隐忧大的工程部位和环节，以“零容忍”的责任态度加强质量监管；严格附属工程和一般项目的精细管理，保证整体工程的高质量。

三是要在建设总工期的目标下，细化合理的阶段任务施组计划，分解目标，不盲目赶工期，工期服从质量，杜绝粗制滥造。要使工程质量在科学、有效的施工期限内保持有效控制状态。

四是开展质量创优活动。划分并明确各标段、各阶段质量攻坚的基础性目标，建立防止质量通病问题的预警机制，建立质量监理、监控的指导书机制，分析并找准质量控制的重点、难点、制约点。建立创优质精品工程的重奖、表彰制度，同时对劣质工程、粗制滥造给予重罚并进入工程质量信誉档案。

五是本项目估算与概算费用的差额是由于批准估算投资和设计概算之间，由于国家政策性调整，山西省征地拆迁补偿标准变化后未能计入，主要外购材料价格波动较大，概算批复只能予以政策性的支持，调概工作既是投资控制实施的必须，也是“以人为本”科学发展观在项目管理过程重要的实践载体。首先应把握在

路基基本成型的情况下落实调概工作；其次在本项目交工验收后考虑价差调整(涉及后续材差)；再其次是保证一次性调概的合理性、准确性。为确保工程质量，保证参建企业的合法权益，为项目竣工决算打下科学合理的基础。

4 在工程项目建设现场管理上下工夫，确保建设目标整体推进

项目管理就是要把各种知识、技能、手段和技术应用于项目实践活动中。项目管理重在建设现场，过程管理是项目实现的根本保证。要点是：明确目标、统筹策划，做到胸有成竹；充分准备，超前指挥，深入一线，一着不让，狠抓落实。

第一，强力推进工程进度。明确各标段攻坚总目标，划分阶段目标，以关键工程控制和分解工序目标，做到量化考核、动态控制。坚持狠抓关键工序保证关键工程；关键工程保证阶段目标；阶段目标保证总体目标实现。

第二，严格合同管理。合同管理是项目管理的核心，是项目管理"依法管理、守法工作"的本质要求。一要健全合同拟定、合同协商、合同会签、合同签订制度；二要加强合同管理。承包、发包双方正确理解并执行好合同是保障工程顺利实施的关键。忻阜高速公路的从业单位都必须按合同规定、约定履行责任和义务，兑现各自的承诺。

第三，加强施工现场的全面管理。一是狠抓工程质量的基础质量，对原材料进场、入仓、保管的现场工作切实做到保证质量、供应可靠；二是狠抓分项工程现场的施工工艺、工法，落实工艺、工序规范，工法与操作精湛的要求；三是狠抓现场试验检测工作，坚持纠正和处罚检测资料造假、资料抄袭现象，用有效的试验检测数据控制工程质量；四是狠抓现场工程资料、台账、图表的管理工作，做到统一规范，务实有效；五是狠抓施工现场环境保护、生态恢复，把最小限度的破坏、最强力度的恢复落实到具体工点、路段；六是狠抓现场的文明施工，落实正规化建设和文明信用评价工作；七是狠抓现场项目实施信息化管理工作，落实守法办事的信息公开，提高工作透明度和工作效率；八是狠抓现场质量隐患排查预警工作，通过设计单位项目负责人的预警指导，组织落实技术支持与保障工作。

第四，强化安全生产管理。安全工作是不可逆的，所以为"天"。安全生产一点都不能麻痹大意、熟视无睹，这就是责任。工程建设要将"零死亡"作为安全工作的期望值。以《安全生产法》为准绳，首先是增强安全生产的意识，就是要天天讲，警钟长鸣；其次是狠抓制度建设、措施落实，这是安全工作的重要环节。因此，一要抓好责任制度，安全生产责任主体是施工企业(包括安全投入，安全生产管理人员配备，安全生产制度、措施的制定、修订，安全生产的现场防护和重大专项方案预审查等)。审查、把关是监理的责任，要强化监理安全生产监管工作"宁做恶人，不做罪人"的责任意识。项目管理一要抓好"安全施工隐患公示制"、"安全施工隐患消号制"、"安全操作规程挂牌制"，必须落实到标段，必须落实到施工现场的具体位置。二要抓好具有针对性强的、切合实际施工现场的、有工作任务清单的安全生产应急预案制度，结合安全生产人员配备的要求、安全投入的专项费用进行审核、计量支付。三要坚持强化"技术责任工作"，做到"五个不"：技术工作不放弃技术底线，技术工作不退让安全责任，安全工作不逆来顺受，面对安全隐患不选择沉默，预防安全事故不心存侥幸。其三，要狠抓安全工作的重点工作。一抓安全生产专项工作，组织设计、监理和施工单位完善跨线作业、隧道作业、高空作业、爆破作业、桥梁架设作业、高边坡作业等专项施工方案，落实技术支撑，安全组织施工；二抓现场安全教育，严格禁令，落实到生产一线，杜绝"以包代管"，转嫁"安全生产风险和责任风险"的行为；三抓安全生产的有效监管，重点排查现场安全隐患和安全工作漏洞，组织专项检查(重点路段、重点工段、重点工艺、重点人员)、复查、回头查工作，释放安全隐患，把安全事故消灭在萌芽状态；四抓安全生产的现场宣传工作，强化安全生产中预防安全风险的工作，总结安全生产的经验，推广应用。

5 在工程建设构建和谐上下工夫，保障工程目标实现

忻阜高速公路是山西省交通基础设施建设的重点工程，所提供的是公共服务。建设管理处是国家投资主体所决定的项目法人机构，具有鲜明的社会属性，与全省经济社会、忻州市三县(区)、17个乡镇、64个行政

村密切关联，与省、市各级企事业单位、部门有着密切的联系，与沿线的自然环境、生态环境、人文环境非常密切。在项目建设全过程，用科学发展观统领指导，增强社会发展意识和工作责任感，做好社会协调工作，落实构建和谐的建设环境是极其重要的。构建和谐的建设环境，要努力实现“三个转变”，即：一是实现公路建设发展由影响环境到改善环境的转变，努力做到与自然条件、与区域环境、与人文景观的和谐统一；二是实现公路建设现场管理由原始粗放向文明有序的转变，努力做到公路建设与交通运输、与出行人车、与沿线群众的和谐统一；三是实现公路建设主要依靠增加物质消耗、资源消耗向科技进步、行业创新转变，努力做到建设管理者各项素质提高和资源节约、循环利用、环境友好、生态文明的和谐统一。

第一，有效构建政府职能与项目管理相结合的平台。坚持充分依靠和发挥各级政府统筹兼顾的协调保障作用，根据项目施工阶段性的特点，依法律、按政策、靠制度、重协调，适时地、及时地解决现场工作的矛盾和纠纷，为创造和谐优良的施工环境和秩序，实现保障到位、保障有力。要分阶段、瞄目标，及时、适时组织协调领导组全体会议、专项会议、例会、现场办公会等工作平台，搞好服务，解决困难。

第二，项目建设管理要与社会相和谐。坚持工程建设服务地方经济、服务新农村建设的理念。一要在征迁安置过程中，宣传政策到位，补偿标准公开，动迁清单联合确认，补偿资金采取“一户一册一卡”、银行存折直通车的方法，防止挤占挪用，损害群众利益。二要在施工承包方签订合同中明文条款为从事危险工种的农民工购买人身意外伤害险，为形成劳动关系的农民工投工伤保险，建立农民工工资保障金制度，建立当地劳务人员用工的巡检制度，切实保护农民工利益。三要在工程建设中坚持“节能降耗”的方针，节能降耗和路域生态文明建设相结合；与工程取土、取料、弃渣相结合；与整治环境、为民办事相结合；防排水工程与农田水利、河道疏浚整治工作相结合，努力降低工程成本，减少生态环境污染。四要全方位深入开展劳动竞赛。劳动竞赛委员会要统筹安排，劳动竞赛考核的各工作组依据工程建设重点对阶段性任务目标、质量和安全控制指标进行检查评比，充分调动各参建单位、各地方建设协调工作机构的积极性，以创建“优质、安全、环保、节约、惠民”5个专项活动竞赛为内容，形成工程建设高潮迭起，各方群策群力、竞相迸发，构建和谐建设的良好局面。

第三，打造工程建设廉政建设工程。健全处机关和各部门负责的反腐倡廉组织机构，加强项目管理中各工作环节的监督管理，建立建管处、设计、施工、监理、地方协调“五位一体”的反腐倡廉体系并与预防职务犯罪工作紧密结合；项目管理公开要借助和链接信息化系统，主动接受社会各界的监督，规范管理行为，促进“依法管理、守法办事”执行程序和规则的有效落实。加强监督要突出工作重点、抓住关键环节(项目招投标活动、物资采供、变更设计、资金管理、安全质量、国家工作人员)，润雨无声，柔性管理(指导、劝告、建议、提醒)，刚性处罚。

6　解放思想，改变作风，狠抓落实，务求必胜

忻阜高速公路在建设的全过程，深入学习实践科学发展观，要在解放思想、转变观念上取得新突破。解放思想的目的，就在于针对存在的突出问题，完善工作思路，找准项目管理过程中解决矛盾和问题的着力点，找到具体工作的突破口和落实工作的措施。如果我们的思维习惯不能得到转变，空谈蛮干、依赖上级，不能实事求是、与时俱进、勇于负责，实践科学发展观的步伐就不会真正入轨，进程就难以“又好又快”。

解放思想，就是要解放“比上不足、比下有余，坐井观天、封闭保守、故步自封”的思想意识；就是要解放“当和尚撞钟、得过且过”的行为习惯；就是要解放“教条硬搬、粗枝大叶、麻木不仁”的思想意识；就是要解放“四平八稳、不求有功、但求无过”的意识行为。

改进作风是狠抓落实的前提条件，狠抓落实是改进作风的结果体现。深入学习实践科学发展观，突出实践特色，针对项目管理中主要的矛盾和问题，制订相关制度、措施，以实践的成就检验我们学习实践科学发展观的成效。

(1)刻苦学习，埋头苦干。这是落实科学发展观提出的要求，在项目建设过程中，面对新形势、新任务的要求，面对新的法律、法规和新的技术要求，面对新的社会需求，只有刻苦学习，学以致用，才能提高能力和水平。要克服懒于学习新知、懒于动脑思考的作风问题，改进简单地照抄照搬的工作方法。

(2)围绕项目管理的建设主题、目标任务,“以人为本”的意识亟待提升,统筹兼顾的能力亟待提高,协调工作的方法亟待改进,艰苦奋斗的精神亟待增强。真正在项目建设和管理中解决好忻阜高速公路建设是为了什么,忻阜高速公路建设依靠什么,如何保证忻阜高速公路建设“又好又快”地建设等问题自始至终共谋共想,增强责任意识,增强执行力,时刻保持尽力、尽责、尽心,有责、负责、不失职。

(3)在深入学习实践科学发展观的活动中,在建设全国高速公路科技示范工程的载体上,要在专门谋事上提高自觉性,在勇于做事上增强责任心,在踏实干事上提升敬业度。重实际、讲实话,出实招、求实效,破难题、解民忧。全面提升建设管理水平、和谐共建能力,推进项目建设“又好又快”发展。既不能急于求成,又要努力奋发有所作为,困难要一个一个攻克,矛盾要一个一个排除,问题要一个一个解决。要善于发现问题和提出问题,与此同时要拿出工作思路和对策,扎扎实实、一步一步,环环相扣、着着有效。

(4)发扬团队精神,步调一致,雷厉风行,群策群力,在岗守土。切实提高工作效率,克服推诿扯皮、敷衍塞责、慢作为的问题现象;切实提高工作质量,克服励精图治不严、精细工作不到位的问题现象。

7 结语

总之,忻阜高速公路科技示范工程,建设任务艰巨、繁重,面对全省、面向全国,要将任务担在肩上,要创造性地工作和突破性地工作,要将责任悬在心中、落在实处。忻阜高速公路的全体建设和管理者,要坚持以科学发展观重大战略思想武装头脑,指导项目建设,把思想意志、工作精力和智力统一到项目建设管理的总体部署上来,围绕项目“建设主题”和“建设理念”统筹安排、摆局布阵,以“三个着力点”和“四个下功夫”为战术主攻,在打造“安全、耐久、环保、和谐”工程上体现一个“好”字,在实现“十一五”期末建成通车目标上体现一个“快”字,通过深入学习实践科学发展观形成凝聚力和战斗力,干事创业,奋发有为,真抓实干,务求必胜,实现项目建设“又好又快”的发展目标。

浅议如何在工程设计变更中体现高效廉洁管理

罗建国

（山西忻阜高速公路建设管理处　山西　035500）

摘　要：本文结合忻阜高速公路工程建设的实际情况，分析了工程设计变更中廉政工作存在的问题，并介绍了忻阜高速公路的工程设计变更管理程序和办法，提出了工程设计变更中廉政工作的几点建议。

关键词：忻阜高速公路　工程设计变更　廉政工作

1　引言

随着改革开放的深入和我国经济的不断发展，人民的生活水平和物质财富有了很大的提高和增长。财富的日益增长，加上我国所处的社会大环境，我国社会处于转型期，因而反腐倡廉工作也越来越受到政府的重视。交通行业处于经济领域中容易产生腐败的高风险行业。为了加强工程设计变更中的廉政工作，本文结合山西忻阜高速公路工程建设实际，对廉政工作谈几点实践与建议。

2　忻阜高速公路工程设计变更基本情况

忻阜高速公路项目立项伊始，建设管理处就非常注重工程设计变更管理，根据山西省高速公路工程设计变更管理办法与山西省重点公路工程建设领导组办公室文件《关于进一步规范全省高速公路工程设计变更管理工作的通知》，制定了《山西忻阜高速公路工程设计变更管理实施细则》，纪检、监察实行全过程跟踪监督，对工程设计变更进行监督管理，建设期间在工程变更方面全过程参与管理，做到防患于未然。

忻阜高速公路作为全国科技示范工程之一，在工程变更中，忻阜高速建设管理处坚持廉政建设的各项规定，制定科学严谨的管理程序，在工程变更环节中实行阳光操作，对重大、较大工程变更均为集体讨论、集体研究。设计是工程的灵魂，只有优秀的设计才能保证优良的工程，把好变更设计关，努力做到设计上不留遗憾，防止设计上的缺陷给工程带来先天不足的后遗症。尽管在设计阶段已经过多次优化并通过各级审查，但在施工中仍有很多设计缺陷或是不符合实际地形地质情况，需要进行优化或变更，但设计变更往往容易造成增加工程费用，甚至出现突破概算的现象。因此，设计变更要取众家之长、不断创新、不断优化，才能建设出一条快捷、高质量、高科技的示范工程之路。为此，建设管理处严格执行各级交通主管部门的变更管理办法，按程序办理各项手续。坚持合理合规、优质节约、规范及时、服务各方、实事求是的原则，发现问题，现场确定方案，并及时下发文件，先后召开路基、桥涵、路面结构、绿化、排水防护等工程设计优化会几十余次，改变以往“强基薄面”的设计理念，将增加工程费用尽可能控制在工程总造价的3%以内，为工程顺利实施创造条件。

3　工程设计变更中廉政工作存在的问题及原因

在工程设计变更管理中，经过实践与探索，已经取得了一定的成果，但在管理与制度方面并非无懈可击，其存在的主要问题有：

(1)教育是最基本的反腐保廉措施，但由于实践中还缺乏针对性、多样性，其效果不尽如人意。教育的对象是人，而不同的人在文化水平、思维方式和接受能力等方面均存在着不小的差异，忽略了内因与外因的相互作用关系。

(2)变更制度建设方面缺乏后续的监管性、可操作性和刚性，致使各种违规操作的行为不能得到及时有效纠正。在工程设计变更过程中，如何加强制度的后续监督是急需解决的问题。由于缺少一些必要的约束性条款而失去可操作性，制度规定只能成为一种摆设。因为没有刚性，执行制度者往往是视而不见，或视而不纠，听之任之，这样的话在廉政工作方面就留下了极大的隐患。

(3)工程变更执行中监督工作的软和弱问题并没有从根本上得到解决，制度在执行过程中其严肃性受到挑战。主要体现在三个方面：一是缺乏对权力的制约性，权力不受制约，必然走向腐败，监督主体如果没有一种约束和督察客体的权力，就不能进行有效的监督；二是缺乏便捷的测评预警机制，廉政工作首先要建立及时发现和揭露腐败问题的预警机制，腐败的初始状态都表现出对制度的挑战，能否做到在第一时间内及早地发现这种苗头，这是检验保廉体系是否有效的一条重要标准；三是监督机制运行单一，监督功能不健全，而造成监督环节上的空挡和误区。

4 忻阜高速公路工程设计变更管理程序和办法

忻阜高速公路工程设计变更的审查和审批，遵循项目法人负责，山西省交通运输厅主管部门监管，专家审查、分级审批、集体研究、先审批后变更的基本原则，严格履行工程设计变更程序。

工程设计变更的基本程序为：提出变更方案申请→批准方案→变更设计文件的编制、审核、审批→签发变更指令→实施变更工程。重大和较大设计变更经项目法人审查确认后报山西省交通运输厅主管部门审批；一般设计变更由监理单位、设计单位、建设管理处有关部门审核签认，上报总工程师审核，建设管理处处长批准后方能执行。

为使工程按计划推进，不影响工程进度，设计变更应及时审批下发。收到工程设计变更方案申请并确认有变更需求时，严格按照变更管理办法组织四方代表现场办公，较大变更邀请专家指导，并提请建设管理处领导班子经会议研究决定，及时形成会议纪要或正式文件，下发至工程变更相关单位，重大变更上报山西省交通运输厅重点办批准。变更方案确定后，在上报资料齐全、手续完备的前提下，重大变更方案审批时间一般不得超过 45 天；较大变更方案审批时间一般不得超过 30 天；重要变更方案审批时间不得超过 7 天；一般变更方案审批时间不得超过 3 天，同时由原设计单位进行勘察设计，提供变更设计文件。

在工程建设项目推进中，建管处主动组织有关技术人员、设计单位共同对沿线有关桥涵、通道、天桥、排水渠等构造物设计情况进行了排查，增加了必要的排水构造物和出行通道。在兼顾群众出行和地方经济发展需求的前提下，真正做到方便群众，解决涉及百姓最直接、最现实、最关心的利益问题，为项目建设顺利进行扫清了技术障碍。工程开工后，对全线大中桥等结构物进行了优化，对 6 座大桥进行了减孔，共核减 10 孔桥，另外，清水河岸边布线路基原设计均为护岸挡墙和护坡，线外设有顺坝，原设计埋置深度较大，偏保守，在充分调查论证的基础上，对埋深进行了调整，并结合绿化工程取消部分护坡，节约不少工程造价。

工程变更先由施工单位填写工程设计变更审批表，以书面形式上报，经项目总监办初审并签注详细审核意见后，报送建设管理处技术质检部，技术质检部根据变更规模大小，按工程设计变更程序审批，由建管处技术质检部、设计代表、总监办、施工单位、必要时邀请专家组一同到现场进一步核实，确认变更需求，形成会议纪要，最后以正式文件批准印发至总监办，并抄送施工单位，同时在建设管理处信息化系统中公布，以增强工程变更审批透明度，这样大大缩短了审批周期，提高了办事效率，有效推进了工程进度，受到施工单位的一致好评。同时，要求上报设计变更资料记录详细，简要说明变更产生的原因、背景、变更产生的时间，工程部位、提出单位等。

总之，忻阜高速公路工程设计变更管理，方法得当，措施有利，执行严格，有效地控制了工程造价，取得了较好的效果，到目前为止，增加工程费用未超过合同总价的 3%。

5 工程设计变更中廉政工作的几点建议

针对工程设计变更中存在的问题，结合忻阜高速公路建设管理处目前的工程设计变更管理程序，提出以下几点建议：

(1)强化教育效果，构筑思想防线。要使党员、干部在工程设计变更中保持清醒的头脑，防止消极腐败现象的滋生和蔓延，最主要的是抓好教育，全面提高党员干部的自身素质，增强抵御各种腐朽思想的免疫力。主要把握好三个方面：一是对工程设计变更中相关单位开展党性、法制观念、职业道德和诚信等方面的教育。同时，也要考虑到个体的职业、社会地位、个性差异和受教育程度的不同，教育应注重因人施教，使广大干部职工树立正确的人生观、价值观，淡泊名利、乐于奉献；因时施教，必须与时俱进。二是在坚持集体教育的前提下，要不断探索实施个性化专题教育的途径和方法，重视对干部职工的心理分析和人性化教育，适时把握干部职工的思想脉搏，进行必要的引导和激励，帮助和鼓励每个干部职工通过正当的途径充分实现其自身价值。三是强化教育结果的有效性。要重视领导干部言行对下属的影响；重视"小环境"对人的思想的影响，重视情感教育的特殊作用。

(2)健全规章制度，规范工程变更各方行为。需明确建设管理处对工程变更过程的廉政建设管理，强化主要负责人的政治意识、责任意识和纪律意识，切实做到廉政建设与廉政保证金一起部署，同步推进。要不断完善，增强制度的系统性和严密性，制定有效的规范性制度与制约性制度。在工程设计变更中，要通过对权力的分解、程序的规范，实行环环相扣的制约机制，来确保制度的刚性，实行变更重大失误的责任追究制度。在工程变更资金的管理方面，要把好计量关。经过建设管理处、设计单位、总监办、施工单位统一计量确认后，方可进行支付。一旦出现违规操作，建设管理处予以严肃查处。通过制度的不断完善和规范，工程变更中各方对权力运作的相互制约，以及建设管理处的层层把关，可以大大增强制度在规范和约束上的刚性。

(3)加强变更过程中监督力度，保证制度落实。一方面需拓宽监督渠道，增强对权力的制约，进一步提高工程设计变更工作的透明度，增强对工程变更过程中有关当事人行为的社会监督，从而在建设管理处、设计单位、总监办、施工单位等相互之间形成有效的约束反馈机制。另一方面要结合力量，积极开展效能监察，建立廉政预警制度。为了保证工程设计变更中廉政工作的顺利进行，需由建设管理处、审计人员、设计人员、监理人员等组成联合小组，对工程变更全过程开展效能监察，制定科学的约束机制与考核机制。一旦发现违规情况，以联合小组的名义及时提出整改及处置意见。

6　结语

综上所述，工程设计变更中廉政工作是一项十分复杂的系统性工程，它不但需要工程设计变更中主体之间的精诚合作，还需要相关部门的密切配合，以及广大工程建设者的参与和监督。只有这样，才能够保证工程设计变更中的预防措施落实到位，确保工程设计变更的廉洁，真正体现项目高效廉洁的管理水平。

第二篇 资源节约

重载交通下山区高速公路车辙病害原因分析及对策

郜玉兰[1]　赵队家[2]　韩　萍[2]　李智慧[2]
(1. 山西省交通运输厅　山西　030001;
2. 山西省交通科学研究院　山西　030006)

摘　要:本文结合两条典型重载交通山区高速公路车辙病害形成特点,分析交通量及交通组成、交通荷载、长大纵坡及持续高温最不利组合的外部因素和沥青混合料高温稳定性能不足的内部因素对重载交通下山区高速公路车辙病害的影响,提出相应的车辙预防措施与对策。

关键词:重载交通　山区高速公路　车辙病害　原因分析及对策

随着社会经济的发展,货运量迅速增加,道路交通流量增大,特别是重型车辆的增多和钢丝高压轮胎的使用,交通流的渠化,车辙已成为沥青路面的主要病害。山区高速公路沿线地形复杂,路线纵坡大,长陡坡路段多,受重载及低速行车等诸多不利因素影响,车辙病害大量出现,特别在纵坡较大的上坡路段,当持续高温时,车辙形成和发展快,已严重影响行车安全[1],[2]。

诸多高速公路车辙出现的速度和普遍性大大超过了预期,近期及今后修建的高速公路大部分处于山岭重丘区,重载交通下山区高速公路车辙病害愈加突出,本文研究分析车辙病害原因及对策具有十分重要的意义。经对某两条重载交通山区高速公路车辙病害调查与分析,高度渠化的重载交通(高轮压、重轴载、几乎所有大型重载车辆在行车道行驶)、长大纵坡及持续高温最不利组合的外部因素和沥青混合料高温稳定性不足的内部因素是产生车辙的根本原因,并提出相应的车辙预防措施与对策。

1　重载交通山区高速公路车辙病害形成特点

本文分析的两条高速公路属于典型的重载交通山区高速公路,地形地质复杂,长大纵坡多,车辙发生在行车道上,在特重载方向的大纵坡路段、下坡路段、平坡路段均产生车辙病害,坡顶附近更为严重,主要为上部两层沥青面层流动变形的失稳性车辙,轮迹带两侧沥青混合料隆起,柔性基层仅产生轻微的流动变形。(图1)

a)

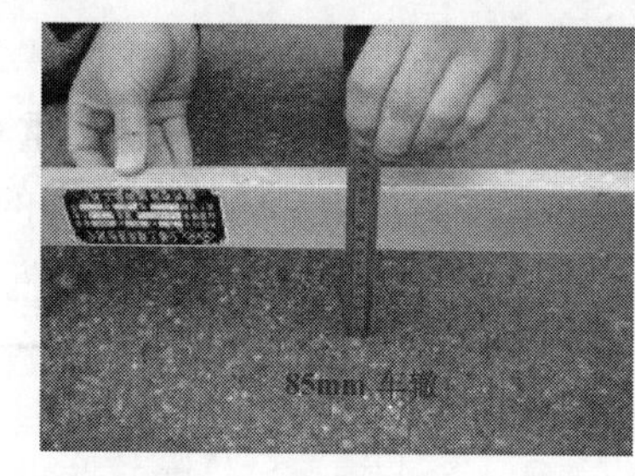

b)

图1　行车道严重车辙病害

2　车辙原因分析

车辙是沥青路面行车道轮迹带在车辆荷载反复作用下产生竖直方向上产生的永久变形的积累,较严重时两侧通常有鼓起变形。《公路技术状况评定标准》(JTG H20—2007)中把车辙定义为轮迹处深度大于10mm的纵向带状凹槽(辙槽)。10～15mm为轻车辙,15mm以上为重车辙。针对重载交通下山区高速车辙病害的特点,从交通量及交通组成、交通荷载、长大纵坡、沥青混合料高温稳定性能、持续高温几个方面分析其对车辙病害的影响。

2.1 交通量及组成、交通荷载的影响

(1)交通量及交通组成

本文分析的两条高速公路交通量及交通组成特点基本相同,交通量快速增长,小客车与载重车辆大约各占一半,载重车辆中5轴以上的G型大型重载车辆占80%以上。大型重载车辆行驶速度慢,一般为10~30km/h,几乎全部在行车道行驶。在夏季高温期间,交通量的快速增长、较高的大型重载车辆比例,加剧了车轮的振动冲击力及垂直荷载和水平荷载的剪应力共同作用,对沥青混合料产生剧烈的反复搓揉作用使车辙在短时间内形成。某高速公路通车在第二年五月下旬至六月上旬短短十几天时间内,在重载车轮的搓揉下,没有采用改性沥青的中面层沥青混合料的沥青膜完全剥落、部分石料破碎,像煤渣一样松散,路面破损情况十分严重。

(2)荷载接地压强

经过对两条高速公路主要收费站2轴4轮以上货车的轮胎充气压力进行的调查发现,重型车轮胎充气压力基本相同,在1.0~1.3MPa,较治超前没有多大变化,超过标准轮压的42.9%~85.7%。轮胎充气压力增大是为减小与路面的接触面积,达到快速行驶、节省轮胎的目的,有的甚至达到1.4MPa,与飞机的轮胎压力相同。

汽车的荷载是通过轮胎的胎面向路面传递的,传统的路面力学体系采用圆形均布荷载来表征车辆对路面的作用方式,实际研究表明,轮胎的接地形状介于矩形和椭圆形之间。路面结构的最大剪应力峰值随着轮载作用力分布形式的不同而有很大的差别。对于载重车轮胎,特别是荷载较大时,接地形状更接近于矩形,且随着荷载增加,矩形形状越明显,路面内的应力随荷载的变化呈明显的非均匀分布[3]。相对均匀分布的轮载作用力而言,非均匀分布使路面的最大剪应力有很大的增加,矩形非均匀分布的情况下,面层内部最大剪应力值约达圆形均匀分布下的3.05倍,矩形均匀分布下的2.63倍。大型重载车辆的轮胎压力在夏季高温下的搓揉作用使沥青混合料失稳产生流动变形。

(3)渠化交通

特殊的交通组成,行驶过程中超车车辆多为小型客车,重载车由于速度慢,多在行车道上行驶,尤其是在上坡路段,重载货车上坡路段一般车速为10~30km/h,有时甚至在20km/h以下,在超车道上行驶的概率很小,重载车辆在行车道行驶的概率几乎为100%,而沥青路面设计规范中双向四车道高速公路车道系数取0.4~0.5,即轴载40kN以上货车行驶在行车道的概率为40%~50%。高度的渠化交通使得沥青混合料失去了恢复弹性的时间,加剧了塑性变形。

2.2 长大纵坡的影响

图2为重载方向路面车辙与纵坡对照图,严重车辙病害路段大多位于连续爬坡路段,连续坡度路段坡顶附近因车辆换挡产生的水平附加力和轮胎温度高的原因车辙加剧,在变坡点附近的下坡路段也会产生严重车辙。

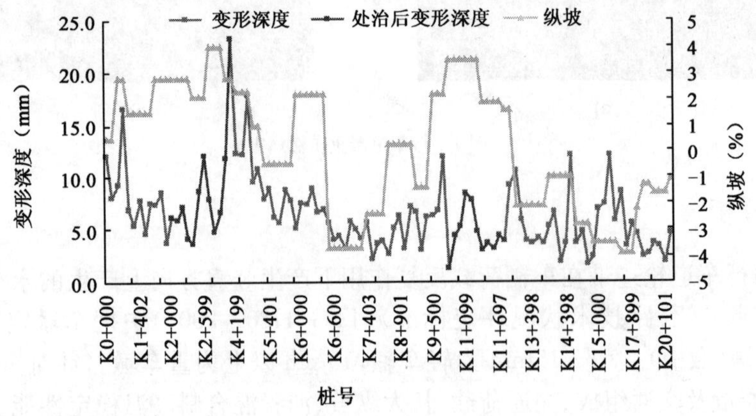

图2 重载方向路面车辙与纵坡对照图

在山区高速公路陡坡路段或连续上坡路段，重载车辆受纵坡的影响很大。一般来说，车辙问题主要考虑的是夏季高温作用下沥青路面材料在重载车辆作用下产生黏弹塑性的变化，而并未考虑车速及横向剪切的作用。调查发现，同一条高速公路车辙严重的区域多在长大纵坡路段，重载车辆在上坡路段的速度一般为10～30km/h，根据流变学的一般规律，应用温度与时间的换算法则，可以得出长时间承受荷载与高温条件等效，车辆如果以80km/h的设计速度行驶，对路面沥青层的作用时间约为0.025s，如果行驶速度只有20km/h，则对路面沥青层的作用时间约为0.15s，即以20km/h速度行驶产生的形变相当于80km/h速度行驶6遍所产生的形变，车速越小，车辙深度增加的幅度越大。同时，坡度的增大，车辆对路面产生的横向剪切作用随之增大，坡度越大，车速下降的越快，加速了路面流动变形的产生。另一方面，车辆在长大纵坡段行驶表现为车轮间歇的跳跃式前进，对路面产生附加的水平冲击力及振动荷载，使沥青混合料产生蠕变变形。因此，沥青路面在6～8月较高的温度和重轴载条件下，极易在短时间内发生失稳性车辙。

2.3　沥青混合料高温稳定性的影响

沥青混合料的高温稳定性受沥青黏结料的黏聚力和矿料内摩擦角两方面因素的影响，密级配沥青混合料受级配的影响很小。

调查分析结果表明，车辙病害与改性沥青混合料固有的高温稳定性有关，也与因工期或铺装气温低等原因生产的沥青混合料存在质量缺陷、高温稳定性差有关。

(1))改性沥青混合料的高温性能

表1和图3、图4为SBS改性沥青混合料动稳定度随温度或轮压的变化规律，试验结果表明，随温度的升高或轮压的增大，SBS改性沥青混合料动稳定度急剧降低。

5%的SBS改性AC-16沥青混合料60℃动稳定度随轮压的变化　表1

轮压(MPa)	0.70	0.90	1.10	1.25
动稳定度(次/mm)	7 000	5 780	3 913	1 984

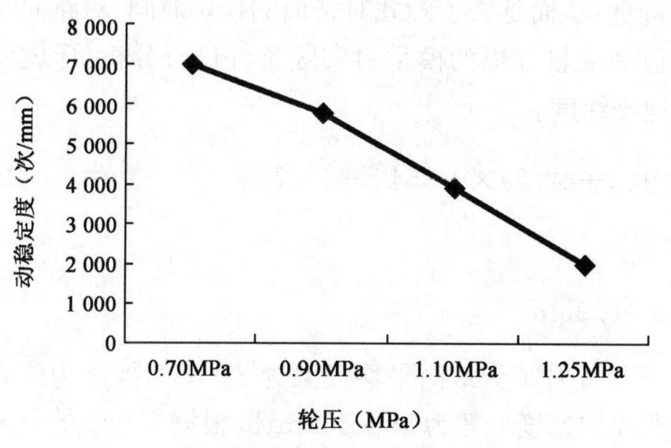

图3　5%SBS改性AC-16沥青混合料60℃动稳定度随轮压的变化情况

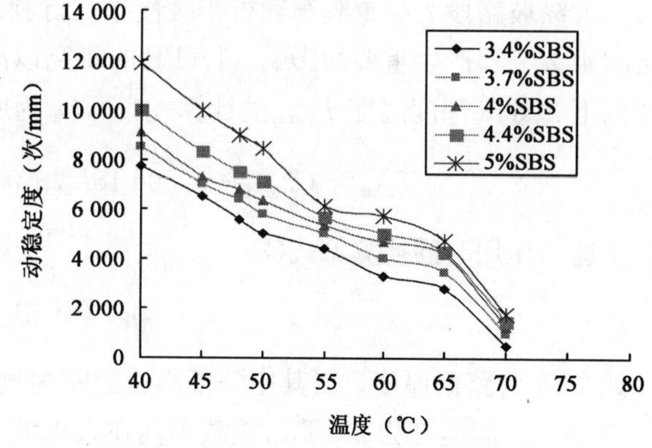

图4　AC-16 SBS改性沥青混合料试验温度对车辙动稳定度的影响

表2为AC-16基质沥青混合料动稳定度随温度的变化规律。沥青路面在路面温度小于沥青软化点(45℃左右)通常不会出现流动变形，对应普通非改性沥青混合料的动稳定度4 300次/mm，说明沥青混合料在高温及高轮压下(如70℃、0.70MPa或60℃、1.1～1.30MPa)的动稳定度大于4 000～5 000次/mm时才不会产生流动变形。5%的SBS改性沥青混合料动稳定度当温度升高70℃或轮压增至1.30MPa，会下降至小于2 000次/mm。说明5%的SBS改性沥青混合料用于重载交通下的长大纵坡路段，在严重高温天气条件下存在产生车辙的隐患。

AC-16基质沥青混合料不同温度车辙试验结果　表2

温度(℃)	30	35	40	45	50	55	60
动稳定度(次/mm)	11 200	5 950	4 765	4 300	3 060	1 367	1 089

(2)施工因素

高速公路路面施工质量控制期间部分上面层动稳定度不满足相关技术指标要求；而且，其中一条高速公路有相当一部分路段沥青面层是在气温比较低(要求不低于10℃)的10月下旬至12月中旬期间施工，虽然施工过程中采用了隔离剂、在中午施工等一系列提高路面压实度的保障措施，但改性沥青混合料质量和压实度都难以保障。2008年出现车辙病害，上面层回收沥青软化点仅有56℃左右，推算的拌和用沥青软化点在46℃左右，这与基质沥青软化点基本一致。这说明车辙病害与生产的改性沥青混合料高温稳定性不足有关。

2.4 持续高温的影响

6～8月是一年中气温最高的三个月份，月最高气温均达到了35～40℃，换算为路面以下2cm处高温为55～65℃以上。6月份最高气温在30℃以上的天数和最高气温持续在30℃以上的天数，都要大于其他月份。

夏季高温路面内部实际温度达60℃左右、纵坡的增大相当于温度的升高，随温度升高动稳定度迅速下降，当沥青混合料抗剪强度小于剪应力时将产生流动变形，高温使沥青混合料由于动稳定度不足产生流动变形，持续的高温使车辙在短时间内形成。

2.5 不同因素组合分析

在6～8月夏季高温季节，路面以下2cm处高温为60℃左右，山区重载交通高速公路平坡或坡度较小的一般路段车辙病害主要是基于大型重载车辆高轮压的作用，两条高速公路重载车辆荷载接地压强均在1.0～1.3MPa之间，当轮压从0.7MPa增大至1.25MPa时，5%SBS改性沥青混合料动稳定度从7 000次/mm降低到1 984次/mm，降低幅度达72%，沥青路面在夏季高温的高轮压作用下势必产生高温流动变形，这对于车辙病害的发生是致命的。

对于山区重载交通高速公路长大纵坡路段，承受着较高的大型重载车辆比例、高轮压、重载车辆行驶速度低、高度渠化交通、持续高温的不利组合影响，其中以重载车辆高轮压、行驶速度低对车辙病害的产生影响最大。大纵坡路段大型重载车辆行车缓慢导致行驶速度降低，从而延长了轴载对路面的作用时间，对路面结构层的永久变形产生重要的影响。LTPP的研究以净热流和能量守恒的模型对实际条件进行分析，形成路表面以下20mm深度温度T_{20mm}的计算式(1)，L_{at}为所在地理纬度。

$$T_{20mm}=(T_{空气}-0.006\,18L_{at}^2+0.228\,9L_{at}+42.2)\times 0.954\,5-17.78 \tag{1}$$

车速与作用时间换算见式(2)

$$\lg t=0.5h-0.2-0.9\lg v \tag{2}$$

式中，h为路面厚度。以其中一条高速公路为例，2009年6月7天最高平均气温为37.6℃，换算为路表以下20mm路面温度为58.8℃；重载车辆在大纵坡上坡路段的速度一般为10～30km/h，根据流变学的一般规律，应用温度与时间的换算法则，长时间承受荷载与高温条件等效。取行驶速度20km/h，则对路面沥青层的作用时间约为0.15s，应用时间—温度换算法则[4]：Williams-Landel-Ferry方程，见式(3)

$$\lg\alpha_t=\frac{-C_1(T-T_g)}{C_2+T+T_g} \tag{3}$$

式中，$T_g=-27.0$℃，$C_1=17.4$，$C_2=51.6$，计算等效于正常车速80km/h行驶、车辆对路面产生相同的塑性变形时，路面沥青混合料的作用温度T_{80}，可得$T_{80}=71.0$℃。也就是说当车辆以20km/h速度行驶时，相当于以正常车速80km/h行驶条件下路面温度升高12.2℃，5%的SBS改性沥青混合料的70.0℃动稳定度不足2 000次/mm，再加之高度渠化的重载车辆1.0～1.3MPa高轮压的搓揉作用，沥青路面产生严重的失稳性车辙。

由此可见，高度渠化的重载交通(高轮压、重轴载、几乎所有大型重载车辆在行车道行驶)、长大纵坡及持续高温最不利组合的外部因素和沥青混合料高温稳定性不足的内部因素是产生车辙的根本原因。

3　车辙防治措施与对策

结合以上车辙原因分析及高速公路路面实践经验，根据沥青路面结构的受力持点，针对不利的交通、气候、地形等条件，从路面结构选择、沥青混合料设计、路线纵断设计、超限治理、施工控制等多个方面入手，提出重载交通下山区高速公路沥青路面车辙防治措施与对策。

3.1　重载交通下沥青路面结构的选择

路面结构的选择应结合交通、气候、地方材料、技术可行性和成熟度、经济性能及投资情况综合比较论证确定，坚持“路面结构形式多样化原则”，建议在投资宽裕的情况下可选择性的修建柔性基层（半柔半刚组合基层）沥青路面、连续配筋水泥混凝土复合式沥青路面。半刚性基层通过多年的实践技术成熟，也应作为主要选择的重载交通路面结构之一。

3.2　抗车辙沥青混合料特殊设计

重载、长大纵坡、高温等诸多外部不利因素对山区重载交通高速公路沥青路面的高温抗车辙性能提出了很高的要求，材料、级配、施工工艺等是影响沥青路面高温稳定性的主要因素，其中最关键的因素是沥青黏结料的高温稳定性。

从交通量调查结果和改性沥青混合料试验研究结果可得出，大型车辆车轮压力对沥青混合料产生的流动变形的影响较车辆通过次数显著的多。另当轮压在1.05MPa、超过标准轮压（0.7 MPa）50%以下时，5% SBS改性沥青混合料动稳定度大于4 000次/mm，与普通沥青混合料在45℃时的动稳定度相当，此时不会产生流动变形，可以初步将以通行轮压在0.7～1.05MPa的载重车辆为主的路段定义为重载交通，以通行轮压大于1.05MPa载重车辆为主的路段定义为特重载交通路段。由此两条高速公路可定义为特重载交通路段。

建议特重载交通路段（含平坡、上坡、下坡的全部路段）以及重载交通≥2.5%纵坡、300m坡长以上的长大纵坡路段沥青面层采用特殊设计的抗车辙沥青混合料。建议70℃、0.7MPa动稳定度指标大于5 000～6 000次/mm，对特重载交通或处于炎热地区的重载交通2%纵坡、300m长大纵坡路段，建议沥青碎石柔性基层（柔性基层沥青路面）或沥青下面层（半刚性基层沥青路面）也适当改性，即三层改性，60℃、0.7MPa动稳定度指标大于3 500次/mm。

3.3　优化长大纵坡路段设计

由车辙成因分析可知，结合时温等效换算法则，重载车辆在长大纵坡路段行驶相当于路面温度升高，导致沥青混合料高温稳定性急剧降低，加速了车辙病害的产生。当前在建及待建的高速公路多为山区高速公路，纵断高程起伏比较大，因此建议在造价增加不多的前提下尽量减少长大纵坡路段，当受地形所限不可避免设计为长大纵坡时，可以设置爬坡车道，对爬坡车道沥青面层进行专门设计。

3.4　增加重载车辆轮压控制指标

重载车辆轮压对沥青路面高温流动变形的影响远胜于交通量，在夏季高温条件下对车辙病害的产生是致命的。目前，“检测系统”显示的车货总重基本无超载，而重载车辆的轮胎充气压力较治超前并没有减小。重载车辆对沥青路面上部两层的沥青混合料的剪切搓揉作用，车轮轮胎后部作用主要影响上面层，两侧作用影响中面层或下面层，轮胎花纹凸起等轮压的不均匀分布加重了车辆的剪切搓揉作用。重载车辆高轮压产生的剪应力在夏季高温期使得沥青面层发生失稳性车辙，建议对重车轮压进行控制，以减少路面建设养护成本，并减少因爆胎产生的安全隐患。

3.5　合理安排工期并避免“赶工”

在高温下快速碾压密实是沥青面层施工的关键，沥青面层应在5～9月上旬进行铺装，最佳铺装时间是5～7月，部分气温较高的地区可推迟至9月下旬，并避免抢工期。特殊情况需在9月中旬以后铺装的，9月中旬至十月上旬应在上午9点到下午4点之间铺装；局部路段需在10月中旬至12月底铺装的，建议采用专门设计加工的特殊低温施工沥青混合料。

4 结语

沥青路面的车辙病害已成为重载交通下山区高速公路最主要的典型病害，严重影响了行车安全性和路面使用寿命。本文结合两条典型重载交通山区高速公路的车辙病害形成特点，针对其特定的交通、气候、地形条件及沥青混合料自身的高温稳定性进行车辙成因分析，总结得出高度渠化的重载交通(高轮压、重轴载、几乎所有大型重载车辆在行车道行驶)、长大纵坡及持续高温最不利组合的外部因素和沥青混合料高温稳定性不足的内部因素是产生车辙的根本原因，并由此从路面结构选择、沥青混合料设计、路线纵断设计、超限治理、施工控制等多个方面入手，提出重载交通下山区高速公路沥青路面车辙防治措施与对策。

参考文献

[1] 申爱琴，王娜，李明国，等. 高速公路SMA混合料高温稳定性及影响因素[J]. 长安大学学报(自然科学版)，2006，26(1)：1-7.

[2] 孙立军，等. 沥青路面结构行为理论[M]. 上海：同济大学出版社，2003.

[3] 李明国，牛晓霞，申爱琴，等. 山区高速公路沥青路面的抗车辙能力[J]. 长安大学学报(自然科学版)2006，26(6)：19-22.

钢—混组合箱梁桥设计与施工

冯建刚[1]　秦志军[2]　赵秀文[1]

（1. 山西忻阜高速公路建设管理处　山西　035500；
2. 山西省交通规划勘察设计院　山西　030012）

摘　要：本文依托忻州至阜平高速公路忻州至长城岭段钢—混组合梁桥的情况，针对钢—混组合梁的计算原则、设计要点以及在施工中的工艺进行了较为系统的阐述，作为在山西省首次应用的结构形式，相信今后将在更多的桥梁中得到广泛的应用。

关键词：钢—混组合梁　设计　施工

1　概述

随着高速公路建设的蓬勃发展，高速公路路网得以逐步完善，高速公路之间的交叉遍地丛生，枢纽互通中跨线桥将大量出现。在以往的设计中，多采用装配式结构、现浇混凝土梁结构等结构形式，但都存在很多不足之处。装配式结构跨越能力有限、美观效果差；现浇结构上部结构施工工期较长，对已有高速公路的影响和干扰较大，斜拉、拱式结构因受桥梁宽度、高度、造价等因素的影响采用较少。组合结构同钢筋混凝土相比，可以减轻自重，增加有效使用空间，节省立模工序和模板，缩短施工周期，增加构件和结构的延性等；同钢结构相比可以减少用钢量，增大刚度，增加稳定性和整体性。

随着道路等级的提高和建设规模的扩大，桥梁呈现桥型不断多样化、结构不断轻型化的发展趋势，在这种背景下，组合结构具有显著的经济和社会效益，将成为桥梁结构体系发展的一个新方向。

2　工程实例简介

本文以忻阜高速公路第一合同段秦城枢纽 H 匝道跨线桥计算设计过程为工程实例。秦城枢纽为忻阜高速和大运高速公路交叉而设置，是忻阜高速公路的重点工程。其中，H 匝道桥为枢纽互通中跨越原太高速公路的跨线桥，桥跨布置形式为：上部结构采用 28.5m＋45m＋28.5m 钢—混组合梁结构，起点桩号为 HK0＋564，终点桩号为 HK0＋674，全长为 110.00m。其中，H 匝道桥按 3 车道设计，标准横断面为 0.50m（外侧护栏）＋9.50m（机动车道）＋0.50m（外侧护栏），桥面宽度为 10.50m，并位于半径为 R＝260.00m 曲线上。桥梁断面如图 1 所示。

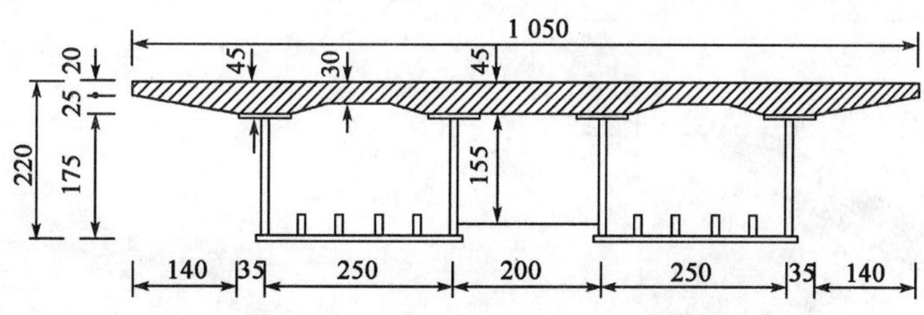

图 1　秦城枢纽 H 匝道跨线桥桥梁断面（尺寸单位：cm）

3　钢—混组合梁的计算

3.1　模型计算参数选择

上部结构采用 MIDAS. CiVil 进行了结构计算，其中，钢梁部分用板单元模拟和混凝土板采用实体单元模拟；并利用 MIDAS 的抗震分析功能对模型进行了抗震分析，依据结果进行了墩桩配筋设计，建模时考虑了弯曲半径的影响。

(1)荷载参数

荷载参数取值如下：

车辆荷载等级：公路—I级。

一期恒载：主要是钢箱梁、桥面板、混凝土箱梁自重。混凝土密度取 2.6t/m^3，其中混凝土箱梁按实际断面计取质量；横隔梁、钢横隔板和肋板、按集中力施加。

二期恒载：包括防撞护栏和桥面铺装，仅作为恒载面施加，不参与结构受力。

温度作用：钢—混组合梁用板单元和实体单元建模考虑单元桥面板整体升温 10℃，降温 5℃。

(2)结构空间计算模型

本计算模型梁单元 870 个，板单元 4 108 个，实体单元 2 812 个。模型图如图 2 所示。

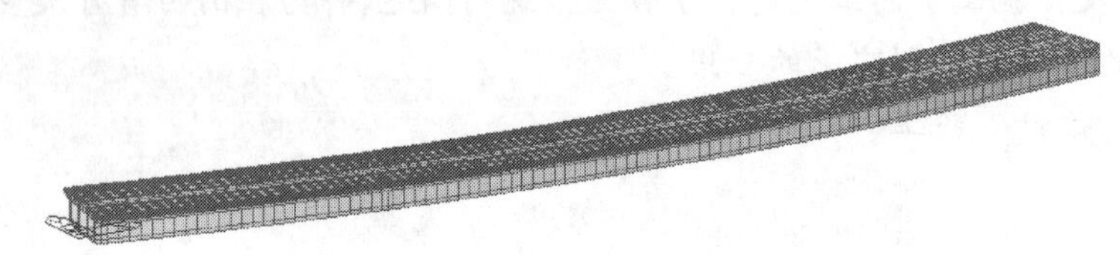

图 2　结构空间计算模型图

本桥按 A 类构件控制设计。为减小墩顶负弯矩区拉应力，本桥采取了在支架上钢箱吊装拼接完成后，放松临时支撑，并形成连续体系，然后浇筑跨中和边跨混凝土，进行边中跨压重(压重大约同二期恒载，施工时应根据实际效果进行调整)，然后浇筑墩顶混凝土，卸载压重后，充分利用钢材的特性，对墩顶的混凝土产生预压作用，以减少负弯矩区的拉应力。然后再进行张拉顶板预应力、二期铺装、护栏加载等后续工作。

3.2　主要计算过程

(1)施工阶段至运营阶段钢箱板单元的应力

设计时，分别对钢箱梁板单元跨中钢箱施工板单元应力、边跨钢箱施工板单元应力、浇筑墩顶底板混凝土板单元应力、拆除临时支撑板单元应力、浇筑跨中混凝土板单元应力、浇筑边跨混凝土板单元应力、边中跨压重板单元应力、浇筑墩顶混凝土板单元应力、拆除压重板单元应力、预应力施工板单元应力、二期荷载施工应力、成桥状态应力、承载力极限状态应力、长期和短期包络应力、弹性阶段的组合应力进行了计算，承载力极限状态应力如图 3 所示。

(2)施工阶段至运营阶段混凝土实体单元的应力

设计时，分别对混凝土实体单元浇筑中跨混凝土实体应力、浇筑边跨混凝土实体应力、边中跨压重混凝土应力、浇筑墩顶混凝土、拆除压重、施工预应力、成桥状态应力、承载力极限状态应力、长期和短期包络应力、弹性阶段包络应力进行了计算，承载力极限状态应力如图 4 所示。

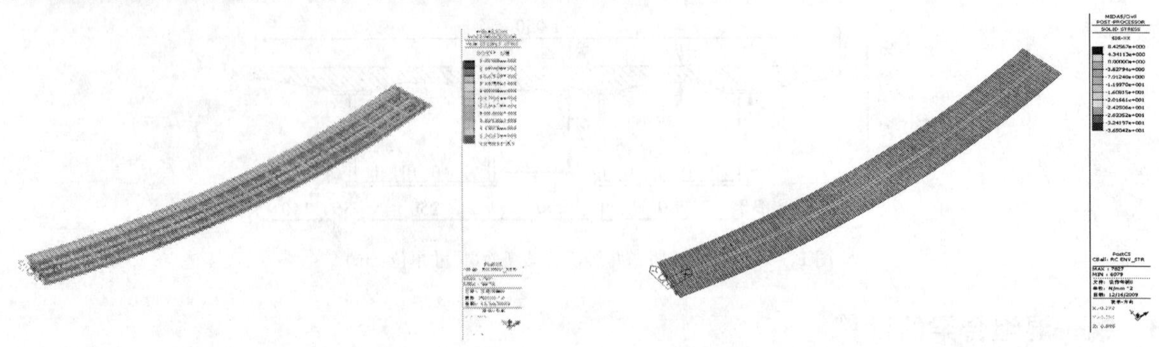

图 3　承载力极限状态应力图　　　　图 4　承载力包络应力图

3.3　计算结论

(1)应力

根据以上各阶段应力计算，本连续钢—混凝土叠合梁钢结构中，成桥状态钢箱墩顶位置截面上缘最大拉应力为88MPa，墩顶下缘的最大压应力为63MPa；承载力包络钢箱墩顶位置截面上缘最大拉应力为120MPa，墩顶下缘的最大压应力为77MPa；长期和短期包络钢箱墩顶位置截面上缘最大拉应力为95MPa，墩顶下缘的最大压应力为64MPa；弹性阶段包络钢箱墩顶位置截面上缘最大拉应力为98MPa，墩顶下缘的最大压应力为65MPa。混凝土的成桥应力为压应力2～6MPa，弹性阶段混凝土压应力在5～10MPa，因此设计满足相关规范要求。

(2)挠度

恒载挠度：连续梁最大挠度位于中跨跨中位置，$V_{恒载}=4.7\text{cm}$。

活载挠度：连续梁最大挠度位于中跨跨中位置，$V_{活载}=1.4\text{cm}$。

恒活载挠度：连续梁最大挠度位于中跨跨中位置，$V_{恒载}+V_{活载}=6.1\text{cm}$。

根据上述计算结果：

$$V_{活载}=1.4\text{cm}<4\,500/600=7.5\text{cm}，连续梁满足刚度要求。$$

$$V_{恒载}+V_{活载}=6.1\text{cm}<4\,500/600=2.81\text{cm}，需要设置预拱度。$$

预拱度的值$=V_{恒载}+\frac{1}{2}V_{活载}=5.4\text{cm}$，按抛物线变化进行设计。

3.4　主要材料及结构形式

桥面板选用C50混凝土现浇而成，槽形截面钢箱梁采用Q345E钢板拼装焊接而成，槽形截面钢箱梁和现浇混凝土桥面板之间依靠焊接在钢箱梁上翼缘板的剪力钉连接件将钢梁与桥面板接合在一起共同工作，设计常选用的圆柱头焊钉连接件，尺寸为ϕ22mm×170mm，其尺寸、化学成分、机械性能应符合《电弧螺柱焊用圆柱头焊钉》(GB 10433—2002)规定。

为了增加箱形截面钢梁的稳定、刚度和抗扭性能，在全梁范围内设置横膈板、腹板纵向加劲肋、竖向加劲肋，同时为保证主梁的整体性及合理的受力性能，主梁之间设置横向联系。设计时由受力和构造等因素确定合适的形式和间距。横隔梁以及混凝土填充段采用C50补偿收缩混凝土，为了保证钢—混组合箱梁桥结构的耐久性，需要在桥梁整体组装焊接完后，经检查合格后再进行喷砂、涂装。

4　钢—混组合梁的施工

4.1　全桥施工工序流程

(1)现场搭设胎具进行A、B、C梁段制作。

(2)用吊车将A、B、C梁段架设到位，并在支架上用高强螺栓完成拼接。

(3)填充钢箱内部无收缩混凝土，同时浇筑除墩顶6m范围内的其他现浇桥面板。

(4)从跨中向桥墩方向顺序放松临时支撑，形成连续体系；然后对边中跨进行加载配重(根据压重实际效果确定配重荷载值)，同时浇筑墩顶部分现浇桥面板，形成全截面。

(5)拆除边中跨配重，然后张拉墩顶负弯矩区桥面板预应力钢束，张拉完成后进行孔道灌浆。

(6)桥面铺装，浇筑护栏，安装桥面系附属构造，主桥竣工。

4.2　槽形截面钢箱梁组成及整体组装流程

钢箱梁部分由T形梁、底板纵筋、竖向加劲、磨光顶紧板、托垫板、底板、横隔板和联梁等部分组成，各主要单元制作工艺除有特别注意事项，整体组装流程如下：

(1)组装顺序：底板上胎——钢箱梁中部隔板——穿底板纵向加劲肋——钢箱梁两侧隔板——穿底板纵向加劲肋——装配T形梁——装配腹板竖向加劲肋——隔板与底板焊缝焊接——隔板与腹板间焊缝焊接——加劲肋焊接——底板与腹板主焊缝焊接——节点螺栓孔加工——栓钉焊接。

(2)隔板与加劲肋组装时，应在底板上画线，画出装配位置。划线时隔板间距应加1mm焊接收缩量。

(3)焊接顺序：隔板焊接——加劲肋的焊接——底板与腹板主焊缝焊接——栓钉焊接。

①隔板焊接

先进行隔板顶板与T形梁顶板的焊接，然后进行隔板与底板的焊接，焊接顺序为每块隔板由中间向两侧退焊。整个钢横梁的隔板由横梁中部向两端对称退焊。所有隔板与T形梁顶板和底板焊接后，进行与腹板的焊接，由横梁中部向两端对称退焊。

②加劲肋的焊接

隔板焊接后，进行底板纵向加劲肋的焊接，由钢横梁中部向两端退焊，然后进行腹板竖向加劲肋的焊接。

③底板与腹板主焊缝焊接

底板与腹板主焊缝焊接，由钢横梁中部向两端对称退焊。

④栓钉焊接

栓钉尺寸为ϕ22mm剪力钉，采用螺柱焊，栓钉焊后高度偏差应在±2.0mm以内，垂直度偏差应在5°以下。

5 钢—混组合梁桥优缺点

5.1 优点

(1)钢—混组合梁具有轻巧、强度高、便于连接的特点，用钢材作成的桥梁，可分段制作，架梁时采用焊接或螺栓连接，解决了起重吨位过大的问题，而且有足够的强度保证结构安全；桥梁既轻巧、又便于安装，而且美观，也便于满足较大跨度对强度、韧性等要求。

(2)钢—混组合梁产品易于实现工厂化、流水线化作业，可减少野外施工时间，改善工人作业环境，而且有利于缩短工程周期。一般都在专业化的工厂中，使用各种机械制造钢桥梁的部件，速度快而且精度高。把工件运到工地拼装，工期短且不受季节限制。

(3)钢—混组合梁还是一种环保产品，既可避免现场混凝土施工带来的环境污染，达到使用年限后报废时可进行回收回炉，避免产生建筑垃圾。

5.2 缺点

(1)钢—混组合梁中钢结构部分耐腐蚀性差，需经常检查、除锈并涂上合格的油漆。

(2)钢—混组合梁中钢结构部分的耐火性不够好。

6 结语

钢—混组合梁是钢与混凝土通过黏结和连接件相互结合，共同承担作用力的构件或结构，以其整体受力的优越性、发挥两种材料各自优势以及便于施工的显著优点，在本项目中得以应用，作为跨越高速的立交桥大大减少了现有公路的运营干扰，保证了施工和通行车辆的安全，但与相同跨径的混凝土梁桥进行对比，下部结构造价降低15%，但上部结构造价增加，接近80%之多，桥梁整体造价将无疑增加，通过在忻州—阜平高速公路中的应用实践，为立交桥梁设计多了一个选择，为山西省在钢—混组合梁方向的发展提供了一份宝贵的经验。随着国民经济的发展和对基础设施投入的不断加大，以及钢产量的不断增加，鉴于上述优点，钢—混组合梁的应用范围会不断扩大，将在桥梁建设领域有更为广阔的发展空间。

参考文献

[1]《全国桥梁学术会议论文集》编委会.全国桥梁学术会议论文集[M].北京：人民交通出版社，2009.

高速公路地方性石料的勘探、选址与加工

牛玺荣[1]　焦建明[2]　刘少文[1]

(1. 山西省交通科学研究院　山西　030006；

2. 山西省忻阜高速公路建设管理处　山西　035500)

摘　要：为了认真贯彻“因地制宜、就地取材”的公路建设理念，最大程度地降低公路造价，特别是在公路建设大发展、筑路材料日趋匮乏的背景下，充分开发、利用地方性筑路材料，显得尤为迫切和必要。本文通过对大量地方性筑路材料的调查以及其在实体工程的应用，从石料的勘察和选址原则、调查和取样原则、料场的选择方法、料场的评价、集料的加工等几方面对公路地方性石料的开发和应用做了较全面的阐述，并就地方性筑路材料开发和应用存在的问题和发展前景进行了讨论和展望。

关键词：地方性材料　开发应用　原则　方法

1　引言

近几年山西公路建设，特别是高速公路的建设，正在以前所未有的速度向前推进。可以说，山西公路建设事业已经进入了省政府“转型发展和跨越发展”大背景下的关键时期。山西省规划高速公路 6 800km，据不完全统计，2009 年山西省高速公路建设完成投资 392 亿元，为 2008 年的 9.7 倍，全国排名第二，截至 2009 年年底山西省高速公路在建里程达 2 000 多千米。据交通主管部门公布的情况，高速公路在 2009 年开工 2 000多千米的基础上，2010 年将再开工 1 000km，并计划建成通车 1 000km，使全省高速公路达到 3 000km，计划至 2013 年达到 5 000km，到 2020 年最终完成 6 800km 高速公路的建设。

大量的待建项目对各类路用材料的需求量将日益增大。山西待建公路大部分位于山岭重丘区，可利用的筑路材料资源有限，或者使用条件不成熟(运距远，储量有限)，远不能满足现在的公路建设需要。省内虽然不缺少筑路材料资源，但缺少优质、廉价、便利的路用材料，更缺少针对公路的集料料场，如此现状造成了路用材料选择难度大、使用成本高的现状。

为了贯彻“构建资源节约型和环境友好型社会”的方针政策，广大公路工作者应始终将公路建设和环境保护放到同等重要的位置，真正实现公路建设又好又快地发展。以遵循这一理念为先导，文章结合山西忻(州)阜(平)高速公路(交通运输部科技示范项目)的建设，在总结已取得的阶段性研究成果的基础上，提出了路用材料资源的勘探、选址与加工的一般原则和方法，可供公路建设项目的实施提供必要的借鉴和参考，也可为类似项目的工程可行性研究阶段、初步设计阶段、施工阶段以及养护阶段料场的选择提供一定理论依据。

2　勘查和选址的原则

筑路材料质量的优差和运距的长短直接影响着工程的质量和造价，所以必须重视路用材料资源的普查和料场的勘探和选址。

根据路用材料的特点，路用材料料场勘查和选址应遵循以下原则：

(1)经济合理原则。路用材料用量大且需求沿线状分布，单价要求低，控制生产成本十分重要。要求所选料场交通便利，运距短；开采简便，剥采比小；易加工，产品成品率高；矿石硬度适合，对机械的磨损较小。

(2)技术指标优先原则。路用材料的技术指标对公路建设的工程质量影响重大，应确保工程质量。路用材料的选择要根据行业标准及以往的路用材料使用经验。

(3)生态环境保护和少占农田原则。环境保护是我国的一项基本国策。路用材料资源的选择要符合该原则要求,尤其在生态脆弱的地区。在条件许可时,优先选择矿山尾矿、工业废渣。开采岩石是一项人类破坏生态环境的生产活动,开采时应将这种破坏程度减少到最小,避开风景名胜旅游区及选择公路两侧目视视域之外的地区。

(4)沿用已有料场原则。在公路建设范围内,如果已有集料矿山,要优先研究该料场是否符合公路建设的要求,如能满足要求,优先选用。

(5)生态恢复,再造农田,再造景观。

3 资源普查

路用材料资源调查一般以地区、县为单位。将公路地方性材料进行划分和合并,一般来讲,主要岩石类型确定后,其中夹有其他岩石类型不超过 20%时,则不单独划分。调查和采样原则如下:

(1)在空间上,采样点应在拟建或拟扩建公路沿线较均匀布置,两个样点间距原则上应小于 50km,采样和调研范围主要在公路的两侧 30km 之内。调查和采样应优先考虑公路沿线现有的各种料场(如现有的建筑、道渣、冶金等采碎石采场、集料采场、河滩河卵石采场)。

(2)在拟建公路两侧的选点调查和采样可兼顾不同的岩石类型,使得同一采样位置点附近有两种以上可用岩石。

(3)调查和采样应重点考虑优质集料,即硬度大、压碎值小、黏附力强、磨光值大的集料。因此要求岩石样品首先应为无风化的新鲜岩石,从岩石类型来看,优质集料岩石从好到差大致为玄武岩、辉绿岩→厚层灰岩、白云岩→中酸性侵入体岩石、火山岩→砂岩→变质岩。

(4)采样岩石应具有一定规模(大于 600 万吨),采样点应具有相对较好开采和运输条件,利用率大于 80%,最低不能小于 60%。支线距离不得超过 50km。

(5)砂石、砾石、河卵石集料主要分布于河流流域和洪坡积扇区域,由于其在公路工程中用量非常大,因此每条公路均应布置有卵石和砂采样点。

4 料场的选择

料场可以分为抗滑集料料场、普通沥青路面集料料场、水泥混凝土路面集料料场、基层材料料场以及填土用料场(取土坑)。从对集料技术指标以及集料寻找难度上来讲,也依次为:抗滑集料料场、普通沥青路面集料料场、水泥混凝土路面集料料场、基层材料料场。取土坑的要求则属于另外一类。

对于料场的选择来说,首先在地质、地貌上进行筛选,寻找出潜在的料场资料,然后再综合考虑路用性能、运距及运输便捷程度,以确定最终合理的料场。

在野外工作前,应收集沿线 1∶20 万区域地质图、第四纪地质图和地貌图。地貌是地质构造、岩性、气候和外动力作用的综合产物。首先根据地貌图进行判断,不同地貌分布的集料也有所不同。从大的方面来讲,岩浆岩、变质岩一般分布在山麓、盆地的边缘。

在平原、盆地边缘的丘陵区、山地及山间河谷地带,地面切割程度较大,剥蚀过程大于堆积过程,则覆盖层薄,基岩广泛外露,容易辨别出有用层、剥离层以及无用夹层。

在外动力作用下山体的搬运分为洪积区、洪冲混合区以及冲积区。洪积区常出现砾石、漂石,但分选性差,而冲击区级配较为均匀。一般在山前谷口、山麓及分水岭地带经常出现洪积、坡积或残积的天然碎石。在现代河谷及古河床地带、阶地、宽河漫滩、河曲突岸等地貌部位,经常能够出现天然砂砾、卵石材。

在充分利用地貌、地形基础上,根据地质图,尤其是 1∶20 万区域地质图,可以起到事半功倍的作用。普通地质图根据露头情况进行填图,而区域地质图不仅包含有岩石露头信息,而且还包括地层剖面信息,地层年代与岩石品种关系见表 1。从地质构造上来讲,以下规律有助于寻找潜在料场:从地层生成年代上来看,对于岩浆岩来说,超基性、基性一般存在于古生代地层中,花岗岩存在于新生代中。对于变质岩来说,片麻岩存在于古生代地层中,石英岩则出现在中生代地层。对于沉积岩来说,则没有地层年代对应的规律。

地层年代与岩石品种关系表　　表1

地层年代	岩浆岩	SiO_2含量	变质岩
第四纪	—	↑ SiO_2增加	—
新生代	花岗岩		—
中生代	—		石英岩
古生代	超基性、基性		片麻岩

从生成原因上分析，沉积岩可分为海相和陆相。一般灰岩、白云岩属于海相。陆相的岩石种类有砂(砾)岩、页岩以及泥岩。

由于岩石存在共生现象，许多岩石存在共生配对，见表2。

岩石共生对应表　　表2

岩石类型	共生配对	
沉积岩	砂(砾)岩	泥岩
	白云岩	灰岩
岩浆岩	超基性岩	基性岩
	安山岩	流纹岩
	玄武岩	安山岩
	闪长岩	花岗岩
变质岩	片麻岩	片岩

对于取土坑的选择来说，在温湿气候区内的花岗岩、泥岩砂(砾)岩分布带上可以找到含土成分高的山砂、砂砾。黏性土分布在化学风化较为严重的湿热气候分区。

5　料场的评价

在料场选址时应考虑许多条件，料场评价是最终的评估，是决定是否建立料场的核心步骤。

5.1　开采条件

料场的评价，首先是开采条件的评价。开采条件包括运输条件、开采率、储量以及集料的工程地质、水文地质条件。一个料场的运输条件极为重要，首先判断有无公路、便道，铺设便道费用如何。其次是开采率，是指在计划范围内除去覆盖层以及夹层的的比例，一般地区开采率不低于80%。开采率还包括集料破碎的成品率，如果成品率太低，则放弃。岩体中存在原生节理或构造裂隙，或层状构造的岩层，或斜坡倾向一致，或呈水平状产出，有利于开采，但裂隙过密会限制材料的技术性能。地下水位的高低会影响砂砾材料的采掘深度，河漫滩、低阶地等河滨砂砾石产地，在洪水季节，有可能全部被洪水淹没而难以采集，所以应说明开采季节。

5.2　性能评价

选取有代表性的试样进行路用性能评价，根据集料的用途不同，按不同的规范进行评判。

5.3　储量评价

产地储量的计算，以料场各勘探点控制区作为边界线，计算材料的储量。一般储量的计算分为三种，分别为算术平均法、平行断面法和三角法。

6　集料加工

6.1　加工方法

集料的物理特征和化学特征决定了岩石路用性能的好坏，集料的物理特征和化学特征是集料的内在特性。而岩石的加工特性是集料的外在特性，受内在特性和加工工艺的影响。粒型是公路集料最重要的外在特征之一，除了受破碎加工方式影响外，主要取决于集料的岩石类型、结构和构造。

岩浆岩中的侵入岩，构造位致密，矿物结晶完全，结构为全晶质，中粗粒均质，均匀，接近各向同性，具有较好加工粒型，经破碎后易获得接近立方体形态。在混凝土中使用强度高。常见的岩石为辉绿岩、玄武岩、花岗岩、闪长岩、安山岩等。试验还表明，基性岩浆岩的柔性好于酸性岩石，更易获得较好的粒型，而酸性岩石破碎的相对棱角锐。沉积岩具有层状构造，对于稳定厚层的沉积岩来讲，常常可以获得较好的破碎粒型，而薄层沉积岩往往容易产生较多的片状颗粒形态。变质岩的粒型相对复杂，不同的变质岩石类型其粒型差别较大。一般来将，破碎后的粒型依次为片麻岩、片岩、板岩、千枚岩顺序，粒型越来越差。

岩石的构造和结构是影响集料粒型的重要因素之一。一般来讲，块状构造岩石好于条带状构造、片状构造。片理发育的岩石或构造节理较多的岩石破碎后的粒型较差。而结构较粗的岩石经破碎后，颗粒棱角少，破碎面多，但表面粗糙，破碎过程中破损率较高。结果较细的岩石破碎后，易产生贝壳状断口，颗粒棱角较多，破碎面少，粒型变差。

对于不同材质的石料，应根据材质条件的不同选择设备。一般对于材质较软的岩石，可以采用二级破碎。但对坚硬石料粉碎至较小规格，采用传统的两级破碎难度较大，尤其是针片状颗粒含量＜15%的要求难以达到。对于硬质岩石破碎的设备，以反击式和圆锥式相结合为好。反击式破碎机具有颗粒状态好的优点，但要求生产小规格石料时，效率明显下降，且板磨损严重，生产成本高。圆锥式破碎机则有破碎比大、生产效率高，粒度均匀等优点，但针片状含量偏大。为此，宜采用三种破碎机（鄂式、反击式与圆锥式）组合的工艺流程方案，用圆锥式破碎机作第三级破碎来弥补反击式第二级破碎的不足，通过调整二级破碎与三级破碎之间的比例来控制针片状颗粒含量，既能保证产量，又相对降低成本。对于面层为沥青混凝土的高速公路或一级公路，对于其在生产石屑过程中，应该增加3mm筛，将石屑分为3～5mm和0～3mm两挡，同时建议安装除尘设备以降低石屑的含泥量。

6.2　关于集料的粒型

在Superpave设计法中有关于粗集料角砾性规定见表3。

Superpave集料规范范围　　　　表3

交通量（百万ESAL）	粗集料棱角		细集料棱角		针片状含量（%）	黏土含量（%）
	表面以下＜100		＞100		＜100	＞100
＜0.3	55/—	—/—	—	—	—	40
＜1	65/—	—/—	40	—	—	40
＜3	75/—	50/—	40	40	10	40
＜10	85/80	60/—	45	40	10	45
＜30	95/90	85/75	45	40	10	45
＜100	100/100	95/90	45	45	10	50
≥100	100/100	100/100	45	45	10	50

注：表中"85/80"表示85%的粗集料有一个或一个以上的破碎面，80%的粗集料有两个或两个以上的破碎面。

对破碎的碎石集料而言，破碎面都能满足各种关于破碎砾石的破碎面积要求。但对于砾石来说，为了提高砾石混凝土的高温稳定性，需外掺破碎的砾石，或者必须将所有的砾石破碎，可参考美国的相关方法来要求。美国相关（ASTM D 5821）方法中关于确定破碎集料百分比的试验方法中规定，破碎集料的定义为集料破碎面的投影面积应大于集料最大横截面积的1/4，计算破碎集料百分比的方法是：

$$P=\frac{F+\frac{Q}{2}}{F+Q+N}\times 100\%$$

式中：P——规定数量的破碎面的颗粒百分比；

F——具有规定破碎数量的破碎集料的颗粒数或质量；

Q——不明确是否属于破碎集料的颗粒数或质量；

N——非破碎集料中不满足破碎集料要求的集料颗粒数或质量。

我国现行标准和规范尚未明确对集料的破碎面作出明确要求，应结合中国的国情，参考国外的经验，提出检测方便、使用操作性强的评价集料破碎面的指标。

7　结语

通过忻阜高速公路的实际应用，可以看出提高路用石料开发和利用的成效和效果关键在于石料勘探、料场选址、集料加工等几方面工作。只有全面重视这几方面工作的重要性，认真履行相关的原则和方法，并将环境保护工作贯穿始终，才能真正实现交通发展又好又快发展的目的。

为了进一步完善地方性筑路材料开发和利用的工作，认为以下几个方面工作还需要继续研究：

(1)基于环境保护理念的筑路材料开发与应用方法的研究。

(2)对山西省各种地方性材料(石料、砂砾、砂、石灰、粉煤灰，路基填料等)的深入调查和路用性能评价。

(3)地方性筑路材料开发和应用指南的编制，形成具有指导意义的山西省规范性文件。

(4)具有针对性的筑路材料的地理信息系统的深入开发和推广应用，特别是针对重点建设项目从前期工作到工程实施全过程的推广应用和全程服务。

(5)用于地方性筑路材料调查研究的专门资金援助。

参考文献

[1] 陈玲.公路工程中天然筑路材料的勘察及设计[J].合肥工业大学学报(自然科学版),1999(S1).

[2] 赵世隆.大花水水电站料场选择及砂石加工系统可行性研究设计[J].贵州水力发电,2005(5).

[3] 税国勤.对铁路采石场石料资源勘探工作的建议[J].铁道建筑,1993(12).

[4] 张峻.从龙岩白沙水电站砂石用料浅析料场选择[J].水利科技,2008(4).

[5] 吕立新,焦恩东.土石坝坝体填筑料料场选择、试验与施工[J].吉林水利,2008(12).

[6] 汪立泉,方宇光,黄振宏.山区公路工程天然砂砾料场的选址[J].筑路机械与施工机械化,2006(2).

浅谈机制砂的制备技术与质量管理

罗建国[1] 荆禄波[2] 梁胜国[3]

(1. 山西忻阜高速公路建设管理处 山西 035500；
2. 交通运输部公路科学研究院 北京 100088；
3. 中铁十二局忻阜高速公路施工总承包S合同段项目部 山西 035500)

摘 要："机制砂混凝土在忻阜高速公路上推广应用"作为资源节约型的西部交通建设项目，是忻阜高速公路科技示范工程中重要的组成部分。本文结合忻阜高速公路这一实际情况，就机制砂的制备技术与质量控制进行了详细的阐述，期望对今后机制砂在高速公路工程实际推广中提供借鉴经验。

关键词：机制砂 制备技术 质量控制 忻阜高速公路

1 引言

忻阜高速公路(忻州—长城岭段)作为山西通向东部京津塘环渤海湾经济区的关键通道，是交通运输部2007年首批确立的四个科技示范工程之一，其全线2/3途经五台山山岭重丘区，穿越5座隧道，单洞开挖长度达24 151.22m，沿线石多砂少，弃渣量大。针对这一现象，忻阜高速建设管理处利用机制砂技术将隧道弃渣加工成机制砂替代河砂进行工程建设，即节约了工程成本，又保护了周围环境。在这一替代过程中，良好的机制砂制备技术以及生产质量管理起着至关重要的作用。本文结合该技术在忻阜高速公路的实践应用，较为系统地对机制砂的制备技术与质量控制进行阐述。

2 机制砂生产对矿山母岩的要求

矿山母岩的化学成分与矿物组成决定了机制砂是否存在有害物质，以及是否具有碱集料反应活性。同时，母岩的力学性能对机制砂的压碎值具有直接的关系。因此，在机制砂生产的前期准备工作中，最为重要的就是要做好机制砂用矿山资源的勘察工作，现场取样对岩石的抗压强度、岩性和SO_3含量进行分析测试，从而确定机制砂砂场的合理位置。忻阜高速公路机制砂用母岩为五台县境内的火焰山隧道与凤凰岭隧道内的弃渣，其中凤凰岭隧道内弃渣的方量较大，制砂场的位置选择位于凤凰岭隧道出口端右侧。现场检验隧道内弃渣的各项指标见表1。

忻阜高速公路机制砂用母岩的技术指标 表1

测试项目	检测值	限值
岩性	灰岩、白云质灰岩和含灰(灰质)白云岩	—
抗压强度	98.6	火成岩≥100MPa，变质岩≥80MPa，水成岩≥60MPa，配制C60及以上的混凝土，机制砂母岩抗压强度与混凝土强度等级之比≥1∶5
SO_3含量	0	<0.5
有机质含量	合格	合格

3 机制砂的制备技术

3.1 机制砂的生产工艺

在忻阜高速公路的建设过程中，为更好地利用隧道内的弃渣，变废为宝，降低弃渣堆放对土地资源的占用，保护生态环境，机制砂的生产工艺采用砂石联产这一新型生产工艺，其中机制砂的产量占总体产量的32%左右，级配碎石产量占68%左右，从而最大化地提高了生产效率，同时也满足了实际工程的需要。实际生产过程机制砂用母岩岩性为灰岩、白云质灰岩和含灰（灰质）白云岩，为达到较好的破碎效果，在设备的选型上，采用反击式与冲击式破碎相结合的破碎方式，其粗碎采用颚式破碎，中碎为反击式破碎，细碎采用SX1000 冲击式破碎机进行破碎，鉴于沿线水资源较为缺乏，采用 NHX 干法制砂分级机进行干法除尘。具体生产工艺流程如图 1 所示。

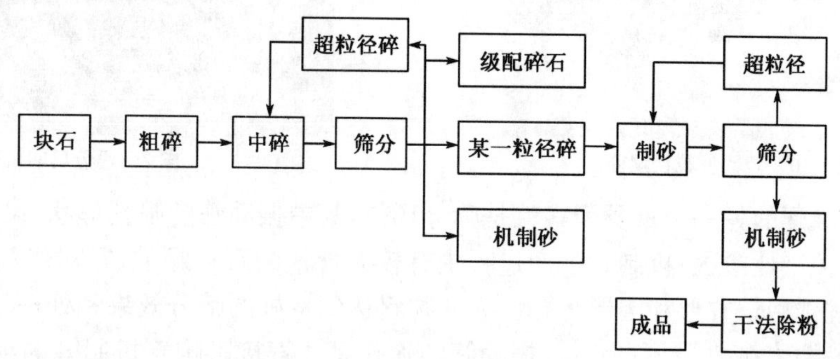

图 1　机制砂生产工艺流程

3.2　给料机对机制砂 MB 值的影响

机制砂由岩石破碎而成，在生产的过程中难免会带入部分山皮，从而导致机制砂中 0.075mm 以下颗粒中含有部分泥粉，而泥粉的存在将会阻碍水泥的正常水化或者与水泥中成分进行化学反应，这些负面影响可导致混凝土强度的降低、收缩的加剧以及混凝土耐久性降低。《建筑用砂》（GB/T 14684—2001）规定机制砂需用亚甲蓝方法检测机制砂中的泥粉含量，要求机制砂的 MB 值小于 1.4。在机制砂的实际生产过程主要是通过振动喂料机底部钢板式条状筛网结构，来有效地筛除块石中部分泥土，从而降低机制砂中泥粉的含量。

随着隧道内围岩等级的变化，机制砂生产用母岩也随之发生变化，通过对条形筛调整前后机制砂的 MB 值进行分析比较，结果可看出，随着条形筛的宽度尺寸变大，机制砂的 MB 值有效降低，见表 2。在给料机振动频率相同的条件下，隧道内为 III 围岩时，条形筛的宽度可以控制在 0～10mm，隧道内 IV 围岩以及以上时，条形筛的宽度控制在 50～80mm，机制砂中的泥粉含量控制在规定的要求之内，所产机制砂能够满足工程使用要求。因此，通过调整喂料机条形振动筛的宽度可以有效地控制机制砂中的泥粉含量。

条形筛的宽度对 MB 值的影响　表 2

隧道围岩等级	条形筛宽度(mm)	条形筛长度(m)	机制砂 MB 值
III 围岩	10	1.5	0.4
IV 围岩	50	1.5	0.8
IV 围岩	60	1.5	0.6
V 围岩	90	1.5	0.8

3.3　机制砂颗粒级配控制

机制砂生产过程中影响机制砂级配的因素主要有两个，一是机制砂破碎方式，另一是机制砂的筛分环节。机制砂的破碎方式是影响机制砂级配的内在因素，而筛分环节则是决定颗粒级配最为重要的外在因素。因此要控制好机制砂的级配，主要从这两方面入手。

目前，应用范围较广的两种破碎方式分别为反击式破碎与冲击式破碎，其中反击式破碎生产的机制砂棱角性较多，粒型较差，但砂的级配较好；冲击式破碎所产机制砂颗粒呈圆型颗粒状，粒型较好，但级配具有“两头多，中间少”的特点。为此，忻阜高速公路结合两种类型破碎方式的特点，采用反击式与冲击式破碎相结合的破碎方式，从而获得粒型、级配较好机制砂，如图 2 与图 3 所示。

图 2 机制砂中 2.36mm 粒径颗粒

图 3 筛分后的机制砂

控制机制砂产品级配的另一个重要因素就是筛分环节，其中振动筛的筛孔形状、尺寸以及筛面倾角大小是影响机制砂质量的关键性参数；机制砂生产过程中有较大含量的石粉颗粒，且对级配要求较高，一般都采用正方形方孔筛，不宜选用长方形和圆形筛孔。为使物料达到良好的筛分效果和处理量，根据振动筛厂家的经验，筛面的倾角一般控制在 20°左右为宜。振动筛的筛孔尺寸直接影响着机制砂的细度模数、级配以及石粉含量。如图 4 和图 5 所示：筛孔尺寸越大，机制砂的细度模数越大，级配中 2.36mm 以上的颗粒含量也随着增加，根据试验结果，筛孔的实际尺寸控制在 3.5～4.5mm。机制砂的颗粒级配、石粉含量以及细度模数均满足生产要求。在忻阜高速机制砂实际生产过程中，振动筛的筛孔尺寸为 3.8mm，经筛分后，所得机制砂级配中 2.36mm 以上的含量在 13.6%～14.8%，机制砂的颗粒级配如图 6 所示，级配合理能够满足实际工程的需要。

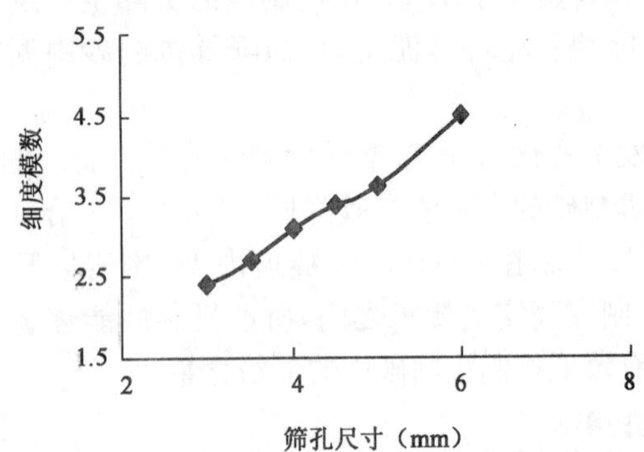

图 4 筛孔尺寸对细度模数的影响

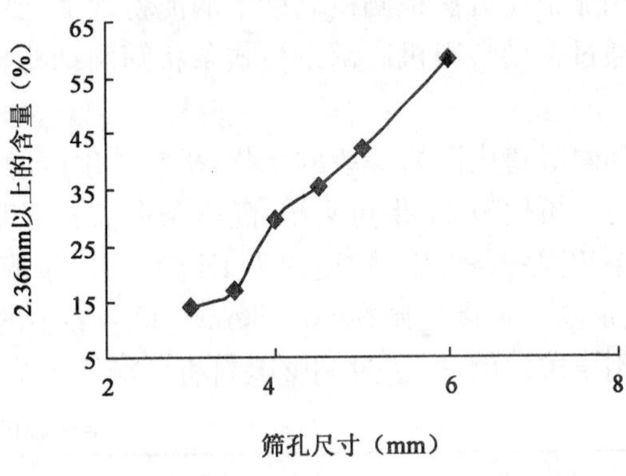

图 5 筛孔尺寸对 2.36mm 以上含量的影响

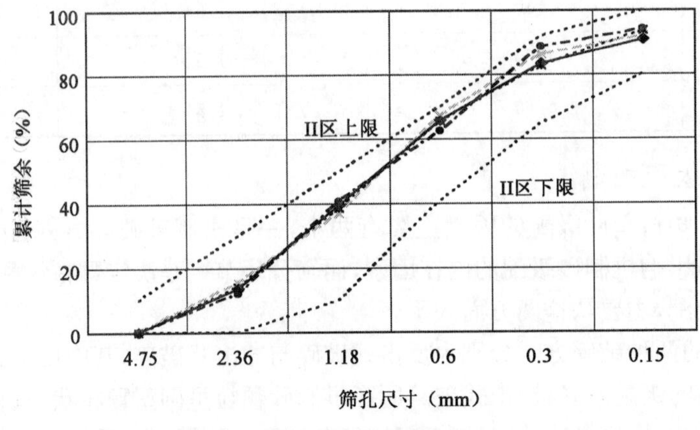

图 6 机制砂级配曲线

3.4　干法除粉及其工艺控制

机制砂的生产过程中会产生10%～20%的石粉(≤0.075mm的颗粒)，石粉含量过高会影响机制砂混凝土的性能，除粉工艺是机制砂生产过程中一道必须的工序。忻阜高速公路地处中国的中西部，沿线水资源严重缺乏，在机制砂的生产过程中，采用NHX干法制砂分级机进行干法除尘，通过在试生产过程中对选粉机功率的试调，发现分级机的功率大于80kW时，机制砂的石粉含量可以有效地控制在5%之内。同时能够保证机制砂良好的颗粒级配。

由于制砂机属于高速旋转的设备，干选制砂过程中产生过多扬尘，影响周围环境。这是干法除粉的主要缺点。针对这一现象，在机制砂的生产过程采取了以下措施：

(1)在干选后机制砂出料的传送带上架设淋水喷头(图7)，降低机制砂在下落的过程中产生过大的扬尘。

(2)在制砂机与振动筛的外围加设防尘罩(图8)，减少机制砂在生产过程中扬尘的飞扬。

图7　传送带上架设淋水喷头

图8　设备外围加防尘罩

3.5　机制砂防离析措施

机制砂是由大小不同级配的颗粒组成，在机制砂的生产过程中，机制砂由高处落到堆放点，在重力的作用下，极易产生离析。根据实际验证，以下几项措施可以有效地减少离析现象：

(1)在机制砂出料口的传送带上加设淋水喷头，这一措施除了能有效地降低产生扬尘外，同时机制砂的湿润后增加了颗粒之间的黏聚力，颗粒之间的摩擦力大大增加了抵御外力的分离作用，从而也可以有效地降低离析现象。

(2)在机制砂的堆放过程中，建立递升式倾斜堆料层(倾斜的角度不宜大于1∶3)或者建立递升式水平堆料层，同时机制砂堆放高度也不宜过高(≤5m)，这样可以有效地降低机制砂堆放过程中离析现象的产生。

(3)在机制砂装卸过程中，装料时应向矩形车箱前后两处堆放，同时在第一、二处的中央堆放。当自卸车卸料时，粗料可以和细料再次进行混合。自卸车在卸料时，在确保车体稳定的情况下，必须将车体大角度提升，使物料快速整体向后滑下，可以减少物料因为滚落产生粗料向外侧堆积，减少在装卸过程离析现象的产生。

4　机制砂质量管理

机制砂的质量是机制砂混凝土性能的基础，要全面推广机制砂混凝土，除了要解决机制砂的技术与质量问题外，还应加大对机制砂的生产管理力度。在机制砂的忻阜高速公路推广应用过程中，建设管理处结合沪蓉西高速公路的经验，通过加大机制砂场、施工单位以及监理单位的管理力度，同时采取对机制砂的应用进行质量监督等措施，四位一体保证机制砂应用的质量安全。

4.1　机制砂场的自检、自查

机制砂场是机制砂应用推广的源头，做好机制砂场中质量安全的控制十分关键。在建场时，要求机制砂场建立小型的质检室，具有一定的自检、自查能力，并规定了相应的质量控制条件见表3。在生产过程中要对每工作日生产的机制砂进行抽样检测，并做好试验记录和台账，未检或检验不合格的机制砂不得出场。

机制砂场应具备的质量控制条件 表3

质检室面积	检验项目	检验频率	主要检测设备	检验依据	备注
不低于 $12m^2$	筛分	1次/$200m^3$	1. 烘箱一台； 2. 标准筛一套(方孔)； 3. 0.075mm标准筛(2个)； 4. 石粉含量测定仪一套； 5. 压力机(可选)； 6. 电子秤1～2台，精度0.1g	《公路工程集料试验规程》(JTG E42—2005)	压碎值、母岩抗压、碱活性等指标可以委托外面单位进行检测
	石粉含量				
	亚甲蓝MB				
	压碎值				
	母岩抗压				
	碱活性	1～2次/年			

4.2 施工过程的复检和自检

施工单位作为机制砂推广应用的具体实施单位，在使用机制砂之前应对生产单位生产的机制砂进行复检，检验合格后方可大量采购。检测不合格的机制砂严禁进入施工现场。监理单位作为建设管理处委托监督施工单位生产的具体实施单位，应加大抽检力度，对抽检不合格的机制砂及时清退出施工现场。

4.3 建设管理处的巡检力度

在实施上述措施的基础上，忻阜高速公路建设管理处还加大了对施工单位加强巡检力度，建立相应的巡检机制。对定点机制砂场生产的机制砂随机进行抽检，若连续三次抽检不合格，将责令其进行整改或取消其供应资格；如施工单位连续三次抽检不合格，对该施工单位及相应的监理单位进行通报批评。

5 结语

机制砂在生产过程会存在一定的变异性，因此，加强对机制砂的技术支持与质量控制尤为重要。目前，机制砂已成功应用于忻阜高速公路的涵洞与桥梁等工程中，应用效果良好。随着工程的进展，建设管理处将进一步加大机制砂应用推广范围。

参考文献

[1] 周明凯，曹传林，喻中权，等. 交通运输部西部交通建设项目“机制砂混凝土用于桥梁建设的研究”研究总报告[R]. 2007.

[2] 李婷婷. 机制砂在吉茶高速公路中的应用研究[D]. 武汉理工大学，2009.

基于PQI快速检测的路面离析方法

罗建国

（山西忻阜高速公路建设管理处　山西　035500）

摘　要：离析现象是公路建设过程中常出现的质量问题，严重影响路面的质量。目前，国内外用于评价沥青路面离析的无损检测手段有多种，而无核密度仪(PQI)在沥青路面质量过程控制，尤其是在路面离析检测中具有无损、快捷、准确及实时的优点。本文主要介绍无核密度仪在忻阜高速离析检测中的应用。

关键词：离析　PQI　评价方法

1　引言

在沥青路面施工过程中，面层压实度是一个重要控制指标。快速、准确地检测压实度对保证施工进度和及时反映施工质量尤为重要。传统的钻芯取样法会对路面造成破坏，核子密度仪虽然能够对路面实施无损快速检测，但是放射线会对人体健康造成危害。而无核密度仪(PQI)则可以克服上述缺点，它基于材料介电常数与密度相关的原理，具有快速检测、无放射源、设备尺寸小、便于操作等特点，在路面检测压实度将有很好的实际应用价值。本文结合忻阜高速公路沥青表面层的施工，分析了PQI快速检测沥青路面压实度的方法，并对压实质量及均匀性进行了评价，实现了沥青路面压实质量的快速、可靠、安全和无损的检测评价。

2　PQI的工作原理

由于沥青路面的密度和路面材料的介电常数存在一定的比例关系，PQI是通过一个新型的、环状的电子电容感应场来测量材料的介电常数。这个环状电容由感应板和材料共同形成，PQI中的转换器将电场信号转换成路面材料的密度读数并显示结果。一经标定后，PQI便可提供准确、可靠的沥青路面材料密度。PQI主要用于测试新铺的沥青路面材料的密度（包括沥青路面结构层的上、中、下面层）。测试的每层沥青密度厚度范围为25.4～152.4mm。同时，PQI还可以测试沥青路面的表面湿度、路面的压实度和温度。PQI测试原理如图1所示，外观如图2所示。

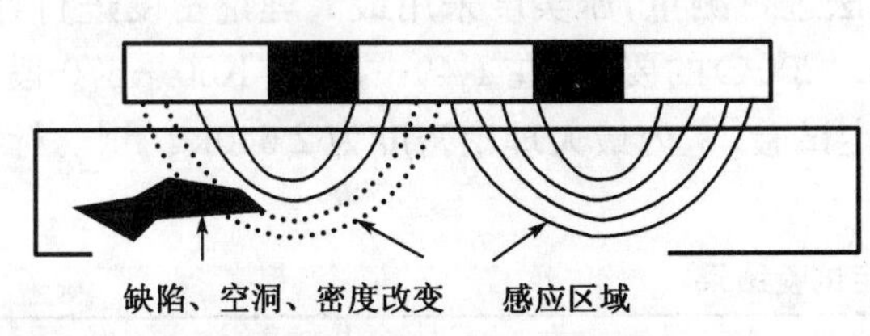

图1　PQI测试原理图

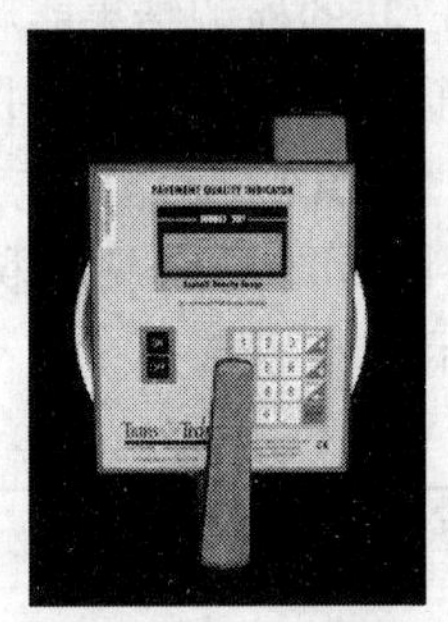

图2　PQI外观图

3　应用PQI判定离析的方法

对于利用PQI获取的检测数据进行分析主要是从路面各结构层施工均匀性（离析）的分析评价入手，反映在面层即是对内部密度（或空隙率）的均匀性进行分析，主要采用灰度图直观评价。

根据PQI现场测定的密度数据，采用检测段实测最大相对理论密度或计算最大理论密度值计算各测试点的现场空隙率；根据现场空隙率指标控制要求划分判定离析程度标准的区间；将评价结果进行统计，界定其离析等级；做出离析效果分析灰度图，以直观显示离析情况；最后，根据离析分析灰度图分析评价整个区域内的离析状况及其分布，从而达到对该段区域内沥青路面施工质量进行评价的目的。

对于所检测路面的密度期望值的选定，即无离析区域的标准值，通过以下方法确定：

(1)测定被公认为最合适的区域(没有发生离析的地方)的表面密度值，并进行取芯标定。

(2)测定实验室按目标配合比制成的标准试件的密度值。

(3)取检测路段密度的平均值，作为无离析沥青混合料的密度期望值。

在得出无离析沥青混合料的期望值后，根据差值的大小将其与推荐的离析判定标准相对照，以此来界定离析的严重程度。鉴于国现行规范中尚无离析判别标准，在参考国内外相关研究成果基础上，采用如表1所示的评价标准。

沥青面层各程度离析判定范围　　表1

PQI测定的密度差(g/cm³)	离 析 评 定	建议采取措施
≤0.04	无离析	—
0.04～0.06	轻度离析	通知整改
0.06～0.08	中度离析	局部返工
>0.08	严重离析	返工

为了便于评价施工路段的整体离析程度和施工效果，可根据施工路段各档离析程度的百分率，计算总体离析百分率。施工路段总体离析百分率为该路段各档离析程度的百分率与其对应离析程度影响系数的乘积的总和，即：

$$S = S_l \cdot a + S_m \cdot b + S_h \cdot c \tag{1}$$

式中：S——检测路段总体离析百分率，%；

S_l、S_m、S_h——分别为轻微、中度、严重程度离析的百分率，%，某离析程度的百分率 S_i＝落入某离析程度范围内的测点数目/测点总数×100%；

a、b、c——对应离析程度为轻、中、重的影响系数，轻度离析为1.00，中度离析为1.43，严重离析为2.50。

4　PQI离析评价

4.1　PQI标定

为使PQI的检测结果能和芯样结果有良好的相关性，必须使用PQI结合传统的钻芯取样的手段对施工现场进行压实效果测试。其中，取芯密度采用水中重法进行测量，压实度采用最大理论密度进行计算，并计算空隙率。按照《沥青路面施工技术规范》(JTG F40—2004)的要求，在K49＋300～K50＋670段(ATB-25沥青混合料)选取13处钻芯取样位置进行了PQI标定试验，室内最大理论密度为2 640kg/m³。标定的结果如表2所示。

PQI标定试验结果　　表2

桩　　号	测试值(kg/m³)	芯样值(kg/m³)	偏值(kg/m³)	修正后值(kg/m³)	芯样压实度(%)	PQI测试压实度(%)
K50＋670	2 014.6	2 617	602.26	2 542	99.1	96.3
K50＋600	2 004.8	2 506	501.21	2 532	94.9	95.9
K50＋450	1 985	2 451	465.82	2 512	92.8	95.2
K50＋300	1 972.2	2 579	607.29	2 499	97.7	94.7
K50＋090	1 998.4	2 512	513.36	2 525	95.1	95.7

续上表

桩　号	测试值(kg/m³)	芯样值(kg/m³)	偏值(kg/m³)	修正后值(kg/m³)	芯样压实度(%)	PQI 测试压实度(%)
K49+990	1 959.4	2 560	600.97	2 486	97.0	94.2
K49+840	2 025	2 478	453.09	2552	93.9	96.7
K49+756	1 957.8	2 486	528.08	2 485	94.2	94.1
K49+705	1 972	2 491	519.18	2 499	94.4	94.7
K49+630	1 956.8	2 542	585.54	2 484	96.3	94.1
K49+610	1 952	2 471	518.64	2 479	93.6	93.9
K49+400	1 954.2	2 497	542.71	2 481	94.6	94.0
K49+370	1 985.2	2 452	467.12	2 512	92.9	95.2
K49+300	1 988.4	2 462	473.81	2 515	93.3	95.3
	修正值		527.081	相关系数	0.89	

数据分析结果表明，经标定后 PQI 的检测结果和芯样试验结果具有较好的相关性，计算所得的压实度和空隙率的相关系数为 0.89。

4.2　区域离析评价

对同一标段 K53 段左幅（阜平—忻州）方向 AC-25 与 K49+840 段右幅 ATB-25 进行了区域 PQI 离析检测。在被检测路段路面上连续标注 1 m×1 m 的方格网作为检测单元，方格网的中心为检测点。沿横断面应分 10 个检测单元，纵向应分 10 个检测单元，整个检测路段有 100 个检测单元，试验结果如图 3～图 6 所示。

K53 处计算所得无离析区域占 90%，轻度离析占 9%，中度离析占 0%，严重离析占 1%，总离析率为 11.5%。区域内出现了轻度离析现象，从图中可以看出，摊铺机两端和中部依旧存在压实不均的点，尤其是在摊铺机的右侧。

K49+840 处计算所得无离析区域占 94%，轻度离析占 4%，中度离析占 4%，严重离析占 1%，总离析率为 12.2%。区域内出现了轻、中度离析现象，从图中可以看出，摊铺机两端存在压实不均的点。

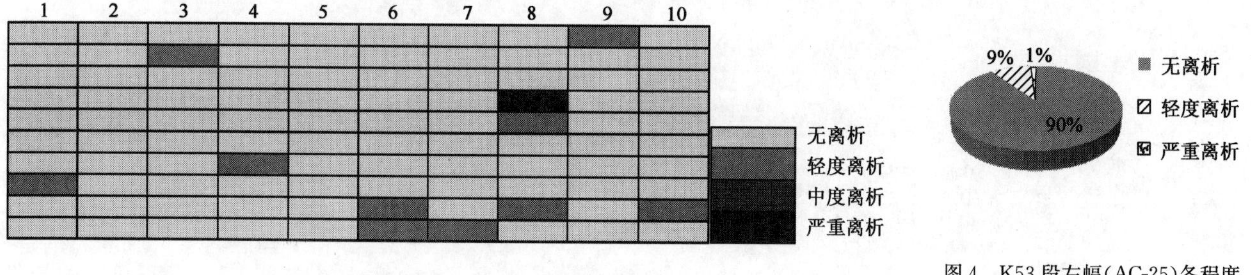

图 3　K53 段左幅(AC-25)PQI 判定离析灰度图

图 4　K53 段左幅(AC-25)各程度离析分布图

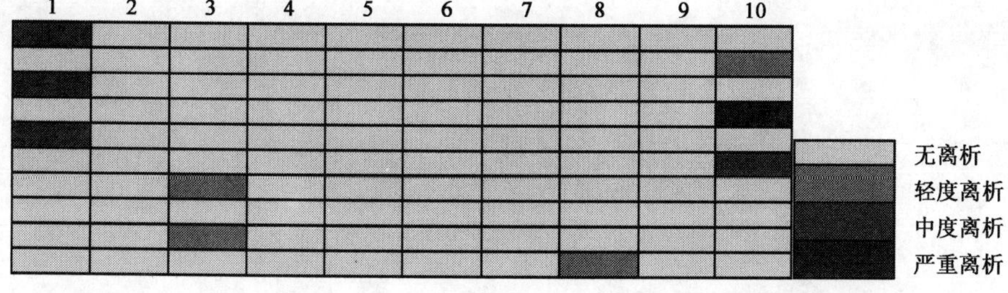

图 5　K49+840 段右幅(ATB-25)PQI 判定离析灰度图

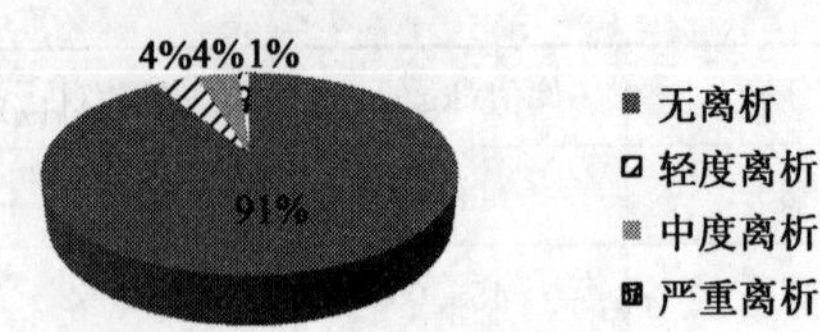

图6 K49+840段右幅(ATB-25)各程度离析分布图

5 结论

(1)通过钻芯法和PQI仪器法对比试验,可以知道这两种方法有很好的相关性,用PQI进行公路工程路面压实度检测是完全可行的,能够满足现行的技术规范要求。

(2)PQI采用直观灰度图评价方法判断离析,PQI可以很好地用来判断区域离析。

参考文献

[1] 段华卫. 高速公路沥青路面离析的检测与评定[J]. 山西建筑,2009(1).

[2] 雷明灯,赵静,胡昌义. 沥青混凝土路面离析评价方法的优缺点[J]. 建筑工程,2010;7.

[3] 王端宜,张肖宁,王邵怀. 表面离析作为沥青混凝土路面施工质量评价指标的研究[J]. 公路,2005,01.

机制砂混凝土在凤凰岭隧道中的应用

刘 杰[1] 荆禄波[2] 韩 晖[2]
(1.山西忻阜高速公路建设管理处 山西 035500;
2.交通运输部公路科学研究院 北京 100088)

摘 要:本文结合山西忻阜高速公路的实际情况,从质量控制、混凝土的配制、施工技术以及经济效益等几个方面,阐述了机制砂混凝土在凤凰岭隧道中的应用情况,对今后推动机制砂混凝土在高速公路上的应用,具有相当普遍的实用价值和经济意义。

关键词:机制砂 混凝土 隧道 经济效益

1 引言

凤凰岭隧道的隧址区位于五台山南端的凤凰岭西南侧,穿越五台山块隆次级构造单元系舟山掀斜中东部被冻"S"形褶皱带核部,构造极为复杂,地形切割非常强烈,山势险要,相对高差大;隧道设计为分离式公路隧道,右线最大埋深775.8m,左线最大埋深为772m;隧道右线全长5 760m,左线全长5 885m。凤凰岭隧道为山西省第二长公路隧道,是忻阜高速公路关键性的难点工程与控制性工程。在隧道的施工过程中,为保护当地生态环境,提高资源利用率,减少工程建设成本,采用机制砂技术将隧道弃渣加工成机制砂替代河砂进行工程建设,这也是山西省公路建设行业首次将机制砂技术运用在关键性的控制工程中。

2 机制砂的质量控制

2.1 机制砂母岩的质量

机制砂母岩的化学成分与矿物组成决定了机制砂是否存在有害物质,以及是否具有碱集料反应活性,这些是决定机制砂以及机制砂混凝土质量的重要因素。从地质调查、勘探资料及隧道开挖后地层揭示来看,用于机制砂生产的主要为奥陶系冶里组石灰岩夹竹叶状砾屑灰岩、白云质灰岩和马家沟组一、二段角砾状泥灰白云岩、白云质灰岩、石灰岩以及早古生界寒武系馒头组石灰岩等。在机制砂前期生产准备过程中,对所用母岩进行试验检测,具体结果见表1,符合机制砂生产母岩质量控制要求。

忻阜高速公路机制砂用母岩的技术指标 表1

测试项目	检测值	限值
岩性	灰岩、白云质灰岩和含灰(灰质)白云岩	—
抗压强度(MPa)	98.6	火成岩≥100MPa,变质岩≥80MPa,水成岩≥60MPa,配制C60及以上的混凝土,机制砂母岩抗压强度与混凝土强度等级比≥1∶5
SO_3含量(%)	0	<0.5
有机质含量	合格	合格

2.2 机制砂的生产质量

机制砂的颗粒级配、细度模数、泥块含量、石粉含量、MB值(亚甲蓝试验)、压碎值是控制机制砂生产质量的关键性指标。忻阜高速公路机制砂生产工艺采用砂石联产生产工艺,在设备的选型上,采用反击式与冲击式破碎相结合的破碎方式,其粗碎采用颚式破碎,中碎为反击式破碎,细碎采用SX1000冲击式破碎机进行破碎,除尘采用NHX干法制砂分级机进行干法除尘。在实际生产过程中,机制砂振动筛的筛孔尺寸为

3.8mm，NHX干法制砂分级机的功率控制在80kW以上，同时根据隧道围岩的情况，通过振动喂料机的除土工艺来控制机制砂的泥块含量与MB值。所产机制砂的质量技术指标见表2与图1所示。

机制砂原材料各项指标试验结果 表2

测试项目	实际测试值	规范值
石粉含量(%)	5.0	≤7.0
MB值(g/kg)	0.6	<1.40
坚固性(%)	7.0	<8.0
压碎指标值(%)	14.5	<25
泥块含量(%)	0.6	≤1.0
表观密度(g/cm³)	2.657	>2.5
紧装密度(g/cm³)	1.720	—
SO_3含量(%)	0	<0.5
有机质含量	合格	合格
棱角性(s)	17′	—
细度模数	2.81	3.0～2.3

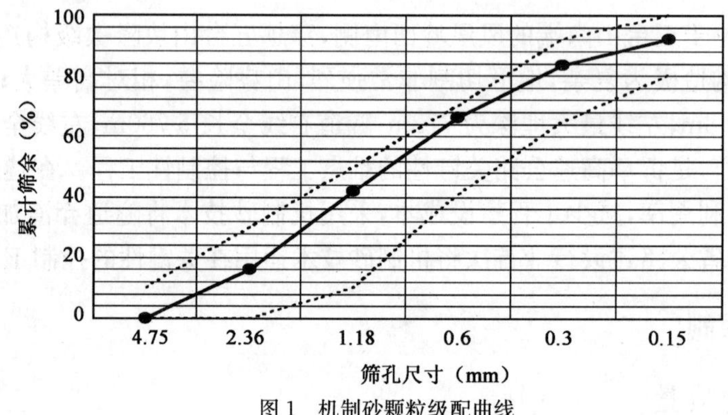

图1 机制砂颗粒级配曲线

3 机制砂混凝土的配制

3.1 试验用原材料

(1)水泥

试验采用山西省鹿泉市鼎鑫水泥厂生产的“鼎鑫”牌42.5级普通硅酸盐水泥，其具体性能指标见表3。

水泥的物理力学性能 表3

水泥品种	细度	安定性	终凝时间(min)		抗折强度(MPa)		抗压强度(MPa)	
			初凝	终凝	3d	28d	3d	28d
P.O42.5	1.3	3.1	107	189	5.2	8.3	23.1	47.8

(2)粗集料

试验采用山西省喜悦发机制砂场生产的4.75～9.5mm与9.5～31.5mm两挡碎石；其合成级配为2∶8，压碎值为14.2%，含泥量为0.8%，表观密度为2 672kg/m³。

(3)细集料

试验采用的细集料为山西省喜跃发机制砂料场生产的机制砂，其主要的技术指标见表1和图1。比对试验采用河北阜平的天然河砂，其细度模数为2.78，含泥量为0.9%，泥块含量0.6%，颗粒级配满足Ⅱ区砂要求。

(4)粉煤灰

试验采用山西忻州电厂生产的Ⅱ级粉煤灰，性能指标见表4。

忻州电厂Ⅱ级粉煤灰性能指标　表 4

检验项目	细度(%)	烧失量(%)	SO_3 含量(%)	含水率(%)	需水量比(%)
检测结果	8.2	2.84	1.42	0.2	103
标准要求	≤25.0	≤8.0	≤3.0	≤1.0	≤105

(5)减水剂

试验采用缓凝高效减水剂 UNF-3A,减水率在 15%左右。

3.2　试验

3.2.1　试验方法

新拌混凝土的工作性能通过坍落度来评价,其检验方法按《普通混凝土拌和物性能试验方法标准》(GB/T 50080—2002)进行。混凝土抗压强度试验按《普通混凝土力学性能试验方法标准》(GB/T 50081—2002)规定的方法进行。抗压强度试块尺寸为 150 mm×150 mm×150mm,每组 6 块,分别测试 7 d 和 28 d 强度。

3.2.2　试验以及结果分析

根据忻阜高速公路凤凰岭隧道实际建设情况,对 C25、C25 泵送、C30 机制砂混凝土进行配制,其原材料的用量与实验结果见表 5 和表 6,同时按此配合比配制一组天然砂混凝土试件,用作比对试验。

试验原材料用量及工作性能评价　表 5

强度等级	原材料用量(kg/m^3)						坍落度(mm)	设计坍落度(mm)	工作性能评价
	水	水泥	粗集料	细集料	减水剂	灰粉煤			
C25	162	263	1174	782	3.09	46	100	80～120	黏聚性良好,不离析、泌水
C25 泵送	177	318	1008	856	3.74	56	150	140～180	黏聚性良好,不离析、泌水
C30	174	355	1145	763	3.55	—	110	80～120	黏聚性良好,不离析、泌水

机制砂混凝土抗压强度试验结果　表 6

强度等级	试件尺寸(mm×mm×mm)	7d 抗压强度(MPa)	平均值(MPa)	天然砂混凝土7d 强度值(MPa)	28d 抗压强度(MPa)	平均值(MPa)	天然砂混凝土28d 强度值(MPa)
C25	150×150×150	33.9	35.5	28.9	43.1	43.0	39.9
		38.0			42.4		
		34.7			43.6		
C25 泵送	150×150×150	35.5	36.4	33.9	41.9	43.2	41.5
		37.5			44.3		
		36.1			43.4		
C30	150×150×150	42.5	42.8	32.2	44.8	45.9	40.2
		41.7			45.8		
		44.1			47.2		

从表 5 中可以看出,在配制中低强度的混凝土时,机制砂中适量的石粉含量(5%)补充了混凝土中粉体材料的数量,增加了拌和物中浆体含量,弥补了机制砂棱角性和表面粗糙的缺点,克服了机制砂形貌效应的不良影响,有利于减少机制砂与碎石之间的摩擦,此外,水泥、粉煤灰和石粉三者颗粒之间可能发生的填充效应,使颗粒间的孔隙减少,孔隙水减少,自由水增加,则拌和物浆体的流变性能增大,改善了拌和物的和易性。从表 6 中可以看出,相对于天然河砂混凝土,机制混凝土的 7d 抗压强度与 28d 抗压强度平均高 2～3MPa,这是因为石粉中的石灰石微粒在水泥水化早期对 $Ca(OH)_2$ 和 C-S. H 的形成起晶核作用,加速了熟料矿物

特别是CS矿物的水化，并且其本身还能与CA反应形成水化碳铝酸钙，从而提高了机制砂混凝土的早期强度，同时石粉改善了机制砂的颗粒堆积密度，其中的微小粒子具有很好的微集料填充作用，可增加浆体和界面过渡区的密实度，加之机制砂颗粒表面粗糙，也有助于提高界面的黏结，因此机制砂混凝土强度相比天然砂混凝土的强度要高一些。但是，当石粉含量增大到某极限值时，由于石粉的大量存在，破坏了混凝土中最密实堆积结构，或使混凝土的胶骨比偏离最佳值。当混凝土中胶凝材料较丰富时，石粉的正效应作用会减弱，同时负效应会明显增加，使得混凝土强度出现下降。

4 工程施工与经济效益

4.1 机制砂混凝土施工技术

机制砂混凝土的拌制、运输、浇筑等施工要求与天然砂混凝土施工基本相同，但应注意以下几点：

(1)采取措施保证机制砂的质量稳定，并加强机制砂的级配、细度模数、石粉含量、MB值的经常性检测。不同来源的机制砂应分别堆放，同一来源的机制砂的细度模数变化范围不应超过±0.3，石粉含量变化范围不应超过±2.0%。否则，应分别堆放，并调整配合比中的砂率后使用。

(2)加强机制砂混凝土拌和物的搅拌。机制砂含有较多的石粉，在拌制混凝土过程中不易搅拌均匀，应采用强制式搅拌机搅拌，并较河砂混凝土应适当延长搅拌时间30～60s，借以改善机制砂混凝土的和易性，提高保水性和黏聚性。

(3)加强机制砂混凝土拌和物的质量控制。机制砂混凝土工作性能对用水量和减水剂的改变及砂的细度模数、级配、石粉含量及砂率的变化比较敏感。故应定期校正计量设备，严格控制计量精度，加强机制砂的质量检查，密切观察出机拌和物质量，加大坍落度、扩展度的检测频率。当坍落度变化于目标值±3cm范围属于正常；当超出此范围，应查明原因，及时调整。

(4)有序合理振捣，防止漏振、欠振和过振。在振捣作用下，机制砂混凝土比河砂混凝土易于液化，故机制砂混凝土要比同坍落度的河砂混凝土适当缩短振捣时间，避免过振，以克服机制砂混凝土的泌水现象，防止出现蜂窝、麻面及表面形成疏松层。

(5)加强早期养生，适当延长养生时间。机制砂混凝土中粉体含量较高，早期收缩较大，因此应注意浇筑后的及时保湿养护，养护龄期应比天然砂混凝土延长2～3d。

4.2 经济效益

目前，忻阜高速公路建设所用河砂主要为河北阜平以及山西豆乐的天然河砂，由于路途较远，河砂运抵忻州五台境内时，价格达120/m^3。由于机制砂所用原料为隧道弃渣，且运送距离较近，因此生产成本较低，出场价为每方60元。机制砂相对于天然河砂，每方可节约建设成本60元左右。凤凰岭隧道仅二次衬砌就需要混凝土12万方，需要机制砂约4.2万方，仅此一项预计可节约工程经济成本252万元。从中可以看出机制砂混凝土在忻阜高速公路上推广应用，其经济效益相当可观。

5 结语

机制砂混凝土在高速公路上的应用，近几年具有不少成功的实例，本文结合忻阜高速公路的实际情况，从质量控制、混凝土的配制、施工技术以及经济效益等方面，对机制砂混凝土在凤凰岭隧道中应用进行阐述，对于推动机制砂混凝土在高速公路上应用具有相当普遍的实用价值和经济意义。

参考文献

[1] 周明凯，曹传林，喻中权，等．“机制砂混凝土用于桥梁建设的研究”研究总报告[D]．2007.

机制砂中石粉对混凝土耐久性的影响研究

王稷良[1,2]　周明凯[1]　李北星[1]　贺图升[1]　柯国炬[1]

(1.武汉理工大学　湖北　430070；

2.交通运输部公路科学研究院　北京　100088)

摘　要：本文测试了石粉含量对不同强度等级机制砂混凝土强度、抗氯离子渗透性能和抗冻性能的影响。结果表明：石粉对低强和高强混凝土的影响不完全相同，对于低强度机制砂混凝土，随着机制砂中石粉含量的增加，混凝土的抗氯离子渗透性能提高，而抗冻性能降低，尤其是当石粉含量高于10%(石粉与水泥体积比超过1∶3.47)时，混凝土劣化明显；但对于高强混凝土而言，仅当石粉含量大于7%时，石粉使混凝土工作性出现劣化，而对于抗氯离子渗透性能，抗冻性能等耐久性，石粉含量从3.5%提高到14%，均未使高强机制砂混凝土出现劣化现象。

关键词：机制砂　石粉　抗冻性　氯离子渗透系数

1　前言

随着我国基础设施建设的迅猛发展和对环境保护的日益重视，现有的天然砂已经不能满足工程建设的需要，使用机制砂配制混凝土已成为今后的发展趋势。但机制砂与河砂相比，具有显著的特点。机制砂颗粒表面粗糙，多棱角，且机制砂大多级配不良，0.63～0.315mm级颗粒偏少，机制砂与天然砂最显著的区别是机制砂中含有大量粒径小于0.075mm的颗粒，但机制砂中小于0.075mm的颗粒与河砂中小于0.075mm的颗粒性质完全不同。河砂中的被称作泥粉，泥粉对混凝土的工作性、体积稳定性和耐久性都有不利的影响，但机制砂中的细小颗粒则被称为石粉，石粉与母岩的物理化学性质完全一样，且大量的研究表明[1~3]，适量的石粉对机制砂混凝土的工作性和强度无不利影响，甚至还可以改善混凝土的性能。

《建筑用砂》(GB/T 14684—2001)规定混凝土用机制砂的石粉含量分别小于3%(大于等于C60)，5%(介于C30～C60)，7%(小于等于C30)。但一般在刚破碎出来的原砂中会含有10%～20%的石粉(随机制砂细度模数的降低，石粉含量增加)。为满足国标的要求，只能采取电动收尘或水洗的方法生产机制砂，尤其是在生产用于高强度混凝土的机制砂时，必须采用水洗法。而进行水洗时，为洗除机制砂中小于0.075mm的颗粒，就必然要附带损失一些小于0.60mm，甚至1.18mm以下的颗粒。这样既浪费了大量的水资源和降低了砂的产量，也破坏了机制砂原有的级配。针对是否可以将机制砂中的石粉含量放宽，或国标严格的限制依据是哪些等问题，国内进行了大量的研究，但大多是集中在石粉对混凝土的工作性、强度和收缩性能的研究，对于石粉对机制砂混凝土的耐久性研究还鲜有报道，本文重点研究了不同石粉含量的机制砂对混凝土抗氯离子渗透性能、抗冻融性能等耐久性的影响。

2　原材料与试验方法

2.1　原材料

(1)水泥：采用华新水泥厂生产的P.O32.5、P.O52.5级水泥。低强混凝土采用P.O32.5级水泥，高强混凝土采用P.O52.5级水泥，水泥的物理性质见表1。

(2)粗集料：武汉产石灰岩碎石，低强混凝土采用5～31.5mm连续粒级，高强混凝土采用5～25mm连续粒级。

(3)细集料：试验用石灰岩机制砂的筛分及物性试验结果见表2。试验中不同石粉含量的机制砂为先将原砂中石粉筛除，再按比例调配而成。对比试验用河砂为武汉庙山黄砂。筛出石粉的相对密度为2 701kg/m³。

(4)减水剂：采用北京冶建JG-2高效减水剂和JG-3缓凝高效减水剂，均为萘系。

(5)水：采用自来水。

水泥的物理性质 表1

水泥名称	视密度(kg/m³)	标准稠度用水量(%)	凝结时间(h:min)		安定性	抗折强度(MPa)		抗压强度(MPa)	
			初凝	终凝		3d	28d	3d	28d
P.O32.5	3101	28.2	3:31	4:06	合格	3.8	7.9	19.0	44.8
P.O52.5	3134	27.0	1:50	2:19	合格	5.9	9.0	31.1	56.8

机制砂筛分及物性检测结果 表2

项目	累计筛余(%)							细度模数	压碎值(%)	石粉含量(%)	泥块含量(%)
	4.75	2.36	1.18	0.6	0.3	0.15	<0.15				
原状机制砂	0.4	23.3	49.1	66.9	80.9	89.1	100	3.1	18	12.1	0
黄砂	8.4	23.4	39.2	57.2	85.1	98	100	2.85	—	—	—

2.2 试验方法

(1)混凝土的抗压强度试验

试验参照《普通混凝土力学性能试验方法标准》(GB/T 50081—2002)进行，试件尺寸为150mm×150mm×150mm。混凝土成型后一天拆模，放入标准养护室养护，到龄期后取出测试。

(2)混凝土抗氯离子渗透性

采用清华大学基于Nernst-Einstein方程开发NEL法[4]测试氯离子在混凝土中的扩散系数。试验所用仪器为NEL-PD型混凝土渗透性检测系统。NEL法的测试步骤如下：首先将混凝土试件切割成100mm×100mm×50mm的试件(被电极接触的两个面不应为混凝土砂浆富集的表面)，并将被测试面打磨光滑；其次将待测混凝土试件进行真空饱盐24h；最后在低电压下测试饱盐混凝土试件的扩散系数。

(3)混凝土的抗冻性

试验参照《水工混凝土试验规程》(DL/T 5150—2001)进行。冻融循环试验采用北京燕科公司生产的TRD1型混凝土冻融试验设备，动弹性模量测试采用天津建筑仪器厂生产的DT-8W动弹仪。试件尺寸为100mm×100mm×400mm，测试龄期为28d。

3 试验结果与分析

3.1 石粉对机制砂混凝土的工作性和强度影响

由于高强混凝土和低强混凝土中胶凝材料的数量不同，石粉对混凝土工作性和强度的影响规律也不同，因此，分别对比石粉含量对高强混凝土和低强混凝土的影响。

从表3中可以看出，石粉对于低强混凝土工作性是有益的，L组混凝土中石粉含量10%～15%为最佳。机制砂中石粉对高强混凝土工作性坍落度影响不明显，但随石粉含量增加，拌和物变得更加黏稠，扩展度逐渐减小，对于高强混凝土而言，石粉的最佳含量在7%～10.5%之间。这主要是由于石粉在混凝土中的填充作用。低强度混凝土中胶凝材料较少(尤其是在水泥新标准实行后，水泥强度提高)，石粉的存在正好弥补低强度混凝土中胶凝材料较少的缺陷，增加了混凝土浆量，提高了混凝土的工作性。而高强混凝土本身胶凝材料用量较大，水胶比较低，而石粉细度又接近于水泥的细度，增加了混凝土中粉体材料的数量，使混凝土可以流动的自由水变少，致使混凝土变黏。

石粉对混凝土的工作性和强度的影响　表 3

编号	石粉含量(%)	每方混凝土各材料用量(kg/m³)				坍落度(mm)	坍扩度(mm)	抗压强度(MPa)		工作性描述
		水泥	水	机制砂	碎石			7d	28d	
L0	—	327.5	180	757	1 136	11	—	25.0	35.3	工作性良好
L1	0%	327.5	180	816	1 127	12	—	25.0	35.6	离析、泌水
L2	5%	327.5	180	816	1 127	15.5	—	25.9	35.9	轻微离析、泌水
L3	10%	327.5	180	816	1 127	18	—	25.5	37.9	较好
L4	15%	327.5	180	816	1 127	19	—	25.4	36.2	适中
L5	20%	327.5	180	816	1 127	16	—	24.7	35.5	较好
H0	0	530	170	706	1 054	210	420	69.2	81.9	良好,较黏
H1	3.5	530	170	756	1 044	220	550	64.7	79.3	流动性大,轻微泌水
H2	7	530	170	756	1 044	210	490	65.9	81.5	流动性好,无泌水
H3	10.5	530	170	756	1 044	210	480	68.0	84.3	较好
H4	14	530	170	756	1 044	205	400	73.9	87.6	较黏

注:L0 和 H0 为黄砂混凝土。L 组外加剂为 JG-3,掺量 0.6%;H 组外加剂为 JG-2 和 JG-3,各 0.6%,总量 1.2%,均为胶凝材料质量比。

石粉对于机制砂混凝土强度方面的影响,无论在高、低强混凝土中,石粉都具有填充效应,使硬化后机制砂混凝土结构更加致密。且石粉为机制砂生产过程中形成的副产物,和水泥相比具有更强的棱角性,石粉的存在也提高了硬化水泥石的机械啮合力,对混凝土强度的提高具有一定的贡献。但当石粉含量超过 15% 时,低强机制砂混凝土强度略有降低,主要是由于石粉与水泥的比例过大(当机制砂中石粉含量为 15%时,石粉与水泥的体积比为 1∶2.33;当石粉含量为 20%时,比例则高达 1∶1.75),水泥不足以完全填充砂与石粉所形成的空隙,不足以产生足够的胶凝性。但在高强混凝土中,石粉与水泥的比例较小(当机制砂中石粉含量为 14%时,石粉与水泥的体积比为 1∶4.36),强度受此影响较小。同时,石粉还可以与水泥中的 C_3A 和 C_4AF 反应,产生具有一定胶凝能力的碳铝酸盐复合物[5,6],对机制砂混凝土强度发展也有一定贡献。

3.2　石粉对机制砂混凝土抗氯离子渗透性能的影响

从表 4 中可以看出,在低强混凝土中,河砂混凝土与石粉含量 5%以下的机制砂混凝土的抗氯离子渗透性能相当,但当石粉含量高于 5%时,机制砂混凝土的氯离子渗透系数迅速降低。这主要是由于低强混凝土中水泥用量较少,水灰比较大,硬化后,混凝土中存在大量的孔隙,致使混凝土的抗氯离子渗透性能不良,但随石粉含量的增加,丰富了混凝土的浆量,使硬化后混凝土中的孔隙减少,提高了混凝土的密实性,也提高了混凝土的抗渗性能。

石粉对混凝土抗氯离子渗透系数的影响($d_{CL}\times10^{-14}$ m²/s)　表 4

项目	低强混凝土						高强混凝土				
	L0	L1	L2	L3	L4	L5	H0	H1	H2	H3	H4
石粉含量(%)	—	0	5	10	15%	20	—	3.5	7	10.5	14
氯离子渗透系数($d_{Cl}\times10^{-14}$m²/s)	508	527	511	461	386	401	208	205	216	219	221

从表 4 中可以看出,高强机制砂混凝土具有与黄砂混凝土同样有益的抗氯离子渗透性能,且石粉含量的提高对高强机制砂混凝土抗氯离子渗透性能影响不明显。这主要是由于高强混凝土中水泥用量较高,水胶比较低,混凝土中本身连通毛细孔较少,所以石粉的存在对于密实高强混凝土的硬化结构体影响不明显,因此石粉对于高强混凝土抗氯离子渗透性能变化影响不显著。

3.3 石粉对机制砂混凝土抗冻性的影响

从表5低强混凝土抗冻性可以看出，河砂混凝土具有良好的抗冻性，而机制砂混凝土抗冻性较差，且随石粉含量的增加，抗冻性逐渐降低。这主要是由于：①低强度机制砂混凝土由于机制砂颗粒形貌较差，视密度偏大(一般介于2 700～2 800kg/m^3，一般大于黄砂的视密度)，振捣后易于产生离析、泌水，在混凝土中产生较多的连通孔，使机制砂混凝土的抗冻性低于黄砂混凝土的抗冻性；②随石粉含量增加，低强混凝土中石粉与水泥的比例在逐渐增大，当石粉含量为10%时，石粉与水泥的体积比为1∶3.47，当砂中石粉含量为15%时，石粉与水泥的体积比为1∶2.33，使得水泥对石粉的包裹量不足。由于机制砂与石粉的多棱角性，提高了硬化混凝土的机械啮合力，使得较高的石粉与水泥比例的情况下，强度降低不明显，但这种啮合力对于抵抗冻融破坏(内部应力)的作用就不如抵抗抗压破坏那么显著。因此当石粉含量增大时，低强度机制砂混凝土抗冻性下降。

石粉对机制砂混凝土抗冻性的影响 表5

项目		低强混凝土				高强混凝土			
		L0	L2	L3	L4	H0	H1	H2	H3
石粉含量(%)		—	5	10	15	—	3.5	7	10.5
相对冻弹模量(%)	F50	91.9	89.0	85.4	64.2	—	—	—	—
	F75	89.3	75.5	61.8	36.8	99.1	98.9	98.8	98.8
	F100	76.1	62.8	36.9	破坏	—	—	—	—
	F150	63.2	37.5	—	—	99.0	98.4	98.56	98.5
	F225	—	—	—	—	98.3	98.4	98.5	98.4
	F325	—	—	—	—	98.3	98.2	98.3	97.1
抗冻等级		F150	F100	F75	F50	>F325	>F325	>F325	>F325
冻融前后强度比(%)		80	73	70	65	95.3	95.6	96.5	97.4
冻融后氯离子渗透系数($d_{Cl}\times10^{-14}$ m^2/s)		—	—	—	—	211	207	214	215

但对于高强混凝土而言，抗冻性规律就不相同了。在高强混凝土中，机制砂混凝土与黄砂混凝土一样具有很好的抗冻性(均远大于F325级)。这主要是由于高强机制砂混凝土本身水胶比较低，硬化结构体密实，同时，石粉相对水泥的比例较低(当石粉含量为10.5%时，石粉与水泥的比例也仅为1∶5.8)，因此石粉对高强混凝土的抗冻性影响不明显。

4 结语

(1)在低强机制砂混凝土中，石粉可以明显改善机制砂混凝土的工作性，并可以提高机制砂混凝土的抗压强度，但当石粉含量超过15%时，强度略有降低；在高强机制砂混凝土中，当石粉含量超过10.5%时，工作性略有下降，但石粉对高强混凝土强度无不利影响。

(2)在低强混凝土中，石粉可以改善机制砂混凝土的抗渗性能，且随石粉含量增加，氯离子扩散系数显著降低；但石粉对高强机制砂混凝土的抗渗性影响不明显。

(3)低强机制砂混凝土抗冻性能随着机制砂中石粉含量的增加而降低，尤其是当石粉含量超过10%(即石粉与水泥的体积比超过1∶3.47)，机制砂混凝土的抗冻性下降显著；高强机制砂混凝土具有与黄砂混凝土同样优异的抗冻性能，且机制砂中石粉含量对高强机制砂混凝土的抗冻性能没有有害影响。

参考文献

[1] 吴明威，付兆岗，李铁翔，等. 机制砂中石粉含量对混凝土性能影响的试验研究[J]. 铁道建筑技术，2000(4)：46-49.

[2] 蔡基伟，李北星，周明凯，等. 石粉对中低强度机制砂混凝土性能的影响[J]. 武汉理工大学学报，2006(4)：27-30.

[3] 杨玉辉，周明凯，赵华耕. C80 机制砂泵送混凝土的配制及其影响因素[J]. 武汉理工大学学报，2005(8)：27-30.

[4] Lu Xinying. Application of the Nernst-Einstein equation to concrete. Cement and Concrete Research，1997，27(2)：293-302.

[5] 杨山，方坤河，涂胜金，等. 石灰石粉在水泥基材料中的作用及其机理[J]. 混凝土，2006(6)：32-35.

[6] 弗朗索瓦・德拉拉尔. 混凝土混合料的配合[M]. 廖欣，叶枝荣，李启令，译. 北京：化学工业出版社，2004.

机制砂水泥混凝土路用性能的研究

李北星[1]　柯国炬[1]　赵尚传[2]　王稷良[2]　顾　青[1]

(1.武汉理工大学　湖北　430070；

2.交通运输部公路科学研究院　北京　100088)

摘　要：从粗糙度、压碎值和岩性的角度研究了影响机制砂混凝土路用性能的敏感性因素，并与河砂混凝土进行了比较。结果表明：机制砂混凝土的抗压强度与机制砂的粗糙度正相关，抗折强度与机制砂的压碎值负相关。机制砂混凝土的耐磨性随粗糙度的增大、压碎值的减小而提高，而与砂中 SiO_2 含量的相关性不大。在压碎值不大于17.3%的情况下，利用石灰岩机制砂配制耐磨路面混凝土是完全可行的。在同等强度下，粉煤灰不会影响路面机制砂混凝土的耐磨性。

关键词：路面水泥混凝土　机制砂　抗压强度　抗折强度　耐磨性

近年来，随着可开采的天然砂资源越来越少，特别是在一些山区高速公路建设中，石多砂少，天然砂资源十分匮乏，应用机制砂代替天然砂配制路面水泥混凝土势在必行。然而，与天然砂相比，机制砂颗粒表面粗糙、多棱角以及富含石粉(粒径小于0.075μm的岩石细粉颗粒)，且其母岩大部分为石灰岩，压碎值偏大的特点[1]，可能会影响水泥混凝土路用性能，特别是耐磨性能，关系到路面结构的耐久性和安全性。目前，进行了许多有关机制砂混凝土的使用性能，尤其是石粉影响的研究，大量的研究和实践表明[2]~[8]，机制砂可配制出耐久性优异的高强混凝土，适量的石粉对机制砂混凝土的工作性和强度无不利影响，甚至还可改善混凝土的抗渗和抗冻性能。《公路水泥混凝土路面施工技术规范》(JTG F30—2003)首次明确了路面水泥混凝土可采用机制砂，并规定“高速公路混凝土路面用机制砂单粒级颗粒最大压碎值应小于20%～25%，石粉含量应小于35%～5%，并且砂中硅质含量应不低于25%”。而有关机制砂水泥混凝土的路用性能，特别是针对机制砂特性对水泥混凝土耐磨性影响的研究则未见报道，这制约了机制砂在混凝土路面工程中的应用。本文从机制砂的粗糙度、压碎值和岩性等角度，着重研究了影响路面机制砂混凝土抗压、抗折强度与耐磨性等路用性能的敏感性因素，代表性地比较了石灰岩机制砂与河砂混凝土路用性能的差异，并探讨了掺加粉煤灰对机制砂混凝土路用性能的影响。

1　试验

1.1　原材料

(1)水泥：湖北华新水泥厂生产的“堡垒牌”P. O 42.5级水泥，28d抗折强度与抗压强度分别为10.5MPa、52.3MPa。

(2)粗集料：5～25mm连续级配石灰岩碎石，级配曲线如图1所示。

(3)细集料：有3种河砂和7种机制砂，机制砂均采用颚式破碎、反击式破碎、立冲式破碎三级破碎加工，并经过轮式洗砂机水洗而成，各种砂的物理化学性能指标见表1。试验用石灰岩石粉为水洗石粉，比表面积为279.8 m^2/kg，图2颗粒尺寸分布显示，它较水泥稍粗，中值粒径为16μm。粉煤灰为武汉青山Ⅱ级灰。

(4)外加剂：山西凯迪建材有限公司生产的KDNOF-1高效减水剂。

1.2　试验方法

混凝土试件抗压、抗折强度与磨耗试验均依据《公路工程水泥及水泥混凝土试验规程》(JTG E30—2005)进行，每组3个试件，测试龄期均为28d。抗压试件尺寸为150mm×150mm×150mm，抗折试件尺寸为100mm×100mm×400mm，耐磨试件尺寸为150mm×150mm×150mm。

细集料的物化性能　表1

砂　样	表观密度（$kg \cdot m^{-3}$）	紧装密度（$kg \cdot m^{-3}$）	细度模数	<0.075mm比例（%）	SiO_2（%）	压缩值（%）	粗糙度（s）
RS0	2 650	1 677	2.79	1.8	70.03	28.0	14.8
RS1	2 670	1 690	2.44	0.5	85.30	7.2	13.1
RS2	2 662	1 680	2.65	0.8	79.01	15.2	13.8
MLS0	2 690	1 839	3.05	4.3	5.05	17.3	18.3
MLS1	2 696	1 842	3.29	3.0	5.10	7.8	15.8
MLS2	2 684	1 834	3.01	8.7	5.02	26.5	16.6
MLS3	2 692	1 839	3.43	1.0	4.98	13.3	18.1
MQS	2 683	1 876	3.00	6.5	99.22	7.8	16.9
MGS	2 675	1 893	2.75	6.0	54.23	13.8	15.2
MBS	2 870	1 987	3.54	1.0	50.53	11.1	18.7

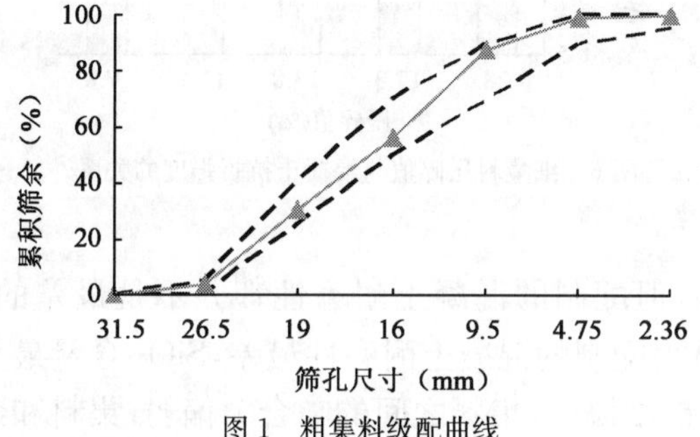

图1　粗集料级配曲线

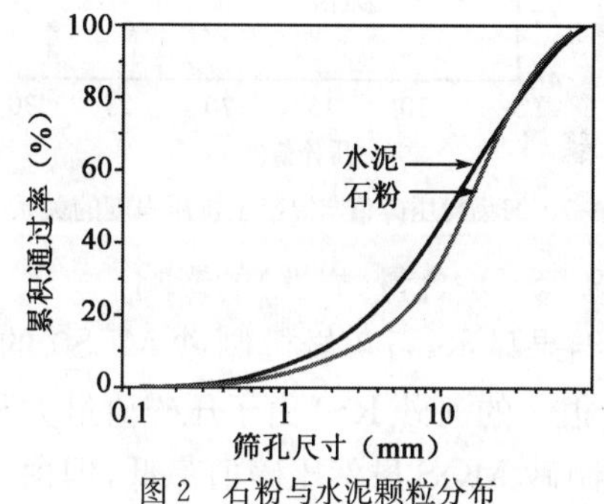

图2　石粉与水泥颗粒分布

2　结果与分析

2.1　不同岩性的机制砂混凝土与河砂混凝土路用性能比较

与河砂相比，机制砂颗粒表面粗糙、粒形尖锐多棱角，母岩强度低，压碎值偏大。《公路水泥混凝土路面设计规范》(JTG D40—2002)基于耐磨性的考虑规定："高速公路面层的用砂，其硅质砂或石英砂的含量不宜低于25%"。为探讨规范的合理性，明晰粗糙度和压碎值对机制砂混凝土路用性能的影响，对比研究了石灰岩机制砂MLS0、花岗岩机制砂MGS、石英岩机制砂MQS、玄武岩机制砂MBS 4种岩性的机制砂混凝土的抗压强度、抗折强度和耐磨性，并与河砂RS0混凝土进行了比较。试验用混凝土水灰比0.42，砂率0.35，水泥360kg/m³，外加剂掺量0.3%。为屏蔽细度模数与石粉含量的影响，调整4种机制砂和河砂的级配基本相同，细度模数在3.0左右，机制砂的石粉含量固定为7%。

2.1.1　粗糙度的影响

从图3可知，机制砂粗糙度对混凝土拌和物的流动性有一定影响，机制砂粗糙度越大，即颗粒表面越粗糙、棱角性越大，颗粒流动阻力的增加会降低混凝土的坍落度。虽然河砂RS0粗糙度最小，但由于其含泥量高达1.8%，超细多孔状黏土吸附了大量的拌和水，致使混凝土的坍落度偏小(为36mm)。

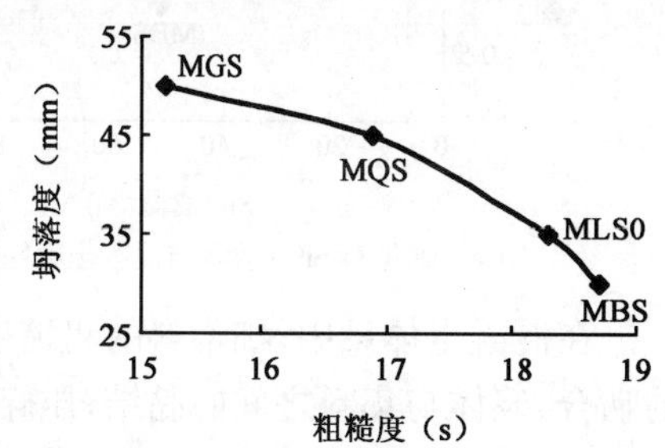

图3　细集料粗糙度与混凝土坍落度的关系

从图4可以看出，细集料粗糙度越大，混凝土抗压强度越高。可能是因为粗糙、多棱角的集料与浆体之间的黏结力强，且集料之间啮合好，嵌锁效应明显，而与界面黏结性和集料嵌锁效应相关性最大的是混凝土的抗压强度。所以，细集料粗糙度越大，混凝土抗压强度越高。

2.1.2 压碎值的影响

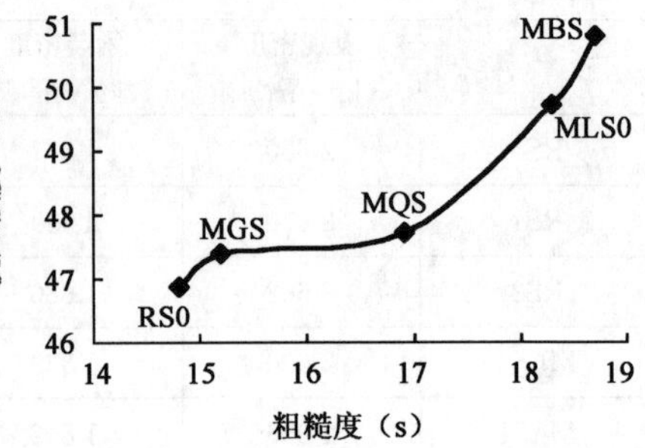

图4 细集料粗糙度与混凝土抗压强度的关系

从图5可以看出，细集料的压碎值与混凝土的抗压强度之间没有明显的相关性。可能是因为集料颗粒越小，存在缺陷的概率越低，强度越高。而混凝土在压应力作用下，最薄弱环节是界面，使得混凝土抗压强度与细集料压碎值之间的相关性比较小。

图6结果表明，压碎值较小的石英岩机制砂MQS和玄武岩机制砂MBS，配制的混凝土抗折强度值较高；压碎值较大的花岗岩机制砂MGS和石灰岩机制砂MLS0，其混凝土抗折强度值较低；河砂RS0压碎值最大，混凝土的抗折强度值最小。因此，细集料压碎值对混凝土抗折强度有一定影响，压碎值偏小对抗折强度是有利的。

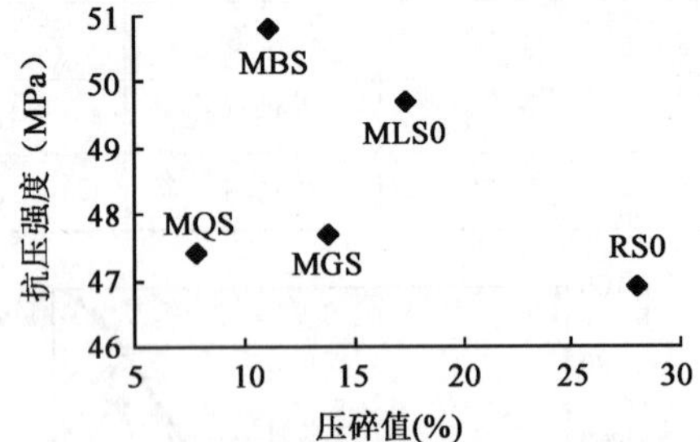

图5 细集料压碎值与混凝土抗压强度的关系

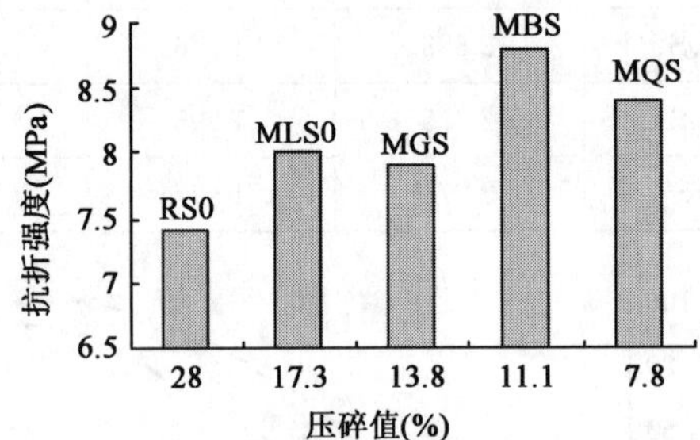

图6 细集料压碎值与混凝土抗折强度的关系

2.1.3 SiO_2 含量(岩性)的影响

图7结果显示，石灰岩机制砂MLS0的 SiO_2 含量最小，但配制的混凝土耐磨性却并不是最差的；而 SiO_2 含量很大的河砂RS0由于压碎值最大和粗糙度最小，从而配制的混凝土耐磨性最差，SiO_2 含量最大的石英岩机制砂MQS虽然压碎值最低，但由于其颗粒表面粗糙度偏小，集料之间的啮合力偏弱，集料和浆体之间的黏结强度偏低，抵消了压碎值偏小的部分正作用，配制的混凝土耐磨性还是次于花岗岩机制砂MGS和玄武岩机制砂MBS配制的混凝土。这说明细集料对混凝土耐磨性的影响，除与硅质砂或者石英砂的含量有关外，还与集料粗糙度、集料压碎值等因素有关，是细集料特性的综合结果。混凝土的耐磨性并不能完全由硅质砂或者石英砂的含量来决定。

2.1.4 多因素耦合作用的影响

结合图5和图8可以看出，石灰岩机制砂MLS0混凝土的抗压强度偏大，但是表现出来的耐磨性偏差；石英岩机制砂MQS混凝土的抗压强度偏小，但是耐磨性偏好。这可能与石灰岩机制砂和石英岩机制砂压碎值的差异有关，集料压碎值越大，强度越低。而集料直接参与磨损，强度低直接降低混凝土的耐磨性。压碎值越小，对应的混凝土耐磨性越好。

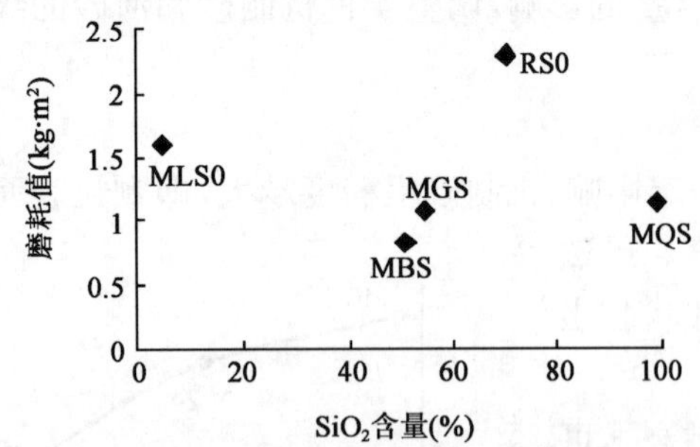

图7 细集料 SiO_2 含量与混凝土磨耗值的关系

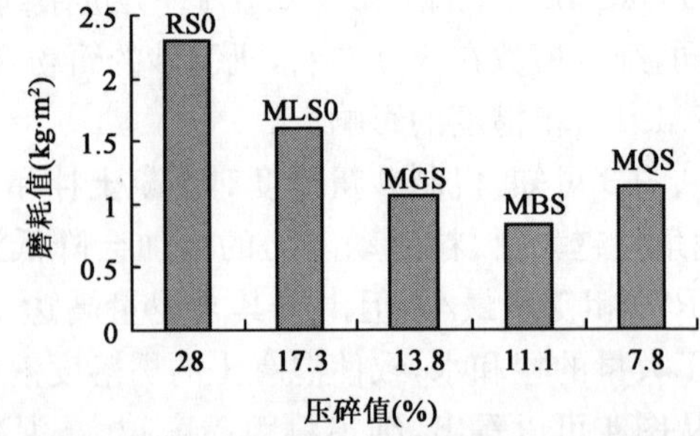

图8 细集料压碎值与混凝土磨耗值的关系

在混凝土体系中，细集料的粗糙度和压碎值是影响其路用性能的两个重要因素。粗糙度涉及集料之间的啮合、浆体与集料之间的黏结；压碎值涉及集料的强度，参与到混凝土的磨损过程中。粗糙度越大，混凝土中集料之间啮合越好，集料与浆体之间界面黏结越强；压碎值越小，细集料强度越大，这两者都有利于混凝土的耐磨性的提高。基础设施建设中普遍存在两种砂:天然砂和机制砂。天然砂压碎值一般较小(这里为体现压碎值对耐磨性的影响,选取了压碎值较大的天然砂),但是却表面光滑,粗糙度偏小;机制砂表面粗糙、多棱角。由此可见,由于机制砂天然的粗糙、多棱角特性,只要满足一定的压碎值要求,即使采用 SiO_2 含量很低的石灰岩机制砂,完全可以配制出与河砂混凝土相当,甚至优越的耐磨路面水泥混凝土。

2.2 石灰岩机制砂混凝土与河砂混凝土路用性能比较

美国地质勘测局(USGS)在1996年对全美机制砂母岩进行过一次调查,发现生产原料来源的67%是石灰岩,19%是花岗岩,另外14%包括暗色岩、白云岩、砂岩和石英岩[9]。我国应用的机制砂主要以石灰岩为主,其次是白云岩、花岗岩、玄武岩等。因此,研究石灰岩机制砂混凝土的路用性能,并与河砂混凝土进行比较具有普遍的意义,有利于路面机制砂水泥混凝土的推广和应用。

试验用混凝土水灰比0.42,砂率0.35,水泥360kg/m³,外加剂掺量0.3%。为屏蔽细度模数与石粉含量的影响,调整4种石灰岩机制砂和3种河砂的级配基本相同,细度模数在3.0左右,机制砂的石粉含量固定为7%。

由表2机制砂与河砂混凝土路用性能试验结果可见,MLS0、MLS1、MLS3三种石灰岩机制砂混凝土的耐磨性均好于RS0、RS1、RS2三种河砂混凝土。这可能是因为石灰岩机制砂呈棱角状的粒形、粗糙的表面增强了浆体与集料之间的黏结性、集料与集料之间的机械啮合力。同时,机制砂中含有适量的石粉及其中的微粒可增加浆体和界面过渡区的密实度[10],优化了磨损区域的孔结构;石灰岩石粉微粒早期的晶核效应诱导水泥水化[11],后期的活性效应与 C_3A 反应生成水化碳铝酸钙[12],从而有利于增加水化凝胶,增强混凝土的耐磨性。而MLS2石灰岩机制砂混凝土的耐磨性偏差的最主要原因是该机制砂的压碎值偏大,而细集料在混凝土的磨损过程中是直接参与其中的,压碎值偏大对混凝土的耐磨性不利。另外,从表2中还可以看到,除了MLS2机制砂混凝土外,其他3种机制砂混凝土的抗折强度均大于河砂混凝土,这也与该机制砂本身压碎值较大有关。由此可以认为,石灰岩机制砂的压碎值在不大于17.3%的情况下,用于路面机制砂混凝土是完全可行的,并且在一般情况下其路用性能优于河砂混凝土。

石灰岩机制砂与河砂混凝土路用性能比较 表2

样 本	粗糙度(s)	压碎值(%)	抗压强度(MPa)	抗折强度(MPa)	磨耗值(kg·m⁻²)
RS0	14.8	28.0	46.9	7.4	2.281
RS1	13.1	7.2	47.8	7.8	1.804
RS2	13.8	15.2	48.0	7.7	1.822
MLS0	18.3	17.3	49.7	8.0	1.600
MLS1	15.8	7.8	49.4	8.2	1.644
MLS2	16.6	26.5	48.5	7.6	1.911
MLS3	18.1	13.3	50.1	8.1	1.591

2.3 粉煤灰对机制砂混凝土强度和耐磨性的影响

粉煤灰是水泥混凝土中最常用的掺和料,已有的研究表明,水泥水化反应生成的 $Ca(OH)_2$,可以与掺量为28%左右的粉煤灰反应,超过这一掺量的粉煤灰只起填充作用[13]。从这个角度来看,在使用普通硅酸盐水泥的条件下(已掺15%左右混合材料),粉煤灰掺量在15%左右是合适的。同时研究还表明[14],即使在水胶比0.5时,60d龄期的水泥石中粉煤灰反应程度不超过25%,大量未水化的粉煤灰颗粒仅仅起到填充作用。粉煤灰本身是表面致密的高强度玻化微珠,耐磨性很好。但是水化早期粉煤灰反应程度较低,颗粒与基体的结合较弱,在磨损的作用下容易脱离基体。水化后期粉煤灰逐步与水泥水化产物 $Ca(OH)_2$ 反应,减少 $Ca(OH)_2$ 在界面处的定向排列,不但与基体的结合能力不断增强,同时还改善了混凝土的界面过渡区(图9)。

a)

b)

图 9 掺 15%粉煤灰水泥浆体的 SEM 照片
a)3d 水化物；b)28d 水化物

关于粉煤灰对路面普通混凝土耐磨性的影响，国内外有过大量的研究，但是粉煤灰与石灰岩石粉对路面机制砂混凝土耐磨性的影响则未见报道。本试验在砂率 0.35，机制砂石粉含量 7%的基准配合比下，以 15%的掺和料掺量为基础，比较了粉煤灰等量取代、超量取代，以及粉煤灰和石灰岩石粉分别代替水泥作掺和料，在不同水胶比条件下配制的混凝土强度与耐磨性的差异。试验结果见表 3。

粉煤灰与石灰岩石粉对混凝土强度和耐磨性的影响 表 3

样本	黏结料/($kg \cdot m^{-3}$)			水灰比	抗压强度 (MPa)	磨耗值 /($kg \cdot m^{-2}$)
	水泥	飞灰	碎犬石			
C0	360	0	0	0.42	49.1	1.601
FC1	306	54	0	0.42	45.8	1.603
FC2	306	54×1.3	0	0.42	49.3	1.553
FC3	306	54	0	0.40	49.2	1.431
LC1	306	0	54	0.42	43.4	1.762
LC2	306	0	54	0.40	48.4	1.672

与 C0 混凝土相比，掺入 15%粉煤灰的 FC1 混凝土 28d 龄期的强度降低了 6.7%，但几乎没有降低耐磨性，而粉煤灰超量取代时，混凝土的强度与耐磨性更佳。以 15%的石灰岩石粉等量取代水泥制备的 LC1 混凝土，由于石粉的活性较粉煤灰低，因此 28d 抗压强度和耐磨性均较 FC1 有所下降。FC3 与 FC1、LC2 与 LC1 相比，适当降低用水量，将水胶比由 0.42 降至 0.40，在保证强度的前提下，不仅可以有效改善掺入 15%粉煤灰的机制砂混凝土的耐磨性，即使是用 15%石灰岩石粉取代水泥，也不会明显劣化混凝土的耐磨性。

3 结语

(1)混凝土抗压强度与细集料的粗糙度正相关，粗糙度越大，抗压强度越高；混凝土抗折强度与细集料的压碎值负相关，压碎值越小，抗折强度越大。混凝土抗压强度与细集料压碎值，混凝土的耐磨性与细集料中 SiO_2 含量之间没有明显的相关性。粗糙度越大、压碎值越小的机制砂配制的混凝土耐磨性越好。

(2)在压碎值不大于 17.3%的情况下，石灰岩机制砂配制路面水泥混凝土是完全可行的，不论是抗折强度，还是耐磨性均优于优质河砂配制的混凝土。

(3)通过适当调整配合比参数，在同等强度下，在 15%的掺量范围内，用粉煤灰和石灰岩石粉取代水泥，均不会影响路面机制砂水泥混凝土的耐磨性。

参考文献

[1] Ahn N S. An experimental study on the guidelines for using higher contents of aggregate micro fines in portland cement concrete [D]. The Univisity of Texas, August, 2000.
[2] Zhou M K, Cai J W, Wang J L, Li B X. Research on properties of concrete prepared with artificial

sand containing stone powder at high content [J]. Key Engineering Materials, 2006, 302-303: 263-268.

[3] 李北星,周明凯,田建平,等. 石粉与粉煤灰对C60机制砂高性能混凝土性能的影响[J]. 建筑材料学报, 2006,9(4):381-387.

[4] Celik T and Marar K. Effects of crushed stone dust on some properties of concrete [J]. Cement and Concrete Research, 1996, 26(7): 1121-1130.

[5] Quiroga P N, Ahn N, Fowler D W. Concrete mixtures with high microfines [J]. ACI Materials Journal, 2006, 103(4):258-264.

[6] Katz A, Baum H. Effect of high levels of fines content on concrete properties [J]. ACI Materials Journal 2006, 103(6):474-482.

[7] Li Beixing, Wang Jiliang and Zhou Mingkai, Effect of limestone fines content in manufactured sand on durability of low-and high-strength concretes [J]. Construction and Building Materials, 2009, (23) 2846-2850.

[8] 王雨利,王稷良,周明凯,李北星,等. 机制砂及石粉含量对混凝土抗冻性能的影响[J]. 建筑材料学报 2008,11(6):726-731.

[9] Tepordei VV. Crushed Stone. Minerals Information, U. S. Geological Surney, 1996.

[10] Tragardh J. Microstructural features and related properties of self-compacting concrete [A]. In: Skarendahl, Peterson O, Proceeding of the First International RILEM Symposium on Self-Compacting Concrete [C], RILEM, Cachan Cedex, 1999. 175-186.

[11] Bonavetti V, donza H, Rahhal V, Irassar. Influence of initial curing on the properties of concrete containing limestone blended cement [J]. Cement and Concrete Research, 2000, 30(5):703-708.

[12] Bonavetti V L, Rahhal V F, Irassar E F. Studies on the carboaluminate formation in limestone filler-blended cements. Cement and Concrete Research, 2001, 31(6):853-859.

[13] 赵尚传,傅智,等. 粉煤灰水泥混凝土路面性能研究[J]. 公路, 2006, 10(10):67-70.

[14] 郑克仁,孙伟,等. 水泥—矿渣—粉煤灰体系中矿渣和粉煤灰反应程度测定方法[J]. 东南大学学报, 2004 , 34(3) :361-365.

机制砂对高强混凝土体积稳定性的影响

王稷良[1,2] 徐晓阳[3] 周明凯[1] 朱立德[1] 贺图生[1]

(1. 武汉理工大学 湖北 430070；2. 交通运输部公路科学研究院 北京 100088；3. 山西忻阜高速公路建设管理处 山西 035500)

摘 要：本文采用试验对比的方法，研究了天然砂、机制砂及机制砂中的石粉质量分数对高强混凝土的工作性、抗压强度、弹性模量、干缩和受压徐变的影响。结果表明，机制砂中适量(7%～10.5%)的石粉并不会劣化混凝土的工作性能，甚至可以改善混凝土的工作性能，且随石粉质量分数的提高，机制砂混凝土的抗压强度逐渐增大；石粉质量分数较低(小于7%时)的机制砂混凝土弹性模量接近于天然砂混凝土的弹性模量，但当石粉质量分数较高时，机制砂混凝土的弹性模量降低；石粉质量分数对机制砂高强混凝土干缩性能的影响与干缩龄期密切相关，石粉质量分数较高的机制砂混凝土的前7d龄期干缩值比河砂混凝土大，而后面龄期干缩值相差不大，同时，掺入粉煤灰使机制砂混凝土各龄期的干缩值减小；石粉质量分数为7%的机制砂混凝土徐变度、徐变系数与天然砂混凝土较为接近。

关键词：机制砂 天然砂 高强混凝土 体积稳定性

近年来，随着可开采的天然砂资源越来越少，特别是在一些山区高速公路建设中，石多砂少，天然砂资源十分匮乏，应用机制砂替代天然砂配制混凝土势在必行。但机制砂与河砂相比，具有显著的特点。机制砂颗粒表面粗糙，多棱角，且机制砂大多级配不良，0.63～0.315mm 级颗粒偏少，机制砂与天然砂最显著的区别是机制砂中含有大量与母岩物理化学性质相同、粒径小于 0.075 mm 的石粉[1]。为了探讨机制砂应用的可行性和揭示机制砂对混凝土性能影响的机理，国内外进行了大量的研究[2～5]，但研究大多局限在对中低强混凝土的工作性、强度和收缩等方面的影响，对于高强混凝土研究较少，尤其是机制砂对于高强混凝土体积稳定性的研究就更加鲜见报道。

在结构工程中，混凝土的体积变化受到基础、钢筋和邻接构件的约束，从而引起应力，使混凝土开裂甚至导致破坏[6]。混凝土体积变形会对结构物体的应变、挠度甚至应力分布都有影响[7]。现行结构设计规范是以河砂混凝土为基础制定的，针对当混凝土的主要原材料从河砂变化为差异较大的机制砂时，混凝土的结构设计参数是否需要调整这个问题，作者深入地研究了机制砂对高强混凝土体积稳定性的影响，这对机制砂混凝土的结构设计具有一定的参考价值。

1 试验

1.1 原材料

(1)水泥：采用湖北华新水泥厂生产的“堡垒”牌 P.O52.5 级水泥，其物理力学性能指标见表 1。

(2)粗集料：采用 5～25 mm 连续级配石灰岩碎石。

(3)细集料：采用湖北荆门石灰岩机制砂，对比试验用武汉庙山河砂，其物理性能见表 2 和图 1。

(4)石粉：采用石灰岩机制砂中筛出的石粉，表观密度为 2.72 g/cm^3。

(5)外加剂：采用北京冶建新技术有限公司生产的 JG-2 高效减水剂与 JG-3 缓凝高效减水剂，采用复掺的方式，复掺比例 1∶1。

水泥物理力学性能　表1

项　目	标准稠度(%)	凝结时间(min)		安　定　性	抗折强度(MPa)		抗压强度(MPa)	
		初凝	终凝		3d	28d	3d	28d
P.O 52.5	27.00	110	139	合格	5.9	9.0	31.1	56.8

细集料的物理性能　表2

砂　样	细度模数	石粉质量分数(%)	表观密度($g\cdot cm^{-3}$)	紧装密度($g\cdot cm^{-3}$)	紧装空隙率(%)	亚甲蓝MB值($g\cdot kg^{-1}$)	压碎值(%)	粗糙度(s)
荆门机制砂	3.4	3.5	2.665	1.799	32.5	1.35	17	17.0
庙山河砂	2.7	0	2.640	1.677	36.5	—	—	15.5

1.2　方法

(1)混凝土的抗压强度和静力受压弹性模量试验

试验参照文献[8]进行。抗压强度测试试件尺寸为150mm×150mm×150mm立方体。静力受压弹性模量测试试件尺寸为150mm×150mm×300mm的棱柱体。混凝土成型后1d拆模，放入标准养护室养护，到龄期后取出测试。混凝土弹性模量测试龄期为28d。

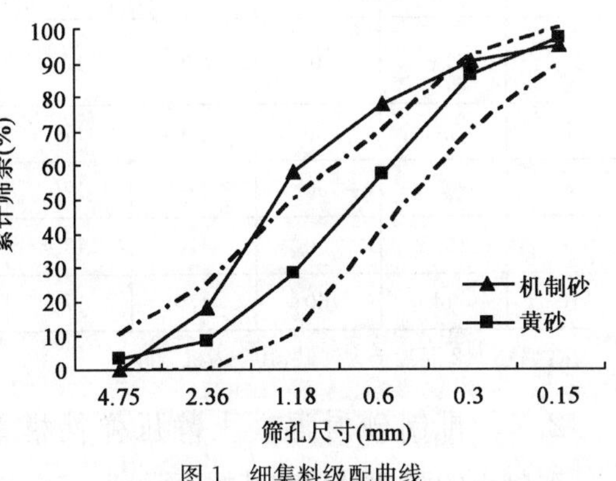

图1　细集料级配曲线

(2)混凝土的收缩与受压徐变试验

试验参照文献[9]进行测试。收缩试验试件采用100mm×100mm×515mm的棱柱体试件，两端埋设金属测头，测长采用弓形螺旋测微器测量。试件成型标准养护1d后移入干燥恒温室立即测定基准长度，试件的干缩龄期以测基准长度后算起，分别为1d、3d、7d、14d、28d、60d、90d、180d。受压徐变试验试件采用100mm×100mm×400mm的棱柱体，养护到7d、28d移入干燥恒温室，分别加压测试。干燥恒温室内的温度为(20±2)℃，相对湿度为60%±5%。

2　结果与分析

2.1　机制砂对高强混凝土工作性、抗压强度的影响

从表3的结果可以看出，随石粉质量分数的增加，混凝土的坍落度基本没有受到影响，而坍扩度呈下降趋势。另外，随石粉质量分数的增加，混凝土的黏聚性和保水性在逐步改善。其中，未掺粉煤灰时，石粉质量分数为10.5%的混凝土工作性最好；掺粉煤灰时，石粉质量分数为7%的混凝土工作性最好，当石粉质量分数达到14%时混凝土变得很黏，此时坍扩度明显变小。粉煤灰可以明显的改善机制砂混凝土的工作性能。石粉的存在并未明显劣化混凝土的工作性，主要是由于石粉浆体的存在弥补了机制砂表面粗糙的缺点，有利于减少机制砂与碎石之间的摩擦，改善混凝土拌和物的和易性；同时水泥、粉煤灰和石粉三者颗粒之间可能发生了填充效应，颗粒间的空隙减少，使空隙水减少，自由水增加，提高了拌和物的流动性。但石粉的存在也使混凝土的总比表面积增加，使得混凝土中的包裹用水量增大。机制砂中石粉的这两种正负作用相互发生抵消，使得机制砂混凝土的工作性并未比河砂混凝土工作性出现明显的劣化，甚至坍扩度有所提高。

从强度来看，机制砂混凝土强度较河砂混凝土强度有所提高，尤其是当石粉质量分数较高时。同时机制砂混凝土的强度随石粉质量分数提高而呈增大趋势，但这种强度增加幅度与粉煤灰掺量有关，未掺粉煤灰时，石粉质量分数的增大对强度提高显著；当掺加粉煤灰后，石粉质量分数的提高对强度增加的幅度和趋势变小。石粉可以明显的提高混凝土的强度，主要是由于石粉的填充效应，使得混凝土更加密实。

机制砂对高强混凝土工作性的影响

表 3

编号	w(石粉)(%)	每立方米混凝土各材料用量(kg·m⁻³)					坍落度(mm)	坍扩度(mm)	抗压强度(MPa)		工作性描述
		粉煤灰	水泥	水	机制砂	碎石			7d	28d	
1	0	0	530	170	706	1 054	210	420	69.2	81.9	良好,较黏
2	0	60	470	170	706	1 054	220	450	68.3	79.8	工作性好
3	3.5	0	530	170	756	1 044	220	550	63.7	74.3	流动性大,但泌水
4	7	0	530	170	756	1 044	210	490	65.9	81.5	流动性好,无泌水
5	10.5	0	530	170	756	1 044	210	480	68.0	84.3	较好,无泌水
6	14	0	530	170	756	1 044	205	400	73.9	87.6	较黏,无离析泌水
7	3.5	60	470	170	756	1 044	210	510	62.4	74.7	轻微泌水
8	7	60	470	170	756	1 044	215	500	72.1	79.7	良好、无泌水
9	10.5	60	470	170	756	1 044	200	480	68.9	83.8	较黏,无泌水
10	14	60	470	170	756	1 044	220	400	68.0	83.3	很黏,坍落慢

注:编号 1、2 混凝土为河砂,其余为机制砂。

2.2 机制砂对混凝土静压弹性模量的影响

混凝土的弹性模量与其抗压强度、密度及集料的特性和数量密切相关,影响强度的因素也类似地影响弹性模量。从表 4 弹性模量结果可以看出,与河砂混凝土相比,机制砂混凝土弹性模量较为接近,只有当石粉质量分数较大时,才出现明显的降低。同时随石粉质量分数增加,机制砂混凝土弹性模量明显呈降低趋势。机制砂混凝土的特点是石粉质量分数高的,弹性模量低;石粉质量分数低的,弹性模量高;石粉质量分数中等的弹性模量与河砂混凝土差别不是很明显。这是由于石粉质量分数的增加,一方面增加了机制砂混凝土抗压强度,有使弹性模量增大的趋势,但另一方面石粉质量分数的增加会导致浆体体积显著增大,对混凝土弹性模量降低作用更加明显。

机制砂对混凝土弹性模量的影响

表 4

编号	1	2	3	4	5	6	7	8
弹性模量(GPa)	48.6	47.6	49.1	47.5	47.3	43.1	47.3	45.5

粉煤灰的加入也明显的降低了混凝土的弹性模量,一方面是由于粉煤灰降低了混凝土的强度,另一方面是由于粉煤灰的表观密度小于水泥,等质量取代水泥时,粉煤灰增大了水泥的浆体质量分数,从总体上降低了混凝土的弹性模量。

2.3 机制砂对高强混凝土干缩性能的影响

从表 5 和图 2 的结果可以看出,与河砂混凝土相比,石粉质量分数为 7% 及 7% 以上的机制砂混凝土的 7d 及 7d 以前龄期干缩值比河砂混凝土要大,而后龄期机制砂混凝土的干缩值与河砂混凝土相差不大,甚至有所降低。

机制砂对混凝土干缩性能的影响

表 5

编 号	干缩率($\times 10^{-6}$)							
	1d	3d	7d	14d	28d	56d	90d	180d
1	78	118	177	272	364	458	486	500
2	72	101	170	235	317	404	445	475

续上表

编　　号	干缩率(×10^-6^)							
	1d	3d	7d	14d	28d	56d	90d	180d
3	69	102	215	282	333	423	485	498
4	82	123	223	297	354	448	501	522
5	95	125	203	273	337	417	480	490
6	95	120	186	271	335	411	459	470
7	63	85	203	271	319	409	468	496
8	64	89	207	282	341	433	488	518

石粉质量分数对混凝土有较为明显的影响，石粉质量分数对混凝土干缩的影响随干缩龄期不同而有不同的规律。1d、3d 早龄期的干缩值，随石粉质量分数增大而呈逐渐增大趋势，而 7d 及以后龄期的干缩值，石粉质量分数 7%是一个分界线，石粉质量分数小于 7%，随石粉质量分数的增加，各龄期干缩率增大；石粉质量分数大于 7.0%，随石粉质量分数的增加，各龄期干缩率则逐渐减小。这可能是因为石粉在低质量分数时，处于硅酸盐水泥的水化产物 $Ca(OH)_2$ 的高碱环境中，一方面起晶核作用，加速水化硅酸钙或水化铝酸钙的形成，另一方面自身可能与 $Ca(OH)_2$、水化铝酸钙发生反应，生成水化碳铝酸钙晶体，即作为胶凝材料的一部分而增大了浆体量，使干缩增大；石粉质量分数大于 7.0%，随石粉质量分数的增加，大多数的石粉不能参与上述水化反应，石粉中许多微细粒子具有填充作用，使混凝土结构更为密实，对浆体的收缩起到了一定的抑制作用，因而干缩率有减小的趋势。

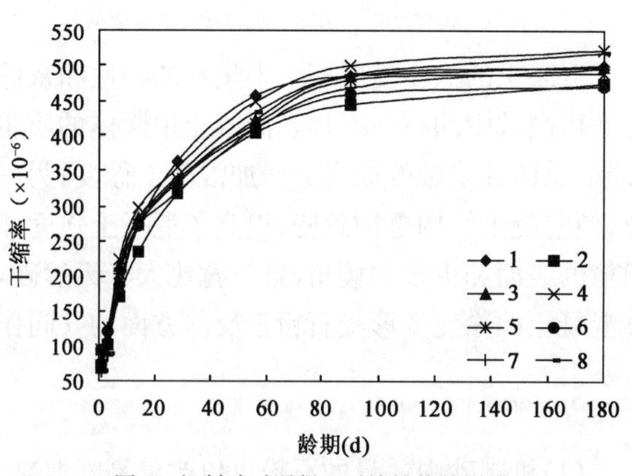

图 2　机制砂对混凝土干缩性能的影响

粉煤灰的掺入使河砂与机制砂混凝土的各龄期收缩值减小，石粉的存在并未影响粉煤灰对混凝土干缩性能的改善作用。

2.4　机制砂对高强混凝土徐变的影响

从图 3～图 6 可以看出徐变度与徐变系数基本上随持荷龄期延长成对数关系增加，即早期徐变很快，然后逐渐趋于平缓，28d 后徐变增加缓慢。含 7%石粉的机制砂混凝土的徐变度和徐变系数与天然砂混凝土相接近，7d 加荷龄期的机制砂混凝土徐变略小于天然砂混凝土，但 28d 加荷龄期的机制砂混凝土徐变略大于天然砂混凝土。

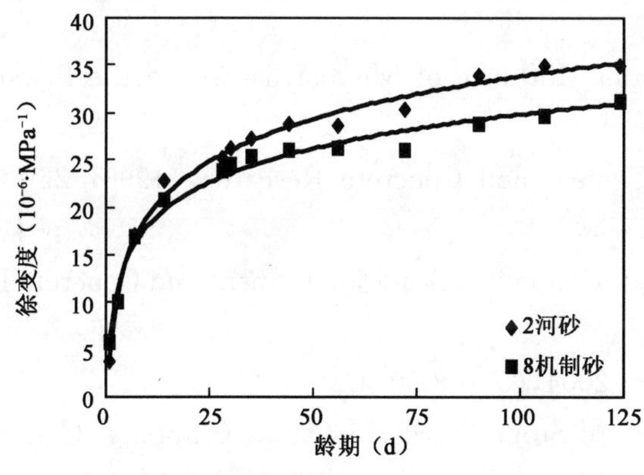

图 3　混凝土受压徐变度(养护 7d 后加荷)

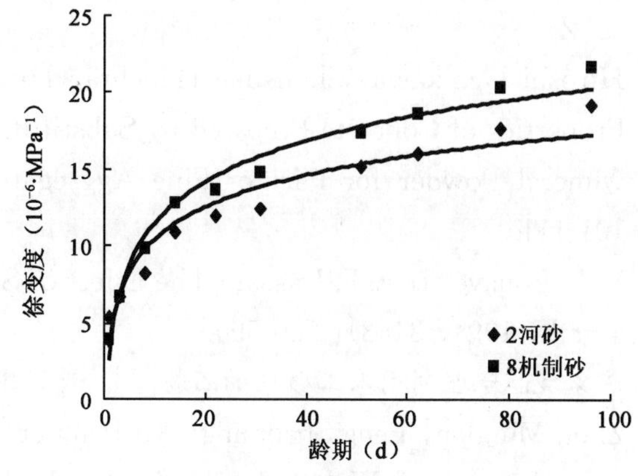

图 4　混凝土受压徐变度(养护 28d 后加荷)

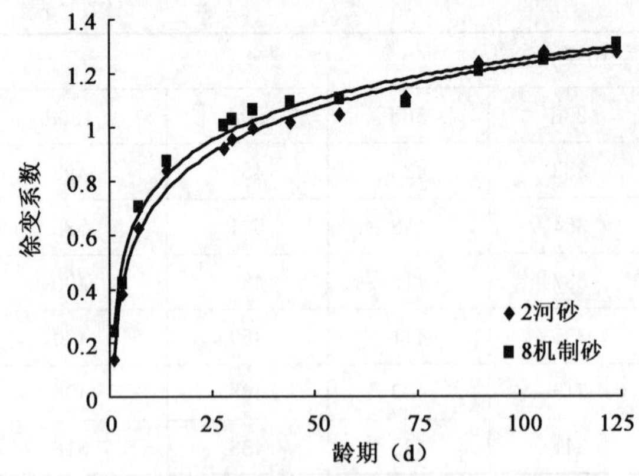

图5 混凝土受压徐变系数(养护7d后加荷)

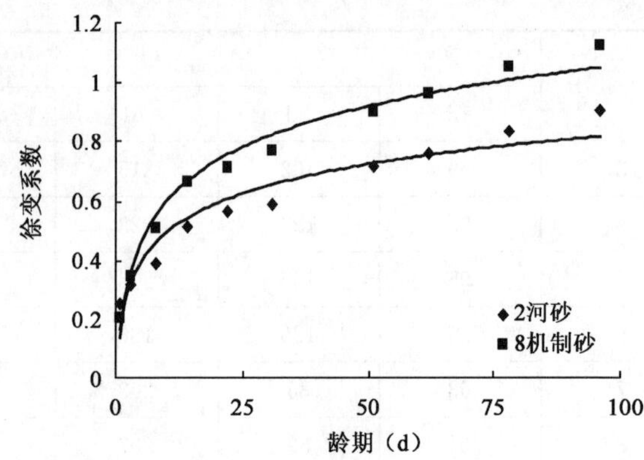

图6 混凝土受压徐变系数(养护28d后加荷)

混凝土的徐变受混凝土中集料的特性和浆体数量的影响比较显著,同时还受到混凝土强度的影响。一方面机制砂中的石粉增加了混凝土中浆体的质量分数,同时机制砂混凝土的砂率较天然砂混凝土高2%的砂率,总体砂浆量的提高会增加混凝土徐变;另一方面,石粉的存在完善了微细集料的级配,填充了部分空隙,使混凝土结构更加致密,提高了混凝土强度,降低了其变形性能,同时机制砂具有较高的弹性模量,更加粗糙的表面和更多的棱角,且长宽比大于天然砂,颗粒之间的啮合力较强,对变形有一定的限制作用。机制砂混凝土的徐变变形受石粉正反两方面的共同作用,徐变结果受到两方面因素的影响。

3 结语

(1)机制砂中适量的石粉可以改善高强混凝土的工作性;且随石粉质量分数的增加,机制砂混凝土的强度逐渐增加。

(2)低石粉质量分数(小于7%时)的机制砂混凝土弹性模量与河砂相近,但随石粉质量分数的增加,机制砂混凝土弹性模量降低。粉煤灰的加入使混凝土的弹性模量降低。

(3)石粉质量分数对机制砂高强混凝土的干缩影响与干缩龄期密切相关,石粉质量分数较高(7%及7%以上质量分数)的机制砂混凝土的7d及7d以前龄期干缩值比河砂混凝土大,而后面龄期干缩值相差不大,甚至有所降低。另外,掺入粉煤灰使机制砂混凝土各龄期的干缩值减小。

(4)石粉质量分数为7%的机制砂混凝土徐变度与徐变系数和河砂混凝土较为接近。

参考文献

[1] 徐健，蔡基伟，王稷良，等. 人工砂与人工砂混凝土的研究现状[J]. 国外建材科技，2004，25(3)：20 -24.

[2] Hiroshi Uchikawa，Shunsuke Hanehra，Hiroshi Hirao. Influnce of Microstructure on the Physical Properties of Concrete Prepared by Substituting.

[3] Mineral Powder for Part of Fine Aggregate[J]. Cement and Concrete Research，1996，26(1)：101-111.

[4] V. L. Bonavetti，E. F. Irassar. The Effect of Stone Dust Content in Sand[J]. Cement and Concrete Research，1994，24(3)：580-590.

[5] 陈家珑. 合理利用人工砂中的石粉[J]. 新型建筑材料. 2004,(5):48-50 .

[6] Zhou Mingkai，Peng Shaoming，Xu Jian，et al. Effect of Stone Powder on Stone Chippings Concrete [J]. Journal of Wuhan University of Technology (Materials Sciences Edition)，1996，11(4)：29 -34.

[7] 田启贤，荆秀芬. 混凝土收缩徐变对比试验[J]. 桥梁建设，2003，(2):24-27.
[8] 潘立本，张苏俊. 混凝土收缩与徐变的试验研究[J]. 河海大学学报，1997，25(5):84-89.
[9] 中国建筑科学研究院. GB/T 50081—2002　普通混凝土力学性能试验方法标准[S]. 北京：中国建筑工业出版社，2003.
[10] 中国建筑科学研究院混凝土研究所. GBJ 82—85　普通混凝土长期性能和耐久性能试验方法[S]. 北京：中国建筑工业出版社，1985.

交通荷载对沥青路面高温流动变形的影响分析

韩 萍[1] 冯建刚[2] 李智慧[1] 张宏武[1] 梁 斌[1]

(1. 山西省交通科学研究院 山西 030006;
2. 山西忻阜高速公路建设管理处 山西 035500)

摘 要:针对当前交通状况的变化,从交通量及交通组成、轴载、荷载接地压强、渠化交通等几个方面分析交通荷载对沥青路面高温流动变形的影响。沥青路面高温流动变形的产生主要取决于轮压,因此对沥青路面进行双层改性、治理车辆超限是非常必要的,从而达到对轮压限制的目的。

关键词:交通荷载 沥青路面 高温流动变形

随着经济的快速发展,重载交通已成为高速公路的主要运输形式,交通状况的这些显著变化给沥青路面带来了严峻考验,许多高速公路沥青路面在通车不久后的夏季高温期就出现了严重的车辙、泛油、拥包、波浪、推移等病害[1]。从属于热区的南方到属于寒区的北方,重交通、特重交通路段在通车一个月或半年后的第一个夏季的高温期就产生深度 10~50mm 的辙槽,有的甚至达 70mm 以上,使路面平整度变差,并很快出现网裂、坑洞、坑槽等病害[2]。研究分析交通荷载对于沥青路面高温流动变形的影响,发现高度渠化的重载交通(高轮压、重轴载、几乎所有大型重载车辆在行车道上行驶)是沥青路面产生高温流动变形的主要原因之一。

1 交通量及交通组成的影响

经调查,两条高速公路交通量及交通组成特点基本相同,交通量均快速增长。表 1、表 2 为两条高速公路通车以来车型比例,以行驶小客车与 5 轴以上的 G 型大型重载车辆为主(大型重载车辆占全部车辆的 50%左右,占载重车辆的 80%以上),大型重载车辆行驶速度慢,一般 10~30km/h,几乎全部在行车道行驶。在夏季高温期间,交通量的快速增长、较高的大型重载车辆比例加剧了车轮的振动冲击力及垂直荷载和水平荷载的剪应力共同作用,对沥青混合料产生剧烈的反复搓揉作用使车辙在短时间内形成。某高速公路通车第二年五月下旬至六月上旬短短十几天时间内,在重载车轮的搓揉下,没有采用改性沥青的中面层沥青混合料的沥青膜完全剥落、部分石料破碎,如煤渣一样松散,可见其严重程度。

高速公路 A 重、轻载方向不同车型比例 表 1

年份	方向	车型								
		A(%)	B(%)	C(%)	D(%)	E(%)	F(%)	G(%)	H(%)	合计(%)
2009	重载方向	39.5	1.5	8.0	5.6	0.8	3.5	35.9	5.2	100.0
	轻载方向	46.8	1.9	10.0	6.2	0.9	3.3	30.5	0.4	100.0
2010	重载方向	32.4	1.0	5.5	4.5	0.6	1.7	51.6	2.7	100.0
	轻载方向	42.8	1.4	7.8	5.9	0.7	2.0	39.4	0.0	100.0

高速公路 B 重、轻载方向不同车型比例 表 2

年份	方向	车型								
		A(%)	B(%)	C(%)	D(%)	E(%)	F(%)	G(%)	H(%)	合计(%)
2008	重载方向	53.9	3.2	6.4	4.6	0.9	10.1	20.6	0.4	100
	轻载方向	52.5	3.1	5.6	3.8	1.0	7.7	24.6	1.7	100

续上表

年　份	方　向	车　型								
		A(%)	B(%)	C(%)	D(%)	E(%)	F(%)	G(%)	H(%)	合计(%)
2009	重载方向	51.1	2.1	4.9	4.5	0.5	7.5	29.1	0.3	100
	轻载方向	48.5	2.0	4.6	3.9	0.6	9.1	29.6	1.6	100
2010	重载方向	42.7	1.3	3.0	2.9	0.5	2.1	47.4	0.2	100
	轻载方向	42.4	1.3	3.4	2.9	0.7	4.4	43.7	1.2	100

2　轴载与车辙的分析

随着深度的增加，沥青路面结构内剪应力迅速增加，到某一深度处达到峰值，然后剪应力值开始逐渐减小。由《山西省高速公路建设科技工作回顾与评述》第5篇“路面”的分析可知，最大剪切应力区域的深度为10～100mm[3]。

随着轴载的增大和轮胎接触压力的增加，剪应力也随之增大，且剪应力峰值会向下扩展，在重载作用下影响更加明显。我国沥青路面设计标准轴载为100kN，使用BISAR3.0对路面承受不同轴重的计算表明(图1)：100kN轴载作用下剪应力在厚度深为30mm处达到峰值0.233MPa，在180kN轴载作用下在深50mm处达到峰值0.28 MPa，在面层以下20～150mm范围内，100kN轴载作用下的平均剪应力约为0.21 MPa，180kN轴载作用下的平均剪应力值为0.25 MPa。因此，随着轴载增加，沥青层产主失稳性车辙的可能性就会增加，在上、中面层更容易产生失稳性车辙，且轴重愈大，同一层位内的剪应力也愈大。

此次调查中抽查了五辆G型载重车(1+1+2+222)的轴载，具体情况见表3，五辆载重车的单轴轴载均超过100kN单轴载限值，最大轴载148.5kN，超载率48.5%；三轴轴载超过了240kN的三轴轴载总重限值，最大314kN，超载率30.8%。这说明车货总质量符合整车限重要求，单轴轴载存在超限问题，轴载的增大与超限加剧了路面剪应力增大及峰值的向下扩展，从而导致高速公路上、中面层产生失稳性车辙。由此来看，治理车辆超限是非常必要的，尤其需进一步加强对单轴轴载的检测限制。

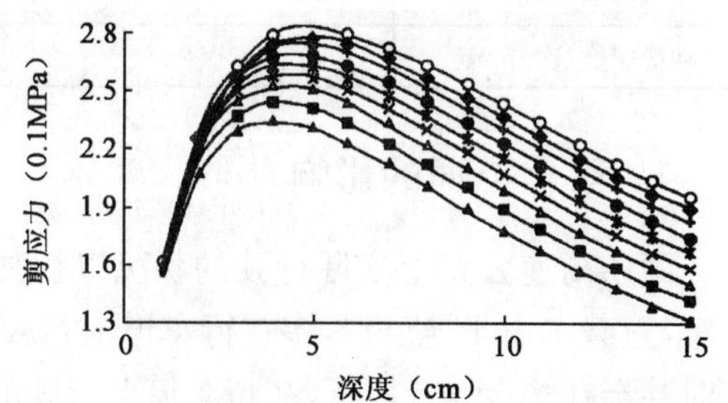

图1　不同轴重下15cm面层中的剪应力分布曲线

注：图中曲线自下而上相应的轴重分别为100kN、110kN、120kN、130kN、140kN、150kN、160kN、170kN、180kN。

G型载重车(1+1+2+222)轴重　表3

序号(t)	轴一(t)	轴二(t)	轴三(t)	轴四(t)	轴五(t)	轴六(t)	后三轴合重(t)	总重(t)
1	5.50	4.60	14.40	8.90	7.60	8.25	24.75	49.25
2	3.50	4.10	14.85	10.70	9.35	8.40	28.45	50.90
3	4.00	4.00	13.15	9.50	10.15	10.85	30.50	51.65
4	4.95	3.75	12.30	10.05	10.70	10.65	31.40	52.40
5	5.50	3.67	14.05	9.85	8.70	8.75	27.30	50.52

3　荷载接地压强的影响

通过对两条高速公路主要收费站2轴4轮以上货车的轮胎充气压力进行的调查发现，重型车轮胎充气压力基本相同，为1.0～1.3MPa，较治超前没有多大变化，超过标准轮压42.9%～85.7%。轮胎充气压力大可以减小与路面的接触面积，达到快速行驶、节省轮胎的目的，有的达到1.4MPa，与飞机的轮胎压力相同。

汽车的荷载是通过轮胎的胎面向路面传递的，传统的路面力学体系采用圆形均布荷载来表征车辆对路面的作用方式,实际研究表明轮胎的接地形状介于矩形和椭圆形之间。路面结构的最大剪应力峰值随着轮载作用力分布形式的不同而有很大的差别。对于载重车轮胎,特别是荷载较大时,接地形状更接近于矩形,且随着载荷增加,矩形形状越明显,路面内的应力随荷载的变化呈明显的非均匀分布[4]。相对均匀分布的轮载作用力而言,非均匀分布使路面的最大剪应力有很大的增加,矩形非均匀分布情况下,面层内部最大剪应力值达圆形均匀分布下的3.05倍,矩形均匀分布下的2.63倍。大型重载车辆的轮胎压力在夏季高温下的搓揉作用,使沥青混合料失稳,产生流动变形。

表4和图2为5.0%SBS改性AC-16沥青混合料60℃动稳定度随不同轮压的变化规律,试验研究表明SBS改性沥青混合料动稳定度随轮压的增大急剧降低,当轮压从0.7MPa增大至1.25MPa时,动稳定度从7 000次/mm降低到1 984次/mm,降低幅度高达72%,由此可见荷载接地压强的增加将极大地减少沥青混合料的动稳定度。两条高速公路重载车辆荷载接地压强为1.0~1.3MPa,沥青路面在夏季高温的高轮压作用下势必产生高温流动变形,对于车辙病害的发生是致命的,沥青路面高温流动变形的产生主要取决于轮压,急需增加对轮压的限制。

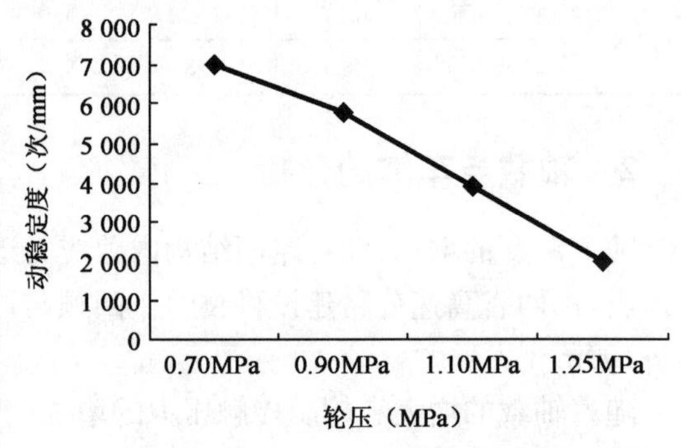

图2 5.0%SBS改性AC-16沥青混合料60℃动稳定度随轮压的变化

5%SBS改性AC-16沥青混合料60℃动稳定度随轮压的变化 表4

轮压(MPa)	0.70	0.90	1.10	1.25
动稳定度(次/mm)	7 000	5 780	3 913	1 984

4 渠化交通的影响

两条高速公路上实际行驶的状况以行驶小客车与5轴以上的G型重载车辆为主。超车车辆多为小型客车,重载车由于速度慢,多在行车道上行驶,尤其是在上坡路段,重载货车上坡路段一般为10~30km/h,有时甚至在20km/h以下,在超车道上行驶的概率很小,重载车辆在行车道行驶的概率几乎为100%,而沥青路面设计规范中双向四车道高速公路车道系数取0.4~0.5,即轴载40kN以上货车行驶在行车道的概率为40%~50%。高度的渠化交通使得沥青混合料失去了弹性恢复的时间,加剧了塑性变形。

5 结语

在6~8月份高温条件下,受交通量及交通组成、轴载、荷载接地压强、渠化交通等交通荷载条件的影响,沥青混合料动稳定度不足产生流动变形,路面在短时间内即出现较为严重的车辙病害,车辙已成为高速公路沥青路面的主要病害。

(1)交通量的快速增长、较高的大型重载车辆比例加剧了夏季高温期间大型重载车辆车轮的振动冲击力及垂直荷载和水平荷载的剪应力共同作用,车辆对沥青混合料产生剧烈的反复搓揉作用使车辙在短时间内形成。

(2)部分车辆虽然车货总质量符合整车限重要求,但单轴轴载存在超限问题,轴载的增大加剧了路面剪应力增大及峰值的向下扩展,使沥青路面上部两层产生流动性的失稳性车辙。由此治理车辆超限是非常必要的,需对上部两层采用改性沥青,对于特重载交通或炎热地区的重载交通长大纵坡特殊路段建议进行三层改性。

(4)重载车辆荷载接地压强多在1.0~1.3MPa,轮压较治超前没有多大变化。沥青混合料动稳定度随轮压的增大急剧降低,在夏季高温条件下高轮压对于车辙的发生是致命的,沥青路面高温流动变形的产生主要取决于轮压,急需增加对轮压的限制。

(5)重载车辆在高速公路行车道行驶的概率几乎为100%,高度的渠化交通使得沥青混合料失去了弹性恢复的时间,加剧了塑性变形,是产生车辙病害的原因之一。

参考文献

[1] 吴传海. 重载交通沥青路面车辙成因及混合料组成设计研究[D]. 西安:长安大学. 2008.
[2] 韩萍,刘玉柱. 采用PR沥青混合料提高沥青路面整体抗车辙能力[J]. 山西交通科技. 2002,S1:10-12.
[3]《山西省高速公路建设技术回顾与探索》编委会. 山西省高速公路建设技术回顾与探索[M]. 北京:人民交通出版社,2008.
[4] 孙立军,等. 沥青路面结构行为理论[M]. 上海:同济大学出版社. 2003.

忻阜高速公路重载交通路面设计

吴志俊[1] 陈 林[2] 焦小平[2]

(1. 山西省交通规划勘察设计院 山西 030012;
2. 山西忻阜高速公路建设管理处 山西 035500)

摘 要: 本文针对忻阜高速公路的交通特点和山西省运煤公路上普遍存在大量重轴载货车的现状,结合科技示范成果,运用全寿命周期成本设计新理念,进行路面结构设计,从而使忻阜高速公路安全、环保、快捷。

关键词: 忻阜高速公路 重载交通 路面设计

1 引言

随着晋煤外运量的持续增长,公路重载车急剧增加,车辆、车型的大型化,载货量、重载超载化非常普遍。根据从太旧、夏汾等高速公路目前的轴载调查结果,重轴载车辆(一般认为大于标准车型 100kN)比例占总交通量的 30%~50%,并逐年增加,其对路面的破坏作用是相当严重和明显的。

针对这种重轴载交通普遍存在且还会持续一段时期的现状,需要有新的路面结构设计思路。

2 工程概况

忻州至阜平高速公路忻州至长城岭段,是山西通向东部京津唐环渤海湾经济区的关键通道,是我省高速公路网"三纵十一横十一环"总体规划中第四横的重要组成部分。被交通运输部确定为勘察设计典型示范工程和科技成果推广应用示范项目。本项目的实施,对加快中西部地区政治、经济发展,完善国家干线公路网,促进我省及周边地区的经济建设,特别是促进忻州市的经济发展和全国四大佛教圣地之一——五台山的旅游开发,有着非常重要的意义。

3 忻阜高速公路交通特点

该项目交通组成见表 1。

交 通 组 成 表 1

车型	客车		货车			
比重(%)	小型	大型	小型	中型	大型	拖挂
	23.7	4.8	8.7	16.1	22.4	24.3
	28.5		71.5			

该项目交通组成有以下特点:

(1)大型货车的增长较快,区域物流趋向专业化发展,绝大多数是煤炭、铁矿等能源物资的货运,大型货车和拖挂车占 46.7%,其中后轴数为 4 轴和 5 轴的整车拖挂分别占拖挂(集装箱)30.1%和 66.0%。

(2)上下行轻重车分幅明显,忻州至阜平方向货物以煤炭、铁矿等能源物资为主,实载率达 98.2%;忻州至阜平方向以一般货物为主,且实载率小于 50%。

4 路面结构设计

4.1 全寿命周期成本设计新理念

在设计中,运用全寿命周期成本理念,从项目周期的全过程过程看待成本,把公路放到环境和社会的大系统中去考察其成本，不但注重项目初期建设成本，还要注重后期维修和养护成本。坚持科学合理的评价方法，加大前期投入，在确保安全、满足功能的前提下，通过提高技术含量，灵活设计，达到最佳的技术经济效益。

4.2　重载交通沥青路面性能要求

根据重载交通对沥青路面破坏机理的研究和使用寿命和使用效果的要求，认为重载交通沥青路面应具有以下性能：

(1)必须要有足够的承载能力，不仅基层要有足够的强度和厚度，沥青面层也要有承受车辆反复作用的抗疲劳破坏的能力。

(2) 严格防止沥青面层和半刚性基层产生裂缝，减少水分从裂缝渗入沥青路面而产生局部早期破坏。

(3)控制沥青路面车辙，使行车安全舒适。

(4)表面层要具有良好的耐久性和抗滑性能。

只有在这些前提下，重载交通沥青路面才能完成其应有的使用功能，使车辆能够迅速、舒适和安全地通行。

4.3　重载交通路面结构组合设计

忻阜高速公路左右两个方面的轻重车辆分流明显，累计当量轴次相差较大，因此，分别按特重交通和重交通车道分别采用不同的路面结构形式。路面设计控制指标见表2。

沥青混凝土路面设计技术指标　表2

指标项目	单位	技术指标	指标项目	单位	技术指标
路面面层结构		沥青混凝土	一个车道上累计当量轴次	次	5.53×10^7(特重交通)； 1.23×10^7(重交通)
自然区划		III_1	路面设计弯沉值	0.01mm	16.97(特重交通)；22.91(重交通)
公路等级		高速公路	交通量平均增长率	%	6.8
路面等级		高级	标准轴载	kN	100
设计使用年限	年	15	车道系数		0.40

具体路面结构见表3、表4。

忻州—阜平方向(特重交通)　表3

干湿类型	中湿	岩石
上面层	4cm细粒式密级配AC-13型改性沥青混凝土	4cm细粒式密级配AC-13型改性沥青混凝土
下面层	6cm中粒式密级配AC-20型改性沥青混凝土	6cm中粒式密级配AC-20型改性沥青混凝土
基层	12cm粗粒式ATB-30型沥青碎石	12cm粗粒式ATB-30型沥青碎石
	38cm水泥稳定碎石	38cm水泥稳定碎石
底基层	20cm水泥稳定砂砾	15cm水泥稳定碎石整平层
厚度	80cm	75cm

阜平—忻州方向(重交通)　表4

干湿类型	中湿	岩石
上面层	4cm细粒式密级配AC-13型改性沥青混凝土	4cm细粒式密级配AC-13型改性沥青混凝土
中面层	6cm中粒式密级配AC-20型沥青混凝土	6cm中粒式密级配AC-20型沥青混凝土
下面层	6cm中粒式密级配AC-20型沥青混凝土	6cm中粒式密级配AC-20型沥青混凝土
基层	34cm水泥稳定碎石	34cm水泥稳定碎石
底基层	20cm水泥稳定砂砾	15cm水泥稳定碎石整平层
厚度	70cm	65cm

对于上述路面基本结构作如下几点说明：

(1)根据山西省高速公路施工经验，采用细粒式密级配的沥青混凝土面层，增强沥青面层的密水能力，并采用改性沥青，改善沥青性能。另外，对纵坡≥3.0%的路段采用双层改性面层。

(2)适当加大前期投入，在特重交通方向增设一层 ATB-30 型沥青碎石柔性基层，既起加厚沥青路面面层的作用，有较高的承载能力和减少永久变形的特性，又作为上基层，能有效防止半刚性基层的反射裂缝。

(3)土基回弹模量要求必须大于等于 40MPa，否则应采用技术措施进行处治。

4.4 新材料、新技术和新工艺的应用

忻阜高速公路作为交通运输部科技示范工程，以推广西部交通建设科技成果为基础，积极加大新技术的集成应用、新材料的推广使用和关键技术的开发创新，并开展安全快捷类、资源节约类以及环境友好类科技成果应用和开发创新，拟在路面施工中推广应用及试验研究的项目见表 5。

路面推广应用及试验研究 表 5

序 号	项 目 名 称
1	高速公路废旧橡胶粉用于筑路的技术
2	高速公路重载交通抗车辙技术
3	高速公路地方性材料应用技术
4	机制砂混凝土在忻阜高速公路上的推广应用(路面结构用砂)
5	凤凰岭隧道低排放道面铺装技术与聚合物改性水泥混凝土应用技术研究
6	凤凰岭隧道弃渣综合利用研究(路面结构中抗滑碎石和一般碎石利用)

这些项目结合科研，对改性材料，分段采用 SBS 改性沥青、橡胶沥青、PR 改性沥青和 RS2000 改性沥青进行比选研究，并积极推广新材料、新技术和新工艺。

5 结语

本文通过研究，总结如下：

(1)在重载交通条件下，应运用全寿命周期成本设计新理念，适当加大前期投入，防止出现早期破坏，确保路面能满足重载车辆的使用要求。

(2)结构设计时，结合项目交通特点，按上下行分幅设计结构形式。

(3)积极研究、推广新材料、新技术和新工艺，以满足重载交通条件下沥青路面对路面材料、施工工艺等方面的高标准要求。

结合忻阜高速，本文提出重载交通下的沥青路面设计重点，对于指导重载交通沥青路面设计具有一定的实用价值，在今后的应用实践中需进一步总结和完善。

参 考 文 献

[1] 中华人民共和国行业标准. JTG D50—2006 公路沥青路面设计规范[S]. 北京：人民交通出版社，2006.

[2] 沙庆林. 高速公路沥青混凝土路面早期破坏现象及预防[M]. 北京：人民交通出版社，2001.

[3] 沈金安. 对我国沥青路面结构的思考[J]. 中国公路，2002(18).

PR PLAST. S 改性沥青混合料技术性能研究

韩　萍

（山西省交通科学研究院　山西　030006）

摘　要：本文对 PR PLAST. S 改性沥青混合料高温稳定性、低温抗裂性、水稳定性、耐久性以及施工工艺等进行了系统试验研究，并铺筑了试验路和实体工程，提出了 PR PLAST. S 改性沥青混合料技术参数、施工工艺及质量控制体系。

关键词：PR PLAST. S　沥青混合料　技术性能

1　技术现状

采用添加剂是提高沥青混合料路用性能的有效手段，改性剂作为沥青混合料的一种添加剂已被广泛使用。日本由于沥青混凝土路面的车辙非常严重，采用改性沥青提高路面耐久性和功能性的应用越来越多，预混型 SBS 类改性沥青从进入到 20 世纪 90 年代后期急剧增加，现已成为主要的沥青改性剂。法国广泛应用 PR PLAST. S 沥青混合料添加剂，使用其十多年后的高等级公路证明，它能充分提高沥青混合料的很多特性，特别是抵抗车辙变形的特征，尤其适合气候恶劣、超载严重地区。

山西夏季炎热，冬季寒冷，年温差在 60℃左右，四季温差之大在国际上是少有的，并且重载车、超载车的比例很大，在许多高速公路上，轴载经常超过 200kN，双轴超过 400kN，再加上有些车辆的车况不好，满载后行驶速度很慢，几乎达不到 10km/h，这对沥青路面造成了严重的威胁。研究和应用 PR PLAST. S 改性沥青混合料技术，是提高沥青混合料的路用性能的有效途径，特别适合山西省这样气候恶劣、超载严重的地区。

2　立项目的

PR PLAST. S 可直接加入热集料中拌制沥青混合料，与在山西此前大量使用的 SBS 改性剂相比，减少了改性沥青生产工序，无需相容性的沥青及专门的加工设备，没有改性沥青储存问题，避免了浪费，而且混合料生产、施工与普通沥青混合料相同，研究并应用 PR PLAST. S 混合料是解决山西沥青路面病害的有效途径。2003 年，山西省交通厅立项研究，由山西省交通科学研究院、山西省运城高速公路有限责任公司共同攻关研究，合同号：03－05。

3　主要研究内容

3.1　技术性能室内试验研究

项目立项以来，课题组对国外 PR PLAST. S 技术特性进行大量调查，掌握了 PR PLAST. S 混合料的试验检测方法，并进行了以下研究：

(1)采用不同的基质沥青试验研究 PR PLAST. S 对沥青混合料技术性能的影响。

(2)对 PR PLAST. S 加入混合料的温度敏感性进行试验研究。

(3)选择不同集料、沥青，研究 PR PLAST. S 对材料的要求及限制。

(4)进行了 PR PLAST. S 沥青混合料技术参数试验研究。

(5)通过疲劳试验与其他沥青混合料耐久性展开对比，结果表明：PR PLAST. S 沥青混合料具有良好的高、低温性能及抗疲劳性能。

3.2 试验路研究

为了确保法国PR PRAST. S在山西省的良好应用，课题组在山西南部夏季炎热的运三高速公路和在山西北部冬季严寒大新高速公路朔州支线分别铺筑了试验路段。

2001年9月，课题组首次在运三高速公路上面层铺筑了添加5.5%(沥青用量的百分比)PR PLAST. S的SMA－13混合料单幅1.9km试验路，开展了PR PLAST. S沥青混合料的试验检测及施工工艺研究，运三高速公路PR PLAST. S改性沥青混合料试验段采集的数据已经充分证明该添加剂良好的路用性能，且减少了改性沥青生产工序，给施工带来极大的方便。

2002年，在大新高速公路铺筑了5%PR PLAST. S、4%SBS＋4%U-Ⅱ、10%U-Ⅱ和5%SBS四种改性剂各300mAC-16I上面层试验段，进行了四种改性沥青混合料性能对比研究和PR PLAST. S改性沥青混合料施工技术研究。

3.3 实体工程推广应用

2002年，在太祁高速公路上罗城—夏家营段(K0＋000～K37＋390.59)的37km中面层铺筑了添加4.5%PR PLAST. S的AC－20I混合料。

2004年，在长晋高速公路上K33～K65＋500段中面层铺筑了添加4.5% PR PLAST. S的AC-20I混合料。

2005年，在太旧高速公路大修工程中铺筑了添加5.0% PR PLAST. S的AC-20中面层15.8km，添加5.5% PR PLAST. S的AC-16上面层15.6km。在运三高速公路维修工程中铺筑了添加4.5%、5.0% PR PLAST. S的AC－20中、下面层，添加5.5% PR PLAST. S的AC-16上面层。

2006年，在山西G309线安泽华岩沟至洪洞甘亭段二级公路大修工程中，铺筑了添加5.0% PR PLAST. S的AC－16下面层782 340m²，添加5.5% PR PLAST. S的AC-13上面层782 340m²。

2007年，在山西省道长安线、曲绛线、襄乡线、G108等二级公路上面层铺筑了100km。

通过试验路及实体工程铺筑，对PR PLAST. S改性沥青混合料施工技术进行了研究，编制了PR PLAST. S沥青混合料施工工艺要点。

通过试验路及生产路的铺筑可以看出：PR PLAST. S混合料成本低，施工简易；运三高速公路1km上面层、大新高速公路300m上面层、太祁高速公路37km中面层的应用实践表明，PR PLAST. S改性的沥青混合料路用性能与SBS改性沥青混合料相当，证明PR PLAST. S是一种理想的沥青混合料改性剂。

4 主要研究成果

4.1 PR PLAST. S技术性能的试验研究

(1)通过不同拌和温度、湿拌时间、成型温度、试验温度的试验研究确定：PR PLAST. S混合料适宜的拌和温度为180℃，室内试验干拌时间30s，湿拌时间为180s(与其他沥青混合料的拌和时间相同)，成型温度为155～160℃。

(2)PR PLAST. S混合料对沥青、集料技术指标没有特殊的要求。

(3)确定了PR PLAST. S的合理剂量。随着PR PLAST. S剂量的增加，车辙动稳定度明显增大，考虑PR沥青混合料高、低温技术指标，PR PLAST. S剂量可根据使用区域的不同，采用沥青用量的4.0%～6.0%较为合理。

(4)进行辉长岩、闪长岩的冻融劈裂试验结果表明，PR PLAST的加入对沥青混合料的水稳性能影响不大。

(5)对于同种沥青混合料类型，不同改性沥青的动稳定度排列均是相同的，5%PR PLAST. S＞5%SBS＞4%SBS＋4%U-Ⅱ＞10%U-Ⅱ；各种改性沥青混合料低温弯曲试验的挠度大小：在同样级配、同样集料下为10%U-Ⅱ＞4%SBS＋4%U-Ⅱ＞5%SBS＞5%PR PLAST. S；对于AC-16Ⅰ改性沥青混合料，其疲劳性能的排列为：4%SBS＋4%U-Ⅱ＞5%P. R＞5%SBS＞10%U-Ⅱ；对于AC-13Ⅰ改性沥青混合料，其疲劳性能的排列顺序为：5％P. R＞4％SBS＋4％U-Ⅱ＞5％SBS＞10％U-Ⅱ。

(6)PR PLAST. S 改性沥青混合料比 SBS 改性沥青混合料具有更大的经济效益。

4.2　PR PLAST. S 实体工程的推广应用

应用 PR PLAST. S 铺筑了两条试验路和五条实体工程路段，应用于新建高速公路的中、上面层和维修养护工程的上中下面层，采用了五种级配、四种 PR PLAST. S 剂量、四种集料，取得了良好的使用效果，拓宽了山西适用的沥青混合料添加剂的范围。

4.3　PR PLAST. S 施工工艺要点

PR PLAST. S 混合料的施工工艺要点包括：混合料拌和时间、温度、摊铺、碾压温度、碾压遍数的确定，合理机械的组合等，可以指导 PR PLAST. S 沥青混合料的施工。

5　推广应用前景

(1)用于新建沥青路面上、下面层

在新建沥青路面的上、下面层应用 PR PLAST. S 改性沥青混合料，提高路用性能。节省了加工 SBS 改性沥青所需的昂贵设备，避免了复杂工艺、环境污染、占用场地。

(2)用于高等级公路的维修养护工程

由于 PR PLAST. S 可直接投入搅拌锅生产沥青混合料，减少改性沥青生产工序，施工工艺简便，在公路维修工程中使用十分方便，随着山西高等级公路逐步进入维修养护阶段，PR PLAST. S 改性沥青混合料在维修工程应用的前景十分广阔。

(3)用于特殊场地沥青路面

根据需要适量调整 PR PLAST. S 用量，可以用于需要提高抗车辙能力的特殊场地沥青路面。

6　结语

本文通过对 PR PLAST. S 改性沥青混合料的性能研究，掌握了其各种性能和技术参数，为推广应用打下了基础，对山西省夏季炎热、冬季寒冷干燥的气候特别适宜。应用该产品的经济成本较使用 SBS 改性沥青低，而且路用性能优良。

由于 PR PLAST. S 改性沥青混合料的良好路用性能以及成熟的应用工艺技术，并在山西省的初步推广应用取得的经济效益，可以得出，若大规模的推广该项技术，将大大地提高公路的使用寿命，节约养护成本，减少公路建设的重复投资和反复投资，使公路作为公共产品能发挥其更高的社会效益，推动地方经济的迅速发展，对交通建设意义重大。

PR PLAST.S 沥青混合料室内拌和工艺研究

张晓燕

（山西省交通科学研究院　山西　030006）

摘　要：本文通过 PR PLAST.S 沥青混合料的室内车辙试验，分析了 PR PLAST.S 添加方式、拌和工艺对沥青混合料性能的影响，从而研究出了拌和时间、拌和温度、碾压成型温度等室内拌和工艺。

关键词：PR PLAST.S 沥青混合料　拌和工艺

PR PLAST.S(以下简称 PR)是一种混合料添加剂，可直接投入搅拌机中的热集料上，通过颗粒材料的剪切力将 PR 均匀分散在沥青混合料中，PR 颗粒不溶于沥青，与普通的聚合物改性沥青作用机理不同，这种聚合物靠其在沥青混合料中的嵌挤、钢筋、胶结作用，提高沥青混合料的路用性能。采取何种方式添加 PR，如何控制拌和工艺是本文主要的研究内容。

1　试验采用的材料

试验采用辉绿岩碎石、石屑、石灰岩矿粉、新加坡壳牌 AH-90 沥青，级配采用 AC-16 型，并采用"S"型级配曲线，PR 剂量为 4.5%(按沥青质量计)。

2　不同工艺因素对 PR 沥青混合料高温性能的影响

2.1　添加顺序

PR 属于改性的 PE，是一种混合料添加剂，其无需对沥青改性，可直接加入混合料中，采取以下方式对比确定添加顺序：(1)先加入集料和矿粉，干拌 1～2s 后，加入沥青，紧接着将 PR 加到沥青中，类似 SBR 胶乳的添加方式，湿拌 3min 结束。(2)先加入集料和矿粉，干拌 1～2s 后，直接加入 PR，干拌 30s 以上，再加入热沥青湿拌 3min 结束。(3)将 PR 像加工 SBS 改性沥青一样事先加工好，像生产 SBS 改性沥青混合料一样拌和 PR 混合料，即先加入集料和矿粉，干拌 1～2s 后，加入 PR 改性沥青，湿拌 3min 结束。

通过对三种方式成型的混合料高温车辙试验结果比较，第一种方式生产的混合料车辙指标基本无变化；第三种方式生产的混合料车辙指标有所提高，但不如第二种方式提高的幅度大，而且加工改性沥青增加了工序，不经济；第二种方式混合料车辙指标提高明显，且工艺简单，由此确定采用第二种方式添加。

2.2　拌和时间(图 1、图 2)

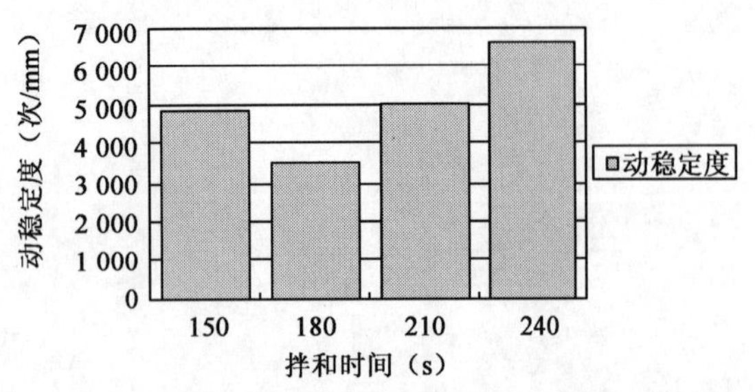

图 1　不同拌和时间下混合料的动稳定度

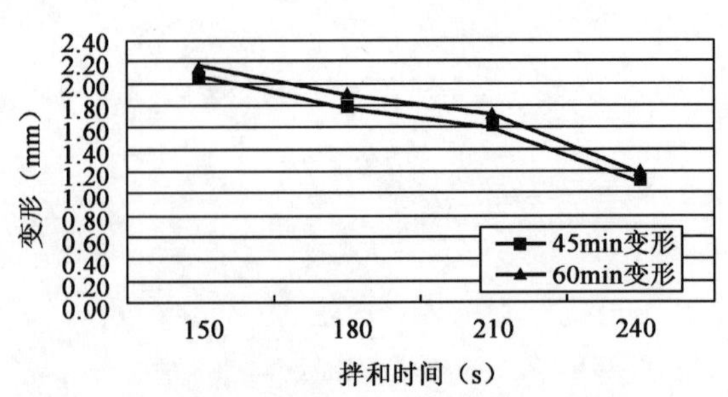

图 2　不同拌和时间下混合料的车辙变形

拌和时间对 PR 沥青混合料的性能非常关键，如果拌和时间过长不仅会影响生产中拌和楼的生产效率，而且会造成在拌和过程中沥青薄膜的严重老化，拌和时间太短又不能保证 PR 有充分的时间在混合料中均匀分散。PR 添加顺序确定后，对干拌时间进行比较，当干拌时间小于 30s 时，PR 分散不开，有明显颗粒存在；当干拌时间达 5min，石料在高温状态下磨损严重，拌成的混合料细料明显增加，混合料车辙指标大幅度降低；干拌 30～60s，PR 分散效果、车辙技术指标相差不大，故确定干拌时间为 30s。湿拌时间分别采用 150s、180s、210s、240s 进行混合料对比试验，试验条件为：(1)拌和温度：180℃；(2)成型温度：160℃；(3)车辙试验温度：60℃。

不同拌和时间混合料的车辙试验结果见表 1，结果表明：随着拌和时间的增加，混合料的动稳定度有增大的趋势，45min 和 60min 变形有减小的趋势。分析原因为：相同的拌和温度下，拌和时间越长，PR PLAST. S 在混合料中分散的越均匀，通过部分的溶解形成的胶结作用效果越显著，从而提高软化温度、降低了热敏性。湿拌 180s 和 210s 时，动稳定度相差不大，湿拌 180s 就可以搅拌均匀，与其他沥青混合料的拌和时间相同，说明添加了 PR 湿拌和时间不得低于 180s。

不同拌和时间车辙试验结果　　表 1

拌和时间(s)	45min 变形(mm)	60min 变形(mm)	动稳定度(次/mm)
150	2.07	2.16	3 544
180	1.77	1.90	4 846
210	1.59	1.72	5 048
240	1.09	1.18	6 632

2.3　拌和温度(图 3、图 4)

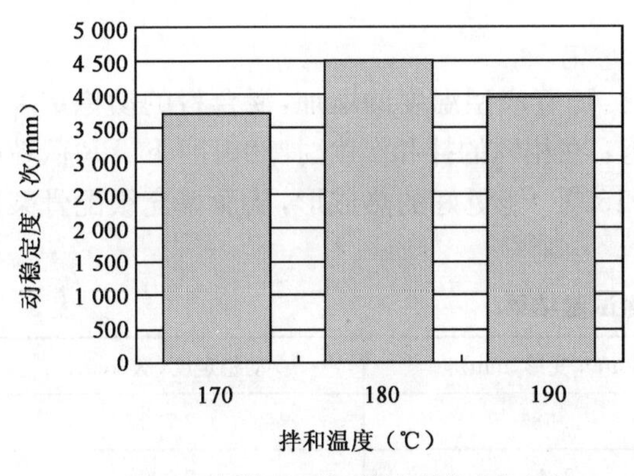

图 3　不同拌和温度下混合料的动稳定度

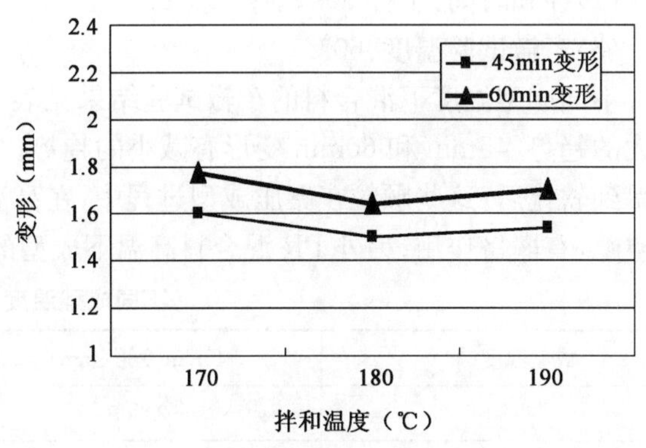

图 4　不同拌和温度下混合料的变形

拌和温度对改性沥青混合料也是非常关键，温度过高，易造成沥青老化；温度过低，改性剂不宜分散，而且影响混合料成型的密实性。对于 SBS、SBR 可通过黏温曲线确定，对于混合料添加剂只有采取比对的方式确定，结合施工经验，确定试验采用的拌和温度为 170℃、180℃、190℃，比较不同拌和温度下 PR 混合料的高温性能，试验条件为：

(1)拌和时间：干拌 30s，湿拌 180s；

(2)成型温度：160℃；

(3)车辙试验温度：60℃。

不同拌和温度下混合料的车辙试验结果见表 2，结果表明：拌和温度为 180℃时混合料的动稳定度最大(4 500 次/mm)，45min 和 60min 变形最小；拌和温度为 170℃的动稳定度比 190℃的小，45min 和 60min 的变形大。分析原因为：在相同的拌和时间下，拌和温度偏低时 PR 在混合料中未完全发挥出嵌挤、加筋、胶结作用。拌和温度为 180℃时，PR 临时软化后塑料纤维在集料骨架内部搭桥而形成 PR 网状结构，限制了矿料颗粒的变形，具有加筋作用，提高了沥青混合料的整体强度。

不同拌和温度下混合料的车辙试验结果 表 2

拌和温度(℃)	45min 变形(mm)	60min 变形(mm)	动稳定度(次/mm)
170	1.60	1.77	3 706
180	1.50	1.64	4 500
190	1.54	1.70	3 938

2.4 碾压成型温度(图 5、图 6)

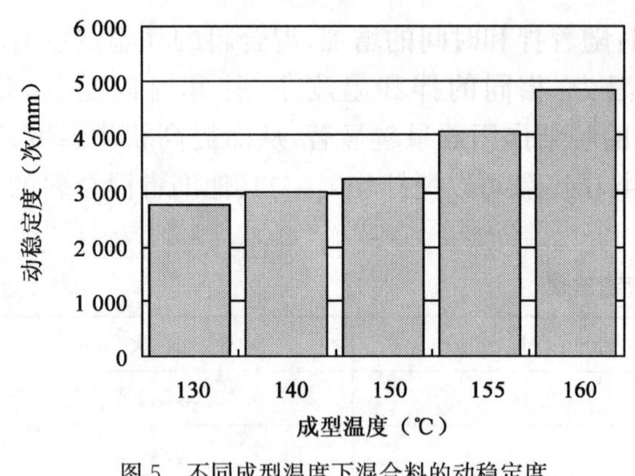

图 5 不同成型温度下混合料的动稳定度

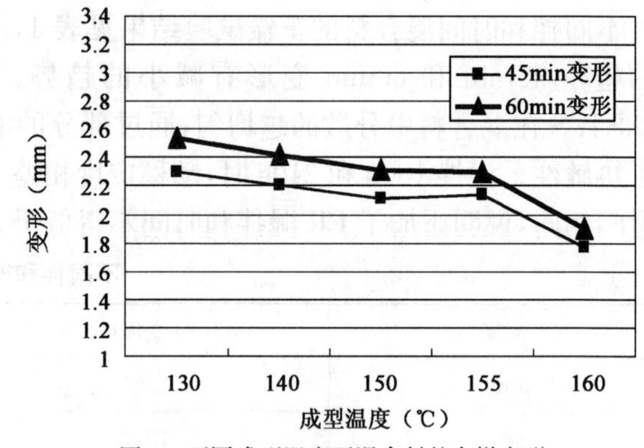

图 6 不同成型温度下混合料的车辙变形

比较不同成型温度下 PR PLAST. S 混合料的高温性能，根据施工碾压情况，确定对比的成型温度为：130℃、140℃、150℃、155℃、160℃。试验条件为：

(1)拌和温度：180℃；

(2)拌和时间：干拌 30s，湿拌 180s；

(3)车辙试验温度：60℃。

不同成型温度下混合料的车辙试验结果见表 3，结果表明：随着成型温度的增加，混合料的动稳定度有增大的趋势，45min 和 60min 变形有减小的趋势。分析原因为：在相同的拌和温度、拌和时间下，PR 微粒临时得到软化后，这些颗粒在碾压成型过程中，在高温下(155～160℃)能更好的热成形，从而填充级配骨架内的空隙，有嵌挤作用；另外 PR 混合料高温下成型的更密实。

不同成型温度下混合料车辙试验结果 表 3

成型温度(℃)	45min 变形(mm)	60min 变形(mm)	动稳定度(次/mm)
130	2.305	2.535	2 739
140	2.21	2.42	3 000
150	2.12	2.315	3 231
155	2.14	2.295	4 065
160	1.77	1.90	4 846

2.5 车辙试验温度(图 7、图 8)

试验条件为：

(1)拌和温度：180℃；

(2)拌和时间：干拌 30s，湿拌 180s；

(3)成型温度：160℃。

不同车辙试验温度 40℃、45℃、50℃、55℃、60℃，混合料的车辙试验结果见表 4，结果表明：随着试验温度的增加，混合料的动稳定度减小，45min 和 60min 变形增大。试验温度低于 50℃时，45min 和 60min 的变形都很小，小于 1mm。

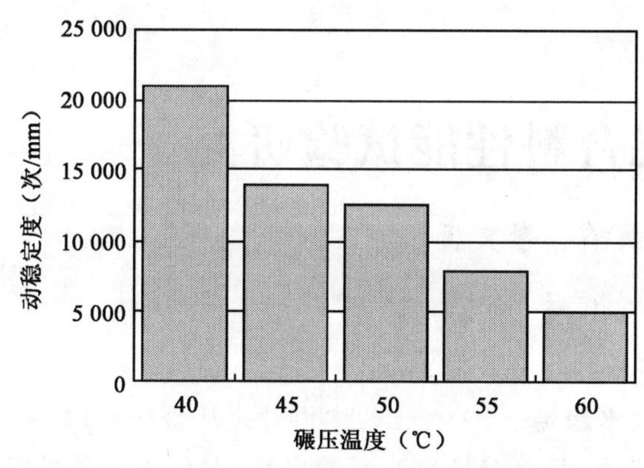

图 7　不同试验温度下混合料的动稳定度

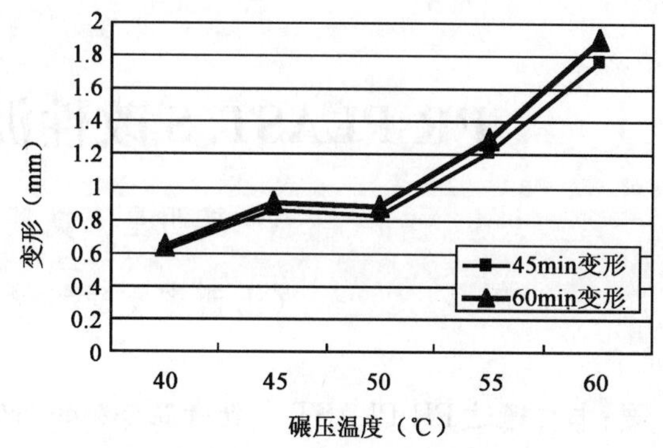

图 8　不同试验温度下混合料的车辙变形

不同试验温度下混合料车辙试验结果　表 4

车辙试验温度(℃)	45min 变形(mm)	60min 变形(mm)	动稳定度(次/mm)
40	0.615	0.645	21 000
45	0.865	0.91	14 000
50	0.83	0.88	12 600
55	1.215	1.295	7 875
60	1.77	1.90	4 846

3　结语

(1)PR 添加顺序：先加入集料和矿粉，干拌 1～2s 后，直接加入 PR，干拌 30s，再加入热沥青湿拌 3min 结束。

(2)PR 混合料的拌和工艺：PR 混合料适宜的拌和温度不宜低于 180℃；适宜的干拌时间 30s，适宜的湿拌时间 180s；适宜的成型温度为 155～160℃。

(3)PR 混合料的温度敏感性：随着成型温度的增加，混合料的动稳定度增大；随着试验温度的增加，动稳定度减小。

(4)在适宜的拌和工艺下，PR 的胶结、加筋、嵌挤综合作用使得沥青混合料的性能大大提高，尤其是在提高抗车辙能力方面表现出极大的优势。

PR PLAST. S 改性沥青混合料性能试验研究

陈明星　樊英华　郝鹏举　李文良

（山西省交通科学研究院　山西　030006）

摘　要：本文通过 PR PLAST. S 沥青混合料的高低温性能、水稳定性、耐久性的室内对比试验研究，表明 PR 沥青混合料能有效地提高沥青混合料高温抗车辙能力，抗疲劳性能及水稳定性，对低温性能较基质沥青有所改善，同时分析了 PR 沥青混合料的改性机理。

关键词：PR PLAST. S　沥青混合料　性能研究

山西省夏季炎热，重载车辆多，山区高速公路长、大纵坡多，因此要求沥青路面具有较好的高温抗剪切能力，普通沥青混合料高温抗车辙性能与低温抗裂性相矛盾，尤其在重载车辆通行的长、大纵坡路段易出现早期损坏[1]。在长、大纵坡路段，重载车辆行驶速度一般为 20～30km/h，有的甚至低于 20km/h，在夏季高温季节里，在车轮荷载的反复作用下，行车道轮迹带上会出现明显的车辙病害，车辙破坏程度远远大于平坦路段，严重影响行车安全。采用改性沥青是提高沥青混合料高温稳定性和低温抗裂性能最有效的途径之一。PR PLAST. S(简称 PR)改性沥青混合料是改善沥青混合料高温稳定性的一种新技术[2]，广泛应用于法国。10 年来，法国、德国、土耳其等国家采用 PR 改性的沥青混合料达一千多万吨，使用十多年后的高等级公路证明，它能充分提高沥青混合料的很多特性，特别是抵抗车辙变形的特征，尤其适合气候恶劣地区。

PR 用于热拌沥青混合料时，与 SBS 改性剂相比，可以减少设备投资，减少沥青老化，简化施工工艺，降低改性沥青混合料的生产成本，简化了生产工艺，减少了有害气体的排放，减少了场地的占用，节约了能源；与 SBR(U－II)(U－Ⅱ)改性剂相比，PR 没有储存时间限制，易于储存和混合。

1　原材料技术指标

PR 为直径 4mm 黑色颗粒，密度(25℃)0. 91～0. 965g/cm³，熔点 140～150℃，属于改性的 PE，可在常温下长期保存，使用时直接投入搅拌机中。试验采用壳牌 AH－90 沥青，辉绿岩碎石、石灰岩石屑、石灰岩磨细矿粉，技术指标符合沥青路面施工技术规范要求。

2　PR 沥青混合料性能试验

试验采用 AC－13 级配，最佳油石比为 5. 3%。室内拌和工艺为：集料温度为 180～185℃时加入 PR，干拌 30s 后，再加入沥青，湿拌 3min，混合料成型温度为 155～160℃。室内对 PR 改性沥青混合料进行高温稳定性、低温抗裂性、水稳定性、耐久性进行研究，同时与目前常用的改性沥青混合料进行比较，进一步分析验证其使用性能。

PR 沥青混合料车辙、低温弯曲试验结果见表 1、表 2(为方便与其他改性剂的比较，以下 PR 剂量均采用占沥青质量百分率)。从表 1、图 1、图 2 的 PR 混合料车辙试验结果可以看出：随着 PR 剂量增加，车辙动稳定度明显增大，PR 用量按沥青质量百分率计，剂量从 0%增加至 9. 4%，车辙动稳定度由基质沥青的 450 次/mm 增加到 21 000 次/mm，试件的变形大幅度降低，试件在 60min 的变形从 8. 88mm 降到 0. 65mm，在 45min 的变形从 7. 48mm 降到 0. 62mm。说明掺加 PR 后沥青混合料的动稳定度大大提高，显著提高沥青混合料的抗车辙能力，并且随着掺量的增加抗车辙能力也显著提高，远远超过《公路沥青路面施工技术规范》(JTJ F40—2004)表 5. 3. 4-1“沥青混合料车辙试验动稳定度技术要求”中夏炎热区改性沥青混合料不小于 2 800次/mm 的要求。

PR 沥青混合料车辙试验结果　　表 1

PR 掺量(%)(占沥青的质量百分率)	变形(mm)		动稳定度(次/mm)
	45min	60min	
0	7.48	8.88	450
3	2.64	3.07	1 465
4	2.32	2.54	2 864
5	1.56	1.68	5 250
6	1.09	1.16	9 000
7	0.83	0.88	12 600
9.4	0.62	0.65	21 000

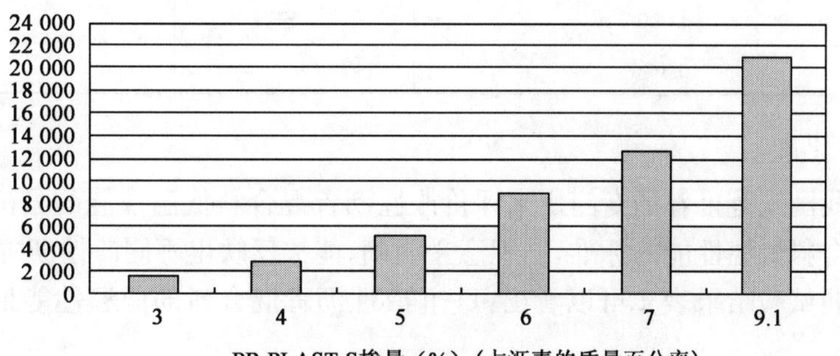

图 1　不同剂量 PR 沥青混合料的动稳定度

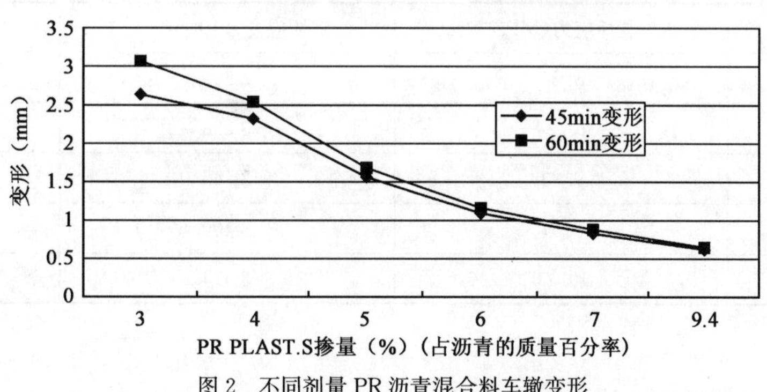

图 2　不同剂量 PR 沥青混合料车辙变形

PR 沥青混合料低温弯曲试验结果　　表 2

RR PLAST. S 掺量(占沥青质量百分率%)	低温弯曲试验		
	破坏强度(MPa)	破坏应变(10^{-6})	破坏劲度(MPa)
4	9.03	3 134	2 883
5	9.21	3 110	2 967
6	8.73	2 947	2 958
7	8.04	2 644	3 038

《公路沥青路面施工技术规范》(JTG F40—2004)对沥青混合料的低温抗裂性能采用“低温弯曲试验破坏应变($\mu\varepsilon$)(−10℃,50mm/min)”指标来衡量,对于山西东南部 1-3、2-3 气候分区要求普通沥青混合料不小于 2 000,改性沥青混合料不小于 2 500;对于山西中北部 2-2 气候分区要求普通沥青混合料不小于 2 300,改性沥青混合料不小于 2 800。从表 2 沥青混合料的低温弯曲试验结果可以看出:掺加 PR 添加剂后沥青混合料的最大弯拉应变提高,沥青混合料的低温抗裂性得到改善。

分析以上试验结果可知:

(1)加入 PR 后,可显著提高沥青混合料的高温抗车辙,改善低温抗变形能力。

(2)随着PR剂量的增加，车辙动稳定度明显增大，4%用量时车辙动稳定度就可以达到2 864次/mm，满足《公路沥青路面施工技术规范》(JTJ F40—2004)表5.3.4-1“沥青混合料车辙试验动稳定度技术要求”中夏炎热区改性沥青混合料不小于2 800次/mm的要求。

3 PR与SBR(U-II)、SBS改性沥青混合料性能的比较

3.1 高温稳定性比较

5%PR与10% SBR(U-II)、5%SBS改性AC-13混合料的高温动稳定度试验结果见表3，动稳定度大小排列顺序为：5%PR>5%SBS>10% SBR(U-II)，可以看出5%PR的高温稳定性最好，其次为5%SBS。

不同改性沥青AC-13I混合料高温动稳定度 表3

改性剂及剂量(%)	动稳定度(次/mm)	改性剂及剂量(%)	动稳定度(次/mm)
5%PR	11 000	5%SBS	10 500
10% SBR(U-II)	9 000		

3.2 低温性能比较

小梁弯曲试验是我国规范推荐的专门用来评价改性沥青混合料低温性能的方法，以小梁弯曲破坏应变作为评价改性沥青混合料低温性能的标准，物理意义明确，能够反映出不同改性沥青混合料之间的区别。从沥青混合料的低温弯曲试验结果表4可以看出：U-Ⅱ改性沥青混合料的低温性能最好，PR略次于SBS，优于普通沥青混合料。

沥青混合料低温弯曲试验结果 表4

改性剂及剂量	破坏应力(MPa)	破坏应变×10^{-6}(1/s)	破坏劲度(MPa)
90号基质沥青	5.24	2 809	2 898
+5%SBS	10.24	3 238	3 164
+4%PR	9.83	3 145	3 233
+5%PR	9.67	3 100	2 988
+5% SBR(U—II)	10.71	3 674	2 918

3.3 水稳定性

沥青混合料的水稳定性检验指标有浸水马歇尔试验残留稳定度比和冻融劈裂试验的残留强度比，表5试验结果表明，PR的加入使得沥青混合料的劈裂强度、浸水马歇尔稳定度大于相同条件下基质沥青混合料的强度，说明掺加PR后沥青混合料水稳定性能得到改善。

AC-13冻融劈裂与马歇尔残留稳定度试验结果[3] 表5

结合料种类	未经冻融的劈裂强度(MPa)	冻融后的劈裂强度(MPa)	劈裂强度比(%)	60℃,30min稳定度(kN)	60℃,48h稳定度(kN)	马歇尔残留稳定度比(%)
KLM90号沥青	0.876	0.858	97.75	12.06	10.96	90.88
KLM90号沥青+4%PR	1.031	0.985	90.69	13.58	12.00	88.37
KLM90号沥青+6% PR	1.114	1.105	99.19	14.06	12.07	85.85

3.4 耐久性

利用美国进口的MTS材料试验机，采用弯曲小梁三分点疲劳试验，控制应力方式进行。试件尺寸为50mm×50mm×240mm小梁(跨径150mm)；试验温度：15℃；荷载形式为半正弦波形；加载方式为三分点加载；加载频率为10Hz。试验结果见表6～表9、图3。

不同改性沥青 AC-13 混合料 15℃弯曲试验结果　表 6

集　料	改性剂及剂量	破坏荷载(N)	破坏弯拉强度(MPa)	破坏挠度平均(mm)	破坏变形
玄武岩	5%PR	8 147.6	66.5	7 482.0	1.69
	4%SBS+4% SBR(U-II)	6 688.8	47.8	4 823.0	2.19
	5%SBS	5 151.9	42.1	3 968.9	2.06
	10% SBR(U-II)	5 614.2	45.8	4 066.6	2.17
辉绿岩	5%PR	7 976.7	57.0	6 987.2	1.79
	5%SBS	6 103.5	37.4	4 804.1	2.01
	10% SBR(U-II)	5 114.0	31.3	3 145.5	2.51

不同改性沥青 AC-13(辉绿岩)混合料 15℃疲劳试验结果　表 7

改性剂及剂量	应力水平	最大加载次数平均值	回归方程
5%PR	0.7	251	$N_f=k\left(\frac{1}{\sigma}\right)^n$
	0.6	—	
	0.5	1 166	
	0.4	3 197	
5%SBS	0.7	245	
	0.6	993	
	0.5	1 710	
	0.4	8 022	
10% SBR(U—II)	0.7	1 586	
	0.6	3 806	
	0.5	5 165	
	0.4	13 342	

不同改性沥青 AC-13(玄武岩)混合料 15℃疲劳试验结果　表 8

改性剂及剂量	应力水平	最大加载次数平均值	回归方程
5%PR	0.7	92	$N_f=k\left(\frac{1}{\sigma}\right)^n$
	0.6	183	
	0.5	597	
	0.4	1 921	
5%SBS	0.7	1 049	
	0.6	1 469	
	0.5	2 675	
	0.4	8 647	
10% SBR(U—II)	0.7	424	
	0.6	663	
	0.5	1 775	
	0.4	4 158	
4%SBS+4% SBR(U—II)	0.7	391	
	0.6	860	
	0.5	3 060	
	0.4	10 497	

AC-13 混合料疲劳方程回归系数 k、n 值 表 9

集 料	改性剂及剂量	截距 k	斜率 n	R
辉绿岩	10%SBR(U-II)	179 325	6.694	0.967 6
	5%SBS	576 302	11.010	0.971 5
	5% PR	103 352	9.026	0.927 0
玄武岩	5% PR	107 884	10.306	0.987 2
	5% SBS	110 261	6.926	0.930 2
	10% SBR(U-II)	89 209	7.900	0.979 8
	4% SBS+4%SBR(U-II)	830 291	11.140	0.990 0

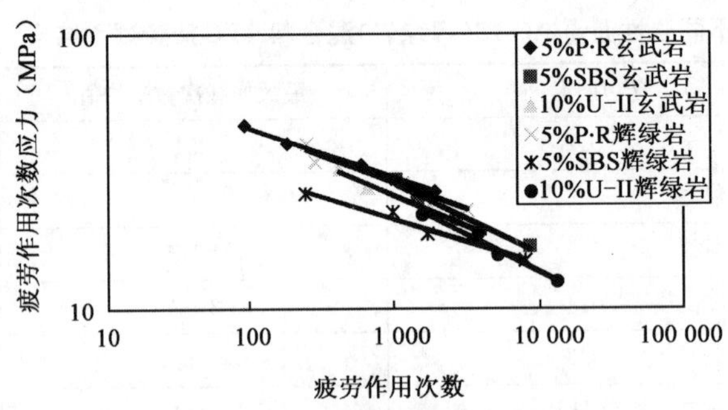

图 3 AC-13 混合料的双对数疲劳曲线

由图 3 和表 6～表 9 数据分析结果可以发现：

(1)不论是辉绿岩，还是玄武岩，PR 改性沥青混合料 15℃弯曲试验破坏荷载、破坏弯拉强度都大于 SBS 改性沥青混合料和 SBR 改性沥青混合料，进行疲劳试验时在相同应力水平条件下，施加到 PR 改性沥青混合料的应力最大。

(2)由双对数图上，可以看出曲线离水平坐标轴越远的，其疲劳性能相对越好。对于 AC-13 改性沥青混合料，其疲劳性能的排列顺序为：5%PR ＞4%SBS+4% SBR(U-II)＞5%SBS＞10% SBR(U-II)。

(3)同种改性沥青、同样 AC-13 级配、不同集料沥青混合料的疲劳性能对比发现，玄武岩集料沥青混合料的疲劳特性好于辉绿岩集料沥青混合料疲劳特性，这与玄武岩的最佳油石比大于辉绿岩相吻合。

4 PR 改性机理分析

PR 的加入使得沥青混合料的路用性能大大提高，其原因为：PR 直接投入搅拌机中的热集料上，颗粒材料的剪切力将 PR 均匀分散在沥青混合料中，PR 颗粒不溶于沥青，与普通的聚合物改性沥青作用机理不同，这种聚合物靠其在沥青混合料中的嵌挤、钢筋、胶结作用，提高沥青混合料的路用性能。

(1)胶结作用：在 PR 沥青混合料中，通过 PR 聚合物的部分溶解及软化形成胶结作用，从而达到：降低热敏性，提高软化温度的效果。

(2)加筋作用：PR 沥青混合料中，PR 临时软化后塑料纤维在集料骨架内部搭桥而形成网状结构，限制了矿料颗粒的变形，具有加筋作用，提高了沥青混合料的整体强度。

(3)嵌挤作用：实验室拌制、成型或施工过程中，粒化聚合物 PR 临时得到软化，然后这些颗粒在击实或碾压过程中热成型，填充集料骨架内的空隙，在冷却后变形能力差，维持成型后的形状，限制了矿料颗粒的相对滑动，从而起到嵌挤作用，大大提高了沥青混合料的高温抗变形能力。

胶结、加筋、嵌挤的综合作用使得沥青混合料的性能大大提高，尤其是在提高抗车辙能力方面表现出极大的优势；PR 在荷载的作用下产生黏弹性流动和塑性流动而消耗应变能，从而提高了沥青混合料的低温抗裂性。

5　结语

通过上述试验，可以得出以下结论：

(1)综合考虑PR沥青混合料高、低温技术指标，PR剂量可根据使用区域的不同而设计。

(2)添加PR可以显著提高沥青混合料的高温抗车辙能力，并且随着PR剂量的增加，车辙动稳定度明显增大；不同改性剂的对比研究表明：动稳定度大小排列顺序为：5％PR＞5％SBS＞10％ SBR(U-II)。

(3)添加PR可以在一定程度上改善沥青混合料的低温抗裂性能，不同改性剂的对比研究表明：SBR(U-II)改性沥青混合料的低温性能最好，PR略差于SBS，优于普通沥青混合料。

(4)PR显著提高沥青混合料的高温抗车辙能力是靠其在沥青混合料中的嵌挤、钢筋、胶结等综合作用下，提高了嵌挤力、胶结力、约束力的结果。

参 考 文 献

[1] 韩萍. 采用PR沥青混合料提高沥青路面整体抗车辙能力[J]. 山西交通科技，2002.
[2] P. R. INDUSTRIE 改善路面技术及PR PLAST. S产品说明书. 中法公路技术研讨会.
[3] 伍石生 徐希娟. 掺加PR PLASTS抗车辙剂的沥青混合料性能研究[J]. 公路，2005. 01.
[4] 山西省交通科学研究院. PR PLAST. S改性沥青混合料技术性能研究报告[R]. 2006.

PR PLAST.S 抗车辙技术在长大纵坡沥青路面的应用

张晓燕[1] 罗建国[2] 兰建丽[1] 李文良[1] 段丹军[1]

(1.山西省交通科学研究院 山西 030006;
2.山西忻阜高速公路建设管理处 山西 035500)

摘 要: 本文针对长大纵坡沥青路面出现严重车辙病害且不能彻底治理的现状,分析了长大纵坡沥青路面车辙形成的主要影响因素,研究了 PR 剂量、试验温度对沥青混合料高温抗车辙的影响规律,结合试验路检测验证,对忻阜高速公路长大纵坡沥青路面进行特殊的材料设计。

关键词: PR PLAST.S 抗车辙技术 长大纵坡 时间—温度换算

随着我国国民经济的迅速发展,公路交通向大轴载、大流量和渠化交通方向发展,使沥青路面很容易产生车辙,长大纵坡路段出现的车辙更严重,反复维修不能彻底处理。国内外学者对长大纵坡路段车辙病害产生的原因进行了大量的研究,李明国认为长大纵坡路段车辙主要是由于重车通过时车速低的原因,得出减少坡度和控制坡长是提高长大纵坡路面抗车辙能力的有效方法。然而山区高速公路多数存在受地形限制而无法降低坡度和减少坡长的路段,如何提高沥青混合料的抗永久变形能力,以减少车辙病害已经成为长大纵坡沥青路面不可回避的难题。PR PLASTS(以下简称 PR)是法国的一种专用抗车辙添加材料,在西欧许多国家得到了较多应用,表现出优良的抗车辙性能。本文分析了长大纵坡沥青路面车辙形成的主要影响因素,在室内开展了 PR 剂量、温度对沥青混合料抗车辙性能影响规律的研究,提出忻阜高速公路特重交通长大重坡路段采用抗车辙技术的材料设计方案。

1 长大纵坡沥青路面车辙形成的主要影响因素

1.1 行车速度

山区高速公路因受地形限制多出现陡坡路段或连续上坡路段,此时重载车辆受纵坡的影响很大,行驶速度很低,车轮荷载的作用时间成倍延长,从而更易产生车辙破坏,车速与作用时间换算见式 1[1]:

$$\lg t = 0.5\mathrm{h} - 0.2 - 0.9\lg v \tag{1}$$

式中,按照路面厚度 h 取 0.16m 进行计算:汽车荷载相同条件下,通过一辆 20km/h 的慢速车的作用时间是通过一辆 80km/h 快速车的 3.5 倍。

沥青混合料作为一种黏弹性材料,遵从流变学的一般规律,按照流变学的波兹曼(Boltzmann)叠加原理,每次汽车荷载通过的作用可以按荷载作用时间叠加,每一辆车的荷载不同也需叠加,相当于提高了路面的瞬时温度,从而导致车辙的出现;同时轮胎与路面之间的摩擦热亦将增大路面温度,导致沥青混合料的劲度模量降低,加速了车辙的产生。

鉴于沥青这种黏弹塑性材料的"时温等效"特性,引入时间—温度换算法则:Williams-Landel-Ferry 方程,见式 2[2]:

$$\lg\alpha_t = \frac{-C_1(T - T_g)}{C_2 + T + T_g} \tag{2}$$

假设当前气温为 32℃,采用 Superpave 的气温和路面温度转换公式(式 3[3]),计算路面表层以下 20mm 深度时的温度为 53.5℃:

$$T_{20\mathrm{mm}} = (T_{空气} - 0.006\,18L_{\mathrm{at}}^2 + 0.228\,9L_{\mathrm{at}} + 42.2) \times 0.954\,5 - 17.78 \tag{3}$$

以 53.5℃作为沥青混合料路面承受荷载前的温度,当车辆以 $v = 20$km/h 的爬坡速度行驶,按照(T_g 取

-27.0℃、$C_1=17.4$、$C_2=51.6$)，计算等效于正常车速 80km/h 行驶、车辆对路面产生相同的塑性变形时，路面沥青混合料的作用温度 $T80$，可得 $T80=64.9$℃，若 $v=30$km/h，$T80=61.4$℃，因此当车速从 80km/h 降到 20km/h 时，相当于增加作用温度 11.4℃，当车速为 20～30km/h 时，相当于以 80km/h 行驶时，增加作用温度 11.4～7.9℃，同时轮胎与路面之间的摩擦热亦将增温，从而使得沥青混合料的模量降低，抗车辙能力减弱。针对慢速交通和停滞交通条件，Superpave 沥青混合料设计和分析体系采用较高的最高温度等级来调整不同设计交通量 ESAL 条件下慢速交通的影响，以减小高温下的永久变形，表 1 为其调整 PG 等级依据。

交通量和交通荷载速率对高温 PG 等级的调整(AASHTO M323-04)　　表 1

设计 $ESAL_s$（百万）	胶结料 PG 等级调整 交通荷载速率		
	停滞交通(＜20km/h)	慢速交通(20～70km/h)	标准交通(＞70km/h)
＜0.3	—	—	—
0.3～＜3	2	1	—
3～＜10	2	1	—
10～＜30	2	1	—
≥30	2	1	1

表 1 中，1 个高温等级相当于 6℃，对于慢速交通增加 1 个高温等级，对于停滞交通，须考虑增加 2 个高温等级，由此可见 Superpave 沥青混合料设计和分析体系对于低速交通给沥青路面带来的永久变形给予了极大的重视。

1.2　附加水平力

在纵坡路段，水平力由车辆荷载水平分力、车辆惯性力、变速力等通过车轮传递给路面，在坡度较陡路段，车辆荷载水平分力较正常情况大得多，标准载重汽车作用于路面的压强在不同纵坡上坡时的剪应力分量见表 2，加上重载车在爬坡时跳跃式前进的水平冲击力的影响，面层将承受更大的剪应力，大大增加车辙产生的几率。

纵坡与汽车自重引起的剪应力分量的关系　　表 2

纵坡坡度(%)	1.0	2.0	3.0	4.0	5.0	6.0
剪应力分量(MPa)	0.01	0.02	0.03	0.04	0.05	0.06

纵坡从 1% 增大到 5%时，沥青路面内部的剪应力增加 0.04MPa，上坡时自重的剪应力分量与驱动轮对路面的剪应力方向一致，使沥青路面受到的剪应力增加；而在下坡时自重的剪应力分量与驱动轮对路面的剪应力方向相反，使沥青路面受到的剪应力减少；根据图 1，当荷载从 100kN 增加到 150kN 时，路面内部的最大剪应力约增加 0.04 MPa，即纵坡从 1%增大到 5%时，相当于超载 40%所对应的荷载对沥青路面车辙的影响程度，增加了车辙产生的几率。

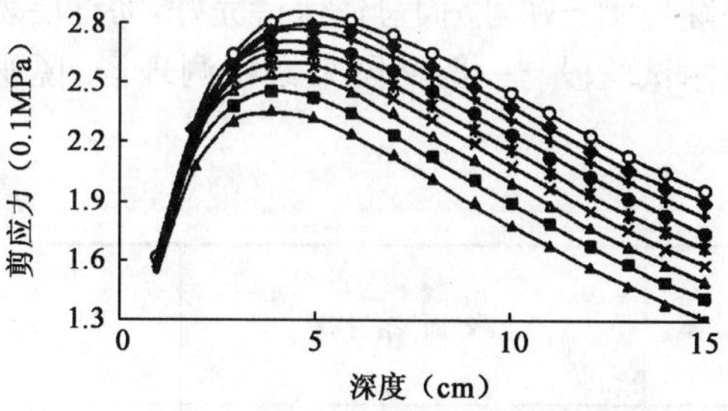

注：图中曲线自下而上相应的轴重分别为100kN、110kN、120kN、130kN、140kN、150kN、160kN、170kN、180kN。

图 1　不同轴重下 15cm 面层中的剪应力分布曲线

2　PR 掺量、温度对沥青混合料的影响研究

为分析研究 PR 沥青混合料的抗车辙变形能力，结合忻阜高速公路进行了不同 PR 掺量、不同试验温度的车辙试验，见表 3 和图 2，结果表明，随着 PR 掺量的增加，混合料动稳定度明显提高，但随着试验温度的增高，混合料抗车辙性能急剧减小。当试验温度为 70℃，0.5%以上掺量 PR 改性沥青混合料动稳定度均大于 6 000 次/mm；当试验温度为 75℃，0.5%以上掺量 PR 改性沥青混合料动稳定度均大于 5 000 次/mm，表现出较强的抗车辙能力。根据以上长大纵坡对沥青路面

车辙的影响分析，0.5%以上掺量 PR 的改性沥青混合料能满足长大纵坡沥青路面抗车辙性能要求。

不同 PR 掺量、不同温度沥青混合料车辙试验结果 表 3

PR 掺量(%) 温度(℃)	0.0%PR	0.23%PR	0.25%PR	0.4%PR	0.5%PR	0.6%PR
60	674	5 727	4 813	8 333	14 700	15 750
65	238	4 069	—	—	—	
70	—	1 853	2 935	3 617	6 533	8 423
75	—	—	—	3 050	5 215	6 275
备注	1. 基质沥青采用壳牌 90 号 A 级石油沥青，油石比 4.9%； 2. PR 掺量按沥青混合料总质量计算					

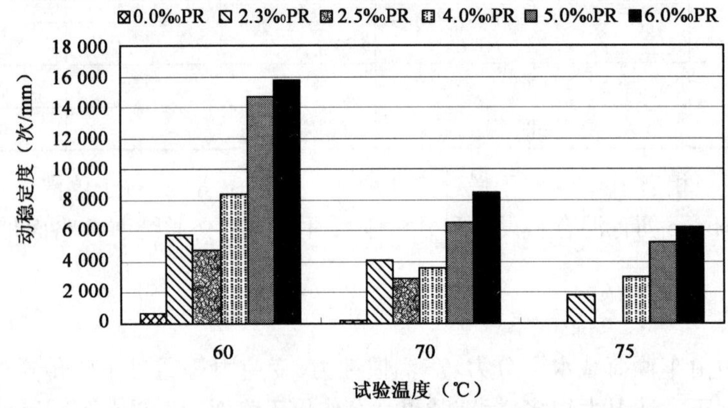

图 2 不同 PR 掺量、不同温度下沥青混合料车辙试验结果

3 实体工程应用

为了检验掺加 PR 后沥青混合料的路用性能，在某高速公路爬坡车道铺筑了的试验路，该爬坡车道共计 8.2km 长，试验路放置在爬坡车道的末端，约 1km。之前该路段连续上坡路段车辙较为严重，最大车辙深度达 60mm。针对该爬坡车道的车辙现状，设计了三种抗车辙路面维修方案，见表 4。铺筑完成后，夏季 7～8 月跟踪检测三次，路面总体保持完好，沥青层表面层仅有 1～3mm 的压密变形，未出现车辙，图 3 是采用抗车辙技术试验段与一般路段车辙检测现场，说明 PR 抗车辙技术可有效解决重载交通长大纵坡路段的车辙病害。

抗车辙试验段路面结构 表 4

方 案	路 面 结 构	纵坡坡度(%)	铺筑长度(m)	车辙深度(mm)	
				试铺路段	毗邻路段
1	上：5cm 改性 AC-16(0.6%PR) 下：10cm ATB-25(0.5%PR) (铺筑前铣刨 15cm)	4.0	290	0～3	8～25
2	上：4cm AC-16(0.6%PR) 下：5cm AC—20(0.6%PR) (铺筑前铣刨 9cm)	2.5	300	1～3	
3	5cm 改性 AC-16(0.6%PR) (铺筑前铣刨 5cm)	4	200	1～3.5	

注：PR 掺量按沥青混合料总质量计算。

a)

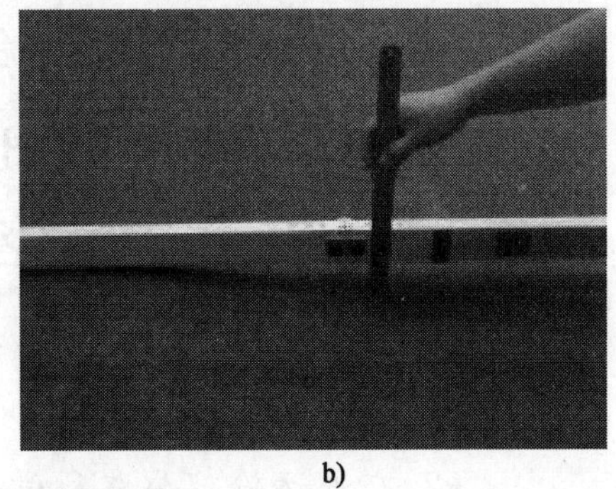

b)

图 3　车辙检测现场

a)试验路段(最大 3.5mm);b)毗邻路段(最大 25mm)

4　忻阜高速公路重交通路段长大纵坡路面材料设计

忻阜高速公路地处夏炎热、冬寒冷区,夏季最高气温约 30℃,按照 Superpave 沥青混合料设计和分析体系,计算得沥青胶结料性能高温等级为 PG58,依据交通量和交通荷载速率对高温 PG 等级的调整(AASHTO M323-04),性能分级应调整为 PG70,即对于忻阜高速公路重载、长大纵坡沥青混合料高温性能的评价时,试验温度采用 70℃。因此,对于忻阜高速公路第二、三合同段重载、长大纵坡路段,为保证路面高温稳定性,采用 PR 抗车辙技术对特重交通长大纵坡路段进行材料设计:特重交通方向大纵坡路段(K39+000～K43+400,K49+950～K58+660),最大纵坡为 4%,技术指标为上面层、下面层 70℃车辙动稳定度指标≥5 000(次/mm),PR 掺量为沥青混合料的 0.6%;其他路段 AC-16 上面层 60℃车辙动稳定度指标≥8 000(次/mm),PR 掺量为沥青混合料的 0.5%;AC-20 下面层 60℃车辙动稳定度指标≥6 000(次/mm),PR 掺量为沥青混合料的 0.45%。在项目实施过程中按此标准进行了 PR 混合料设计,应用情况良好。

参考文献

[1] 吕伟民.沥青混合料设计原理与方法[M].上海:同济大学出版社,2001.

[2] 张肖宁.沥青与沥青混合料的粘弹力学原理及应用[M].北京:人民交通出版社,2006.

运用层次分析法(AHP)构建沥青路面工程质量过程控制指标体系

沙爱民[1] 郭大进[1,2] 孙建华[2] 李海滨[1] 周文欢[2]
(1.长安大学 陕西 710064;
2.交通运输部公路科学研究院 北京 100088)

摘 要:本文依托国内多条高速公路的建设,运用AHP、模糊评价相结合的方法,建立了完善的沥青路面工程质量过程控制指标体系,建立了沥青路面质量过程控制评价系统,实现了沥青路面工程质量过程控制效果的科学评估和实时反馈。该系统能有效指导沥青路面施工,具有很高的推广价值。

关键词:沥青路面工程 质量过程控制 指标体系

1 引言

沥青路面的施工是一个复杂的过程,影响沥青路面工程质量的指标很多,为了实现沥青路面工程质量过程控制需要建立一个系统的质量过程控制指标体系,通过运用这些指标对工程施工质量进行判断和反馈改进。沥青路面工程质量过程控制系统就是依据层次分析法(AHP),通过同步采集沥青路面施工过程中直接影响工程质量的重要检测数据,结合关键工序、重要工艺参数及关键设备的要求等,实时判定操作者采取的施工措施是否得当,通过改进事后控制为过程中有效控制的一套系统。

由于沥青路面工程经常出现早期破坏,分析建立沥青路面工程质量过程控制指标体系,研究沥青路面评价体系并编制沥青路面质量过程评价程序,从而客观指导现场施工质量过程控制就显得尤为重要和迫切。

2 质量过程控制指标体系的设计原则和步骤

沥青路面质量过程控制指标体系是由许多有内在联系的单项指标组合而成,每一个指标都具有一定的权重。因此,建立该体系的原则就是在设计时既要从总体考虑整个体系应包含的内容和框架,也要逐一考虑各个单项指标的含义、范围和计算方法等。

根据上述的建立指标体系设计原则,可以确定建立指标体系的流程,如图1所示。

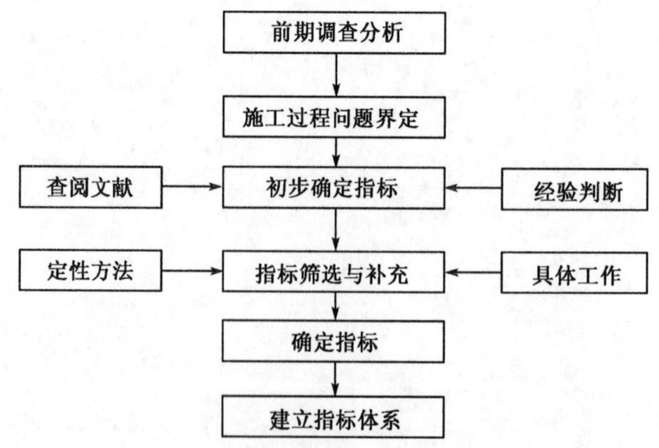

图1 建立控制指标体系流程图

首先,通过沥青路面施工现状,QC/QA等为基础的背景调查和文献分析,了解道路施工时的质量过程控制水平的现状,施工各个环节的衔接水平和原材料质量的现状。

其次，通过查阅文献和专家的经验判定，初步确定过程控制指标。我国现有沥青路面施工规范规定了许多试验检测指标，但这些指标对沥青路面质量的影响程度是不同的，如果我们将所有的指标都列入质量过程评价系统将大大增大控制实现的难度，缺乏操作可行性。为了使控制指标的制订符合我国高速公路建设实际情况，课题组制订了专家意见咨询表，从材料、工艺、人员、设备四个方面列举出可检测出的指标，并邀请35名国内外沥青路面方面知名专家评判，并对他们的意见进行了统计调查。所邀请专家分别来自于业主单位、施工单位以及科研单位，回收到专家调查表29份。

调查发现，专家对沥青路面重要指标的选择意见基本相同，多数人认为施工过程中所用材料应重点考虑的指标为：材料部分中的沥青混合料指标（级配、油石比等）；设备部分中的沥青路面现场设备指标；施工及管理人员、工艺指标中，多数专家认为应重点控制沥青路面设备类型、人员经验、路面压实度、路面离析状况、厚度及路面平整度等指标。

专家们认为：在施工过程控制指标体系中，每个指标的作用和所处的层次不同，其对施工过程的影响也不同，因此要合理确定各个指标的权重。

3　利用AHP方法确定权重

层次分析法（Analytical Hierarchy Process，简称AHP）是一种定性分析与定量分析相结合的系统分析方法。评价沥青路面施工时，由于涉及很多指标，专家都很难仅凭借自己的经验和知识确定出这些指标的相对重要性。所以，对于路面施工过程控制的评价，是一个不确定性问题。同时，这种不确定性属于因为排中律存在破缺而导致的模糊（Fuzzy）不确定性，很难做出精确的表述，根据模糊系统的定义，对于沥青路面工程施工的过程控制，属于一个模糊系统。因此，这也是运用AHP方法确定权重的主要依据。

利用AHP方法确定指标权重过程如下。

在过程开始时设实数矩阵：

$$\boldsymbol{A}=(a_{ij}),\boldsymbol{B}=(b_{ij}),\boldsymbol{C}=(c_{ij})\in \boldsymbol{R}^{n\times n}$$

若$\boldsymbol{A}$是一致的，则$\boldsymbol{B}=\lg\mathbf{A}(b_{ij}=\lg a_{ij},\forall i,j)$是传递的；反之，若$\boldsymbol{B}$是传递的，则$\boldsymbol{A}=10\boldsymbol{B}(a_{ij}=10^{b_{ij}},\forall i,j)$是一致的。另外，若存在传递矩阵$\boldsymbol{C}$，且使$\sum_{i=1}^{n}\sum_{j=1}^{n}(c_{ij}-b_{ij})^2$最小，则称$\boldsymbol{C}$为$\boldsymbol{B}$的最优传递矩阵。

显然，若$\boldsymbol{A}$是互反矩阵，$\boldsymbol{B}=\lg\boldsymbol{A}$，$\boldsymbol{C}$是$\boldsymbol{B}$的最优传递矩阵，那么$\boldsymbol{A}^*=10\boldsymbol{C}$，可以认为$\boldsymbol{A}$是一个拟优传递矩阵，并且它是一致的，它满足使$\sum_{i=1}^{n}\sum_{j=1}^{n}(\lg a_{ij}{}^*-\lg a_{ij})^2$最小，而非$\sum_{i=1}^{n}\sum_{j=1}^{n}(a_{ij}{}^*-a_{ij})^2$最小。若$\boldsymbol{B}$是反对称矩阵，则$\boldsymbol{B}$的最优传递矩阵$\boldsymbol{C}$满足$c_{ij}=\frac{1}{n}\sum_{k=1}^{n}(b_{ik}-b_{jk})$，$\forall i,j$。

在AHP法中，由于$\boldsymbol{A}$是互反矩阵，$\boldsymbol{B}=\lg\boldsymbol{A}$是反对称矩阵，构造矩阵$\boldsymbol{A}^*=10^{c_{ij}}$，其中$c_{ij}=\frac{1}{n}\sum_{k=1}^{n}(b_{ik}-b_{jk})$，则由前面所述可知，矩阵$\boldsymbol{A}^*$是$\boldsymbol{A}$的拟优传递矩阵，并且它是一致的，所以，由$\boldsymbol{A}^*$就可直接求出权重值，不必进行一致性检验。计算流程图如图2所示。

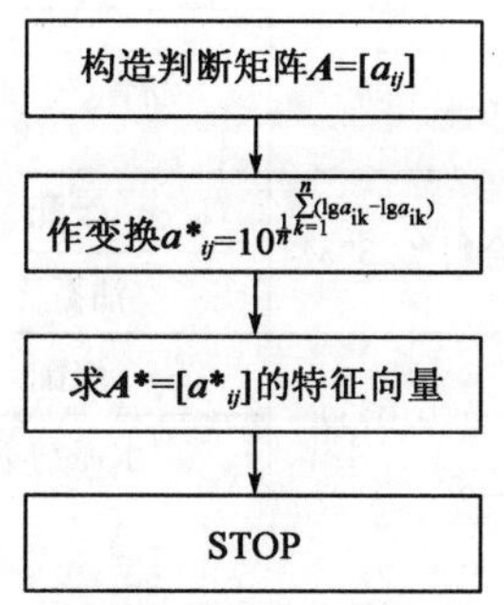

图2　改进的AHP的计算流程图

在专家调查基础上，确定了指标重要性标度后，获取指标评语的原始数据，并利用 AHP 方法进行指标权重计算，对相对重要性数据进行算术平均，得到指标相对重要性的统计结果。

以“碎石”指标为例，其包括“压碎值”、“针片状”、“含泥量”几个重要指标，具体的评价见表 1，通过专家评定，“压碎值”和“针片状”这两个指标相对重要性 $f(x_{压}, x_{针})$ 的取值见表 2。

碎石指标重要性标度评价表 表 1

指　标	压 碎 值	针 片 状	含 泥 量	备　注
压碎值				同等重要:1 稍微重要:3 明显重要:5 十分重要:7 极其重要:9
针片状				
含泥量				

关于 $f(x_{压}, x_{针})$ 的评定值 表 2

$f(x_{压}, x_{针})$										
	1	1	1/3	1/3	3	1	1/3	1	1	3
	1/3	1	1/5	1	1	1	1/3	1	1/3	3

利用表 2 的数据求解算术平均值，即：

$$\bar{f}(x_{压}, x_{针}) = \frac{\sum_{i=1}^{20} f_i(x_{压}, x_{针})}{20} = 1.04$$

对于其他全部的 $f(x_i, x_j)$ 和 $\bar{f}(x_i, x_j)$ 的统计和计算过程，本文基于篇幅有限而省略。

在求得所有指标间相对重要性数据的基础上，利用前面理论构造判断矩阵，并根据改进的 AHP 法，计算各级指标的权重，最终通过计算得到各个子指标的权重值(表 3)为：

$$\varpi_1 = 0.328, \varpi_2 = 0.403, \varpi_3 = 0.279$$

各个子指标的权重值 表 3

指　标	权 重 值	指　标	权 重 值
压碎值	0.328	含泥量	0.269
针片状	0.403		

同理，根据统计得到的重要性标度数值，计算其他指标的权重，整理汇总整个沥青路面施工过程控制指标体系的权重见表 4。

最终指标权重表 表 4

沥青路面质量过程控制指标	材料(0.268)	原材料(0.276)	碎石(0.412)	压碎值	0.328
				针片状	0.403
				含泥量	0.269
			水泥(0.160)	水泥强度等级	0.293
				初、终凝时间	0.707
			沥青(0.428)	软化点	0.691
				低温延度	0.309
		沥青混合料(0.633)	级配	0.651	
			油石比	0.349	
		水稳碎石(0.093)	级配	0.765	
			水泥剂量	0.235	
	设备(0.253)	破碎筛分设备(0.113)		破碎机类型	0.244
				筛孔设置	0.519
				除尘方式	0.237

续上表

沥青路面质量过程控制指标	设备(0.253)	拌和设备(0.296)	产量	0.267
			计量系统	0.549
			除尘系统	0.184
		运输设备(0.058)	保温类型	1.000
		摊铺设备(0.272)	是否采用转运设备	0.697
			摊铺机类型	0.183
			自动找平装置类型	0.120
		碾压设备(0.217)	吨位	0.461
			数量及组合情况	0.539
		设备使用度(0.044)	新旧程度	1.000
	人员(0.265)	关键人员资质、资历		0.387
		关键人员稳定性		0.613
	工艺(0.214)	转运车是否运用		0.486
		是否实时反馈施工效果		0.159
		温度离析的实时反馈		0.172
		碾压工艺的合理与否		0.183

4　编制程序

根据以上沥青路面过程控制评价系统设计原理，编制了沥青路面过程评价程序。程序采用 Microsoft VB 语言编写，后台数据库采用 Microsoft Access 数据库，界面采用多参数的选择界面，自动化程序高，界面友好。

按照程序提示，分别按照材料、人员、设备、工艺等输入现场采集数据后，系统会动态计算，当计算完成后进入结果显示窗体，如图 3 所示。在此部分中将显示每一指标的单项得分，并加和计算总分，根据指标体系，得出路面质量过程控制水平等级，等级分为优、良、中、下、劣共五个等级。

根据路面质量指标客观评价沥青路面施工水平等级，达到质量过程控制及时评价、及时反馈、及时改进的目的。该评价体系稳定可靠，为施工单位施工过程质量控制提供了依据，在安徽省和江苏省的高速公路部分路段进行了测试，效果良好。

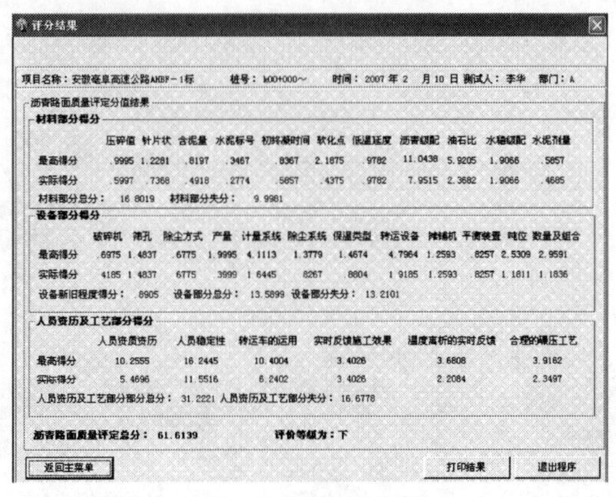

图 3　评价结果界面

5　结语

通过在安徽、江苏等省大量试验路上运用此指标体系进行对比验证，发现该系统可以快速、合理地对施工前期的准备工作进行评价并能良好地对施工过程中的不合理因素做出反应，使施工期间产生的部分因原材料、设备、工艺、人员资质水平等带来的问题得到体现，为问题的解决提供了合理的依据，此外，该系统能有效提示施工期间产生的温度和级配离析现象，防止路面早期破坏。利用 AHP 建立的该指标体系结合模糊评价方法，能定性、定量综合考查施工状态，效果良好，建议在进一步应用和修改的基础上，可以在全国范围推广应用。

参 考 文 献

[1] 扈惠敏，沙爱民. 沥青混凝土路面试验检测抽样方案的研究[J]. 公路，2006，(08).

[2] 张海龙，曹春光. 沥青混凝土路面质量控制[J]. 交通世界(建养. 机械)，2006，(06).

[3] 董秀婷，邵丽婷. 沥青混凝土路面质量控制问题探讨[J]. 筑路机械与施工机械化，2006，(05).

[4] 刘本党，狄宝才，朱卫华. 沥青混凝土路面施工质量控制[J]. 交通标准化，2006，(Z1).

[5] 史石榴. 沥青混凝土路面施工技术咨询专家系统设计与实现[J]. 公路，2004.7.

[6] 刘向荣. 沥青混凝土路面施工质量的要点及控制[J]. 公路，2004.07.

[7] 邬晓光，吕文全，曾明春，徐祖恩. 灰色理论在沥青路面质量控制中的应用研究[J]. 重庆交通学院学报，2004，(02).

[8] 李愉平. 沥青路面质量管理与控制[J]. 青海交通科技，2003，(04).

[9] 胡朝辉. 沥青路面质量控制的探讨[J]. 河南科技，2004，(11).

忻阜高速橡胶沥青路面施工质量控制措施研究

张　朋[1]　郭朝阳[2]　王兆永[1]　张世平[3]
(1. 山东恒建工程监理咨询有限公司　山东　261061；
2. 交通运输部公路科学研究院　北京　100088；
3. 中铁十二局集团第一工程有限公司　山东　041000)

摘　要：采用旋转黏度计、燃烧炉和PQI密度无损检测仪等试验设备及方法，对忻阜高速公路橡胶沥青路面施工质量控制措施进行了试验研究。实体工程质量检测结果表明：采用旋转黏度计50%扭矩内差获得的黏度值来评价橡胶沥青黏度；采用燃烧炉标定曲线及修正公式来检测橡胶沥青混合料油石比和矿料级配；采用PQI密度无损检测仪实时检测橡胶沥青路面压实度等方法是可行且有效的，可对橡胶沥青路面的施工质量控制及检验评价提供有益参考。

关键词：橡胶沥青　沥青路面　施工质量

1　引言

近年来，废胎胶粉橡胶沥青及混合料筑路技术以其突出的环保意义和优良的路用性能，在公路工程中得到广泛应用。特别是在当前“资源节约型、环境友好型”社会建设理念下，橡胶沥青筑路技术充分体现了公路工程建设中“绿色交通、和谐交通、低碳交通”的发展方向，已在国内形成规模化应用的燎原之势。

忻阜高速公路作为交通运输部“材料节约和循环利用专项行动计划”橡胶沥青技术示范工程之一，是目前国内应用规模最大的实体工程，实施标段全长达80余千米，在全国范围内的技术示范效应非常显著，其路面施工质量优劣影响深远。

橡胶沥青路面施工过程中，橡胶沥青的黏度、橡胶沥青混合料的矿料级配与油石比、橡胶沥青路面的压实度等技术指标是影响橡胶沥青路面使用质量的关键指标。首先，橡胶沥青是由沥青、回收轮胎橡胶粉及一定的添加剂组成的混合料，其中胶粉的含量不少于沥青质量的17%，且要求橡胶粉颗粒在热沥青中充分反应并膨胀，常温状态时有未融溶橡胶粉颗粒存在，形成颗粒加劲结构。因此，交通运输部公路科学研究院王旭东等将旋转黏度作为评价橡胶沥青质量的核心指标，将公路工程中常用的针入度、延度、软化点三大指标作为其参考性指标。其次，矿料级配和油石比，对于橡胶沥青混合料以及普通沥青混合料而言，均是保证沥青混合料路用性能的关键指标。最后，压实度是沥青路面质量验评的关键指标，如果压实不充分，质量再好的沥青混合料也不能铺筑出优良的沥青路面；而且经过良好的压实能有效弥补混合料本身质量不佳带来的缺憾。

本文参照交通运输部公路科学研究院编制的《忻阜高速公路橡胶沥青路面施工技术手册》，对橡胶沥青的黏度、橡胶沥青混合料的矿料级配与油石比、橡胶沥青路面的压实度等技术指标的试验方法、数据处理进行试验研究，为橡胶沥青路面的施工质量控制及检验评价提供参考和借鉴。

2　试验方法

2.1　旋转黏度试验方法及数据处理

沥青材料的旋转黏度一般采用布洛克菲尔德黏度计(Brookfield，简称布氏黏度计)进行测定。

《公路工程沥青及沥青混合料试验规程》(JTJ 052—2000)中规定了布氏旋转黏度的试验方法，即：根据黏度计型号、估计的沥青黏度范围等选择合适的转子，在规定的温度(普通沥青一般为60℃、135℃、175℃)、时间(1.5h以上)条件下，选取转速20r/min时的黏度值作为试验结果，每个试件连续读数3次，每次间隔

60s。该试验方法强调，读数时的扭矩应在10%～98%范围内，若超出此范围，应更换转子或降低转子转速。

对橡胶沥青而言，橡胶沥青中含有溶胀的橡胶粉颗粒，其粒径相对于转子直径不能被忽略，颗粒会对液体的层间流动产生较大阻力，在固定转速下，其扭矩变异性较大，影响沥青黏度指标测试结果的准确性和复现性。

根据橡胶沥青的这一特点，本文在规范试验方法的基础上，对布氏旋转黏度试验方法进行调整，即：将27号转子（橡胶沥青180℃旋转黏度一般在1.0Pa·s～4.0Pa·s）固定为橡胶沥青旋转黏度检测用转子，测定不同转速下橡胶沥青的黏度，并回归橡胶沥青的黏度和黏度计扭矩之间的关系曲线，取50%扭矩的黏度作为橡胶沥青黏度代表值。其中，转速选择扭矩在10%～100%范围内的四个转速，扭矩与黏度数值取对数后，采用线性函数 $y=kx+b$ 回归。

2.2 橡胶沥青混合料中沥青含量及矿料级配检测方法

沥青混合料中沥青含量及矿料级配检测常用《公路工程沥青及沥青混合料试验规程》（JTJ 052—2000）中的离心抽提法T 0722—1993。但对橡胶沥青混合料而言，橡胶粉颗粒几乎不溶于三氯乙烯，且含有金属丝、纤维等轮胎成分，不适宜采用离心抽提法测定其沥青含量。交通运输部公路科学研究院颁《橡胶沥青及混合料设计施工技术指南》（2008版）中明确规定采用燃烧炉法。

燃烧炉法主要是通过燃烧炉将沥青混合料中的沥青结合料等在538℃的高温条件下燃烧除去，从而测定沥青含量及矿料级配，该方法具有环保、安全、准确、快捷等特点。但该试验方法在国内尚未纳入公路行业规范。目前，公路行业多参照美国材料协会推荐的ASTMD6307试验法操作。

本文根据忻阜高速公路橡胶沥青路面用材料、配合比对燃烧炉进行标定。根据标定的结果进行橡胶沥青混合料油石比和矿料级配检测。其中，标定试验采用目标配合比矿料级配，严格按级配曲线每挡筛孔的矿料比例称取各挡集料的质量，粗、细料采用水洗筛分并烘干后的材料，0.075mm筛孔以下矿料采用矿粉取代，油石比取4个（其范围包含目标及生产配合比的最佳油石比），燃烧后采用水洗法进行矿料级配筛分试验。

燃烧炉油石比标定结果见表1及图1，矿料级配标定结果见表2。其中油石比标定计算公式为：

$$y=0.953\times x^2-11.097\times x+37.499 \tag{1}$$

式中：x——燃烧试验测定的油石比；

y——混合料实际的油石比。

从表2中可得矿粉损失修正系数为3.16%（目标级配0.075mm筛孔通过率与燃烧后矿料级配0.075mm筛孔通过率之差），并据此对矿料级配曲线进行修正（表2）。

燃烧炉法测定油石比标定结果 表1

设定油石比（%）	燃烧网质量（g）	料质量（g）	燃烧网+料质量（g）	燃烧后燃烧网+料质量（g）	质量损失（g）	测定油石比（%）	测定油石比平均值（%）
5.2	2 973.1	1 992.2	4 965.3	4 855.5	109.8	5.83	5.8
	3 253	2 016.8	5 269.8	5 159.4	110.4	5.79	
5.5	2 975.8	2 024.3	5 000.1	4 877.6	122.5	6.44	6.4
	3 253.8	2 022.7	5 276.5	5 155.7	120.8	6.35	
5.8	2 975.2	2 022.5	4 997.7	4 872.4	125.3	6.60	6.4
	3 255.6	2 015.9	5 271.5	5 145.7	125.8	6.66	
6.1	3 255.4	2 113	5 368.4	5 233.2	135.2	6.84	6.8
	2 978.3	2 095.9	5 074.2	4 941.1	133.1	6.78	

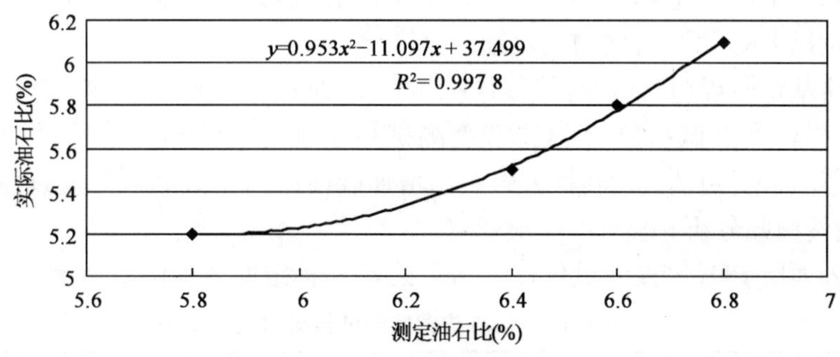

图1　燃烧炉法测定油石比标定曲线

混合料燃烧法标定矿料级配及其修正结果　表2

孔径(mm)	不同油石比混合料筛分结果(累计筛余通过率%)					进行矿粉损失修正(修正系数3.16%)			目标级配(累计筛余通过率%)
	5.2	5.5	5.8	6.1	平均值	分计筛余率(%)	矿粉修正后分计筛余率(%)	修正后矿料级配(%)	
19	100.0	100.0	100.0	100.0	100.0	0.0	0.0	100.0	100.0
16	97.35	96.97	97.39	97.12	97.2	2.79	2.71	97.3	97.5
13.2	79.24	78.94	79.57	79.30	79.3	17.94	17.39	79.9	79.1
9.5	57.50	57.06	57.42	56.50	57.1	22.14	21.46	58.4	57.9
4.75	27.96	27.04	27.66	27.19	27.5	29.66	28.75	29.7	30.0
2.36	21.01	20.43	20.82	20.29	20.6	6.83	6.62	23.1	22.9
1.18	14.93	14.41	14.55	14.06	14.5	6.15	5.96	17.1	17.5
0.6	11.17	10.94	11.23	10.91	11.1	3.42	3.32	13.8	13.4
0.3	6.77	6.81	6.78	6.66	6.8	4.30	4.17	9.6	10.3
0.15	4.68	5.11	4.83	4.57	4.8	1.96	1.90	7.7	7.9
0.075	2.96	2.82	2.84	2.73	2.8	1.96	1.90	5.8	6.0
筛底	—	—	—	—	—	2.84	5.81	—	—

2.3　橡胶沥青路面压实度检测方法

沥青路面压实度检测常用《公路工程路基路面现场测试规程》(JTG E60—2008)钻芯法T 0901—1995。为更好地控制橡胶沥青路面压实质量，本文采用PQI(Pavement Quality Indicator)测试法与钻芯法对比，在此基础上实现橡胶沥青路面压实度质量的快速、无损检测。

PQI(Pavement Quality Indicator)是一种能在压实过程中快速、无损测定沥青路面密度的仪器。工作原理主要为：路面各结构层材料的空隙率、密度或缺陷不同，其各个结构层材料的介电常数也存在差别，PQI密度测试仪则可根据各结构层材料介电常数不同，进行各结构层材料的密度无损检测。其主要用于测试新铺的沥青路面材料的密度(包括沥青路面结构层的上、中、下面层)。测试的每层沥青密度厚度范围为：2.5～15cm。同时PQI还可以测试沥青路面的表面湿度和温度。

值得指出的是，本工程表面层采用橡胶沥青混合料，由于混合料中有未溶废胎胶粉颗粒的存在，其介电常数与普通沥青混合料差别较大，有利于增加该方法检测的精确度。

PQI密度测定仪在使用前需进行标定，本工程采用美国Transtech公司PQI301密度测试仪，标定步骤如下：

(1)待检测的结构层上，选取至少7个测点，每个测点画一个直径为150cm的圆，并在路线行进方向与圆周交叉点、垂直路线方向与圆周交叉点标注4个PQI测点。

(2)准备在每个圆周的4个PQI测点及圆心上进行PQI密度测试，然后在每个测点圆心位置进行钻芯取样。即每个芯样有对应的5个PQI密度测试结果,PQI密度测试结果取该5个密度测试结果的平均值。重复完成至少7个测点以上的PQI密度测试及钻芯取样。

(3)按《公路工程路基路面现场测试规程》(JTG E60—2008)中T 0901—1995进行芯样密度测试。

(4)将每个测点芯样密度测试结果与PQI密度测试结果进行线性回归分析,取回归公式为该结构层PQI密度检测法与钻芯法密度测试法的转换公式。为增加线性回归公式的可靠度,可在实际应用中不断补充样本量,再次进行线性回归分析。

本工程橡胶沥青表面层PQI密度测试仪标定结果见表3,标定曲线如图2所示。

PQI法与钻芯法密度测试结果对比 表3

钻芯位置 / PQI测试位置	测点1	测点2	测点3	测点4	测点5	测点6	测点7
圆心0	2.34	2.348	2.339	2.371	2.382	2.409	2.369
圆周1	2.341	2.355	2.338	2.362	2.372	2.401	2.362
圆周2	2.356	2.356	2.339	2.359	2.371	2.403	2.369
圆周3	2.364	2.344	2.346	2.373	2.381	2.411	2.371
圆周4	2.344	2.346	2.344	2.373	2.384	2.412	2.367
平均值	2.349	2.350	2.341	2.368	2.378	2.407	2.368
芯样密度	2.447	2.451	2.443	2.463	2.475	2.485	2.468
标定公式	$y=0.6701x+0.8765$;其中x为PQI法测试密度值;y为对应的芯样密度值。						

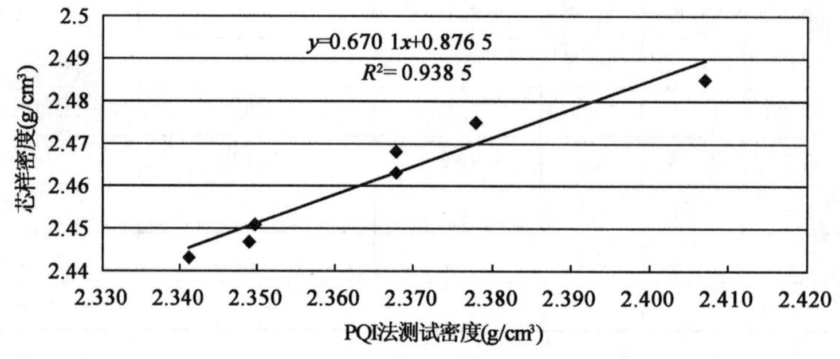

图2 PQI法密度测试值与钻芯法密度值标定曲线

3 实体工程材料与施工工艺

3.1 路面结构及材料组成

忻阜高速公路橡胶沥青路面实施标段路面结构形式分别为:4cmARAC-16+改性乳化沥青黏层+6cmSAC-20+乳化沥青黏层+8cmATB-25(特重车方向为12cmATB25)+乳化沥青碎石封层+透层+18cm水泥稳定碎石+18cm水泥稳定砂砾+土基。

其中表面层采用橡胶沥青混合料,橡胶沥青废胎胶粉掺量为22%左右,180℃旋转黏度在3.0~3.5Pa·s;粒径4.75mm以上粗集料采用辉绿岩,粒径4.75mm以下细集料采用石灰岩,填料采用石灰岩质矿粉。

表面层橡胶沥青混合料矿料级配见表4。

橡胶沥青表面层ARAC-16矿料级配 表4

级配类型	通过下列筛孔(mm)的质量百分率(%)									
	16	13.2	9.5	4.75	2.36	1.18	0.6	0.3	0.15	0.075
ARAC-16	97.5	82.6	59.6	30.0	23.5	18.4	14.5	11.4	8.9	7.0
要求误差的范围	±2.5	±4	±4	±2	±3	±3	±3	±3	±3	±1

表面层橡胶沥青混合料配合比设计采用马歇尔击实法(双面击实 75 次)，试件毛体积密度采用蜡封法，橡胶沥青混合料最大理论密度采用真空法实测。本工程橡胶沥青混合料最佳油石比为 5.7%，设计 VV 为 4.0%(设计要求 3%～4.5%)；沥青饱和度 VFA 为 75.7%(设计要求 70%～85%)；矿料间隙率 VMA 为 15.6%(设计要求大于 14%)。

其中最佳油石比对应毛体积密度 2.490 9g/cm^3；理论密度 2.594 3g/cm^3；动稳定度 5 413 次/mm；冻融劈裂强度比 81.4%；残留稳定度为 90.1%，均满足设计要求。

3.2　橡胶沥青表面层施工工艺

本工程橡胶沥青表面层施工工艺严格按照交通运输部公路科学研究院编制的《忻阜高速公路橡胶沥青路面施工技术手册》进行施工，本工程具体施工工艺参数为：

(1)橡胶沥青的反应参数

橡胶沥青反应发育温度 180～190℃，发育时间 45～60min，搅拌转速 700r/min，黏度范围控制在 3.0～3.5Pa・s(强调测试温度 180℃)。

(2)橡胶沥青混合料生产

橡胶沥青温度 180～195℃；石料加热温度 180～200℃；干拌时间 15s，湿拌时间 35s，保证总拌和时间 50s 以上；混合料出料温度 180～200℃(可根据实际天气情况进行上调、下调，最低不低于 170℃、最高不高于 210℃)。

(3)橡胶沥青混合料摊铺

摊铺温度宜在 170℃以上(低于 160℃时应予以废料处理)；摊铺速度 3m/min；松铺系数 1.18；橡胶沥青混合料在螺旋布料器内高度宜达到布料器高度的 3/4。

(4)橡胶沥青混合料的碾压

初压采用 2 台 26t 以上重胶轮，每台碾压 2～3 遍，紧跟摊铺机前进，碾压速度 3km/h，初压温度 160℃以上。

复压采用 2 台 13t 双钢轮振动压路机，每台碾压 3～5 遍，前进后退均开振动，振幅 0.4mm，振动频率 45Hz；碾压速度 4～5km/h，复压温度 140℃以上。

终压采用 11t 双钢轮静压收光，行驶速度 6km/h，终压温度 90℃以上。

4　检测结果

4.1　橡胶沥青旋转黏度检测

按照上文所述的橡胶沥青旋转黏度检测方法，对本工程所用橡胶沥青进行黏度检测与质量控制，试验段铺筑用橡胶沥青检测结果见表 5，将本工程所用橡胶沥青 180℃旋转黏度值控制在 2.5～3.5Pa・s 之间。

橡胶沥青 180℃布氏黏度(Pa・s)检测结果　　表 5

试验编号	转速(r/min)	扭矩(%)	黏度(Pa・s)	50%扭矩对应黏度(Pa・s)	取对数后回归公式
XFLM4-I1	150	85.3	2.922	3.0	$y=-0.1126x+0.6844$
	100	61.4	3.035		
	60	41.0	3.208		
	20	18.2	3.475		
XFLM4-I2	150	88.6	2.867	3.1	$y=-0.1135x+0.7039$
	100	62.3	3.065		
	60	41.3	3.232		
	20	18.4	3.501		

续上表

试验编号	转速(r/min)	扭矩(%)	黏度(Pa·s)	50%扭矩对应黏度(Pa·s)	取对数后回归公式
XFLM4-I3	150	83.1	2.889	3.2	$y=-0.1136x+0.7087$
	100	60.5	3.135		
	60	41.0	3.297		
	20	18.4	3.521		

4.2 橡胶沥青混合料油石比检测

采用上文所述的燃烧炉法进行橡胶沥青混合料油石比检测，燃烧炉油石比修正公式采用式(1)，检测结果见表6，检测结果满足在允许范围5.6～5.9之间(最佳油石比为5.7，允许范围为最佳油石比的－0.1～＋0.2)。

橡胶沥青混合料油石比检测结果 表6

试验编号	燃烧网质量(g)	料质量(g)	燃烧网＋料质量(g)	燃烧后燃烧网＋料质量(g)	质量损失(g)	测定油石比(%)	测定油石比平均值(%)	修正后油石比(%)
XFLM4-Y1	2 974.2	2 000.3	4 974.5	4 849.2	125.3	6.68	6.7	5.9
	3 252.5	2 010.2	5 262.7	5 137.1	125.6	6.66		
XFLM4-Y2	2 974.2	2 032.4	5 006.6	4 879.9	126.7	6.65	6.6	5.8
	3 252.5	2 040.8	5 293.3	5 167.7	125.6	6.56		

4.3 橡胶沥青混合料矿料级配检测

采用上文所述的燃烧炉法进行橡胶沥青混合料矿料级配检测，燃烧炉矿粉损失修正系数采用燃烧炉标定结果即3.16%，检测结果见表7，由表中结果可知，本次抽检矿料级配超出《忻阜高速公路橡胶沥青路面施工技术手册》的规定(即4.75mm筛孔以下集料通过率与目标级配允许偏差为±3%，其中0.075mm筛孔通过率允许偏差为±2%)，4.75mm以下矿料含量较多，矿料级配偏细。应进一步调整热料仓比例，适当减少粒径4.75mm以下集料含量，同时加大拌和楼除尘力度，确保工程所用混合料矿料级配满足《忻阜高速公路橡胶沥青路面施工技术手册》的规定，保证橡胶沥青路面施工质量。

橡胶沥青混合料矿料级配检测结果 表7

孔径(mm)	混合料筛分结果(累计筛余通过率%)			进行矿粉损失修正(修正系数3.16%)			目标级配(累计筛余通过率%)
	第一次	第二次	平均值	分计筛余率(%)	矿粉修正后分计筛余率(%)	修正后矿料级配(%)	
19	100.0	100.0	100.0	0.00	0.00	100.0	100.0
16	96.5	96.4	96.5	3.51	3.40	96.6	97.5
13.2	80.0	78.8	79.4	17.12	16.59	80.0	79.1
9.5	59.1	54.5	56.8	22.59	21.89	58.1	57.9
4.75	30.7	29.0	29.8	26.96	26.13	31.9	30.0
2.36	25.2	24.1	24.6	5.22	5.06	26.9	22.9
1.18	20.6	20.0	20.3	4.30	4.17	22.7	17.5
0.6	17.1	16.8	17.0	3.36	3.25	19.5	13.4
0.3	10.9	11.0	11.0	5.99	5.81	13.7	10.3
0.15	7.9	8.1	8.0	2.94	2.85	10.8	7.9
0.075	5.9	6.2	6.0	1.99	1.93	8.9	6.0
筛底	—	—	—	6.03	8.91	—	—

4.4　橡胶沥青路面压实度检测

本工程橡胶沥青路面表面层压实度检测同时采用了PQI仪法和钻芯法，选取某天2.2km橡胶沥青路面压实度检测结果，见表8，其中，室内马歇尔密度为2.490g/cm^3。

从表8中数据可知，PQI仪法与钻芯法相关性较好，PQI仪法密度检测结果修正后，与钻芯法偏差在－0.8～0.5。因此，PQI仪可以用来进行橡胶沥青路面压实质量控制，特别是用来评价橡胶沥青路面碾压施工过程中的压实效果时，具有实时、快速、便捷的优点，有助于实现橡胶沥青路面施工质量过程化实时监测的目标。

PQI仪法和钻芯法路面压实度检测结果比较　　表8

芯样编号	PQI仪法检测结果			钻芯法检测结果		PQI仪法与钻芯法压实度检测偏差
	密度检测值	修正后密度	压实度	芯样密度	压实度	
xulm4-1	2.369	2.463	98.9	2.483	99.7	－0.8
xulm4-2	2.382	2.472	99.2	2.49	100.0	－0.7
xulm4-3	2.375	2.467	99.0	2.488	99.9	－0.8
xulm4-4	2.356	2.454	98.5	2.443	98.1	0.5
xulm4-5	2.357	2.455	98.6	2.446	98.2	0.4
xulm4-6	2.365	2.460	98.8	2.476	99.4	－0.6
xulm4-7	2.358	2.456	98.6	2.467	99.0	－0.5
xulm4-8	2.381	2.471	99.2	2.481	99.6	－0.4
xulm4-9	2.382	2.472	99.2	2.479	99.5	－0.3
xulm4-10	2.371	2.464	98.9	2.471	99.2	－0.3
xulm4-11	2.359	2.456	98.6	2.462	98.8	－0.2

5　结语

(1)在实体工程中对废胎胶粉橡胶沥青180℃布氏旋转黏度检测时，采用50%扭矩对应的黏度值评价其质量，是合理、可行的，且复现性较好，可减小橡胶沥青中未溶颗粒对旋转黏度检测结果精密性的影响。

(2)本工程室内试验和工程应用效果表明，橡胶沥青混合料油石比和矿料级配检测采用燃烧炉法是切实可行的，值得进一步推广使用，但燃烧炉在使用前必须根据工程所用材料特点和配合比情况等，进行油石比标定、矿粉损失系数标定等。

(3)就本工程橡胶沥青表面层而言，采用PQI仪法进行橡胶沥青路面压实质量控制是可行的，与钻芯法压实度检测结果相关性较好，且快捷、无损，有助于实现橡胶沥青路面压实度实时监测。

(4)橡胶沥青路面施工质量影响因素众多，本文仅针对橡胶沥青黏度检测、橡胶沥青混合料油石比及矿料级配检测、橡胶沥青路面压实度控制等进行探讨，鉴于橡胶沥青高黏、高弹的特性，给橡胶沥青路面施工带来一定难度，在橡胶沥青及沥青混合料的生产、摊铺、碾压等质量控制方面还尚待进一步研究。

参考文献

[1] 中华人民共和国行业标准. JTJ 052—2000　公路工程沥青及沥青混合料试验规程[S]. 北京：人民交通出版社，2000.

[2] 中华人民共和国行业标准. JTG E60—2008　公路工程路基路面现场测试规程[S]. 北京：人民交通出版社，2008.

[3] 交通运输部公路科学研究院. 橡胶沥青及混合料设计施工技术指南[S]. 北京：人民交通出版社，2008.

[4] 王旭东，李美江，路凯冀. 橡胶沥青及混凝土应用成套技术[M]. 北京：人民交通出版社，2008.

[5] 交通运输部公路科学研究院. 废旧轮胎橡胶粉用于筑路的技术研究[R]. 2002.

忻阜高速公路冬期施工混凝土质量控制

亢素英[1]　王海东[2]　贾晓峰[3]

(1. 山西振兴公路监理有限公司　山西　030006；

2. 山西忻阜高速公路建设管理处　山西　035500；

3. 山西省交通运输厅　山西　030001)

摘　要: 本文结合忻阜高速公路的冬期施工情况，从混凝土配合比设计优化、施工过程的质量控制及混凝土的养护方面阐述了预制箱梁防冻混凝土的应用，为混凝土冬期施工提供参考。

关键词: 配合比优化　质量控制　养护条件

1　引言

忻州至阜平高速公路忻州至长城岭段是山西通向东部京津塘环渤海湾经济区的关键通道，是山西省高速公路网"人字骨架、九横九环"总体规划中第三横的重要组成部分，是交通运输部确定的典型示范工程。

本合同段路线桩号 K32＋000～K47＋000，位于山西北中部，冬季气候寒冷干燥，由于受工期的制约，预制箱梁的冬期混凝土施工是不可避免的。由于冬期施工条件较其他季节不利，会造成一些质量事故发生，但是只要采用了适当的施工方法，避免新浇混凝土早期受冻，使外露混凝土与冬季气温保持较小温差，也会取得很好的效果。

2　C50 防冻混凝土配合比设计优化

为了确保冬期混凝土的质量，做到一次达标、不返工。该试验室根据冬期施工技术方案，对 C50 防冻混凝土配合比进行设计优化，使配制的混凝土在满足经济性要求的原则下，达到期望的技术性能。

2.1　原材料的选择

(1)水泥：配制冬期施工的混凝土应优先使用普通硅酸盐水泥，因为它能使混凝土早期强度发展快，混凝土达到抗冻害临界强度所需的养护时间短，对抵抗早期冻害有利，使混凝土不易受破坏。本工程采用 P. O42. 5级水泥，该水泥的试验结果见表 1。

表 1

检测项目	细度 (m^2/kg)	标准稠度 (%)	初凝 (min)	终凝 (min)	安定性	抗折强度(MPa)		抗压强度(MPa)	
						3d	28d	3d	28d
检测结果	343.6	27.6	141	194	合格	5.2	8.3	24.4	47.6
标准要求	≮300	—	≮45	≯600	合格	≥3.5	≥6.5	≥17.0	≥42.5

(2)碎石：本工程采用 4.75～19mm 碎石，级配符合规范要求(其中 4.75～9.5mm 的占 30%，9.5～19mm 的占 70%)，试验结果见表 2。

碎石试验数据　　表 2

检测项目	表观密度 (kg/m^3)	堆积密度 (kg/m^3)	空隙率 (%)	含泥量 (%)	针片状含量 (%)	压碎值 (%)	坚固性 (%)
检测结果	2 681	1 460	45.5	0.6	3.9	10.8	1.7
标准要求	>2 500	>1 350	<47	<1	<5	≤12	≤5

(3)砂:对有抗冻要求的混凝土,其所用砂的云母、轻物质含量从严要求,这些物质受冻融吸水膨胀,造成混凝土表面剥离破坏,还有的会发生化学反应,产生膨胀或引起钢筋的腐蚀。本工程采用砂,级配符合II区中砂要求,试验结果见表3。

砂的试验数据　表3

检测项目	细度模数	表观密度(kg/m^3)	堆积密度(kg/m^3)	空隙率(%)	含泥量(%)	云母含量(%)	轻物质含量(%)	坚固性(%)
检测结果	2.82	2 584	1 583	38.7	1.9	0.3	0.2	0.6
标准要求	≮2.6	>2 500	>1 350	<47	<2	<1	<1	≤8

(4)水:混凝土拌和所用水,不应含有影响水泥水化反应和混凝土质量的有害物质,否则会造成混凝土强度的降低。试验结果见表4。

水的试验数据　表4

试 验 项 目	pH值	碱含量(mg/L)	氯离子(mg/L)	硫酸根离子(mg/L)
实测结果	6.5	367.4	13.6	365.1
标准要求	≥5.0	≤1 500	≤500	≤600

(5)外加剂:冬期施工中,为了减少冻害,外加剂的选择应考虑改善混凝土的和易性,减少游离水量,有效地降低混凝土的冻结冰点,促使低温条件下水泥水化和混凝土硬化,大幅度提高早期强度,中后期强度的持续增长,提高抗冻性。我试验室采用了高效减水剂和防冻剂配合使用。防冻剂采用了新型防冻组分,大幅度降低了碱含量,避免了混凝土的碱集料反应。高效减水剂、防冻剂试验结果见表5、表6。

减水剂试验数据　表5

试 验 项 目	减水率(%)	7d抗压强度比(%)	28d抗压强度比(%)	钢筋锈蚀
实测结果	19	140	138	无锈蚀
标准要求	≮12	≮125	≮120	对钢筋有无锈蚀危害

防冻剂试验数据　表6

试验项目	减水率(%)	含气量(%)	R_{-7}抗压强度比(%)			R_{-7+28}抗压强度比(%)			钢筋锈蚀
			−5℃	−10℃	−15℃	−5℃	−10℃	−15℃	
实测结果	12	2.9	25	20	15	99	95	94	无锈蚀
标准要求	≥8	≥2.5	≥20	≥12	≥10	≥95	≥90	≥85	对钢筋有无锈蚀

2.2　配合比设计优化

为了满足结构物设计强度的要求、满足施工工作性的要求、满足耐久性的要求和满足经济性的要求,最后确定出C50防冻混凝土试验室最优配合比见表7。

试验室最优配合比　表7

水灰比	砂率(%)	原材料用量(kg/m^3)						设计坍落度(mm)
		水泥	粗集料	细集料	水	高效减水剂	防冻剂	
0.32	35	494	1169	629	158	5.93	14.82	100～140

3　混凝土质量控制措施

(1)混凝土所用集料用帆布覆盖良好,防止集料中混入冰雪或冻结团块以及冻裂的物质,因为那样会降低混凝土的拌和温度,另外由于冰雪的融化会在混凝土中留下孔隙,从而使强度降低。

(2)对混凝土拌和站用保温被进行包裹,减小温度损失。混凝土搅拌时,投料前用热水冲洗搅拌机,投料顺序为先投入集料均匀拌和后再加热水,拌和水加热温度保持在60℃左右,以防止水泥假凝现象发生,而影响水泥颗粒的分散和与集料充分包裹使混凝土的强度降低。待水温降至40℃左右时再加水泥和外加剂，为了保证充分拌和，混凝土的搅拌时间较常温延长50%，约达到3min。确保混凝土的出机温度不低于10℃，入模温度不低于5℃。混凝土自搅拌机中卸出的温度和浇筑时的温度每个工作班至少检查4次。同时也对混凝土配合比和坍落度严格控制，确保拌和物的质量。

(3)冬期混凝土浇筑尽量选择在一天中温度最高的时段内进行，因为此时的大气温度逐渐上升，与出机温差相差较小，减少温度散失，对混凝土早期正常养护非常有利。

(4)运输罐车加保温套覆盖，混凝土的运输时间尽量缩短，控制在30min以内，以减少混凝土运输过程中的温度损失。

(5)混凝土浇筑完毕后，静置4h后采用蒸汽养护。开始时蒸汽压力不宜过大，养护温度不低于5℃。前两小时升温速度宜控制在5～8℃/h，并保持低温高湿的未饱和蒸汽通入蒸养棚空间内及梁体内腔缓慢升温，此后加热升温速度不得大于10℃/h。最高温度控制在60℃以内，以保证混凝土内部及表面温度分布均匀。蒸汽入口端不靠近混凝土表面，以防温差太大产生裂缝。每工作台班设有专人严格掌握和控制棚内升降温速度，做好温度检查记录表，蒸养恒温段内每两小时检查一次，升降温阶段每一小时检查一次。测温孔进行编号，设在有代表性的结构部位和温度变化易冷却的部位，孔深为10cm。温度计与外界温度隔绝，避免冷空气影响，在测温孔内留置不少于3min，以确保数据的准确性。

(6)模板和保温层在混凝土达到要求强度并冷却到5℃方可拆模。拆模时，混凝土温度与环境温度相差大于20℃时，拆模完成后立即覆盖，以防止箱梁表面产生大面积收缩裂纹，使其缓慢冷却。混凝土达到设计强度标准值的80%后中断蒸汽，周围空气温度以8～10℃/h逐渐降低。蒸汽中断后，应立即撤除蒸汽压力，此后就不需要养护了。

4 冬期施工混凝土的养护

混凝土的强度增长取决于水泥水化反应的结果。水泥的水化反应除与混凝土本身组成材料与配合比相关外，还与温度、湿度和受冻前愈养期有很大的关系。

(1)温度的高低主要影响水泥水化的速度。随着温度的升高，水泥水化越快，强度增长越高。反之，水泥水化速度减慢，混凝土强度发展也就迟缓。当温度降到冰点以下时，则由于混凝土中的水分大部分已结冰，水泥颗粒不能与冰发生反应，混凝土的强度就停止发展，而且孔隙内水分结冰会引起膨胀，作用在孔隙毛细管内壁，使混凝土内部结构遭到破坏，已经获得的强度(如果在结冰前，混凝土已经不同程度地硬化的话)受到损失。

(2)湿度条件则严重影响水泥水化能力。混凝土在潮湿环境下形成的强度远高于干燥环境下形成的强度。湿度适当，水泥水化作用顺利进行，混凝土强度增长较快，从而使混凝土强度较高。反之，湿度不当，混凝土浇筑后水分过早、过快蒸发，出现脱水现象，使已形成的凝胶状态的水泥颗粒不能充分水化，不能转化为稳定的结晶而失去黏结力，混凝土表面就会出现片状或粉状脱落，使混凝土结构疏松，渗水性增大或形成干缩裂缝，影响其整体性和耐久性。因此，为了使混凝土正常硬化，促进强度的形成和提高，应创造和维持一定的潮湿环境。

(3)在冬期施工中，混凝土受冻前预养期越长，强度损失越小。混凝土化冻后(即处在正常温度条件下)继续养护，其强度还会增长，不过增长的幅度大小不一。对于预养期长获得初期强度较高的混凝土受冻后，后期强度几乎没有损失。而对于安全预养期短，获得初期强度比较低的混凝土受冻后，后期强度都有不同的损失。由此可见，混凝土冻结前要使其在正常温度下有一段预养期，以加速水泥的水化作用。使混凝土获得不遭受冻害的最低强度，称为临界强度。普通硅酸盐水泥混凝土的临界强度不低于设计强度的40%。

因此，冬季施工的混凝土，一方面为了满足施工进度要求，必须采取特殊措施使混凝土强度较快增长，另一方面，要在混凝土受冻前尽快达到其抗冻害的临界强度。

5 结语

表8给出了冬期施工此批预制梁(共19片)的标准养护试件强度。

预制梁标准养护试件强度　表8

数　量	1	2	3	4	5	6	7	8	9	10
强度(MPa)	55.3	57.2	52.6	55.8	54.4	51.1	55.5	53.9	56.4	58.1
数量	11	12	13	14	15	16	17	18	19	
强度(MPa)	54.8	55.3	56.0	53.6	55.0	54.9	52.2	56.8	55.7	

依据《公路工程质量检验评定标准》(JTG F80/1—2004)中水泥混凝土抗压强度评定，这批预制梁抗压强度合格。

目前，高速公路冬期施工越来越广泛，为了不影响工程进度，这就要求施工单位对各种影响因素进行事前分析，提早做好计划，制订应急预案，根据不同温度下混凝土强度等级和养护条件变化，采取不同的施工方法，来达到施工质量标准。从而保证按照业主的要求按时完成施工项目，取得良好的社会效益和经济效益。

参考文献

[1] 中华人民共和国行业标准.JTJ 041—2000　公路桥涵施工技术规范[S].北京：人民交通出版社，2000.

钢—混组合箱梁桥在忻阜高速公路上的应用

石利强[1] 杨建军[2] 杨震轩[2] 吕宏宇[3]

(1.山西省交通规划勘察设计院 山西 030006;

2.长沙理工大学 湖南 410004;

3.山西忻阜高速公路建设管理处 山西 035500)

摘 要:本文简要介绍了忻阜高速公路秦城互通H匝道桥钢—混组合箱梁桥的设计和施工,说明了钢—混组合箱梁桥的材料选择、结构分析设计和施工技术特点。

关键词:钢—混组合箱梁 设计 施工

1 概述

钢—混组合箱梁桥是一种在钢结构和钢筋混凝土结构基础上发展起来的经济、合理的新型结构,具有使材料各尽其用、节省材料、施工方便、架设速度快、刚度大、跨越性能强、抗震性能好等显著优点。近年来,钢—混组合箱梁桥在国内外的一些应用实践表明,25～60m跨径的桥梁如果采用钢—混组合箱梁,则具有更好的综合技术经济效益和社会效益,既可以降低制作、安装成本,尤其应用于城市立交桥及高速公路的跨线桥时,具有增大跨越能力、解决桥下净空不足及避免施工时中断交通等显著优点,将成为结构体系的重要发展方向之一。而且对于多跨桥梁,采用钢—混组合连续梁可以进一步降低梁高,具有更好的使用性能。

2 工程概况及地质条件

HK0+619秦城互通H匝道桥是忻州—阜平高速公路起点秦城枢纽互通立交桥中跨越原太高速公路的一座跨线桥,该桥平面位于半径为R=260m的曲线上。该桥上部结构采用跨径组合为28.5m+45m+28.5m的钢—混组合箱梁结构体系,桥面按3车道设计,宽度为10.50m,即0.50m(外侧护栏)+9.50m(机动车道)+0.50m(外侧护栏),桥梁全长110m;下部结构采用花瓶式桥墩和肋板式桥台。桥型布置图如图1所示。

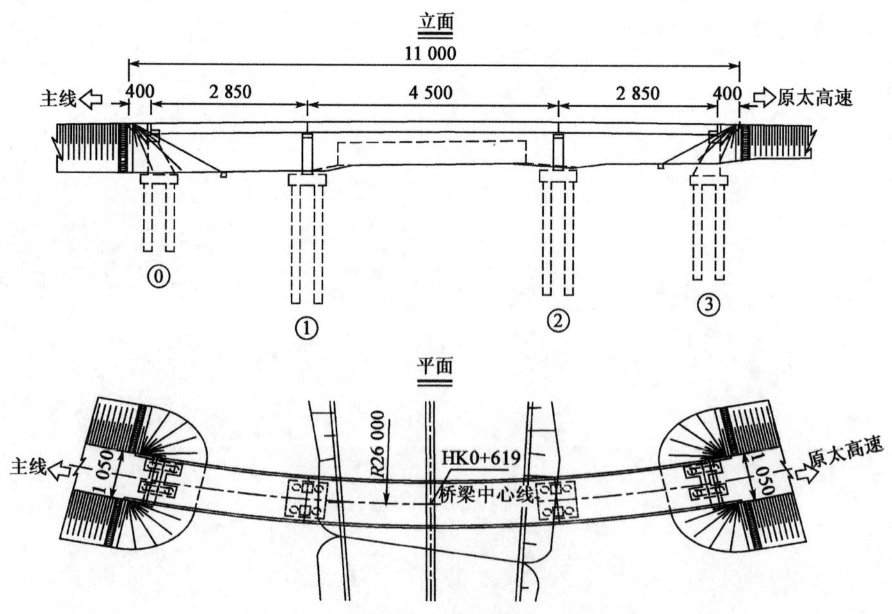

图1 HK0+619秦城互通H匝道桥桥型布置图

桥址区位于忻定盆地西南边缘的黄土微丘区，地形开阔。根据《中国地震动参数区划图》(GB 18306—2001)，枢纽范围地震动峰值加速度为0.20g，相应于地震烈度为VIII度，该枢纽位于汾渭地震带的北段，根据史料记载，区内是历史上强震多发地区，也是未来强震可能发生的地方，根据地质勘查报告认定互通区稳定形差，因此在结构设计上，本桥梁结构按VIII度设防。

3　钢—混组合箱梁结构设计

3.1　桥跨方案选择

根据桥位所处的地理条件，按照技术先进、安全可靠、适用耐久、经济合理的公路桥涵设计和施工要求，并考虑桥跨结构的技术可行性，确定该桥上部结构采用钢—混组合箱梁，跨径采用28.5m+45m+28.5m的跨越方案。该方案既充分发挥了钢材和混凝土的材料性能，刚度大，结构稳定性、抗扭性能较好，设计、施工技术成熟，实施性较强，又可以有效地避免对既有原太高速公路的干扰，加快工程建设进度，同时为今后在山西省适宜条件下广泛推广应用钢—混组合箱梁桥提供宝贵的经验借鉴。

3.2　主梁结构形式与材料选择

主梁采用槽形截面钢箱梁和现浇混凝土桥面板的组合形式，梁高为2.20m。主梁横断面图如图2所示。

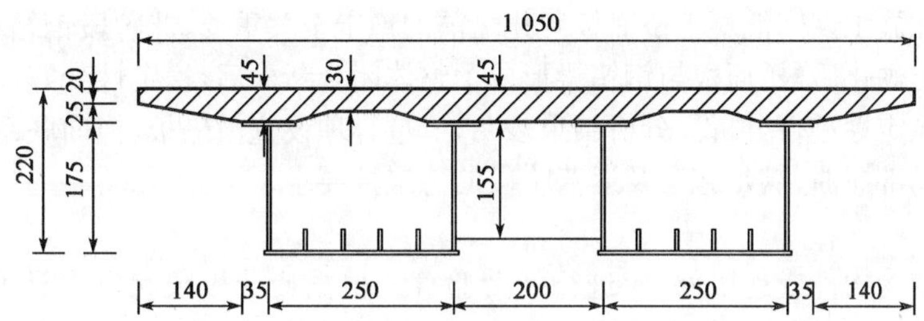

图2　HK0+619秦城互通H匝道桥主梁横断面图(尺寸单位：cm)

连续组合箱梁桥主要由桥面板、钢箱梁、连接件和横隔板及横向联系构成。桥面板选用C50混凝土现浇而成，槽形截面钢箱梁采用符合国标《低合金高强度结构钢》(GB/T 1591—2008)的Q345E钢板拼装焊接而成，槽形截面钢箱梁和现浇混凝土桥面板之间依靠焊接在钢箱梁上翼缘板的剪力钉连接件将钢梁与桥面板接合在一起共同工作，设计选用常用的圆柱头焊钉连接件，尺寸为ϕ22mm×170mm，尺寸、化学成分、机械性能应符合《电弧螺柱焊用圆柱头焊钉》(GB 10433—2002)规定。

为了增加箱形截面钢梁的稳定性、刚度和抗扭性能，在全梁范围内设置横膈板、腹板纵向加劲肋、竖向加劲肋，同时为保证主梁的整体性及合理的受力性能，主梁之间设置横向联系。设计时由受力和构造等因素确定合适的形式和间距。横隔梁以及混凝土填充段采用C50补偿收缩混凝土。

为了保证钢—混组合箱梁桥结构的耐久性，需要在桥梁整体组装焊接完经检查合格后进行喷砂、涂装。该桥采用的涂漆符合设计要求及国际标准的相关规定。涂漆前箱体内外进行喷砂、除锈以保证涂装质量。喷砂前要将构件表面的油污和毛刺清理干净，喷砂后钢板表面要达到现行《涂覆涂料前钢材表面处理　表面清洁度的目视评定》(GB 8923)规定的Sa2.5级，钢箱梁连接处需做喷铝处理，摩擦系数不小于0.55。

3.3　主梁结构分析

(1)结构分析简述

由于目前我国公路桥梁规范对钢—混组合梁桥的设计计算尚无明确规定，因而该桥仍采用以弹性理论为基础的容许应力设计体系。组合梁的应力、挠度和稳定性等计算均按弹性理论进行分析，运用空间计算程序建立实体模型，进行了结构计算，其中：钢梁部分用板单元模拟，混凝土板采用实体单元模拟，建模时考虑了弯曲半径的影响。利用空间程序，分别计算了各单元承载能力极限状态下的截面强度、正常使用极限状态下应力及挠度，同时进行了整体和局部稳定性分析、剪力钉构件的局部强度验算以及组合箱梁的疲劳强度验算等，还对模型进行了抗震分析，依据结果进行了墩桩配筋设计。

该桥主梁钢箱梁在设计时根据吊装质量被顺序分成三个制作段：A 段 34.45m，B 段 33.00m，C 段 34.45m。施工时先将各制作段吊装就位，然后采用摩擦型高强螺栓将各制作段连接起来，形成连续梁体系。为了减小主梁墩顶负弯矩区拉应力，提高负弯矩区的抗弯性能，本桥运用加载配重法，即先浇筑跨中和边跨正弯矩区的混凝土桥面板，待混凝土硬化后在边中跨加载配重(配重大约为二期恒载，施工时应根据实际效果进行调整)；然后浇筑墩顶负弯矩区的混凝土桥面板，待混凝土硬化后撤去配重，充分利用钢箱梁的弯曲变形恢复性能，对墩顶的混凝土产生预压作用，以减少负弯矩区的拉应力。该桥结构设计充分考虑了施工过程的影响，混凝土硬化前，钢箱梁、混凝土桥面板、模板等一期横载及施工荷载由钢箱梁承担；混凝土硬化后，桥面铺装、护栏等二期横载及活荷载由组合梁承担。混凝土板收缩产生的内力可按《公路钢筋混凝土及预应力混凝土桥涵设计规范》(JTG D62—2004)第 F.1 条的规定计算得到混凝土收缩应变转化为等效温度荷载计算；在这简化分析方法中，钢箱梁与桥面板之间的温差按±15℃计算。

(2)强度计算

钢—混组合箱梁主要进行抗弯和抗剪强度的计算，采用弹性分析法，按允许应力控制设计。本桥主梁按 A 类构件控制设计。在各个工作阶段分别对钢箱梁底部的弯拉应力、混凝土桥面板顶缘的弯压应力及腹板剪应力进行验算。对于钢箱梁和剪力钉连接件还应进行疲劳强度验算。

(3)稳定计算

钢—混组合箱梁在施工期间混凝土桥面板硬化之前的稳定至关重要，此阶段钢箱梁为开口断面，稳定性较差。待桥面板混凝土硬化后，桥面板与钢箱梁形成了整体闭合断面后，稳定性变好。运用空间计算程序对该桥各个工作阶段的稳定性进行分析。分析结果表明，通过合理设置横隔板、横向联系和纵、竖向加劲肋，能有效地防止钢箱梁的局部屈曲，满足施工及运营阶段的稳定性要求。

(4)疲劳计算

凡承受动应力的结构构件或连接件，应进行疲劳验算。根据疲劳极限状态设计原则，在设计使用年限内，桥梁结构不能由于疲劳而导致结构失效或发生疲劳破坏后仍然可修复。钢—混组合箱梁疲劳验算采用弹性分析方法，疲劳荷载选取及疲劳强度计算应符合《钢结构设计规范》(GB 50017—2003)的相关规定。

(5)剪力键计算

钢箱梁与桥面板之间的纵向水平剪力由连接件承受，连接件在钢梁翼缘上的数量按梁长范围内的平均剪力计算，宜按等间距布置。该桥选用的圆柱头焊钉连接件，主要靠栓杆抗剪来承受剪力，用圆柱头来抵抗拉拔力。经计算，该桥的剪力钉连接件设置满足受力要求。

(6)挠度计算

挠度计算根据构件刚度按结构力学方法计算。对连续梁中支座两侧 $0.15l$ 范围以外区段的截面刚度取考虑滑移效应的折减刚度。钢—混组合箱梁的长期挠度值，与钢筋混凝土及预应力混凝土受弯构件相似，在消除结构自重产生的长期挠度后，主梁的竖向静活载挠度不应超过计算跨径的 1/600。当由荷载短期效应组合并考虑荷载长期效应影响产生的长期挠度超过计算跨径的 1/1 600 时，须设预拱度，预拱度值应按结构自重和 1/2 可变荷载频遇值计算的长期挠度值之和计算。该桥主梁边跨和中跨均设置了预拱度，取跨中为最大值，并向箱梁两端按二次抛物线变化至零，将预拱度值计入到预制梁高程中。由于设计未记入施工临时支架及变形的影响，施工时应采取相应措施防止支架变形，消除支架变形。

4 钢—混组合箱梁桥的施工

4.1 施工工艺流程(图 3)

由于该桥钢箱梁在平面上位于直线、圆曲线及缓和曲线上，不便于工厂制作和运输，因而采用整体搭胎法，在施工现场搭设胎具进行制作。

该桥施工工序流程为：

(1)现场搭设胎具进行 A、B、C 梁段制作。

(2)用吊车将 A、B、C 梁段架设到位，并在支架上用高强螺栓完成拼接。

(3)填充钢箱内部无收缩混凝土,同时浇筑除墩顶 6m 范围内的其他现浇桥面板。

(4)从跨中向桥墩方向顺序放松临时支撑,形成连续体系;然后对边中跨进行加载配重(根据压重实际效果确定配重荷载值),同时浇筑墩顶部分现浇桥面板,形成全截面。

(5)拆除边中跨配重,然后张拉墩顶负弯矩区桥面板预应力钢束,张拉完成后进行孔道灌浆。

(6)桥面铺装,浇筑护栏,安装桥面系附属构造,主桥竣工。

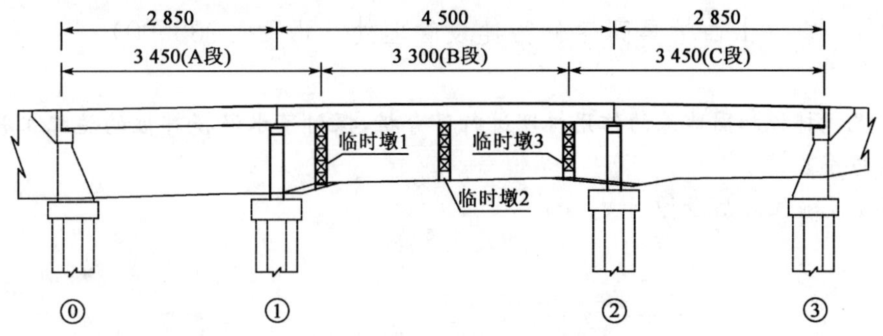

图 3　HK0＋619 秦城互通 H 匝道桥施工工序示意图(尺寸单位:cm)

4.2　钢箱梁制作

在钢—混组合箱梁桥的施工中,钢箱梁的制作是最基础和最重要的一个环节,直接决定着该钢—混组合箱梁桥的安全性和可靠性。而在钢箱梁制作的过程中,钢板焊接是钢箱梁制作的核心工作。因此必须严格按照相关的规范和技术指南要求,进行焊接作业,以确保钢箱梁的制作质量。

4.3　钢箱梁架设

为了保证钢箱梁在架设过程中的稳定性,防止损坏和变形,必须通过抗拉和抗剪计算确定吊耳尺寸及焊脚高度。该桥吊耳设置在钢梁重心左右两端,每段钢梁上呈对称分布,设 4 个吊耳。为安全及施工考虑,焊脚宜开双面坡口。

为了保证钢箱顺利拼接,除了拼接温度的控制,临时支撑采用沙箱的方法,可以有效调节钢箱梁高度直至就位,沙箱设置高度施工时根据具体情况进行调整。

5　结语

本文通过实体工程 HK0＋619 秦城互通 H 匝道桥,对钢—混组合箱梁桥的设计和施工作了简要介绍。该科技示范工程的实施,为今后此类钢—混组合箱梁桥的设计和施工提供借鉴。

参考文献

[1] 刘玉擎.组合结构桥梁[M].北京:人民交通出版社,2005.
[2] 黄侨.桥梁钢—混凝土组合结构设计原理[M].北京:人民交通出版社,2004.

水泥搅拌桩施工技术及质量控制

李 波 赵有森

（山西忻阜高速公路建设管理处 山西 035500）

摘 要：本文对水泥搅拌桩加固地基的作用机理进行了分析，探讨了水泥搅拌桩的施工工艺，提出了质量控制的方法与手段。

关键词：水泥搅拌桩 施工 质量控制

1 前言

水泥搅拌桩是利用深层搅拌机械在软弱地基内，边钻进边往软土中喷射浆液或雾状粉体，同时借助于搅拌轴旋转搅拌，使喷入软土中的浆液（水泥浆、水泥砂浆）或粉体（水泥粉、干石灰粉）与软土充分拌和在一起，形成抗压强度比天然土高得多并具有整体性、水稳性的桩柱体。由若干根这类桩柱体和桩周土构成复合地基。

根据施工方法的不同，水泥土搅拌法分为水泥浆搅拌法（又称为湿法）和粉体喷射搅拌法（又称为干法）两种。前者是用水泥浆[有时添加减水剂（如木质素等）和速凝剂]和地基土搅拌，后者用水泥粉或石灰粉和地基土搅拌。

2 水泥搅拌桩加固机理

水泥搅拌桩是利用水泥和土之间所发生的一系列物理化学反应，将混合土硬结成具有足够强度、变形模量和稳定性的水泥加固土桩体，从而达到加固地基的目的。

(1)水泥与土之间的物理化学反应主要表现在水泥颗粒表面矿物与土体中的水发生水化反应后生成氢氧化钙、水化硅酸钙、水化铝酸钙、水化铁酸钙等。这些水化产物有的自身继续硬化形成水泥石骨架，有的与周围具有一定活性的黏土颗粒发生反应形成水泥上的团粒结构，并封闭各土团之间的孔隙，形成坚硬的联结体。

(2)根据其加固机理，对软土地基路基工程来说，具有下述三个方面的作用。

①桩体作用。由于水泥搅拌桩体的刚度较桩周围土体大，在路堤荷载作用下，复合地基中的应力将按材料模量进行分布，从而产生应力集中现象。大部分填土荷载由桩体承担，作用在桩间土的应力相应减少。这样就使得复合地基承载力较原地基有所提高，沉降量有所减小。

②垫层作用。水泥搅拌桩通过喷注水泥浆与地基原位上均匀搅拌硬结成桩体，并与桩间上复合形成一个复合地基或称复合层。显然，这一层的力学特性优于天然地基软土，起着均匀用力和增大应力扩散角的作用。若桩体没有完全贯穿整个软弱土层地基，水泥深层搅拌桩复合地基起垫层的作用将更为明显。

③挤密作用。在水泥搅拌桩就地搅拌且喷注水泥浆与地基土形成桩体的过程中，桩体中的水泥对周围软土具有吸水、发热和膨胀的作用。对桩周围土同样可起到挤密效果。因此，加固后的地基具有初期强度高，对含水率高的软土加固效果尤为显著。

3 水泥搅拌桩施工工艺

(1)定位。起重机（或塔驾）悬吊搅拌机到达指定桩位并对中。当地面起伏不平时，应使起吊设备保持水平。

(2)预搅下沉。待搅拌机的冷却水循环正常后，启动搅拌机电机，放松起重机钢丝绳，使搅拌机沿导向架搅拌切土下沉，下沉的速度可由电机的电流监测表控制。工作电流不应大于70A。如果下沉速度太慢，可从输浆系统补给清水以利钻进。

(3)制备水泥浆。待搅拌机下沉到一定深度时，即开始按设计确定的配合比搅拌水泥浆，待压浆前将水泥浆倒入集料斗中。

(4)提升喷浆搅拌。搅拌机下沉到达设计深度后，开启灰浆泵将水泥浆压入地基中，边喷浆边旋转，同时严格按照设计确定的提升速度提升搅拌机。

(5)重复上下搅拌。搅拌机提升至设计加固深度的顶面高程时，集料斗中的水泥浆应正好排空。为使软土和水泥搅拌均匀，可再次将搅拌机边旋转边深入土中，至设计加固深度后再将搅拌机提升出地面。

(6)清洗。向集料斗中注入适量清水，开启灰浆泵，清洗全部管路中残存的水泥浆，直至基本干净，并将黏附在搅拌头上的软土清洗干净。

(7)移位。由于搅拌桩顶部与上部结构的基础或承台接触部分受力较大，因此通常可对桩顶1.0～1.5m范围内再增加一次输浆，以提高其强度。

4 质量控制技术分析

(1)搅拌桩桩位控制方法

根据设计桩位图，用全站仪在路基横断面内每20～30m放样，每排的中间桩和坡脚桩，作为其他桩的定位控制桩；钻机长根据桩位图及控制桩用钢尺逐桩放样对位。一排桩施工完后，进行下一桩施工前，用钢尺相互校核控制桩位；无误后，逐装放样对位。指挥对位人员应站在两个互相垂直的方向进行指挥，夜间对位应进行照明。

(2)钻机就位并对位

钻机司机操作液压纵杆使钻机移位指定桩位对中，根据设置的锤球调整钻机底盘，使钻架保持垂直，并将钻机支垫稳固。钻头对准桩位桩后，旁站人员确认对为偏差满足不大于50mm的要求。

(3)搅拌桩桩身垂直度控制方法

必须在对位准确后用水平尺调平底盘，在钻机钻架上设置吊线垂，并标上明显的1%(1.5%)标志。钻进时随时观察，调整支腿高度以保证在偏差之内。开钻时，低速钻进，确保钻机不晃动。

(4)预搅下沉

采用粉喷工艺预搅下沉时，先送气再钻进；采用浆喷工艺预搅下沉时，按照工艺要求喷浆或不喷浆。下钻时，将速度控制钻杆不晃动，在正常后按照拟定的速度钻进。当钻头钻进接近设计高程时，注意观测记录电动机电流表示数，以确定钻头进入硬地层时的电流值。

(5)水泥粉到达桩尖时间的测定

喷粉时，用秒表测定粉气在管道内的速度，根据钻头位置及管道、钻杆长度，推算浆料达到钻头的时间，据此确定钻头开始提升的时间，保证桩尖有水泥浆料。为保证桩端施工质量，当浆液达到出浆口后，应喷浆座底30s，使浆液完全到达桩端。

(6)拌制水泥浆液

拌和时按照设计配比，先向搅拌筒内加入水，然后加入水泥搅拌60～90s，加入外加剂后继续搅拌60s，并用比重计进行测定，符合要求后，储存在储浆桶备用。水泥浆随拌随用，备用浆放置时间不得超过2h。制备好的浆液不得离析，泵送必须连续。水泥浆应在制浆机中不断搅拌，直至压浆时，才可缓慢地将其注入集料斗中。

(7)提升搅拌与送灰时间匹配性控制

钻机提升喷搅时，送灰操作人员和钻机司机根据各自的电脑记录仪的显示，以每米定量为原则进行配合。选择责任心强的技术工人操作钻机及喷灰或浆设备，在开钻以前，进行协调沟通训练；加强提升搅拌与送灰时间匹配性。按照规定的提升搅拌速度一边提升一边喷粉或喷浆，在设计桩顶以上50cm处停止喷粉或喷浆，全过程记录喷粉管道压力及喷浆压力。

(8)复搅

可通过复搅的方法达到桩身强度为变参数的目的。搅拌次数以1次喷浆2次搅拌或2次喷浆3次搅拌为宜,且最后一次提升搅拌宜采用慢速提升。当喷浆口到达桩顶高程时,宜停止提升,搅拌数秒,以保证桩头的均匀密实。

施工时因故停浆,宜将搅拌机下沉至停浆点以下0.5m,待恢复供浆时再喷浆提升。若停机超过3h,为防止浆液硬结堵管,宜先拆卸输浆管路,进行清洗。

(9)桩头部位质量控制

最后一次喷水泥浆或粉结束后,对桩头约80cm部位再增加一次搅拌(约2min),提高桩端质量。

5 结语

水泥搅拌桩作为软土地基处理的一种有效手段,在道路路基地基处理中应用较为广泛。为保证水泥搅拌桩工程质量,本文首先从桩体作用、垫层作用、挤密作用和加筋作用四个方面分析了水泥搅拌桩加固地基的作用机理,探讨了水泥搅拌桩的施工工艺,最后结合工程实际经验从搅拌桩桩位控制方法、钻机就位并对位、搅拌桩桩身垂直度控制、预搅下沉、水泥粉到达桩尖时间测定、拌制水泥浆液、提升搅拌与送灰时间匹配性控制、复搅及桩头部位质量控制等方面提出了水泥搅拌桩施工质量控制方法与手段,在保证水泥搅拌桩的工程质量方面具有重要的参考作用。

参考文献

[1] 中华人民共和国行业标准. JTG F10—2006 公路路基施工技术规范[S]. 北京:人民交通出版社,2006.

[2] 中华人民共和国行业标准. JTG D30—2004 公路路基设计规范[S]. 北京:人民交通出版社,2004.

[3] 苏建林. 公路工程施工技术[M]. 北京:人民交通出版社,2002.

高速公路路基工程的施工管理

聂志维　张　琦

（山西忻阜高速公路建设管理处　山西　035500）

摘　要：本文通过对已进行的公路工程路基施工进行分析、研究，提出了在土方路基施工过程中土方回填与建筑物施工之间的相互协调、相互制约关系的一些看法。

关键词：土方路基　土方回填　建筑物施工

在高速公路路基工程施工过程中，建筑结构物与土方路基施工既相互制约，又相互促进，是矛盾的统一体。正确组织好建筑物和土方路基施工，协调好二者的关系，不仅可缩短工期，保证工程质量，而且能减少工程造价，提高经济效益。

1　分清主次地位是指导工程施工的基础

(1)在路基工程施工中，土方路基一般占主导地位，建筑物施工需要服从于路基土石方的施工。在土方路基与建筑物施工发生冲突时，应优先考虑土方路基的施工，在土方路基施工到一定阶段，再进行建筑物的施工。在建筑物施工组织上，尽量不影响或少影响土方路基的填筑。

在忻州至五台山高速公路路基工程施工中，K99＋730 钢筋混凝土圆管涵(ϕ1 500mm)填土较高，管顶填土 5.0m，圆管涵的最佳施工时机是在填土高度约 3.0m 的时候。该段处隧道洞口填方面积大，且前后也有大片填土，虽然填土增高会给圆管涵施工带来更多的困难，但考虑到土方路基的填筑，该段土方路基施工占主导地位。最后填土至高 5.0m，待其他工作面打开后才开挖该工程建筑物。

在忻州至五台山高速公路路基施工中，K98＋360 小桥地处山脚，一边是填方区，填土较高；另一边是挖方区，填土较低。在小桥施工组织上，可考虑填方较高的一边先施工，路基施工可提前进行。

(2)在建筑物的施工占主导地位时，土方路基应为建筑物的施工服务。建筑物的施工要抓紧在雨季前及时进行，此时土方机械的工作较少，能给建筑物的施工提供更多的方便，并为以后土方施工提供工作面打下基础。在建筑物施工占主导地位的工作面，土方机械要及时开挖、修通并保养便道，给建筑物的施工提供良好的施工环境。

在忻州至五台山高速公路的路基施工中，进场以后恰逢雨季，土方路基施工不能进行，此时建筑物的施工占主导地位。但建筑物的施工没有抓紧进行，不仅没有发挥土方机械的作用，而且旱季施工时，出现了建筑物严重阻碍土方路基施工的局面。

2　建筑物开工时间的选择是处理两者关系的关键

2.1　建筑物施工的特点

公路为线形构造物，路线长，沿线设圆管涵、盖板涵、通道和桥梁等建筑物。建筑物施工可先填后挖，也可先施工建筑物再填土。先填土后开挖涵背可使回填范围减少，施工进度加快；先施工建筑物后填土，涵背回填范围较大，施工进度较慢。通常，一道圆管涵工期为 15d，盖板涵为 40d，通道为 60d，桥梁的施工期更长。因此，建筑物的开工时间要根据土方填筑的需要并结合建筑物的特点以及施工工期的长短来确定。

2.2　建筑物开工时间的选择

(1)圆管涵。先填方区，后挖方区；先高填方区，后低填方区。填方区圆管涵采取先填后挖的施工方法，最佳开挖高程在管顶以下 50cm 处，这样进行施工不仅开挖土方数量较少，圆管涵的施工很方便，而且涵背回填快，前后路基能最快连成一片，便于进行土方施工。

(2)盖板涵。先高填方区，后低填方区。若填方工作面少，宜先施工结构物后填土；若填方工作面大，则应先填土后开挖，开挖最佳高程在涵顶以下 50cm。

(3)通道。先高填方区，后低填方区。若填方工作面小，宜先施工结构物后填土；若填方工作面大，则应先填土后开挖，开挖高程根据填土情况、结构物施工安全程度、施工季节等方面的因素来确定，最经济高程在通道顶高程以下。

(4)桥梁。先施工主线上跨桥梁，后施工主线下跨桥梁。主线上跨桥梁采取先施工结构物后填方的施工方法。

2.3 及时组织开工

确定要开挖的建筑物应及时组织开工。否则，不但会影响土方路基的填筑、延误工期，而且还会造成不必要的经济损失。

在忻州至五台山高速公路的路基施工中，有的合同段在雨季抓紧了建筑物的施工，旱季时土方填筑就进行得很顺利。而有的合同段没有抓紧雨季施工建筑物的良机，在旱季施工时，建筑物严重影响土方路基的填筑，不仅造成了一定的经济损失，而且受到了业主的批评。

3 缩短建筑物的施工工期是路基施工中最重要的环节之一

建筑物施工往往是制约土方施工的重要因素之一，应采取必要的施工措施，加快建筑物的施工进度。

(1)提出合理的设计变更方案。进场后，应对现场建筑作全面仔细的调查和研究，对建筑物是否增减，移位、改变结构形式以及尺寸、调整高程等项作出评价，及时向监理工程师提出变更报告，从而保证工程质量，缩短施工工期，提高经济效益，尽量避免施工时的临时变动，以免打乱施工安排，延长施工工期。

(2)选择有实力的分包队伍。建筑物的施工往往要求工期短。对分包队伍的要求就很高，分包队伍应具备必要的资金、设备能力及较高的管理水平，能合理地安排施工，并与全局协调配合。如果分包队伍的实力不足，项目经理部无论怎么施加压力也是徒劳的。

(3)制订科学的施工组织计划。公路为线形构造物，线路长，建筑物多，建筑物施工应结合土方路基施工统筹安排、精心组织，采取集中人力物力重点突击、各个击破的策略，缩短每个建筑物的工期，为给土方施工提供完整的工作面打好基础。采取全面开花的方法组织施工，不仅会增加投入，而且会严重阻碍土方路基的填筑。

(4)制订合适的施工工艺。在通道、盖板旱季小桥施工中，盖板施工可采取集中预制、现场吊装的施工工艺；墙身可采取整体模板施工工艺；大方量混凝土可采取集中人力、物力临时突击的施工工艺等，以此来缩短结构物的施工工期。

在路基工程施工中，建筑物和土方路基需要统一管理、统一协调。建筑物和土方路基在时间上、经济效益上难免会发生冲突。只有从全局出发、统一布置、协调行动，才能保证工期和施工质量，获得较好的整体经济效益。

参考文献

[1] 中华人民共和国行业标准. JTJ 041—2000 公路桥涵施工技术规范[S]. 北京：人民交通出版社，2000.
[2] 中华人民共和国行业标准. JTG F10—2006 公路路基施工技术规范[S]. 北京：人民交通出版社，2006.
[3] 陈华卫，陈晓明. 公路工程施工组织设计[M]. 北京：人民交通出版社，2007.

第三篇　安全快捷

忻阜高速公路交通安全性评价

冯建刚[1]　高海龙[2]　韩卓峰[1]
（1. 山西忻阜高速公路建设管理处　山西　035500；
2. 交通运输部公路科学研究院　北京　100088）

摘　要：为保障忻阜高速公路的本质安全和运营后的交通安全，忻阜高速公路初步设计阶段和施工图设计阶段实施了系统的交通安全性评价。评价工作从忻阜高速公路的道路特征和交通特征出发，结合国内外实践经验，选择了适宜的评价方法，划分了评价单元，实施了安全评价工作，对于保障忻阜高速公路运营后的交通安全有重要意义。

关键词：公路　交通安全　安全评价　公路交通安全性评价

1　引言

近年来，随着我国经济的快速发展，公路通车里程大幅度增加，截至2008年年底，全国公路总里程达368万km，公路通车总里程和公路密度比1978年增长3倍多，高速公路从无到有，达6.03万km[1]。在公路网日趋完善的同时，道路使用者对公路交通行业也提出了越来越高的要求，更多地关注公路的安全性和舒适性。与此同时，交通安全也越来越受到管理人员、设计人员和科研人员的重视，交通安全理念已经越来越多地融入公路设计中，科研单位在交通安全相关领域开展了大量研究，为保障公路运营安全提供了技术支撑。

随着交通行业的发展，公路的“本质安全”越来越受到关注。实践经验表明，只有立足于公路设计，通过优化线形设计，才能从根本上消除交通安全隐患。若受地形条件或投资等因素限制，优化线形设计无法实施时，则交通安全隐患是必然存在的，采取交通工程措施只能在一定程度上减少事故损失和严重程度，而无法从根本上消除隐患。近年来，为了进一步提升公路的“本质安全”，在不断丰富设计理念和设计方法的同时，公路交通安全性评价在公路行业发挥了越来越重要的作用。国外研究表明，道路安全评价可有效地预防交通事故，降低交通事故数量及其严重度，减少道路开通后安全改善和运营管理费用，提升交通安全水平，其投资回报是投入的15～40倍。忻阜高速公路受地形地貌和地域经济发展的影响，道路特征和交通特征较为复杂，为保障运营后的交通安全，拟通过整合和推广应用现有的公路交通安全性评价技术，结合忻阜高速公路道路特征，实施交通安全评价，分析可能存在的不利交通安全因素，提出安全改善建议，为建设单位和设计单位提供参考。

2　公路交通安全性评价概述

公路交通安全性评价，是以保障公路运营后交通安全为目的，采用定性和定量的安全评价方法，从公路使用者安全性和舒适性的角度，对公路项目设计方案或公路现有运营状态中影响行车安全的潜在风险因子进行评估论证，判断公路运营后发生交通事故的可能性及其严重程度，并提出安全对策措施的交通安全工作。

20世纪80年代末，英国就率先开展了道路安全评价工作，澳大利亚、新西兰在90年代早期，加拿大、美国在90年代中后期，都普遍推行了道路安全评价制度，其后，意大利、新加坡、马来西亚、南非、丹麦、荷兰等国家和香港地区也都开展了安全评价工作。从国内外关于公路交通安全性评价的研究和应用看，安全审核(Road Safety Audit)是比较成熟、有效的安全性评价方法，但是其评价基本上依据评价小组成员的经验，现有各国的指南也基本上限于清单、案例，属于定性评价。美国 IHSDM 模型（交互式公路安全设计模型）是从多方面进行定量评价的系统，主要包括政策模型、事故预测模型、设计一致性模型、交叉口归纳模型、交通分析模型等。其中，事故预测模型分为事故预测基础模型研究、AMF(Accident Modification Factors)研究、敏感度分析、事故预测模型应用研究等。

公路交通安全性评价在国内也已经得到了广泛应用。2004 年原交通部颁布了《公路项目安全性评价指南》(JTG/T B05—2004)推荐性行业标准，提出了高等级公路常用的安全评价方法，以及工程可行性研究阶段、设计阶段、运营阶段的评价内容和报告格式[2]。随着公路交通安全性评价技术的发展和广泛应用，已经逐步由高速公路和一级公路延伸至双车道公路。为更好地发挥公路交通安全评价工作对于提高双车道公路交通安全的作用，已着手编制双车道安全评价技术指南。

在公路交通安全性评价技术方面，也开展了大量研究工作。2003 年，西部交通建设科技项目《西部地区公路交通安全评价》对国内共计 5 350 多公里的运营路段进行了调研，采集了线形、交通量、事故等数据，建立了双车道公路事故预测模型、双车道公路交叉口交通安全性预测模型和高速公路交通安全性预测模型等。2004 年，西部交通建设科技项目《公路交通安全手册》提出了我国双车道公路、无分隔带双向四车道公路以及高速公路等的安全性描述和预测，并从路网角度，基于事故分析，提出了进行安全养护管理时提高路网安全性的决策方法。

3 忻阜高速公路概况

原交通部于 2007 年将忻州至阜平高速公路山西段（以下简称忻阜高速公路）作为科技示范路，集中推广和示范一批科技成果，拟将忻阜高速公路打造为一条科技创新之路、文化传承之路、安全和谐之路。忻阜高速公路是山西省三纵八横公路主骨架的第三横，是重要的运输通道与旅游通道，具有沿线工程地质环境复杂、生态环境脆弱、交通走廊带狭窄、断面交通不均衡且重载运输车辆比例高、旅游交通起伏大等特点。忻阜高速公路起点位于忻州市北，经定襄县、蒋村、河边、五台县建安、望景岗村、黄土坡、刘家庄、耿镇、门限石、石咀，终点在长城岭（山西与河北省界）与保阜高速公路起点相接，路线全长 124.121km。忻阜高速公路是一条连接我国东西运输的大通道，是西部各省与我国政治文化中心北京连接的重要通道，是通往五台山著名佛教圣地的旅游线路，其地理位置如图 1 所示。

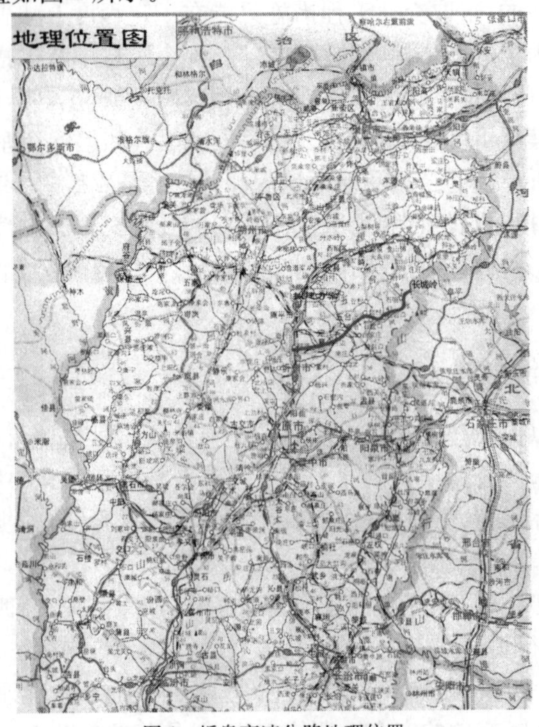

图 1 忻阜高速公路地理位置

4　忻阜高速公路交通安全性评价

4.1　评价目标

为保障忻阜高速公路运营后的交通安全，尽可能通过优化线形设计消除交通安全隐患，拟在忻阜高速公路设计阶段实施系统的交通安全性评价工作。

具体来说，实施忻阜高速公路交通安全评价的目标是：通过对初步设计和施工图设计图纸的审查及交通安全性评价，结合国内外交通安全相关研究成果，从忻阜高速公路复杂交通条件出发，依据相关法律法规、标准规范和指南的相关规定，选择适宜的评价方法，辨识设计方案中可能存在的交通安全隐患或对行车安全不利的设计指标，并重点从优化线形设计和完善交通工程设施设计方面提出相应的安全改进建议，以保障运营后的道路安全水平，降低事故率，减少直接和间接经济损失。

公路交通安全性评价与设计审查有着本质的区别。为全面、深入、系统地分析可能存在的不利交通安全因素，公路交通安全性评价以保障驾驶员的安全为基本原则和出发点，所有的评价工作、选用的评价技术和方法都是围绕运营后的安全性和舒适性开展，提出的建议重点考虑交通安全需求，特别是运营阶段交通安全，而较少考虑用地、经济、管理难度等其他方面的因素，所提出的建议仅供设计单位和建设管理部门参考。按照国际惯例，所提建议采纳与否以及最终的设计方案由主管部门和设计单位综合考虑各因素确定。

4.2　评价范围和重点

忻阜高速公路交通安全性评价主要包括初步设计阶段交通安全性评价和施工图设计阶段交通安全性评价。

初步设计阶段交通安全性评价旨在从交通安全角度优化初步设计，保障运营后的交通安全。主要评价内容为：从交通安全角度，审查初步设计中可能存在的不利交通安全因素，分析各比选方案的交通安全性，提出推荐路线走向方案，评价选取的主要路线设计指标（设计速度、车道数等）的适宜性、结构物形式及设置位置的安全性等，重点从优化线形设计、调整线位方案、优化结构物设计等方面提出安全改善建议。

施工图设计阶段交通安全性评价旨在从交通安全角度优化施工图设计，保障运营后的交通安全。主要评价内容为：从交通安全角度审查施工图设计中可能存在的不利交通安全因素，对路线平纵横各项设计指标（如曲线长度、曲线偏角、最大纵坡、超高、视距等）、线形一致性和连续性、平纵组合设计相互对应性、桥梁主线及引道设计指标、隧道洞口接线段和视距、互通立交的间距和加减速车道长度、分合流视距、连续长纵坡路段安全性和通行能力等方面开展系统的评价，分析可能存在的不利交通安全因素。在此基础上进一步结合交通工程及沿线设施设计方案，评价安全性相对较差路段是否采取了适宜的安全防护措施，提出安全完善建议。

4.3　评价方法选择

安全评价方法是进行定性、定量安全评价的工具，根据评价的目的和对象不同，安全评价的内容和指标也不同。安全评价方法有很多种，每种评价方法都有其适用范围和应用条件，在进行安全评价时，应根据安全评价的对象和要达到的评价目的，选择一种或多种适用的安全评价方法，从多角度评价公路项目的交通安全性，尽可能在设计阶段找出所有不利安全因素并提出改善建议。常用的评价方法有[3,4]：基于运行速度预测的评价方法、基于事故预测的安全评价方法、道路安全审核清单、基于交通冲突的安全评价方法、基于三维动态视距的安全评价方法等。

为充分发挥公路交通安全性评价在忻阜高速公路设计和运营管理中的作用，需要深入分析忻阜高速公路复杂的交通条件和常用的安全评价方法的适用范围、应用条件以及评价特性，以便为根据不同道路特征选取不同的安全评价方法奠定基础。从交通安全角度考虑，忻阜高速公路复杂交通条件主要表现为：长10.121km、平均纵坡2.915%的连续长纵坡、结构物位于连续纵坡路段、特长隧道、旅游交通起伏大、大中型货车和拖挂车占62.82%、重载货车比例较大且主要位于忻州至阜平方向。忻阜高速公路交通安全评价采用的评价方法主要有基于运行速度预测的安全评价方法、基于事故预测的安全评价方法、设计符合性分析、安全审核清单、基于三维动态视距的安全评价方法、基于GSRS模型的制动毂温度分析模型等。

4.4 评价单元划分及实施

为更系统、深入地分析忻阜高速公路初步设计和施工图设计文件的交通安全性，必须合理划分评价单元。根据忻阜高速公路道路特征和公路交通安全性评价实践经验，忻阜高速公路交通安全性评价首先分为初步设计阶段和施工图设计阶段安全性评价两个评价单元，如图2所示。

其中，初步设计阶段交通安全性评价主要分为道路几何线形（平面线形设计、纵断面线形设计、平纵组合设计、线形一致性分析和连续纵坡安全建议等）、隧道、桥梁、互通立交、服务设施和交通工程设施等评价单元，重点从线形设计方面提出了安全改善建议。

施工图设计阶段交通安全性评价相对于初步设计阶段评价更为详细，主要分为总体评价、路线、路基路面及排水、桥梁、隧道、立体交叉、交通工程及沿线设施、连续长纵坡路段专项评价等评价单元，重点从交通工程方面提出安全改善建议。

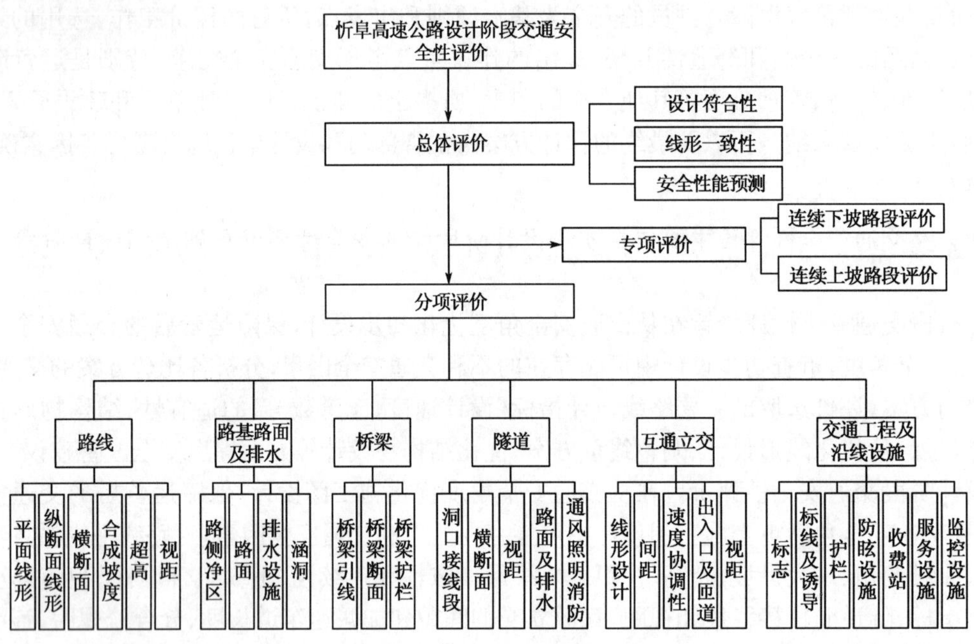

图2 忻阜高速公路交通安全评价

5 结语

为保障忻阜高速公路本质安全和运营后的交通安全，充分发挥忻阜高速公路的科技示范作用，在忻阜高速公路初步设计阶段和施工图设计阶段实施了系统的交通安全性评价。为更好地服务于设计工作，安全评价与忻阜高速公路设计同步进行。根据工程进度，已经完成了初步设计的交通安全评价，正在实施施工图设计安全评价工作。评价单位提出的安全改善建议进一步提高了忻阜高速公路施工图设计的交通安全性，对于保障忻阜高速公路运营后的交通安全有重要意义。

参考文献

[1] 中华人民共和国行业标准. JTG/T B05—2004 公路项目安全性评价指南[S]. 北京：人民交通出版社，2004.

[2] 唐琤琤，张铁军. 道路交通安全评价[M]. 北京：人民交通出版社，2008.

[3] 廖军洪，张巍汉. 公路三维动态视距研究[J]. 公路交通科技，2007，24(7)：26-30.

信息化技术在高速公路建设管理中的应用

焦建明[1]　郝景文[1]　张　强[1]　刘　耿[2]
（1. 山西忻阜高速公路建设管理处　山西　035500；
2. 山西四和交通工程有限责任公司　山西　030000）

摘　要：信息化技术在忻阜高速公路建设管理中的应用以信息化系统、网站以及OA系统为实体，各实体流程化的管理控制对项目本身的管理工作起到积极的推动作用，为同类工程的建设提供了借鉴与参考。

关键词：信息化　忻阜高速公路　推广成果

1　引言

信息化是指在经济、科技和社会各个领域，广泛应用现代信息技术，有效开发利用信息资源，建设先进的信息基础设施，发展信息技术和产业，不断提高综合实力和竞争力，加速现代化进程，使信息产业在国民经济中的比重逐步上升。信息化技术在高速公路建设管理中的应用，具体来说，是在信息化管理思想的指引下，运用工程项目管理的理念，综合运用计算机软件编程技术和网络通信技术，结合高速公路建设管理实际情况，开发适合于具体项目建设管理的管理工具，并通过运用这种工具来达到节约资源、提高工作效率的目的。

2　忻阜高速信息化工程简介

忻阜高速公路建设管理信息化工程来源于原交通部确立的忻阜高速公路科技示范工程二十余项科技示范课题之一的“高速公路建设管理信息化技术”。整个工程采用总承包商＋软件开发分包商的建设模式：软件开发分包商负责信息化管理工具的开发和短时间的现场技术支持；项目总承包商负责除信息化管理工具开发工作以外的硬件设施建设与维护，以及信息化管理工具的维护和长期的现场技术支持等所有与项目相关的商务和技术工作。忻阜信息化工程的工程建设实体由以管理建设业务为主的忻阜高速建设管理信息化系统（以下简称信息化系统）、以信息发布为主的忻阜高速公路建设管理处网站（以下分别简称网站）和以公文处理为主的忻阜高速公路建设管理处办公自动化系统（以下简称OA系统）三大信息化管理工具组成。信息化系统以取得一定成果的温州绕城高速信息化系统为基础，经多次不同的修改，最终以独特的风格适应了业务管理的需要。网站和OA系统则是从项目管理实际出发，“量身定做”开发建成，作为信息化系统的辅助手段，以满足建设管理信息化的需要。

3　忻阜高速信息化实体工程结构

忻阜信息化系统的实体工程服务端由硬件系统和软件系统两部分组成。

硬件系统由三台服务器、两台大交换机、一台防火墙、一台路由器、若干小交换机和一套UPS组成，通过网络运营商提供的两个网速≥10MB的光纤接口接入网络。三台服务器分别作为网站服务器、数据库服务器和应用服务器，并通过连接16口交换机组成服务器局域网，再经防火墙以多端口映射的方式经其中一个光纤接口连接互联网。管理处计算机借助8口交换机最终与48口交换机相连组成内容局域网，再通过路由器经另一个光纤接口连接互联网。UPS为服务器、大交换机、防火墙以及路由器供电，保证数据安全。管理处网络拓扑图见图1。

软件系统由网站、信息化系统和OA系统组成，三者的数据和应用程序以相互独立的形式存在，这样在一定程度上可以保证数据的安全。为了便于访问以形式上的整体架构组成软件系统，登录网站后，首页可链接到网站后台、信息化系统以及OA系统的登录界面，通过用户名和密码的验证便可进行数据的编辑，其基本架构图见图2。

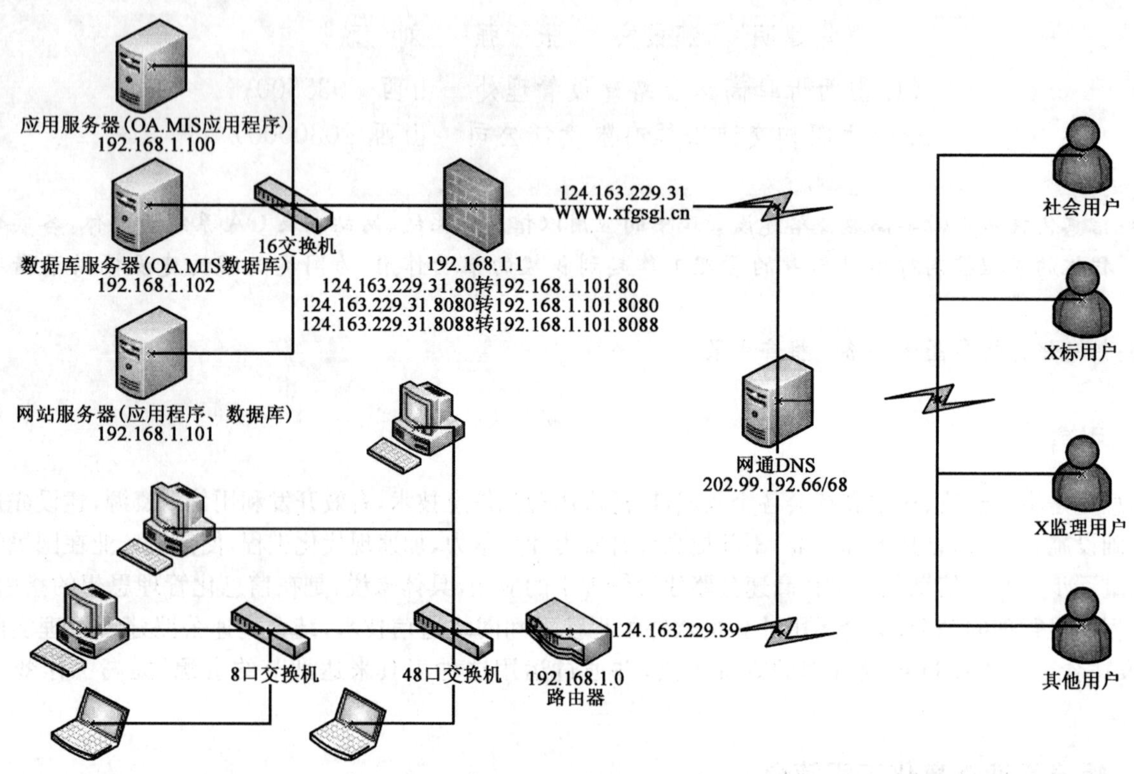

图1　管理处网络拓扑图

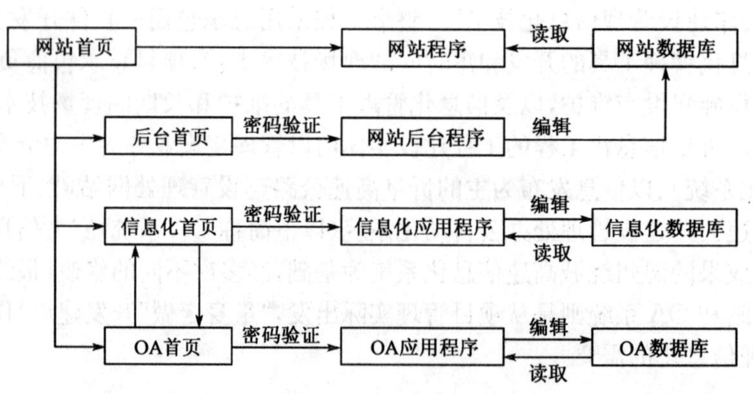

图2　基本架构图

数据处理工作量较小的网站和OA系统为B/S架构，客户端通过IE浏览器完成业务处理工作，由于结构相对简单此处不作介绍。

信息化系统管理平台(图3)采用基于J2EE架构的B/S(浏览器/服务器)模式，整个系统在逻辑上分为三层(图3)，第一层为客户层，提供用户和系统之间的交互，在具体实现上我们把客户层分为内部应用和外部应用两部分，分别针对内部用户和远程访问用户；第二层是应用服务层，实现具体的业务逻辑；第三层是数据库服务层，负责数据的存储、访问及其优化。业务采集系统应用C/S模式，连接施工单位和监理单位等客户端。

信息化系统的具体的应用模式见图4。

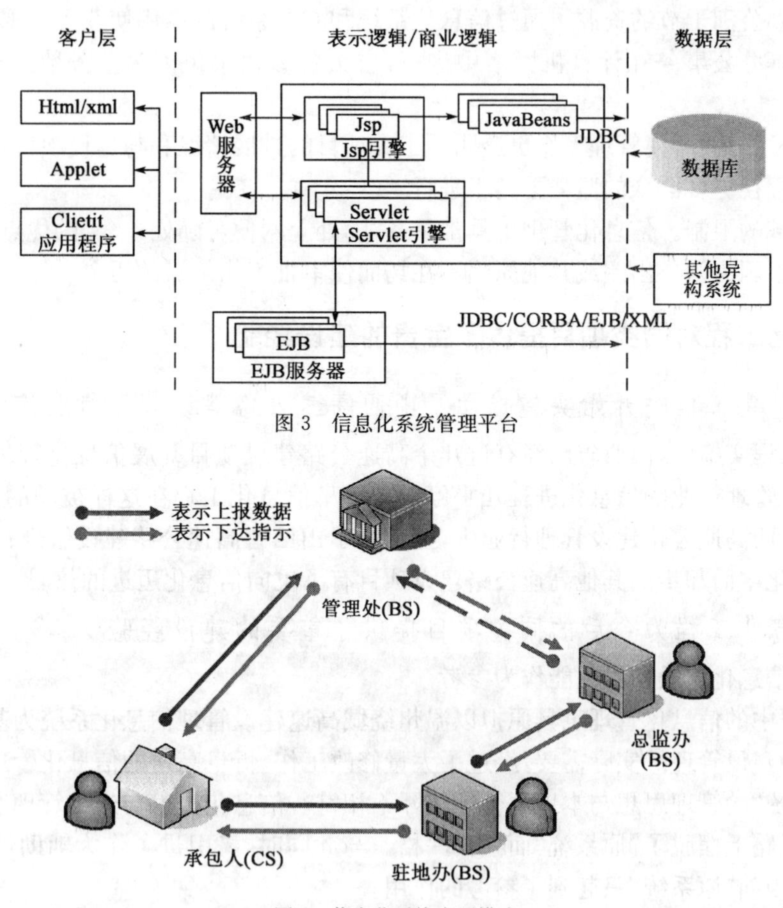

图3　信息化系统管理平台

图4　信息化系统应用模式

4　信息化技术在忻阜高速公路管理中的应用成果

信息化管理条件下的业务处理工作具备计算机技术和网络技术的双重优点。

信息化平台应用的成果主要体现在如下方面：

(1)提高计量支付数据的精确度。计量支付工作以核定清单和 WBS 清单拆分为基础进行，每一条清单的计量数量既不能超过 WBS 中的数量，也不能超过核定清单的数量，在计量的一开始，每一条清单的录入就得到精确的控制。

(2)普遍减少人工工作量。在进行计量支付、工程变更和计划进度上报等工作时，施工单位只要确保业务处理过程中录入数据的准确性，整理生成报表册等原来需要人工做的工作现在都由预设的程序来完成，而且报表册格式统一。

(3)强化所有审核流程控制。业务处理过程中所有需要审核的工作都由系统预先设定，一个环节结束另一个环节马上开始。每一个环节的审核记录都存储于数据库中，整个过程自始至终都有据可查，使审核过程规范化、透明化。

(4)提高工程变更处理的及时性。工程变更必须通过软件系统控制下的审核才可以落实变更数据，从而进行该部分清单的计量，使数据得到及时处理。

(5)施工过程记录更真实。监理和施工单位通过信息化系统上报日志，上报后不可修改，如此相对于传统的可补记、替换或修改的日志而言更真实。

(6)形成了较为完整的、高度集成的投资控制数据、进度管理、计量支付、质量共享信息资源库，避免了数据重复输入，数据在使用过程中不断升级，形成丰富的资源为工程管理和决策者所使用，也为阶段性竣工验收、竣工决算打下了一个较好的数据基础。

(7)实现无纸化办公利于节约资源。通过信息化系统和OA系统的应用使业务数据录入、整理和审批以及公文的起草、传阅等办公事务在计算机网络中进行，省去各参建单位因为业务数据传输、修改而产生的费用。

(8)扩大信息的发布范围，使管理工作更透明。工程项目的进展情况和与建设项目相关的信息向无数的网民开放，使阳光工程在更多群众的监督下健康进行。

(9)放宽办公地域的限制。信息化管理工具都具备“随处上网便可随处办公”的优点，可以登录互联网的地方即可办公，结束了因为领导出差或其他原因不在场而使审批工作停滞的历史。

5 忻阜信息化工程对同类项目提供了宝贵的建设经验

5.1 忻阜信息化工程的开始实施推动了山西高速公路建设管理行业信息化的步伐

在忻阜信息化工程实施前，山西省已经有过几个高速公路建设项目开展信息化管理失败的案例。这使山西省高速公路建设管理行业的信息化进程几乎停滞。忻阜信息化工程在这样被动的背景下，以科技示范课题的形式出现在山西高速公路建设管理行业中，担负起了山西省高速公路建设管理行业信息化先行者的重任，使原本对信息化望而却步的其他高速公路建设项目有了也向信息化迈进的信心。

5.2 忻阜信息化工程为今后的同类项目提供了重要的建设经验

5.2.1 成功的信息化建设项目只能作为参考

忻阜信息化工程中的信息化管理工具原拟以温州绕城高速建设管理信息化系统为基础进行修改。事实上为满足自身项目的建设管理的实际需要，经过了大量修改工作，忻阜高速的信息化管理系统从根本上区别于“原系统”。“原系统”的管理思想与本地区管理实际不相符。信息化技术与建设管理实际结合的“本地化”使现有系统从管理思路上摆脱了“原系统”而独具一格。与此同时，又引进了作为辅助性的完善信息化工程的网站与OA系统，因而“原系统”只起到了参考的作用。

5.2.2 开展信息化工程要选择正确的建设模式

信息化工程的开展既要保证管理工具的质量，也要保证项目自始至终的“后勤”服务质量。通过成功选择成功项目的软件开发商或知名的软件开发商负责信息化管理工具的开发，保证了管理工具的质量。“后勤”服务工作不仅是业务与软件技术的结合，参与更多的是软硬件相结合的网络管理技术和计算机应用技术。项目管理组织需根据自身的实际情况来确定建设工作的参与者来保证这两方面的工作。

5.2.3 信息化管理工具的开发要确立正确的时间表

调研工作不易过早开展，最早不能早于项目立项，如果是对信息化系统进行修改来满足业主的要求，则以施工单位进场三个月前进行调研为宜，如果是重新开发信息化系统，则以施工单位进场前五个月为宜。前期调研以不涉及核心的业务内容(计量支付、工程变更、计划进度)为主，涉及核心业务的内容在施工单位进场后，管理处的《项目建设管理办法》定稿后印制前，立即开始。过早调研核心内容容易发生变更，有时甚至影响系统的正式投入使用。

5.2.4 信息化管理工具调研前要做一个“准备活动”

直接对信息化了解甚少的用户群进行调研的结果是项目建设前期用户需求信息量很少，后期变更信息量多，但这些变更实质上是当初应当提出的需求。在核心业务调研工作开始前提供软件系统的学习版或者模拟版供用户(主要是管理处用户)学习与了解，使用户能够尽快熟悉一个信息化的工作环境，可避免用户在调研过程中不能正确地表达自己的意愿，以至日后做大量的修改而影响系统的使用。

5.3 忻阜信息化工程的成果更加明确了信息化工程的建设思路

5.3.1 信息化工程是一个领导级工程

信息化工程的开展实质上是以信息化管理模式取代传统的管理模式，以信息化管理思想取代传统管理思想的一种革命式的工程。新事物的产生和发展势必会造成相当一部分人的抵触情绪，因此，位于领导层的管理人员如果有抵触情绪，则信息化工程不会开展，如果对信息化工程信心不足，工程就会有流产的危险，如果对信息化工程信心十足，便是信息化工程最有力的保障。

5.3.2 信息化工程的四要素

信息化工程的四要素为：信息化管理理念、信息化管理制度、信息化软件系统、基础硬件设备。

信息化管理理念既指低层次的采用信息化技术手段从事管理工作的想法，也指已经形成或者初步形成采用信息化技术手段从事管理工作的思想。它是信息化工程的起点也是终点。信息化管理制度是以信息化软件系统为物质基础，以信息化管理理念为思想基础，规范所有工作人员的工作行为准则的规章制度，以及与信息化管理模式相匹配的业务管理办法。信息化软件系统是根据传统管理工作的流程及业务处理模式利用计算机编程技术编制成的管理工具。它是信息化工程的核心，它的优劣影响到信息化工程的开展情况。基础硬件设备是为信息化软件系统服务的基础设施，也是整个工程系统的基础。

信息化工程的开展是在信息化管理理念的指导下，在信息化管理制度约束下，以硬件设备为基础，通过对信息化管理工具的运用达到节省资源、提高工作效率的效果，从而再加强信息化管理理念，如此来指导进一步信息化工作的创新和发展。

6 结语

忻阜信息化工程的开展，使工程建设参与者对于高速公路建设信息化管理产生更深层次的理解，有利于强化现代高速公路工程建设管理理念，增强规范化、科学化的管理意识，使参与人员的计算机应用水平得到提高，提升管理者素质。其建设过程中所收获的经验对同类项目而言是一个重要的参考。伴随山西省高速公路的建设发展，信息化技术应用将继续发挥其潜在优势，近而取得更多的经济和社会效益。

参考文献

[1] 方美琪，刘鲁川．电子商务设计师教程[M]．北京：清华大学出版社，2005.

基于模糊约束的可变信息板点位布设优化研究

牛树云[1] 刘 浩[1] 冯建刚[2] 罗建国[2] 李士莲[1] 张海林[1]

(1.交通运输部公路科学研究院 北京 100088;
2.山西忻阜高速公路建设管理处 山西 035500)

摘 要:本文对高速公路网中可变信息板(VMS)布设地点优化算法进行了深入研究,在现有信息效益最大化模型基础上,提出了基于模糊约束的VMS规划优化模型。该模型主要是对原有衰减因子作了改进,增加了效益—成本方面的约束条件,并在约束条件中引入了模糊算子,最后通过实例对模型的有效性进行了验证。研究结果表明,本文提出的模型更符合VMS实际布设需要,具有重要的实用价值。

关键词:可变信息板 衰减因子 整数规划 模糊约束 信息效益

1 引言

可变信息板(Variable Message Signs,VMS)是交通诱导系统的重要组成部分,它既是一种交通信息发布手段,又是一种大范围交通控制手段。VMS可以向驾驶员提供道路交通状况信息(比如拥挤程度、排队长度、交通事故等信息),帮助驾驶员采取合适的车速、选择合理的替换路径,以避开交通堵塞和缓解驾驶员的焦虑。同时,VMS适合于交通控制分流,不利行驶条件警告,大桥、隧道等重要节点的控制,施工养护期间管制以及车道控制等,将路网中因异常事件而产生的不利影响降低。

VMS一般通过氖灯、灯泡矩阵、光纤固定格栅或光闸矩阵、LED固定格栅或矩阵等显示信息,因此,造价比较高。室外通过LED显示信息的VMS通常在2~6.5万元/m^2。目前,北京市VMS的LED价格,一般在3~4万元/m^2。此外,全LED屏对承载要求也较高,一套VMS所需设备至少15万元。因此,在VMS点位布设优化研究中,有必要考虑资金的问题。

2 研究现状

可变信息板在交通指挥、对车辆进行多方位实时诱导,以及缓解道路的拥挤程度等方面发挥着重要作用。目前,国内外关于VMS的研究主要集中于VMS布设模型的建立[1-8]、关于VMS的特性分析、VMS的版面设计以及发布内容的研究等[2,9-11]。关于VMS的规划布设模型主要有以下几种:成本最小化模型[1]、VMS信息效益最大化模型[2-5]、完全边际模型[6]、灰色决策和模糊决策模型[7]、元胞传输模型[8]等。

文献[1]中,在假设路段事件随机发生及有无ATIS的情况下,作者以VMS设置成本及因事故发生而额外增加的用户出行成本最小化为目标函数,将预算成本等作为约束条件,建立了最优化模型。

文献[2]中,建立了信息效益模型,目标是使信息利用率最大化,在文中作者提出了衰减因子并用$e^{kd_{ij}}$来度量,模型如下(本文记作模型1):

$$\max F = \max\sum_i\sum_j V_{ij}\cdot X_{ij} \tag{1}$$

$$\sum_i\sum_j X_{ij} = Q$$

$$X_{ij} = 0,1$$

$$V_{ij} = e^{kd_{ij}}\cdot v_i\cdot f_j$$

$$f_j = l_j\cdot v_j\cdot \alpha_j\cdot \beta_j$$

式中:F——总效益;

V_{ij}——第 i 路段显示第 j 路段信息的效益；

v_i——第 i 路段的交通量；

f_j——第 j 路段的信息量；

α_j——危险性系数；

β_j——灾害性天气的概率系数；

Q——显示的总路段数。

在模型 1 的基础上，文献[3-5]对衰减因子的表达形式作了研究。文献[3]提出衰减因子可以定义为 $e^{-\alpha}$ 或 $b^n(0<b<1)$，n 为 VMS 距离信息发生路段的路段数。文献[4]中，衰减因子采用信息产生路段到可变信息板之间所经过的交叉口的个数之倒数形式。文献[5]中，作者将衰减因子改进为 $e^{-\alpha t}$，t 为一般状态下车流从 VMS 地点到信息发生路段的平均时间。

上述文献存在如下问题：首先，在实际情况中，可用资金是有限的，使得布设 VMS 板的数量有限，因此单从信息效益最大化一方面考虑是不全面的，得出的结果也不能满足用户需求。其次，对于高速公路来说，在距离信息发生源近的地方信息衰减速度相对较慢，文献中采用的衰减因子在距离信息发生源近的地方信息衰减速度过快，不太符合现实情况。最后，文献中采用的衰减因子只与距离或行程时间有关，但是，对于不同特征的事故，信息的衰减程度也是不同的。

基于上述问题，本文提出了改进的衰减因子表达式，建立了基于资金约束条件的 VMS 布设模型。模型的约束条件里通过模糊算子限制 VMS 的数量，改进了前人提出的信息效益最大化模型。

3 数学模型的建立

3.1 衰减因子的改进

根据文献[2]可知，距离 VMS 越近路段的信息，信息的有效性越高，对其关注的驾驶员也就越多，越是远离 VMS 地方的信息，信息的有效性越低，对其关注的驾驶员也就越少。因此，研究者采用衰减因子表征这一现象。不同的衰减因子使得同一路段的信息量不同。根据高速公路的实际情况及调查问卷结果，我们引入如下形式的衰减因子表达式：

$$s_{ij} = e^{-g_j(\alpha_j)t_{ij}^2} \tag{2}$$

式中：s_{ij}——第 j 路段信息在第 i 路段显示时的衰减因子；

t_{ij}——通常情况下第 i 路段到第 j 路段的平均行程时间或第 i 路段与第 j 路段之间的距离；

α_j——第 j 路段的事故特征参数；

$g_j(\cdot)$——第 j 路段的衰减系数，而且 $g_j(\cdot)\geqslant 0$。

注：由于不同特征的事故其信息衰减系数也不同，因此这里采用的是与事故特征相关的变衰减系数，这里对文献[2]中的衰减系数作了改进。另外，VMS 距离信息发生地越近，衰减速度越慢，因此，这里采用 e^{-ax^2} 的形式，更符合实际情况。

对于高速公路来说，由于事故特征参数需要对各路段分别进行安全评价得到，而且为了便于与文献[2]的衰减因子作对比，这里我们令所有路段的特征参数都相等且等于 1。根据调查问卷结果，并结合以上分析，本文得到的衰减因子表达式为 $e^{-0.001x^2}$，而文献[2]中，根据经验取值采用的衰减因子表达式为 $e^{-0.035x}$。本文采用的衰减因子与文献[2]的衰减因子曲线对比如图 1 所示。

显然，本文采用的衰减因子更符合信息衰减趋势。

3.2 模型数学表达

根据 VMS 的作用可知，VMS 的合理放置地点应使 VMS 显示尽可能多的有效信息，同时，又能让尽可能多的出行者看到，为此，我们建立信息效益最大化模型。如文献[2]所述，不同路段具有不同的特征，如长度、路况、发生事故特征、交通量等，因此不同路段具有的信息量也是不同的。本文假设第 j 路段的长度为 l_j，交通量为 v_j，事件特征参数为 α_j，则第 j 路段的信息量 f_j 为：

$$f_j = H(l_j, v_j, \alpha_j) = l_j \cdot v_j \cdot \alpha_j \tag{3}$$

式中：H——关于 l、v 和 α 的函数。

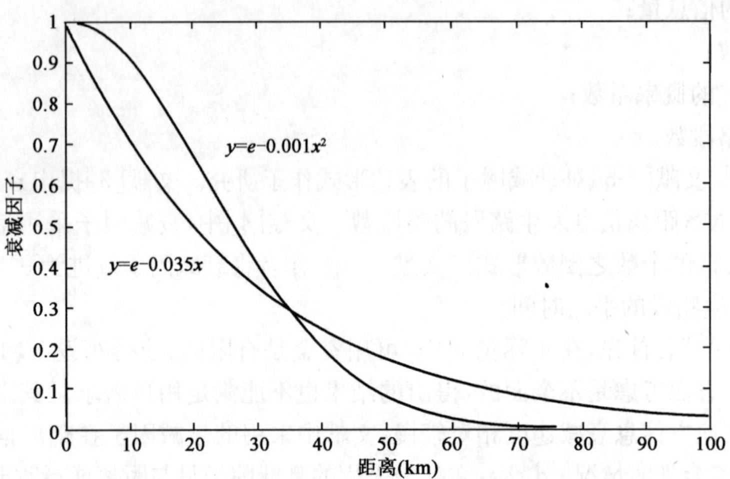

图1　本文采用的衰减因子与文献[2]的衰减因子对比图

当在路网中的第 i 路段显示第 j 路段的信息时，此时的效益 E_{ij} 为：

$$E_{ij} = s_{ij} \cdot v_i \cdot f_j \tag{4}$$

式中：s_{ij}——衰减因子；

v_i——第 i 路段的交通量；

f_j——第 j 路段的信息量；

E_{ij}——在第 i 路段显示第 j 路段信息时的信息效益。

根据 VMS 的作用可知，在有限的资金情况下，合理布设 VMS 使之显示尽可能多的有效信息，产生更多的信息效益。因此本文建立如下的信息效益最大化模型，记作模型 2，其数学表达形式为：

$$\max F = \sum_i \sum_j e^{-g_j(\alpha_j) t_{ij}^2} \cdot v_i \cdot f_j \cdot X_{ij} \tag{5}$$

$$\sum_j \bigvee_i X_{ij} = N$$

$$b \cdot (\sum_i \bigvee_j X_{ij}) \leqslant C$$

$$X_{ij} = 0,1$$

式中：F——总的信息效益；

X_{ij}——变量，路段 i 显示路段 j 的信息时为 1，反之为 0；

N——VMS 板上显示的总的不同的路段个数；

b——平均每个 VMS 设施的费用；

C——可用资金数；

$\vee$——"模糊或"。

相对于模型 1，模型 2 有了很大改进。

注：首先，模型 2 的第一个约束条件使得 VMS 显示的路段数量受到限制，这里 N 表示 VMS 板上显示的总的不同的路段个数，便于将用户要求转换为约束条件，而文献[2]中 Q 则表示 VMS 板上显示的总的路段个数，即累计显示的路段数；其次，模型 2 的第二个约束为经济约束条件，使得 VMS 布设资金不超过预算资金，这也是文献[2]，即模型 1 中没有的。

令

$$n = \left[\frac{C}{b}\right] \tag{6}$$

即 n 等于 $\frac{C}{b}$ 的整数部分，则 n 表示最多可安装的 VMS 板的数量。那么，模型 2 可等价于模型 3，模型 3

的数学描述如下：

$$\max F=\sum_{i}\sum_{j}e^{-g_j(\alpha_j)t_{ij}^2}\cdot v_i\cdot f_j\cdot X_{ij} \tag{7}$$

$$\sum_{j}\bigvee_{i}X_{ij}=N$$

$$\sum_{i}\bigvee_{j}X_{ij}\leqslant n$$

$$X_{ij}=0,1$$

在显示路段个数和布设VMS版个数同时受限制时，我们采用模型3。

当不考虑经济因素时，本文的模型3简化为如下形式的模型4：

$$\max F=\sum_{i}\sum_{j}e^{-g_j(\alpha_j)t_{ij}^2}\cdot v_i\cdot f_j\cdot X_{ij} \tag{8}$$

$$\sum_{j}\bigvee_{i}X_{ij}=N$$

$$X_{ij}=0,1$$

其中，模型3和模型4中字母、符号的意义与模型2中的相同。

4　实例验证

我们引用文献[2]中的实例对模型进行验证，图2是根据杭州到上海方向的路网抽象出的一张有向图，本路网共包含24个路段。

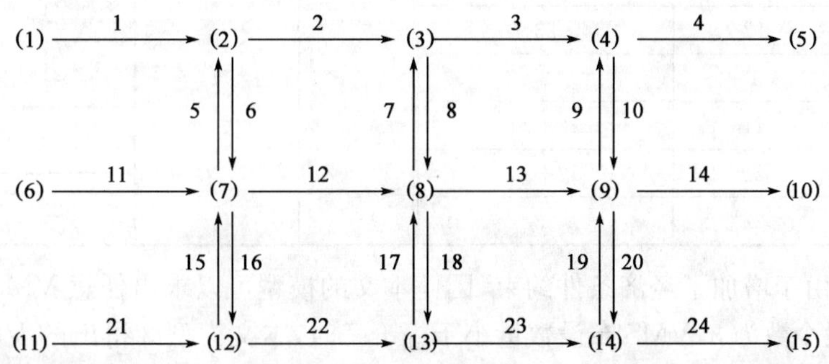

图2　高速公路网络示意图

由于事故特征参数需要对各路段分别进行安全评价得到，而且为了便于与模型1的结果对比，这里我们令所有路段的特征参数都相等且等于1，衰减因子表达式为$e^{-0.001x^2}$。采用MATLAB语言编写动态规划求解VMS最优布设方案的程序。由式(2)计算所得各路段的信息量如表1所示。

计算所得路段的信息量表　　表1

路　段	信 息 量	路　段	信 息 量	路　段	信 息 量	路　段	信 息 量
1	72	7	14.4	13	57.2	19	39.1
2	100	8	32.4	14	56	20	20.7
3	96.8	9	20.9	15	8.8	21	36
4	60.8	10	32.3	16	14.3	22	132
5	27	11	48	17	16	23	162.8
6	27	12	102.6	18	6.4	24	90

由表1可知，信息量较大的路段分别为路段23，22，12，2。

考虑图1所示的路网中VMS显示的路段数为1～5个，并且放置VMS板的个数为1～5个的情况。令M表示显示的路段数，根据以上数据通过MATLAB工具对模型3求解，所得结果见表2。

模型 3 的最优 VMS 布设方案与显示方案 表 2

M	VMS 布设数量	VMS 设立路段	VMS 显示路段
1	1	22	23
2	1	22	23+24
	2	1	2
		22	23
3	1	11	2+12+22
	2	11	12+22
		22	23
	3	11	12+22
		21	12+22
		22	23
4	1	11	2+5+12+22
	2	11	2+12+22
		22	23
	3	1	2
		11	12+22
		22	23
	4	1	2
		11	12+22
		21	12+22
		22	23
5	1	11	2+5+12+22+23
	2	11	2+12+22
		22	23+24
	3	1	2+3
		11	12+22
		22	23
	4	1	2
		11	12+22
		22	23
		23	24
	5	1	2
		11	12+22
		21	12+22
		22	23
		23	24

与文献[2]不同，由于增加了经济条件约束，因此本文的模型可以求出任意 VMS 板个数限制时的最优解。例如，当显示路段个数为 3，VMS 布设数量小于等于 2 时，本文模型 3 得出的 VMS 最优布设路段为路段 11 和 22，分别显示路段 12、22 和 23 的信息，而模型 1 得出的最优解在显示 3 个路段信息时需要布设 3 个 VMS 板，显然不符合条件约束。因此，模型 3 相对于文献[2]的模型 1 有了明显的改进，更符合实际需求。

当不考虑经济因素影响时，根据文献[2]的数据对模型 4 和模型 1 求解，两种模型的结果对比见表 3，这里由于篇幅原因只列出 VMS 显示路段数为 1 到 4 个的情况。表 3 中，M 表示显示的路段数。

模型 4 与模型 1 结果对比表 表 3

模型 1			模型 4		
M	VMS 设立路段	VMS 显示路段	M	VMS 设立路段	VMS 显示路段
1	22	23	1	22	23
2	1	2	2	1	2
	22	23		22	23
3	1	2	3	11	12+22
	22	23		21	12+22
	23	24		22	23
4	1	2	4	1	2
	21	22		11	12+22
	22	23		21	12+22
	23	24		22	23

由表3可以看出，当显示路段数为1个和2个时，两个模型结果一样，但当显示路段数在3个及3个以上时，两个模型结果出现差异。

具体的，当显示4个路段信息时，模型1的VMS布设位置分别为路段1、21、22、23，模型4的VMS布设位置分别为路段1、11、21、22，两种模型布设位置相同的路段为路段1和路段21。首先，由图1相比模型1而言，模型4的VMS布设位置或者位于路网的起点或者位于VMS布设位置的下游路径选择多一些的路段。其次，对于两个模型相同的布设位置而言，在路段21上，模型1只显示路段22的信息，但是模型4显示路段为12和22的信息，产生的信息效益明显高于模型1。

综上所述，本文模型4的VMS布设位置接近有向路网的起点能为出行者提供更多路段信息，而且模型4的VMS布设结果产生的信息效益也高于模型1产生的信息效益。

5 结语

本文对高速公路路网中可变交通信息板分布地点的优化进行了研究，并建立了相应的数学模型。本文在前人研究的信息效益最大化模型的基础上做了改进。

首先，选择了变衰减系数，改进了文献中衰减系数为常数的形式。

其次，采用了形式为e^{-ax^2}的衰减因子，使之更符合信息的衰减趋势。

再次，改变了模型的约束条件，引入了模糊算子，提出了模糊约束条件，增加了经济因素方面的约束条件。

最后，将本文模型与文献[2]中的模型结果作了对比分析。与文献[2]中模型1相比，本文的模型得出的VMS布设结果能为出行者提供更多的出行信息。

参考文献

[1] Yi-Chang Chiu, Nathan Huynh. Location configuration design for Dynamic Message Signs under stochastic incident and ATIS scenario. Transportation Research Part C, 2007, 15(1):33-50.

[2] 杨永清.服务于安全营运管理的高速公路网信息系统[D].上海:同济大学博士论文,2008.

[3] 倪富建,刘志超.可变交通信息牌的最优分布模型[J].信息与控制,2003,32(5):395-398.

[4] 孙凤霞.城市区域交通可变信息情报板布点方法研究[D].吉林省:吉林大学硕士论文,2008.

[5] 李悦.城市交通诱导系统可变信息标志关键问题研究[D].北京:北京交通大学硕士论文,2006.

[6] Kaan Ozbay and Bekir Bartin. Estimation of economic impact of VMS route guidance using micro simulation. Research in Transportation Economics, 2004,8:215-241.

[7] 朱翀.城市交通情报板规划及布点研究[D].长安大学硕士学位论文,2005.

[8] SHANG Hua-yan, HUANG Hai-jun, and GAO Zi-you. Locating The Variable message signs by cell transmission model. International Conference on Transportation Engineering, 2007,1:1641-1646.

[9] M. WARDMAN, P. W. BONSALL and J. D. SHIRES. Driver response to variable message signs: a stated preference investigation. Transpn Research Part C, 1997,5(6):389-405.

[10] K. Chatterjee, N. B Hounsell, P. E. Firmin and P. W. Bonsall. Driver response to variable message sign information in London. Transportation Research Part C, 2002,10(2):149-169.

[11] Impacts of variable message signs on traffic congestion, SHANG HuaYan, HUANG HaiJun, GAO ZiYou, Science in China Series E: Technological Sciences,2009, 52(2):477-483.

视距在忻阜高速公路交通安全性评价中的应用

廖军洪[1,3] 刘 杰[2] 唐琤琤[3] 邵春福[1]

(1.北京交通大学 北京 100044;
2.山西忻阜高速公路建设管理处 山西 035500;
3.交通运输部公路科学研究院 北京 100088)

摘 要:视距是公路线形设计的宏观体现,与驾驶员操作行为密切相关。为更科学、客观地评价忻阜高速公路线形设计的安全性,本文在介绍国内外视距分类及常用评价方法的基础上,充分考虑公路线形的空间特性,引入基于三维动态视距的评价方法,从静态和动态视距角度对忻阜高速公路线形设计进行了评价。

关键词:公路 交通安全 安全评价 视距 三维动态视距

1 引言

交通安全是交通运输行业永恒的主题,也是以人为本、以车为本理念的直接体现。随着公路事业的发展,道路使用者对交通安全提出了越来越高的要求。为满足道路使用者日益增长的安全需求,对于已经运营的公路,主要通过对事故黑点进行安全改善以提高安全水平,对于新建或改扩建公路,主要通过将主动安全理念融入设计中,尽可能通过优化线形设计消除交通安全隐患,保障公路的本质安全。公路交通安全性评价,作为一种以保障公路运营期间交通安全为目的,从公路使用者安全性和舒适性的角度,对公路项目设计方案或公路现有运营状态中影响行车安全的潜在风险因子进行评估论证,判断公路运营后发生交通事故的可能性及其严重程度,并提出安全对策措施的交通安全工作。由于在提高公路交通安全水平方面有重要义意,且投资回报较高(尤其是设计阶段的公路交通安全性评价),已经在国内新建和改扩建公路中得到了广泛应用。

为保障运营后的交通安全,充分发挥其科技示范作用,忻阜高速公路在初步设计阶段和施工图设计阶段实施了系统的交通安全性评价。视距是公路几何线形设计的宏观体现,也是衡量驾驶员视觉信息量的重要指标之一,驾驶员的操作行为与有效视距密切相关。因此,在忻阜高速公路平纵线形评价中采用了基于视距的评价方法。为更客观地评价忻阜高速公路平纵线形的连续性和一致性,采用了基于驾驶员特性的三维动态视距。

2 公路视距概述

视距是指从车道中心线上驾驶员能看到的沿该车道中心线的最远距离。为满足驾驶员不同操作行为的需求,国内外将视距分为不同类别。

(1)国内视距分类[1,2]

①停车视距。汽车在道路上行进,驾驶员突然发现前方路上有障碍,不能绕越,需要及时在障碍前停车时,能保证安全的最短距离,称为停车视距。停车视距由驾驶员在反应时间内车辆仍继续行驶的距离、驾驶员开始制动直至车辆完全停下来的行驶距离和车辆停止后与前方障碍物保持的必要安全距离组成。

②会车视距。在同一车道上两相向行驶的车辆相遇,而又来不及错让时,双方必须采取停车所需要的最短安全距离。会车视距由驾驶员双方在反应时间内制动开始生效前车辆继续各自行驶的距离、双方车辆制动生效停下来的制动停车距离和停止后两车之间所必需的安全距离组成。

③错车视距。在没有明确划分车道线的双车道道路上,两相向行驶的汽车相遇,发现后即采取减速避让

措施安全错车所需的最短安全距离。

④超车视距。在双车道公路上，后车超越前车时，从开始驶离原车道之处起，至可见逆行车并能超车后安全驶回原车道所需的最短距离。

(2)国外视距分类[3]

①停车视距。在通常的道路环境中，驾驶员发现障碍物后能够及时停下来所需要的安全距离。停车视距由驾驶员发现障碍物至开始制动时车辆行驶距离和制动过程中车辆行驶距离组成。

②决策视距(Decision Sight Distance)。当道路中突然出现不易理解的信息源或突发情况(如视线受限、障碍物等)时，驾驶员识别存在的安全隐患、选择适宜的运行速度和行驶路线，并采取安全、有效的驾驶操作所需要的最小安全距离。由于驾驶员需要采取减速、改变车辆行驶方向等操作而不仅仅是停车，因此决策视距要求的距离比停车视距大。

③超车视距。在双车道公路上，为满足驾驶员安全超车所需要的最短距离。

3　基于视距的安全评价方法

3.1　平曲线视距评价

平曲线内侧可能因平曲线半径过小，而受边坡或路侧障碍物影响，导致视距受限，为评价平曲线内侧视距是否能满足停车视距要求，通常根据横净距和平曲线半径计算平曲线能提供的视距，计算公式[3]如下所示：

$$M = R\left(1 - \cos\frac{28.65S}{R}\right) \tag{1}$$

式中：R——平曲线半径；

M——平曲线内侧横净距；

S——平曲线能提供的视距。

3.2　竖曲线视距评价

竖曲线半径和长度对驾驶员视距有较大影响，过小的竖曲线半径或者是过短的竖曲线，在凸形竖曲线情况下，坡顶会约束驾驶员视距；在凹形竖曲线情况下，夜间车前灯照射范围有限，不利于行车安全。竖曲线视距计算方法[2]如下：

(1)凸形竖曲线

当曲线长度大于等于 S_T 时，满足视距要求的最小曲线长度 L_{min} 为：

$$L_{min} = \frac{S_T\omega}{2(\sqrt{h_1} + \sqrt{h_2})} = \frac{S_T^2\omega}{4} \tag{2}$$

当曲线长度小于 S_T 时，满足视距要求的最小曲线长度 L_{min} 为：

$$L_{min} = 2S_T - \frac{4}{\omega} \tag{3}$$

(2)凹形竖曲线

当曲线长度大于等于 S_T 时，满足视距要求的最小曲线长度 L_{min} 为：

$$L_{min} = \frac{S_T^2\omega}{2(h + S_T\tan\delta)} = \frac{S_T^2\omega}{1.5 + 0.0524S_T} \tag{4}$$

当曲线长度小于 S_T 时，满足视距要求的最小曲线长度 L_{min} 为：

$$L_{\min}=2\left(S_{\mathrm{T}}-\frac{0.75+0.026S_{\mathrm{T}}}{\omega}\right) \tag{5}$$

以上式中：S_{T}——竖曲线能提供的视距；

$L_{\min}$——竖曲线长度；

h_1——视高；

h_2——物高；

ω——坡差；

h——车前灯高度；

δ——车前灯光束扩散角。

3.3 三维动态视距评价[4]

平曲线和竖曲线视距仅从三维空间线形平面投影和竖直面投影角度分别计算了静态视距，进而评价公路平面或纵断面线形设计的安全性。在平曲线视距评价中主要考虑了平曲线半径和横净距对视距的影响，而在竖曲线视距评价中主要考虑了竖曲线长度、相邻坡段坡差、车前照灯高度和车前照灯光束扩散角制约因素。国内外研究表明，通过投影方式计算视距的方法无法体现公路线形的空间三维特性，不能充分反映驾驶员在车辆行驶过程中有效视距的变化情况。因此，有必要利用具有空间性和动态性的三维动态视距（图 1）来评价空间道路线形的安全性。

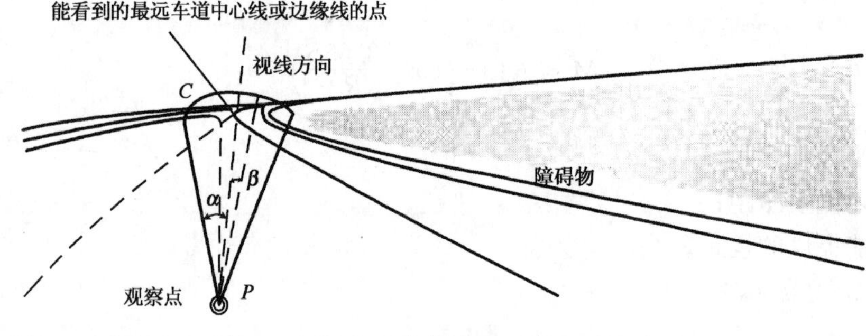

图 1 三维动态视距示意图

为更准确地计算车辆行驶过程中驾驶员的动态视距，评价平纵几何线形组合设计的安全性，主要按以下过程实施三维动态视距评价：

(1)获取平纵线形设计基础数据。平面线形数据主要包括交点桩号、交点坐标、直缓点、缓圆点、圆缓点、缓直点桩号等，纵断面线形数据主要包括变坡点桩号、变坡点高程、竖曲线起点、竖曲线终点、竖曲线半径、纵坡等。

(2)推算线形控制点三维坐标。在获取线形基础数据后，根据设定的步长等参数，推算路线上各点三维坐标，形成三维线形控制点序列。

(3)生成三维线形。在获取线形基础数据后，即可推算路线上各点三维坐标，进而生成三维公路线形，绘制三维公路线形示意图。

(4)计算三维动态视距。设置计算参数（主要包括驾驶员视高、物高、横向视角、纵向视角、车前照灯横向和纵向照射角度、极限视距等）后，在三维空间中依次计算驾驶员在行驶过程中的三维动态视距，并给出视距受限原因。

(5)三维动态视距评价。在计算驾驶员三维动态视距的基础上，绘制三维动态视距图，并根据相关标准规范要求，确定视距不良路段。

3.4 视距总体评价

根据前述计算方法，即可计算出平曲线视距、竖曲线视距和平纵线形组合设计能够提供的有效视距。根据标准规范[5]规定，高速公路、一级公路的视距采用停车视距，二级公路、三级公路、四级公路的视距应满足会车视距要求，其长度应不小于停车视距的2倍。受地形条件或其他特殊情况限制而采取分道行驶措施的地段，可采用停车视距。

根据公路等级和设计速度，则可从规范中查出要求的最小视距值，进而通过实际视距值和要求视距值的对比分析即可确定视距不良路段。标准规范中的指标有主次之分。主要指标是指对安全、功能有重大影响的指标，如最小圆曲线半径、最大纵坡、视距等；次要指标是指在满足安全的前提下，主要影响美学或舒适性的指标，如曲线间直线长度等。主要指标在设计中原则应予以保证[6]。

考虑平曲线视距、竖曲线视距和三维动态视距均与平纵线形主要设计指标密切相关，并且直接影响驾驶员的操作行为。因此，建议对于不满足视距的路段，应优化线形设计，使其满足三类视距的要求，在条件受限时必须采取交通工程措施，加强视线诱导，结合强制减速措施，将车辆行驶速度控制在线形能提供的视距范围内。

4　忻阜高速公路视距评价

忻州至阜平高速公路忻州～长城岭段(以下简称忻阜高速公路)路线位于山西省的北中部，自西向东分别穿越忻定冲积平原、文山、东冶盆地、五台盆地边缘、凤凰岭、清水河河谷到长城岭止。路线全长约124.121km，忻州至河边段，设计速度采用100km/h，路基宽26m；河边至长城段，设计速度采用80km/h，路基宽为24.5m。本章将根据前述视距计算方法，对忻阜高速公路路线设计进行评价。根据标准规范规定，忻阜高速公路视距评价标准采用停车视距，设计速度为100km/h时，最小停车视距为160m，设计速度为80km/h时，最小停车视距为110m。

(1)平曲线视距评价

根据设计文件，忻州至河边段最小平曲线半径为830m，横净距为7.025m，能提供的视距为216m；河边至长城岭段最小平曲线半径为750m，横净距为6.525m，能提供的视距为198m。平曲线设计能提供的视距满足停车视距要求。

(2)竖曲线视距评价

根据设计文件，忻州至河边段凸形竖曲线最小半径为10 000m，凹形竖曲线最小半径为7 000m；河边至长城岭段凸形竖曲线最小半径为6 000m，凹形竖曲线最小半径为6 000m。经验算，竖曲线设计能提供的视距满足停车视距要求。

(3)三维动态视距评价

根据忻阜高速公路平纵线形设计文件，利用辅助工具，生成了全线三维线形图(图2)，设置动态视距计算参数后，按1m间距计算了车辆在100km/h的速度下有效动态视距(部分路段视距如图3所示)。经审查，车辆行驶过程中驾驶员有效动态视距均满足停车视距要求。

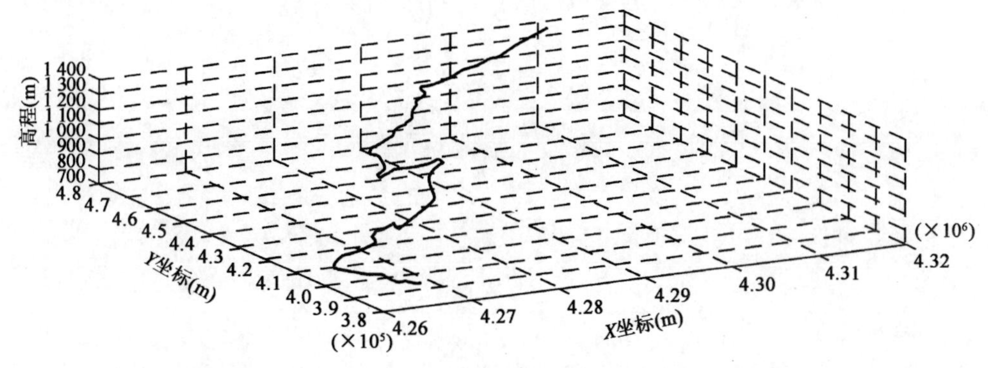

图2　忻阜高速公路三维线形图

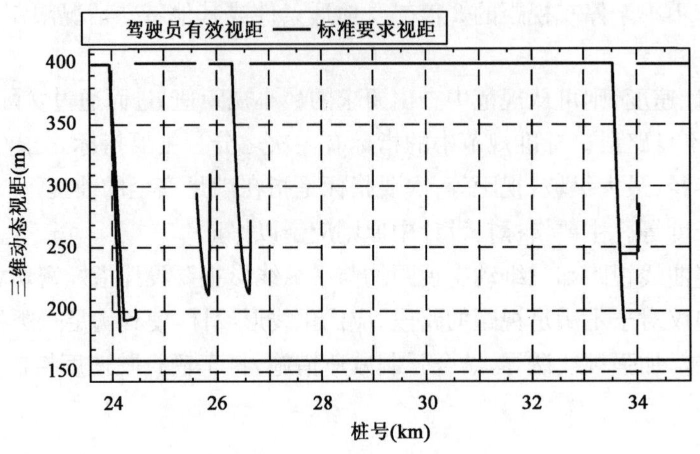

图3 忻阜高速公路动态视距图(部分路段)

5 结语

为保障忻阜高速公路运营后的交通安全,充分发挥科技示范作用,忻阜高速公路初步设计阶段和施工图设计阶段实施了交通安全评价。视距是线形设计指标的综合体现,与驾驶员操作行为密切相关,是评价线形设计安全性的重要手段之一。为更客观、全面地评价忻阜高速公路线形设计,在采用平曲线视距和竖曲线视距的基础上,还利用相关研究成果,从驾驶员三维动态视距角度分析了平纵组合设计安全性,为优化线形设计工作提供了参考。视距评价结果表明,忻阜高速公路平纵线形单项指标和平纵组合设计良好,主要设计指标满足标准规范要求和交通安全需求。

参 考 文 献

[1] 《交通工程手册》编委会. 交通工程手册[M]. 北京:人民交通出版社,2001.

[2] 张羽化. 道路勘测设计[M]. 北京:人民交通出版社,2001.

[3] AASHTO. A policy on geometric design of highways and streets (fourth edition)[S]. Washinton, D, C. 2001.

[4] Jun-hong Liao, Wei-han Zhang. Research on Highway Three-Dimensional Dynamic Sight Distance Based on Drivers' Characteristics[J]. Transportation and Development Innovative Best Practices 2008,34-38.

[5] 中华人民共和国行业标准. JTG D20—2006 公路路线设计规范[S]. 北京:人民交通出版社,2006.

[6] 原交通部公路司. 新理念公路设计指南(2005 年版)[M]. 北京:人民交通出版社,2005.

忻阜高速公路忻州—长城岭段速度限制方案研究

孙家凤[1]　刘志忠[2]　周荣贵[1]　武铁君[2]　周　建[1]
(1.交通运输部公路科学研究院　北京　100088；
2.山西忻阜高速公路建设管理处　山西　035500)

摘　要：文章系统分析了高速公路上常用的几种速度限制方案的优缺点和适用条件，结合忻阜高速公路的实际道路、交通特性，提出了适合忻阜高速公路特点的分路段、分车型、分车道统一限速+特殊路段局部限速的速度管理方案。

关键词：高速公路　限速方案

1　前言

鉴于限制最高速度可以提高交通安全这一共识，国内外一般都根据本国的实际情况对公路上行驶的车辆进行了最高车速限制。限速的主要目的是提高交通安全性，如期降低事故率或者事故严重度。但是，各高速公路的地形特点、交通组成、交通环境、气候等因素，彼此都相差甚远，单纯限制最高速度不能有效地规范驾驶行为、提高车辆运行效率和降低事故风险，还必须辅之以科学合理的速度管理方案。

忻(州)阜(平)高速公路忻州—长城岭段作为展示西部项目综合性科技创新成果的示范路，合理的安全运营车速标准，科学的速度管理方案是实现其安全、经济运营的关键技术。

2　常用限速方案

目前，国内外常用的限速管理方案有很多类型，分别具有不同的实用性，也各具优、缺点，比较常见的有全线统一限速、特殊点段局部限速、分路段限速、分车道限速以及分车型限速，在不同天气条件下和不同时间段内也可能采用不同的限速方法，或者是采用以上两种或两种以上方法结合的方式对高速公路进行限速控制。

2.1　全线统一限速

全线统一限速是对整条道路采用同一限速标准，是目前使用最为广泛、也是最简便的一种限速方法，交通安全管理部门也以此限速作为执法的依据，对超速违章行为进行处罚。

本方法最大的优点就是实施方便，但目前也存在较大的诟病，主要根源在于限速标准通常是以设计速度为依据。以设计车速为基础设定的限速标准并不能真实反映道路实际行车状况，与驾驶员的驾驶期望相背离，且总体表现为限速标准偏低。因此，这种限速方法会引起驾驶员的强烈不满与抱怨，从而导致超速率高、执法压力大、执法公信力降低等一系列问题。

如果摆脱以设计车速为限速标准基础的指导路线，采用能够真实反映道路行车条件和道路行车状况的限速标准，则此法在适用性、实施性、执法难度、可接受度等方面均具有较为明显的优势。目前，采用能够实际反应道路特点的运行速度为基础限速依据，综合考虑历史事故、沿线环境特点的限速标准确定方法已逐渐被广泛认可。

2.2　分路段限速

分路段限速，即将高速公路按照技术等级、线形条件、交通量、交通流组成特点、路侧环境以及交通事故情况等因素划分为若干个路段，并对各路段确定不同的限速标准。尤其对于因受地形条件限制而选用不同的技术等级或局部线形指标受限、桥隧结构物较为集中和交通事故情况较为严重的路段。

分路段限速能够更切实地反映各限速路段线形条件、交通流、交通事故状况等因素所反映的道路行车条件。在划分路段时，可以从三个方面着手，一是考察技术指标的采用情况，分析各段落线形指标与标准的符合性，低指标是否运用频繁；二是实地观测交通流运行速度数据，计算不同车型的85%位和50%位运行速度数据，对比不同段落运行速度的连续性和差异，对于未通车公路，可以采用运行速度预测模型来获取速度数据；三是历史交通事故分析及事故频发路段的识别，并结合工程技术人员的经验最终确定路段的划分。

2.3 分车道限速

分车道限速是指对高速公路不同车道采用不同限速标准的限速方法，由于不同车型的动力性能不同，行驶速度也存在明显差异，因此，分车道限速宜与分车型限速结合应用。当高速公路上同一车道上的速度离散性较大或快、慢车辆混行时，宜采取分车道限速。通常单向3车道及3车道以上的高速公路比较适合采用分车道限速的方法。而单向2车道则由于难以实现交通量的平衡分布可能会带来通行能力下降的问题，如果确实需要实施分车道限速，则需要进行多方面研究论证。

分车道限速方法可以降低同一车道内车辆运行速度的离散性，减少车辆变换车道的操作频率，从而改善交通流的运行，有助于提高车辆运行的安全性。但是每个车道的限速标准应该确定的是一个范围而不是单一值，因此限速标准的确定较为复杂，需要考虑交通量、车道数、车辆运行速度分布等因素。

2.4 分车型限速

分车型限速是指根据交通流运行特点、车辆运行安全和运营管理的需要，对不同车型实施不同的限速标准。在某种车型车辆事故情况突出时，需要从限速角度对它进行单独考虑，以减少交通事故的发生。

分车型限速方法从不同车型车辆间的机械性能差异角度出发考虑限速问题。在分车型限速中，车型分类的不确定性和多样性往往是最主要的障碍，目前，国外通常按小型车和载重车辆划分车型。需要注意的是，分车型限速宜与分车道限速结合使用，减小同一车道内前后车辆间的运行速度差值，以减少恶性追尾事故的发生。

2.5 建议限速

建议限速是推荐的安全行驶速度，用来提醒驾驶员通过弯道或其他特殊道路条件下最大的推荐速度，建议限速仅和适当的警告标志同时使用。建议速度并非强制执行。在高速公路上考虑在非危险路段但线形指标接近低限的点段(诸如小半径曲线段)设立相应的建议速度。

在限速方案具体实施过程中，建议限速可以和分段、分车道、分车型限速结合使用。全线或部分路段规定一个速度作为强制性限速标准，但在道路几何条件受限制或视距不足路段，为让驾驶员有充分的心理准备和心理预期，通过提前设置标志预告，将所对应的路段建议速度告知驾驶员，让其了解前方道路线形的情况，从而采取正确的驾驶行为。该速度管理方案既满足了《道路交通安全法》的高速公路最高限速规定，又不失灵活性和针对性。

2.6 其他限速形式

其他限速形式包括特殊天气条件下限速、分时段限速、特殊事件时限速、动态限速等。

基于不良天气条件(如雨、雪、雾)给交通安全带来的较大不利影响，许多高速公路上除常规限速标准外，还相应给出了特殊天气条件下的限速标准。

分时段限速是指在不同的时间段实施不同的限速标准，较为常见的做法是按照白天和夜间划分时段。夜间行车视认性较差，且统计结果表明，夜间相对于白天而言，事故率更高、事故严重性更大。如果夜间事故率太高，可考虑分时段限速。

伴随技术发展，能够反映行车条件(交通流状况、路面状况、能见度、交通事故与事故情况)的可变限速系统正得到越来越广泛的应用。目前，国内高速公路路侧设置了一定量的可变限速标志，标志除显示限制速度值外，还显示其他多种交通信息。

2.7 限速方案的组合形式

鉴于高速公路上线形条件、交通组成、车辆性能、管理方式都各有不同，单一的限速方案很难满足实际的道路交通特点，建议采用组合型的限速管理方案。上述几种限速管理方案基本形式相互组合使用。根据具体道路条件可选用的限速方案组合形式有：分段—分车型、分车道限速，分车型—分车道限速，建议限速—分车型、分车道限速的组合形式。组合方案能够反映实际的道路、交通特点，最大限度地规范驾驶行为，避免交通流的紊乱，提高车流速度的连续性，提升运行效率和安全性。

3　限速管理方案的选择

具体到某一高速公路，在选择限速方案时，首先考虑的因素是《道路交通安全法》对高速公路限速的规定；其次是空间因素，空间上是否可以对高速公路进行分段或分车道限速；再次是时间因素，时间上是否可以分时段限速，能更好地反映交通变化；最后考虑的因素是是否适合分车型限速。以上几种因素重要性依次是法律因素＞空间因素＞时间因素＞车型因素。在确定最终限速方案时，应按照因素重轻次序，依次考虑每个因素，最终可判别选出限速方案。

我国《道路交通安全法》及实施条例关于高速公路限速的规定：高速公路最高限速值不能超过 120km/h，最低限速不能低于 60km/h。

影响限速方案选择的空间因素包括高速公路长度及高速公路行车道数量。高速公路长度大于等于100km，可根据全线限速方法判断是否实行分段限速。一般单向两个行车道不宜设置分车道限速，而当单向行车道数量大于等于 3 个时，宜选用分车道限速。行车方向内侧车道为高限速值车道，外车道为低限速值车道。相邻两个车道限速值相差 20km/h 或为零。同时，分车道限速，每个车道要有最低限速要求，最低限速值比车道最高限速值低 20km/h。

在时间上进行限速考虑，主要是基于以下三种情况：第一种是道路交通事故中，夜间发生的事故占据总事故的 60％以上，可采用分黑天、白天限速方式；第二种是恶劣天气条件，如果全年中气候影响车辆行驶比较严重，比如雨、雪、雾的影响行车时间超过 40％以上，考虑分天气条件限速；第三种是交通流量变化，交通流量随时间变化较大时，应考虑分时段限速。

当大型货车所占的比例大于 40％时，考虑采用分车型限速，一般要把大型货车的限速值与小客车限速值相差 20km/h。针对单向 3 个及 3 个行车道以上的高速公路，宜采用分车型、分车道结合使用的限速方案。行车方向，内侧车道为限速的最高值，并且只能小客车使用，外侧车道为混行车道。

4　忻阜高速公路限速方案的确定

4.1　忻阜高速公路的基本情况

忻阜高速公路忻州—长城岭段，是山西通向东部京津唐环渤海湾经济区的关键通道，是交通运输部确定的典型示范工程和科技示范工程。路线全长 124.022km，分段分别采用了 80km/h 和 100km/h 的建设标准。

4.2　忻阜高速公路限速方案的确定

根据前述不同限速方案的优缺点和考虑的因素，以及方案选择和确定的原则，可以确定忻阜高速公路适宜的限速管理方案。

4.2.1　分段限速的条件

(1)设计标准的差异

忻阜高速公路全线设计标准分为两个，分别是 80km/h 和 100km/h。设计标准不同，采用的线形指标就有差异，也决定了两个区段将会有不同的道路行驶条件，相应的驾驶期望也会不同。这就为分段限速提供了先决条件和基础。另外，路线全长 124.022km，设计速度 80km/h 路段最短 42.947km，也能保证区段限速标准不会频繁变化。因此，初步可以确定，按照设计速度的不同，AK0＋000～AK42＋946.724 和 AK42＋946.724～AK120＋885 分别制定不同的最高限速标准。

(2)不同区段的运行速度变化规律

根据运行速度预测结果，设计速度不同的两个路段，运行速度的变化轨迹明显不同，见图 1 和图 2。

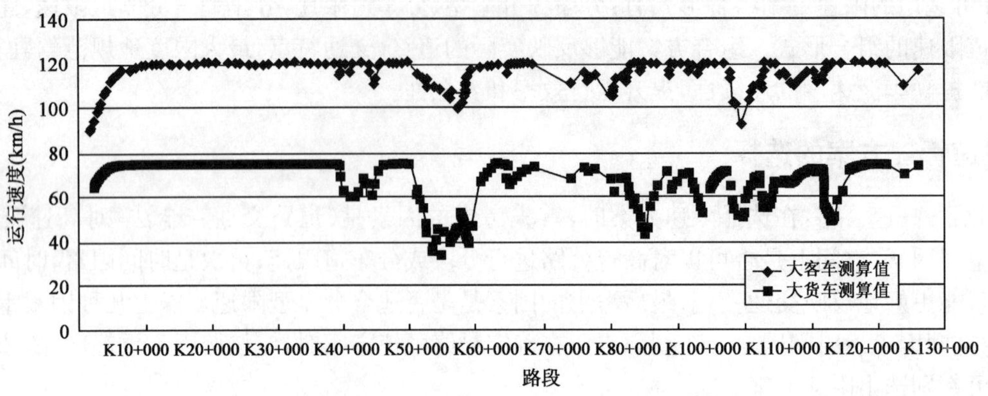

图 1 忻阜高速公路右线不同车型运行速度轨迹

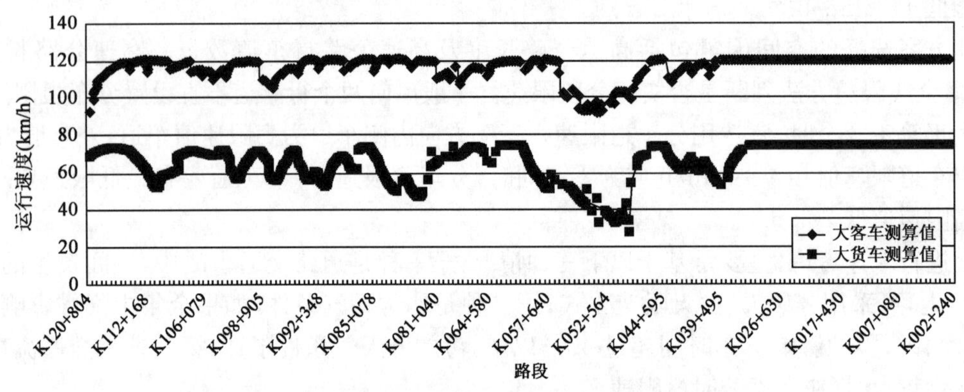

图 2 忻阜高速公路左线不同车型运行速度轨迹

图 1 和图 2 曲线显示，前 42km(设计速度 100km/h)车辆的运行速度基本围绕一个固定的速度范围波动，后 80km(设计速度 80km/h)的路段，速度波动很剧烈。如果两段采取同一个速度限制标准，就不能真实反映实际的道路条件。

因此，忻阜高速公路采取分段限速的速度管理方案有其客观性和必要性。

4.2.2 分车型限速的必要性

忻阜高速公路的交通组成中以货车为主，客车(包括大型客车)比例不足 30%，而货车又以大型货车和集装箱居多，接近 50%。客车和货车的动力性差异很大，运行速度差可达 40km/h。因此分车型限速是保证不同车型运行效率充分发挥的重要手段。

4.2.3 分车道限速的必要性

同一车道内，车辆速度差过大，必然导致通行能力下降、驾驶员硬性超车、交通流紊乱、交通事故增多。因此，保持同一车道内车辆速度的均衡性和连续性，对提高运行效率和安全水平都至关重要。鉴于忻阜高速公路客车、货车之间速度离散性较大，重型货车比例较高，建议分车道限速，内侧车道为快车道，外侧车道为慢车道。

4.2.4 特殊路段限速

(1)隧道

忻阜高速公路设计有文山、凤凰岭、火焰山、长江塘和长城岭 5 座隧道，其中，凤凰岭隧道和火焰山隧道分别属于特长和长隧道，尤其是凤凰岭隧道长 5 823km。隧道内也属于高速公路的事故多发点。因此，建议隧道入口采取低于路段限速 20km/h 的限速标准。

(2)长下坡路段

忻阜高速公路存在有一段长 10.12km 的连续下坡路段。本项目重型货车居多，绝大多数是运输煤炭、铁矿等能源的货运车辆,尤其是临汾长治方向为能源输出方向,约70%的载货车超载,其中,超载30%以内的占36%,超载30%～50%的占35%,超载50%～100%的占27%,超载100%以上的占2%。因此,长下坡路段货车的下坡安全性就显得尤为重要。根据典型货车在不同载重条件、不同下坡速度下制动鼓温度的变化规律,提出了按照货车载重吨位进行限速的限速方法。

总体来说,忻阜高速公路路段设计标准不同,区间运行速度变化规律不同,车型间速度差过大,重型车比例高,且存在连续长大下坡和长大隧道路段等危险路段。综合考虑这些因素,最终推荐忻阜高速公路的速度控制方案为:分车型、分车道、分路段统一限速＋特殊路段局部限速。

5　结语

速度控制方案的选择,对于规范驾驶行为、平滑交通流离散性、提高通行能力和交通安全性都非常重要。根据忻阜高速公路的道路、交通特点,采取分路段、分车型、分车道统一限速＋局部路段特殊限速的限速方案,可以使限速标准较好地反映实际的道路条件,符合驾驶员的驾驶期望;能够将不同车型、不同性能的车辆分配到不同的车道上行驶,使一个车道内车辆的性能和运行速度趋于一致,并对不同的车道实施不同的限速标准以适应该车道在行车辆的实际条件,可以有效地解决由于高速公路上存在较大差异的车辆混行而导致的交通安全隐患和对通行能力的影响。长下坡路段和隧道路段的特殊限速策略,也可以有效解决危险路段的安全问题,体现"以人为本"的管理理念。

参 考 文 献

[1] 中华人民共和国行业标准. JTG B01—2003　公路工程技术标准[S]. 北京:人民交通出版社,2004.

[2] 交通运输部公路科学研究院. 云南省高速公路速度限制标准与速度控制技术研究[R]. 2009.

[3] Federal Highway Administration. Manual on Uniform Traffic Control Devices 2003. Washington,DC: Federal Highway Administration,2003.

[4] 中华人民共和国行业标准. JTG/T B05—2004　公路项目安全性评价指南[S]. 北京:人民交通出版社,2004.

[5] 唐敏文. 高速公路速度限制标准与方法研究[J]. 湖南大学学报,2008.

[6] 程国柱. 高速公路车速限制方法研究[J]. 哈尔滨工业大学学报,2003(2).

公路限速值设计方法研究

高海龙[1]　罗建国[2]　刘兴旺[1]
(1.交通运输部公路科学研究院　北京　100088
2.山西忻阜高速公路建设管理处　山西　035500)

摘　要：针对我国公路限速管理决策中缺乏相关科学、合理的依据，对公路限速值设计方法进行了研究。通过总结欧美等发达国家公路所使用法定限速、最优限速法、工程研究法与专家系统法等限速值设计方法应用中存在的优缺点，结合我国公路状况，进一步分析影响我国公路限速的因素，应用系统分析方法，综合考虑运行速度、公路线形、设计速度和交通安全等因素，提出了基于运行速度、线形、安全等因素的，适合我国交通特性的公路限速值设计方法，并给出具体实施流程。

关键词：交通工程　限速值　限速设计方法　运行速度

1　前言

限速是公路交通管理控制中一项重要的管理手段。随着近年来公路建设的发展，公路交通条件的改善，驾驶员驾驶素质普遍提高和机动车辆性能的增强，依据设计速度或经验来进行公路限速已经不能满足广大公路使用者的需求，从而出现了公路限速值过低或过高，不能反应实际交通通行条件等问题。因此，有必要对这一问题进行研究，找到合理、科学的公路限速值设计方法，以适应公路交通管理需求。本文通过讨论欧美发达国家公路管理使用的限速值设计方法、影响限速值设计的因素，结合交通运输部联合科技攻关项目《三福高速公路运行速度控制管理研究》和重庆市交委科技重点项目《重庆高速公路安全运行控制管理研究》等课题的研究成果，给出适合我国交通特性的限速值设计方法。

2　欧美国家公路限速值设计方法

欧美国家汽车普及较早，关于限速相关研究开展得也较早，经过总结共有4种方法[1]可用来确定公路限速值。

2.1　法定限速

法定限速各个国家都曾有过，典型的法定限速案例是在美国。在二战期间，考虑能源的使用，美国将全国的车辆最高行驶速度定为56km/h。1973年出现能源危机，为了减少对石油的依赖性，美国国会将最高速度提高到89km/h。法定限制速度是通过行政政策手段来平衡运输效率、安全和其他由车辆运行所带来的成本之间的关系，这样可能会造成限速管理过于粗略，与实际公路交通条件不相适应。

2.2　最优限速法

这种限速方法是优化模型方法，通过机动车运行里程、旅行时间、事故次数、事故严重程度4类定量化的因素来实现模型结构。通过机动车在不同环境和交通条件下不同公路运行状况绘制模型变化曲线，而最优速度则是这个曲线的最低点。该方法最适合确定不同公路等级的总体限制速度。模型的一些关键变量很难准确地定量化，所以很难应用到实际工程中。

2.3　工程研究方法

目前，确定限速区域限速值主要用的限速方法是工程研究方法。该方法要求通过对所收集数据进行分析来确定一个合适的限制速度。所收集数据包括占有优势交通组成的速度、事故数据、交通量、公路线形和公路路边状况。而在具体操作时，v_{85}是最通常采用的一种确定限速水平的方法。通过调查获得v_{85}速度值，确定最初的限速值，然后考虑公路线形、事故情况，最终设定速度限制值。

2.4　专家系统方法

澳大利亚公路研究局提出一种通过软件实现的公路限速设计方法（专家系统），实际操作有5个步骤：(1)输入限速区域的环境特征（城市公路、公路）；(2)输入车行道、路边等因素（车道宽度、车道数量）；(3)基于(1)、(2)计算出一个最优的速度；(4)通过特殊区域、其他因素修改最终的限速区和限速值；(5)计算85%位车辆速度，最终输出限速区域的限速值。这种方法综合考虑了交通工程研究中的所有因素。

3　影响公路限速的因素

(1)公路等级与功能。公路等级与功能对公路和城市道路有所不同，事故特征和伤害严重性也不同。限速需要考虑公路等级和功能。在高等级公路和城市主干路上，车辆的行驶距离较长，宜设定较高的限速值；在低等级公路或住宅公路上，要路侧干扰、混合交通组成等多因素的影响，行车速度不宜过高，设定的限速值相对要低些。

(2)公路交通安全。公路限速的初衷在于规范驾驶行为，确保在目前技术条件下交通参与者的安全。国外学者研究表明[2]，车速超过96km/h后事故严重度随速度增加快速增加，车速超过112km/h后致命伤亡的可能性迅速增加。所以进行公路限速设计需考虑交通事故发生的可能性及严重性。

(3)公路线形及设计速度。公路线形水平与速度有着重要关系，研究也往往通过线形指标来预测公路运行速度。线形水平较高的公路限速值一般要高于线形水平较低的公路限速值，高速公路的限速水平较高，所以限速一般要远高于其他等级公路。根据美国研究结果，出于线形协调性的考虑，设计速度与运行速度差最好小于20km/h[3]，所以限速值与设计速度值不宜高于20km/h。

(4)路侧环境。高速公路上存在影响限速值设计的路侧环境因素很少，但在城市公路和低等级公路存在如行人、路侧高差较大等易造成较大伤害的因素，所以在限速设计时需要考虑这些因素的存在。

(5)交通流速度。按照工程研究方法，交通流速对限速有着至关重要的影响，根据较成熟的研究经验，常取85%位速度作为制定限速值的依据。这是因为，研究发现在85%位车速处事故发生的可能性最低，此外只对15%的驾驶员进行行车速度限制，符合法律原则[4]。

(6)运输效率。公路限速值与运行效率之间存在直接关系，公路限速值越高，车辆平均运行速度也随之提高。所以限速需要考虑运输效率的影响，限速值应能平衡运输效率与安全之间的关系。

4　我国公路限速值设计方法

公路等级与功能是属于宏观层次影响公路限速值的因素，在具体到某一条公路时，所起到的作用较小。运输效率和交通安全是确定公路限速值始终要考虑的一个平衡关系，而交通流速度、公路线形和设计速度是直接影响确定公路限速值的因素。

下面根据我国公路交通自有运行特性，提出适合我国公路限速值的综合设计方法。该方法综合考虑运行速度、公路线形、设计速度、交通安全等因素，采用分段限速和局部特殊路段限速相结合的方式来进行。方法的实施流程见图1。

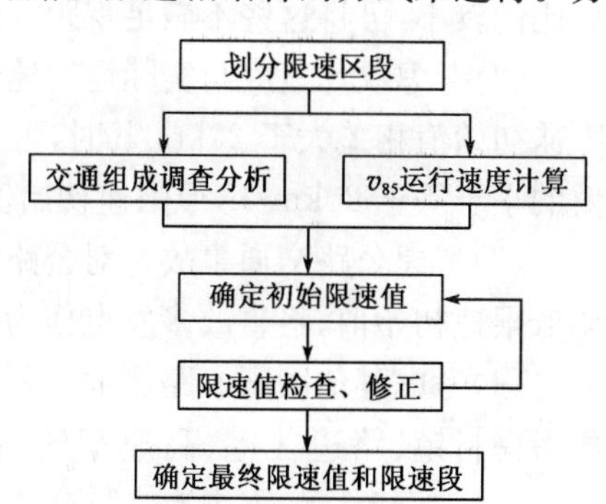

图1　公路限速值设计方法流程图

该方法需要通过5个操作步骤来完成。

步骤1：划分限速区段。基于建设标准、技术指标、路侧干扰以及地形气候等相关运营条件因素，将公路限速设计路段预先划分为一个或多个限速区段，在每个限速区实施v_{85}车速调查。

步骤2：v_{85}运行速度计算和交通组成调查分析。对于营运公路，选择能代表公路路段特征的典型路段作为85%位车速的调查点[5]，计算所有调查点v_{85}车速的平均值作为该限速区段的v_{85}车速值。对于未开通公路，可选用预测方式来完成限速区段v_{85}车速值计算。

通过现场调查可获得交通组成，按照表1划分交通组成车型。未开通公路交通组成调查的可参考公路建设可行性研究报告中的交通组成预测分析部分内容来确定。

车型划分标准 表1

标准	载客		载货
	客座≤20	客座>20	
车型	小客车	客车	货车

交通组成调查的目的是为了确定该高速公路主要服务对象是以客运为主还是以货运为主。当小客车与客车之和在总交通组成中所占比例大于60%时，说明该高速公路以客运为主；当小客车与客车之和在总交通组成中所占比例小于40%时，说明该高速公路以货运为主；当小客车与客车之和在总交通组成中所占比例大于等于40%、小于等于60%，说明该高速公路客货运输并重。

步骤3：确定限速初始值 v_0。限速区段 v_{85} 车速确定后，结合我国公路交通安全法以及相关限速管理要求，可确定限速初始值。公路限速管理以30km/h、40km/h、50km/h、60km/h、70km/h、80km/h、90km/h、100km/h、110km/h、120km/h为可选限速值。将各可选限速值与分段 v_{85} 值比较，选取与 v_{85} 值最接近的限速值作为限速初始值。

步骤4：限速初始值检查、修正。

(1)考虑公路线形指标要求。公路线形指标核查主要是考虑车辆在公路交通条件情况下，在平曲线处是否会出现由于超高不足引起的侧翻、侧滑等交通事故的发生，以及是否存在较大的长大下坡，影响机动车运行，是否有视距不良路段存在，影响停车视距。检查平曲线处速度的要求时采用下式来反算车辆的最高行驶速度[6]：

$$v=\sqrt{127(\mu+i)\cdot R}$$

其中，μ 取值参考表2。

μ 值取值分布表 表2

考虑情况	冰雪路面	干燥路面	旅行舒适
μ	0.2	0.4	0.11

如大部分路段反算行车速度低于限速初始值，需调低限速初始值直到满足要求为止；如只有较少路段不满足要求，可只作为局部特殊路段限速进行处理，原限速初始值不变。

检查是否存在长下坡影响交通运行，在目前的超载情况下货车易在长下坡路段发生事故。如果长下坡路段在路段中所占比例较大，需调低限速初始值以适合货车行驶；如比例较小，长下坡路段需作为局部特殊路段限速进行处理。

检查是否存在视距不良路段。使用实车测量法、三维透视图法、简易二维平面计算法等方法，检验限速初始值是否满足路段中视距要求。如不满足视距要求的路段在限速区段所占比例较大，需调低限速初始值；如比例较小，可将这些不满足视距要求的路段作为局部特殊路段进行限速处理。

(2)考虑设计速度与实际运行速度差的影响。设计速度与运行速度差不宜大于20km/h，当设计速度与限速初始值相差大于20km/h时，可选择设计速度值+20km/h作为限速初始值；当设计速度与限速的初始值的小于等于20km/h，原限速初始值保持不变。

(3)考虑公路交通事故。对公路进行交通事故分析，如事故率较大，且事故原因中速度成为主要原因，需调低限速初始值，将事故多发点作为局部特殊路段，以采取工程措施或局部限速进行处理。

(4)考虑其他因素。路侧危险程度和行人出行的多少同样影响着限速值。当限速路段为非高速路段时，要考虑村镇、路边住宅、高速车辆给行人带来的危险。根据已有的研究成果[7,8]，当车辆的行驶速度为32km/h时，行人事故中有5%死亡；当行驶速度为48km/h时，行人事故中有45%死亡；当行驶速度为64km/h时，行人事故中有85%死亡。鉴于上面的分析结果，在穿村路段限速值定在40km/h。

在车辆与车辆及车辆与固定物碰撞中消散的能量越多，乘员所受的危害越大。研究表明[8]，车速超过112km/h后，致命伤亡的可能性迅速增加。所以建议最高限速最好不要超过110km/h，除非公路线形条件特别好，交通条件也很适合高速行车[9,10]。

步骤5：核查完成后，即可确定限速区段限速值以及局部特殊路段。根据具体情况，采取工程措施或是降低限速值对这些特殊路段进行处理，在保障安全的前提下，提高公路的运输效率。

5 结语

本文阐述了影响公路限速的因素及欧美国家公路限速管理使用的设计方法，提出了适合我国公路状况的公路限速设计方法及其流程。该方法主要适用于高等级公路，对于接入口较多、穿村路段分布较密布的路段不适用。该方法已经在我国某省的高速公路进行使用，结果表明该方法合理可行，具有推广价值。

参考文献

[1] Transportation Research Board. Managing Speed：Review of Current Practices for Setting and Enforcing Speed Limits [R]. TRB Special Report 254. 1998.

[2] 唐琤琤. 限速、车速与安全[J]. 公路交通科技，2005，22(3)：97-100.

[3] 王忠. 高等级公路限速及限速标志设置问题的探讨[J]. 公路交通科技. 1996，13(2)：45-50.

[4] 梁新荣，刘智勇，毛宗源. 高速公路模糊神经网络限速控制与仿真研究[J]. 公路交通科技，2005，22(11)：123-129.

[5] NCHRP. Design Speed，Operating Speed，and Posted Speed Practices [R]. NCHRP REPORT 504，2001.

[6] 徐吉谦. 交通工程总论[M]. 北京：人民交通出版社，2002.

[7] WEST L B，DUNN J W. Accidents，Speed Deviations，and Speed Limits[J]. Traffic Engineering，1971，41(10)：26-77.

[8] FILDES B N，LEE S J. The Speed Review：Road Environment，Behavior，Speed Limits，Enforcement and Crashes[R]. Report CR 127(FORS)CR 3/93(RSB)，Federal Office of Road Safety and the Road Safety Bureau，Roads and Traffic Authority of New South Wales，1993.

[9] WEGMAN F，GOLDENBELD H. Speed Management：Enforcement and New Technologies[J]. Traffic Technology，2002，1(5)：16-27.

[10] Global Road Safety Partnership. Speed Management：a Road Safety Manual for Decision-makers and Practitioners[Z]. Geneva：2008.

改善我国公路路侧安全的系统化对策

李长城　高海龙　汤筠筠

（交通运输部公路科学研究院　北京　100088）

摘　要：为改善公路安全性能，降低车辆冲出路外的路侧事故，提高路侧安全设计水平，本文阐述了公路路侧设计理念，结合实施交通运输部公路安全保障工程的实际经验，总结提出了改善我国公路路侧安全的系统化对策，即：(1)防止车辆驶离行车道冲出路外；(2)降低冲出路外车辆发生碰撞和侧翻事故的可能性；(3)减轻冲出路外车辆发生碰撞事故后的严重性。作者还借助部分案例进行了简要的剖析，以期能够为广大公路工程技术人员，尤其是公路安全工程师提供参考。

关键词：事故　路侧安全　交通安全　设计理念　对策

1　路侧安全问题概述

路侧是指从车道外边缘到道路红线边界的这一范围。路侧事故就是指发生在这一区域范围内的事故[1]。据不完全统计，路侧事故数约占全部道路交通事故数的1/3，不同的国家、地区以及不同等级道路其具体比例会有所差异；另外，路侧事故所造成的伤亡人数比重则要明显高于路侧事故数比重，由此可见，路侧事故相比其他类型事故而言，更具严重性。在我国，一次死亡3人以上的重特大恶性事故中，由于车辆冲出路外坠落陡崖或高桥的路侧事故约占重大恶性交通事故的1/2。

2004年交通部西部交通建设科技项目之《公路路侧安全等级评估及防护方法研究》课题采集了大量的详细事故数据，对低等级双车道公路（二级、三级和四级）的路侧事故规律进行了深入剖析。基于北京和贵州地区31条双车道公路（总里程约740km）的事故资料统计显示：路侧事故数约占全部事故数的1/4，然而这些路侧事故却造成了40％的死亡人数和超过一半的重伤人数。

1999年美国FARS（交通死亡分析报告系统）统计结果显示，发生在各种道路上的单车冲出路外事故所造成的死亡人数占到了总数的近39％，发生在无中央分隔带、无立体交叉的双车道公路上的死亡事故共计造成了约24％的死亡人数[1]。据欧盟资助的RISER（面向更安全道路的路侧基础设施）研究项目统计，路侧事故在德国、希腊和奥地利分别约占总数的19％、19％和22％，然而这些事故造成的死亡人数却高达33％、34％和36％[2]。

由此可见，针对路侧安全问题，提出系统的路侧安全改善对策与理念，提高路侧安全设计水平，减少车辆冲出路外而引起的路侧交通事故，对于改善道路的安全性，缓解当前交通安全所面对的严峻形势具有十分重要的现实意义。

2　宽容路侧设计理念与系统化路侧安全对策

路侧安全设计是指针对路侧所进行的安全设计，又称为路外设计[3]。路侧设计的对象或要素主要包括：路肩（路肩振动带）、排水设施（边沟、涵洞等）、边坡、护栏（路侧护栏、中央分割带护栏、桥梁护栏等）、行道树、各种杆柱（标志杆、电线杆、通信设施杆等），以及解体消能设施等。

路侧安全设计的核心是在路侧设计过程中体现宽容设计理念，宽容设计理念允许驾驶员犯错误驶出路外，即犯错误的驾驶员不应以牺牲自身和乘员生命为代价。这要求设计人员提供尽可能减少事故发生或降低事故严重程度的设计对策，不管什么原因致使车辆驶出路外，路侧环境都应该尽可能为驾驶员提供一个平缓的且无障碍物的路侧净区，以有效提供路侧安全性。根据单车冲出路外事故的发生阶段和过程分析，可按照以下优先次序采取系统化的技术对策来实现宽容设计理念：

(1)尽量使车辆保持在正常车道内行驶，可采取合理设置标志、标线等设施，加强诱导等对策。

(2)及时提醒驶离车道即将冲出路外的驾驶员返回，可采取设置振动标线和路肩振动带等对策。

(3)降低冲出路外的车辆发生侧翻或与障碍物发生危险碰撞的可能性，可采取的技术对策主要有：放缓边坡、路肩硬化、消除路基边缘边坎、改宽大矩形边沟为浅碟型边沟、提供更宽的路侧净区等。

(4)当冲出路外车辆不可避免地发生碰撞事故时，应尽可能减轻事故严重程度，可采取设置护栏，缓冲消能设施，进行标志、公用设施杆柱可解体设计等对策。

路侧净区是指位于行车道外侧边缘与路权限界范围内的区域，该区域不应存在能导致碰撞伤害的坚硬危险物，驶出路外的车辆在该区域不会发生倾覆，行驶在净区内的车辆能够得到有效控制，并且通常能够再次安全地返回行车道。路侧净区是一种理想的路侧安全环境，建立路侧净区是防止路侧事故最为理想的对策，也是宽容路侧设计理念的本质体现。

美国路侧安全设计指南提出路侧净区设计神奇的 9m 指标[3]。多年的实践经验和研究证明，多数情况下 9m 宽的路侧无障碍净区设计能够很好地保证驶出路外车辆的运行安全。此外，研究结论认为，平缓的边坡设计也是路侧安全设计的关键环节，一般情况下车辆在通过 1∶4 的边坡时，驾驶员能够较好地控制车辆，有效防止车辆侧翻，同时车辆也能够重新驶回行车道。但在我国目前的国情下，由于土地资源或地形条件限制，多数情况下难以设置足够的路侧净区。然而设计人员可通过硬化路肩、放缓路基边坡、设置可逾越的排水设施、消除紧邻路侧范围内的危险物等技术手段来尽可能提供充足的路侧净区。

下面将就上述系统化路侧安全对策的几个方面给出一些具体技术对策案例。

3　防止车辆驶离车道冲出路外

防止车辆驶离车道冲出路外的主要技术对策有：

(1)交通标志设置——大型、醒目人性化标志，轮廓标与线形诱导标，限速标志，速度反馈标志等。

(2)路面标线设置——振动标线，减速标线，视、错觉标线，路面图文标识等。

(3)路面抗滑处置——提高路面构造深度，铺设薄层铺装等。

(4)路肩处置——路肩加宽与硬化，设置路肩振动带，消除路肩边坎等。

(5)减速措施——设置减速丘(垄、台)，设置比利时、弹石路面，视觉、心理减速措施等。

(6)改善线形——调整曲线半径，截弯取直，改善前后线形一致性等。

3.1　设置大型、醒目的交通标志

大型、醒目的人性化标志具有板面尺寸大、图文并茂、生动形象等特点，一方面提高了标志的视认性，使驾驶员能够在更远的地方辨识标志，增加了驾驶员反应操作的时间，在恶劣的天气条件下，此类标志仍能够提供良好的视认性；另一方面，标志反映的信息量更大，使驾驶员能够获知前方路况的具体特点，便于采取针对性的操作；此外，此类标志还可能具备卡通的效果，在一定程度上起到放松心情、消除驾驶疲劳的作用。在急弯、陡坡或不良线形组合路段，避免车辆冲出路外标志如图 1 所示。

3.2　合理设置轮廓标

如图 2 所示，线形条件为下坡接小半径曲线，路侧不是很险要，但存在高低不平的绿化植被，路线的边界和轮廓显得不清晰，尤其是在夜间行驶时表现得更为突出，有必要设置轮廓标以标识线形轮廓，防止意外车辆冲出路外。

3.3　速度反馈标志

速度反馈标志的工作原理是：当车辆与安装在标志板上的雷达测速器接近，距离达到有效范围时，雷达测速器即可获得驶来车辆的当前速度，并将测速值传递给标志板的显示控制器，并按照事先规定的逻辑将速度值信息或其他辅助信息显示在屏幕上。速度反馈标志一般用于村镇、学校、公园等人流密集的道路，也适合于公路上的危险路段，尤其是因车速过快而频发事故的路段，如冲出路外事故较多的弯道处。相关研究显

示，设置速度反馈标志可使车速降低8%～25%，同时遵守限速的驾驶员比率也上升50%。图3为国外某公路弯道前方设置的速度反馈标志实例。

图1 大型"急弯下坡"标志

图2 柱式轮廓标

3.4 振动标线

振动标线有振动提醒、减速、防滑、雨夜反光的作用。当驾驶员因疲劳打瞌睡时，汽车在冲出公路前会产生共振摇晃并伴有轮胎与标线产生的共鸣声，使驾驶员警醒，可有效避免车辆冲出路外的事故。振动标线可设置在道路中心线或车道边缘线处，设置于道路中心的振动标线一般为黄色，设置于车道边缘的一般用白色。图4为北京门头沟109国道部分路段设置的道路中心振动标线。

图3 国外某公路速度反馈标志

图4 北京门头沟109国道部分路段的道路中线振动标线

道路中心振动标线的设置条件是车辆驶入对向车道发生正碰事故或穿过对向车道冲向对向路侧的事故较多；行车道边缘振动标线的设置条件是驶出路外的单车事故较多，路侧具有一定的危险性，可能造成轻伤以上的后果，同时，路侧具有较大的净区宽度也是必须的，路肩宽度（硬路肩与土路肩）应至少在1.5m以上，以确保能够为即将越过振动标线冲出路外的车辆提供一个"容错"空间。

3.5 路肩加宽与硬化

路肩一般由硬路肩（含路缘带）、土路肩组成，起到保护路面和路基的作用，并提供侧向余宽。侧向余宽为驶出路外车辆提供容错空间。如果路肩更宽，路肩与边沟、边坡的组合设计更合理，就可以为车辆提供更大的路侧净区；如果路肩上设置振动带为驶出路外的驾驶员提供警告信息，及时纠正错误从而使车辆重新回到正常行驶车道，这些措施都将有效地降低侵入路侧事故的发生概率。

路肩加宽多数条件下涉及路基的拓宽，在项目资金有限的条件下并不是一个十分经济的对策，尤其是对于山岭重丘区的公路更是如此，而且路肩拓宽往往需要与大、中修计划相配合，与之相比，路肩硬化措施则显得更为经济、快捷。路肩硬化是增加路面宽度的一种最为有效的方式，尤其是在山区公路等路面宽度较小时，能起到提高通行能力、提高行车安全性的作用。如图5所示，在山区弯路、路窄陡坡路段，或是有停车需求的路段，可采用砂浆栽砌的路肩硬化方式。

3.6　路肩振动带

路肩振动带通过车辆在上面行驶时产生的振动和噪声来提示驾驶员采取措施返回正常行驶车道，对于因疲劳驾驶、瞌睡、分神等原因导致的侵入路侧事故的降低非常有效，这一工程措施为国外普遍采用。它有很多种形式，具有维护费用低、可在现有或者新建的路面使用、效益—成本比高等优点。路肩振动带被证实是一种非常有效的警告措施，它能提醒驾驶员正在驶离或即将驶离正常行驶车道。美国联邦公路局多项研究估计，路肩振动带可使冲出路外事故减少20%～50%。

路肩振动带对于减少因超速行驶、避免碰撞事故而采取的突然猛拐以及以较大角度侵入路侧的单车事故作用不大。由于路肩振动带设置的目的是提醒那些“漂移”（以较小的驶出角度，逐渐驶出路外）出路外的驾驶员，因此，当道路具有相对较宽的路肩，且振动带设置于车道边缘线附近时会更有效。如图6所示，路侧地形平坦、有很大余宽、线形平直的地段，适宜设置路肩振动带，具备较高的投资效益比。

图5　路肩加宽与硬化

图6　路肩振动带

相对长直的路段可能是最适宜实施路肩振动带的备选对象，因为车辆在长直路段上行驶时，驾驶员的操作负荷很小，容易引起驾驶疲劳或注意力分散，从而驶出路外。路肩振动带的另外一个重要作用是在不利的天气条件下，帮助驾驶员定位到行驶车道。大雨或降雪时，可能导致路面标线辨识不清。在视认性较差或有限的条件下，路肩振动带能够帮助驾驶员保持在正确的行驶车道上。

4　降低冲出路外车辆发生碰撞和侧翻事故的可能性

防止冲出路外车辆发生碰撞和侧翻事故的主要技术对策有：

(1)提供充足的路侧净区。

(2)降低路基高度，放缓路侧边坡。

(3)尽量取消可能导致行车危险的路缘石。

(4)在满足排水的条件下，减小边沟界面尺寸，设计成“可穿越”式。

(5)对集水口、涵洞等排水设施进行特殊设施，如设置篦子，取消端墙，“可穿越”设计。

(6)去除或移位路侧危险物。

(7)对路侧危险物进行轮廓标识。

4.1　边沟

良好的边沟设计，在满足排水要求的同时，应尽量做到不导致驶出路外车辆翻入沟中或与边沟发生后果严重的碰撞。我国等级公路上设置的边沟通常具有宽、深、大的显著特点，大量的工程实践表明，传统设计的边沟即使在我国南方的暴雨期间，大部分边沟的流水量也没达到其设计流量。基于此，设计人员应根据沿线地形地貌、路基填挖高度、实际汇水量、排水能力、工程造价与养护便利性，以及对行车安全与环境景观的影响程度等方面综合考虑，采用灵活自然的断面形式和尺寸。

浅碟形边沟是目前国内比较提倡的一种边沟形式，与传统的矩形、梯形边沟相比，其在安全、经济、环保方面具有一定优势。在满足排水的条件下，可将边沟修建成浅碟形边沟，使驶出路外的车辆能够驶回公路或不侧翻。应用浅碟式边沟的关键在于结合地形和路侧实际情况采取灵活的标准进行设计。

如图7所示,公路地处平原区,交通量很大,且行道树距离车道较远,加之路肩较宽,因此,将路侧边沟设置成植草的浅碟形边沟,路侧净区基本得到了保证,路侧安全状况良好。如图8所示,该边沟是国外工程实践中的一个案例,路侧地形平坦,排水量不大,排水采用路面和缓边坡漫排的方式,边沟位于远离车道的地方,边沟被不规则、带棱角的大块石头填平,使上口与边坡坡面相吻合,水在边沟中石块间的空隙流动,处置措施简洁、安全且个性十足,对于排水量小的地区也不失为一种选择。但排水效率可能是个潜在问题。

图7 浅碟形边沟

图8 "孔隙式"边沟

4.2 涵洞

涵洞在路侧安全中同样也是不容忽视的一个因素,其主要体现在进出口的结构特征上。结构较大的端部包括混凝土端墙和翼墙,而较小的管道则具有斜面型的端部。虽然这种设计可以使排水通畅的同时保证了设施的抗侵蚀能力,但在驾驶员驶出路面时,这些结构很可能产生对驾驶员不利的影响。

如图9所示,弯道内侧的涵洞口设置了钢条制作的篦子,使前后净区宽度保持连续,提高了行车的安全性。图10给出的是国外对边坡上涵洞口(大型排水管口)的安全处置案例,将涵洞口或水管口设计成与边坡平行,取消涵洞的端墙或翼墙,同时覆盖钢制栅格,使涵洞口或水管口成为车辆可穿越的形式。这种可穿越式设计在国内目前还鲜有案例,值得借鉴。

图9 设置钢条的涵洞口

图10 "可穿越式"涵洞设计

5 减轻冲出路外车辆发生碰撞事故后的严重性

减轻冲出路外车辆发生碰撞事故后的严重性的主要技术对策有:

(1)设置防护护栏。

(2)在出口三角区、中央分割带护栏起始处等地设置防撞筒等缓冲消能设施。

(3)设置可解体杆柱设施,如可解体交通标志立柱、可解体公用设施杆柱等。

5.1 护栏

路侧护栏是指设置于道路横断面两边土路肩上的护栏,用来防止失控车辆越出路外,保护路边构造物和其他设施，也可以保护行人、非机动车等弱势交通群体的安全。护栏长度不够、端部处理不当、高度不合理、硬件缺损均影响护栏整体功能的正常发挥。规范的安装和良好的养护在很大程度上决定了在用护栏的实际效果。通常认为，只有当设置护栏后能够降低碰撞严重性时才考虑设置，即如果车辆驶出路外后发生倾覆或撞击路侧坚硬危险物的后果被认为比撞击护栏更严重，那么就应该设置护栏。一般在设计过程中，护栏设置多依据路侧具体特征条件，所考虑的因素主要有路堤和路侧障碍物状况。

护栏端头是指护栏标准段开始端或结束端所设置的端部结构。车辆撞到未经特殊处置的护栏端头时，由于碰撞角度大(基本上相当于正面相撞)，对车辆的导向作用不显著，缓冲时间短，加速度大，因此，通常会对车辆和乘员造成严重危害。此外，护栏端头还可能刺穿车辆，或者导致车辆倾覆，其后果比车辆与护栏标准段碰撞相比更具危险性。下面给出的是护栏端头处理较好的实例。如图 11 所示，波形梁护栏端头进行了外展处理，并在上面粘贴了黄色反光膜，安全效果良好。如图 12 所示，护栏端头部分进行加强处理，并顺势外展掩入边坡，消除了突兀的感觉，自然、安全。

图 11　护栏端头处置

图 12　护栏端头处置

5.2　可解体杆柱设施

解体消能结构出现于 20 世纪 60 年代中期，如今已成为宽容路侧设计的一部分。所谓“解体消能结构”，是指各类标志立柱、照明灯杆、紧急电话机箱、交通信号灯柱等能抵抗风载和冰载，但在受到车辆等的撞击时，通过自身的解体来吸收能量，从而达到减轻交通事故严重性的目的。解体消能设施在受到撞击后，通过弯曲、剪切或断裂实现解体，允许车辆通过，而设施的残留部分不形成行车障碍。

如图 13 所示，为一个利用滑动解体原理设计的小型交通标志立柱，基础一般是三角形的，当车辆从任何一个角度撞击立柱时，经过特殊设计的底部连接法兰盘能够滑动解体，从而起到缓冲的作用，减轻碰撞的剧烈程度，同时，也能够防止标志戳进风窗玻璃，伤害乘员。如图 14 所示，是在北美地区广泛使用的小型交通标志立柱，方钢立柱的四面被密集地钻孔，目的是使其更容易弯曲，较小与之碰撞的作用力。需要指出的是，立柱应能够满足当地最大设计风载。

图 13　解体消能标志立柱受撞击图

图 14　解体消能标志立柱受撞击

参 考 文 献

[1] Timothy R. Neuman，Ronald Pfefer，NCHRP 350 Report：A Guide for Addressing Run-Off-Road Collisions，Transportation Research Board，2003.
[2] Roadside Infrastructure for Safer European Roads，European Commission，2003.
[3] AASHTO. Roadside Design Guide [M]. Washington：American Association of State Highway and Tansportation Official，2002.

公路安全性评价

唐琤琤　何　勇　张铁军

（交通运输部公路科学研究院　北京　100088）

摘　要：本文从安全性评价的起源、定义出发，探讨了公路安全性评价的定义、媒介、方法及所适用的不同工作阶段。公路安全性评价定性方法主要是规范符合性检查、公路安全审核。定量方法主要是基于数学、统计方法，寻求交通安全与其影响因素的定量关系。定量的安全性评价方法可以选择以下媒介：事故、速度、冲突、驾驶负荷等。定量的评价方法有：事故多发段判别、事故预测、速度一致性、冲突技术、驾驶负荷一致性等。本文介绍了事故多发段判别、事故预测、速度一致性的最新研究成果，并提出冲突技术、驾驶负荷一致性等安全性评价方法的下一步研究工作。

关键词：规范符合性　安全审核　多发段判别　事故预测　速度预测　冲突　驾驶负荷

1　引言

安全性评价起源于保险业。20 世纪 30 年代，美国的保险公司要替客户承担各种风险，要收取一定的费用。收取费用的多少与客户所承受风险的大小相关。因此就出现了一个衡量风险程度大小的问题。这个衡量风险程度大小的过程实际上就是风险评价，也称安全性评价。20 世纪 60 年代，安全性评价应用于航空航天、军事等领域，随后从宇航、核工业进入一般的电子、电力化工、机械、矿山等领域。

各行业公认的安全性评价的定义为：运用安全系统工程的原理和方法，对拟建或已有工程、系统可能存在的危险性及可能产生的后果进行综合评价和预测，并根据可能导致事故风险的大小，提出相应的安全对策措施，以达到系统安全的目的。安全性评价应贯穿于工程、系统的设计、建设、运行和退役整个生命周期的各个阶段。从此定义可以看出：安全性评价的目的是为了找出存在的危险及可能产生的后果，在此基础上应提出相应的安全对策，贯穿于各个阶段。从其起源及各行业的应用来看，安全性评价重大的意义在于建成之前找出安全隐患并予以改进，避免建成后发生安全事故。

20 世纪 80 年代，安全性评价应用于道路交通。和上述定义完全符合，交通安全性评价以道路使用者的安全为中心，从预防交通事故、降低事故产生的可能性和严重度入手，对道路项目建设的全过程，即规划、设计、施工和服务期进行全方位的安全性评价，从而揭示道路发生事故的潜在危险因素及安全性能。交通安全性评价最早起源于英国，随后澳大利亚、新西兰、欧洲的一些国家、北美等也开始应用，我国于 90 年代随着世行、亚行贷款的一些公路建设项目开始引进、应用。公路安全性评价是以预防交通事故和提高公路交通安全为目的的一项新技术手段。

2　方法和媒介

公路安全性评价分为宏观评价和微观评价。宏观评价一般是国家、区域层面上分析交通安全与人口、机动化水平、路网、经济等因素的关系，依此制定宏观技术和政策方面的交通安全改进对策。比如：泰国针对其交通事故死亡大多数为年轻的摩托车驾驶人，制定了摩托车驾驶人培训考试制度、摩托车检验制度、驾驶时必须戴头盔等安全对策。微观评价一般是路或区域路网层面上分析交通安全与道路特征、交通特征等因素的关系，依此制定道路基础设施改进、交通安全管理改进等安全对策。本文主要阐述微观评价的相关内容。

道路交通安全问题是人、车、路系统不协调产生的。根据我国事故资料[1]，2005 年发生的 450 254 起道路交通事故中，人(机动车驾驶人、非机动车驾驶人、行人、乘车人)的原因占94.54%，车辆的原因占1.84%，路的原因占0.06%。考虑事故责任判定、事故发生后有些事故原因难以判别等因素，路的原因应大于这个比例。根据国外的研究成果，路的因素占20%左右。根据安全性评价的原理，应从系统安全的角度，从人车路系统出发进行公路安全性评价。

微观安全性评价方法一般分为定性方法和定量方法。定性方法主要是规范符合性检查、公路安全审核的方法，定量方法主要是基于数学、统计的方法寻求交通安全与其影响因素的定量关系。定量的安全性评价方法可以选择以下媒介:事故、速度、冲突、驾驶负荷等。这些媒介也反应了上述从人、车、路系统出发进行公路安全性评价的思想。

从国内外关于公路交通安全性评价的研究和应用看，安全审核(Road Safety Audit)是比较成熟、有效的安全性评价方法，但其评价基本上依据评价小组成员的经验，现有各国的指南也基本上限于清单、案例，属于定性评价。

基于事故(绝对或相对)的安全性评价方法是最直接、最根本的评价方法。在大量采集公路、交通特征与事故数据后，理想的情况是通过统计等数学方法，将安全审核小组成员的经验抽象为各种条件与事故的关系，从而将安全性评价定量化。

由于我国事故数据存在一些问题、在建及运营公路的交通数据及电子化不足，依据速度、加速度等媒介来间接评价公路安全性也是一种较好的安全性评价方法。我国有些研究建立了高速公路、双车道公路运行速度预测模型，但不足的是速度差和安全性的关系尚缺乏研究，目前是直接套用国外的研究结论。

在进行事故前后对比分析时，由于事故的随机性和偶然性，需要较长时间的数据才可以进行分析，采取冲突的观测、对比也是较好的媒介和方法。只是，目前冲突技术中关于冲突分类，尤其是严重冲突的定义和判别尚未获得公认和标准化应用，也影响了其在国内的应用推广。即便如此，在我国事故数据现状下，冲突技术仍是需要继续研究并予以标准化来对具体地点的安全性进行评价的有效方法。

和速度这个媒介类似，驾驶负荷也是进行安全性评价的媒介。驾驶过程中，机动车驾驶人需操纵车辆适应道路、环境条件，由于人的生理、心理条件限制，驾驶负荷超过驾驶人能够承担的程度，或者驾驶负荷突变超过驾驶人反应能力或估计，就会出现驾驶操纵失误。其中一些驾驶操纵失误可能导致交通事故。国外已开始相关的研究，但还未形成相关成果。

下面从规范符合性检验、安全审核、事故分析(事故多发段判别、预测事故)、速度一致性、冲突技术等几方面阐述公路交通安全性评价的方法及应用。

3 公路安全性评价方法及其适用的工作阶段

公路安全性评价的各种方法，适用于不同的工作阶段。规范符合性检验、安全检查清单的检查，可用于可行性研究、初步设计、施工图设计、预开通和运营各个阶段的安全性评价。事故相对多发段判别用于运营阶段的安全性评价，要求有稳定的交通事故记录;速度一致性分析和事故预测可应用于初步设计、施工图设计、预开通和运营各个阶段的安全性评价;冲突技术用于运营阶段，并且主要针对平面交叉。

按建设过程，不同工作阶段可选用的方法见表1。按已有研究成果，不同等级公路可选用的方法见表2。

不同评价阶段评价方法选用 表1

评价阶段	评价方法				
	安全审核	多发段判别	事故预测	速度协调性	
工程可行性研究	√	√			
初步设计	√	√		√	√
施工图设计	√	√		√	√
预开通	√	√		√	√
运营	√	√	√	√	√

不同评价对象评价方法选用　表2

评价对象		评价方法				
公路形式	阶段	规范符合性	安全审核	多发段判别	事故预测	速度一致性
高速公路	设计	√	√		√	√
	运营	√	√	√	√	√
一级公路	设计	√	√			
	运营	√	√	√		
2～4级公路双车道	设计	√	√		√	√
	运营	√	√	√	√	√
4级公路单车道	设计	√	√			
	运营	√	√	√		

4　规范符合性检验

规范符合性检验可用于各个工作阶段。设计阶段的规范符合性检验仅考虑现有规范符合性。运营阶段需要依据公路建设期和评价期的标准规范分别对公路的设计指标进行检验分析，既考虑其建设期情况，又考虑对评价期交通流的适应情况。检验分为全部满足和部分满足，对部分满足的，列出不符合规范的路段。

规范符合性检验是对公路安全性的最低要求。

5　公路安全性审核

安全性审核的主要任务不是检查是否符合标准规范，其工作重点是对公路方案进行安全方面的审核。

公路标准规范的制订考虑了公路的安全性，但是因为要应用于整个行业，其同时还需要考虑普遍性、通用性和经济性的平衡等，因此安全方面的考虑会被削弱。此外，标准规范是经验的总结，所以公路标准并非总是最先进的。审核者必须超前于公路标准的规定，应用最新的研究成果或技术去进行公路安全性审核。

国外进行的安全性审核基本都是采用审核清单的形式，借助于独立安全专家的经验对公路项目进行安全性审核。审核清单列明了公路各个阶段需要审核的项目，可以避免审核中的缺漏项，而且规范了安全审核的内容。

安全性检查清单可用于各个工作阶段，不同的阶段审核的重点不同。工程可行性研究阶段主要考虑路线选择、线形选择、设计参数、连接线、道路等级、设计标准等；初步设计阶段主要考虑设计标准、平纵曲线设计、横断面设计、行车净空、道路运行情况、驾驶人员的主观意识与道路设计的符合情况、道路照明情况、上述因素的综合考虑、道路使用者的便利等；施工图阶段主要考虑是否考虑了所有的道路使用者、危险路段的防护、标志设计、标线设计、轮廓标设计、排水设计、连接线的设计等；工程施工与试运营阶段主要考虑危险路段的提前确定、标志的内容与设置位置、标线的内容与设置位置、实际的视距、危险路段的防护等；开通运营阶段主要考虑潜在的危险路段、道路用地的使用、路面的情况、交通量的情况、道路设施的运营情况与可靠性、交通效率、设施与路面的损坏等。

公路安全性审核仅仅涉及安全方面的问题；公路安全性审核无法解决安全性与建设成本之间的矛盾。公路安全性审核可以明确这种冲突，便于管理机构能够根据能力和时间做出适当的决定，即使由于资金限制不能立即解决存在的安全问题，也使管理者对可能发生的问题有所准备，并将其排入相应的完善日程。

公路安全性审核不能完全消除公路的“黑点”，更不能避免交通事故的发生。因此，运营后对公路加以持续的交通安全改造仍然是必须的，是减少事故发生的一个重要方法。通过安全性审核可以大大减少这种改造的数量。

6 基于事故的评价

6.1 事故相对多发段判别

事故相对多发路段及其附近路段的公路特征、交通特征的分析，对改善事故相对多发路段的安全状况非常重要。运营期公路，一般根据事故分布规律，找出事故相对多发路段，针对这些路段进行专门分析，找出公路本身容易使驾驶员发生误操作的原因，进行有针对性的改善。所以，事故相对多发路段的判别是运营期公路主要的安全评价内容之一。

事故相对多发路段判别是基于事故数(率)判别的方法，其核心思想是提取出在一定标准下事故密度最大的点段，该方法还可以结合考虑事故严重程度、交通量等。

国内外关于事故多发段判别的方法很多，PIARC 的《道路安全手册》[2]详尽地介绍了各种判别方法，并建议可以采用变化的步长，但没有具体的变化步长的方法。

文献[3]中，在平均路段过滤法和固定步长过滤法的基础上，提出了动态步长过滤法进行事故多发段的判别，具体方法是先把事故按里程从小到大的顺序排序，然后以动态变化为非 0 的、相邻事故里程桩号间的差值为推进步长，最后应用类似固定步长推进的方法进行单位滤出区间内事故统计。该方法集中体现了样本的特性，相对于固定步长过滤法，该方法可以完全反映滤出区间在对象路段的随机提取效果，具有较高的精度。

以固定步长、动态步长过滤法原理为基础，在 VB 平台上做程序，对某高速公路 19～39km 共 20km 路段长度进行事故多发段的分析，该段公路在该时间段内没有大修和改建。事故资料显示，1999～2004 年 9 月该显各段有效里程桩号记录的事故为 590 条，分析结果见图 1、图 2。其中，固定步长法的标准为 1km 单位路段标准，固定推进步长为 0.1km；动态步长法的推进标准为 1km 单位路段标准，为了简化处理过程，只针对事故次数进行判别。

结果对比列于表 3。从图 1、图 2 和表 3 可以看出：

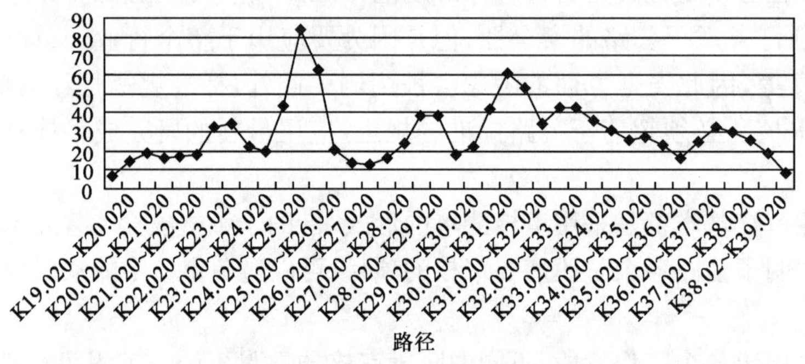

图 1 固定步长过滤法事故多发段路段分析结果

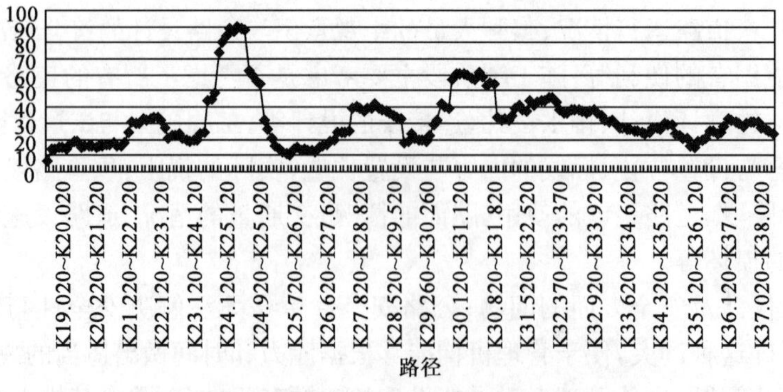

图 2 动态步长过滤法事故多发段路段分析结果

(1)动态步长过滤法的分布点密度明显比固定步长过滤法高很多，动态步长过滤法的推进计算次数更多，符合样本特性。

(2)动态步长过滤法峰值为90,而固定步长过滤法峰值为84,动态步长法对比固定步长法可精确确定事故次数最多的单位路段。相应动态步长过滤法对应峰值90的24.82～25.82km路段整治的时候优于固定步长过滤法对应峰值84的24.52～25.52km路段。

固定步长过滤法和动态步长过滤法分析结果研究对比表　表3

方　法	事故多发路段(桩号)	事故多发路段长度	方　法	事故多发路段(桩号)	事故多发路段长度
固定步长过滤法	24.52～25.52	1km	动态步长过滤法	24.3～25.5	1.2km

后续的研究[4]提出了更加合理的双变量区间过滤法进行事故多发段判别。

6.2　事故预测

事故预测模型是直接研究公路、交通与事故间关系的研究方法,其思路是把公路分成若干个路段、平面交叉等,然后分别对它们进行事故预测,再对预测结果进行分析,借此分析出设计方案中公路条件相对较差的点段。

文献[3]中,在调研、采集双车道公路、高速公路的事故、线形、交通等数据的基础上,建立了道路和交通要素与事故关系的双车道公路事故预测模型。其中,高速公路主要针对设计速度为60km/h和80km/h的山区高速公路。双车道公路根据公路横向干扰、路侧情况等,创造性地将双车道公路划分为普通路段、村庄路段和交叉口,分别建立了事故总数、一般以上事故次数以及碰撞、追尾和路侧等不同形态的事故次数的预测模型。基础模型建模过程中,根据我国双车道公路路侧特征提出路侧危险程度4级分级方法以及接入口的分析方法,具体内容如下。具体的模型形式及变量说明不再赘述。

(1)分段建立基础模型

双车道公路,将其分为同质的普通路段、村庄路段、交叉口,基于统计分析,分别建立道路和交通要素与事故关系的基础模型。高速公路仅分为同质的路段。

(2)事故修正因子进行修正

由于统计模型自身的缺点,即统计相关性无法说明道路特征与交通控制特征之间的关系,因此,仅用基本模型预测一定基本条件下的事故数,不同于基本条件的道路特征、交通控制特征对路段交通事故数的影响都通过事故修正因子(AMF)来修正。

(3)标定

不同地区的事故不同,即使两条路相似,事故也可能不同。由于基础模型的建立仅用了一个省的数据,许多影响因素未含在基本模型里,例如:事故记录的区别,驾驶员总数、天气的区别等。因此,提供了一个标定过程,每一个省应用预测模型时可以根据当地的安全状况进行调整。公路交通安全特征是随着时间变化的,即使是建模区域的双车道公路,3～5年后需要进行事故预测时,也需要根据彼时的情况进行调整。

标定周期一般为3年,应用标定程序来确定标定系数(预测值＝标定系数×预测模型预测值),使标定后的事故预测值适应于各个预测区内自身的安全特性。标定不是必须的,根据掌握的数据、经济性等,有不同的标定程序[3]。

(4)EB过程

由于基础模型是统计模型,因此其不能完全表示事故偶然性。举例说明,因为弯坡组合处经常发生事故,应用统计模型的结果是有一定的事故数,实际情况是有些弯坡组合处有可能没有事故发生。EB过程以式(1)表示,应用EB过程可以将二者结合起来,提高预测准确性。

$$E_p = w\,(N_p) + O(1-w) \tag{1}$$

式中:E_p——N_p和O加权平均后得到的预测事故数;

N_p——某一时期某条路预测的事故数(所有路段、交叉口预测事故数的和);

w——权重;

O——某一段时间观测的事故数。

通过应用事故预测模型,可以预测出沿公路各段的事故分布。对于设计阶段的公路,可以进行不同设计方案的比较；或者对同一个设计方案，关注事故预测值较高的路段，进行设计方案的改进。对于已有公路，无论是否有历史事故资料，都可以进行事故多发段的判别，对事故相对多发段进行安全改进。

7 速度一致性

速度一致性是以速度为媒介，认为速度是公路、交通等条件的表征，然后把公路分成若干的路段、平面交叉等，然后对它们的速度进行预测，通过相邻路段的速度差来分析设计方案中公路条件相对较差的点段。由于运行速度这个媒介相对比较好测量，易于开展工作，在目前得到更多的青睐，国外研究成果较丰富，国内也有一些研究成果。

速度一致性是指道路几何线形设计和驾驶员所期望的保持一致，而且符合安全操作车辆能力极限特性的要求。一般具有以下两方面含义：(1)运行速度与设计速度的一致性；(2)相邻路段运行速度的一致性。

对于运营中公路，可以实测运行速度；对于设计方案，可以依据《公路项目安全性评价指南》(JTG/T B05—2004)附录 B 进行高速公路、一级公路的运行速度预测。

最近的研究[5]建立了双车道公路特征点的运行速度模型，包括平曲线、纵坡、弯坡组合、直线段、横断面尺寸等，并给出了公路功能、横向干扰、出入口间距、地形等影响因素对预测运行速度的修正值。依据此成果，可以进行双车道公路的运行速度预测。

关于评价指标，目前国内沿用国外的研究成果[6]，$\Delta v \leqslant 10$km/h，线形连续性好，事故率低，基本不存在事故多发地点；10km/h$<\Delta v \leqslant 20$km/h，线形连续性一般，事故率有所增加，事故多发点比较稀少；$\Delta v > 20$km/h，线形连续性不良，事故多发点较多。

8 交通冲突技术(TCT)

20 世纪 60 年代开始，交通冲突技术首先在欧洲应用于评价交叉口安全性。交通冲突是指交通行为者在参与道路交通过程中，与其他交通行为者发生相会、超越、交错、追尾等交通遭遇时，有可能导致交通损害危险发生的交通现象。交通冲突与交通事故的成因和发生的过程基本相同，特别严重的交通冲突和事故之间有良好的相关性，使得采用冲突作为安全评价和预测成为可能。

严重冲突可以观测，一般具有以下特征：有突然的、明显的动作；冲突方不愿意第二次发生同样的冲突；在试验车道上，驾驶者无法模拟严重冲突。根据观测，对冲突双方的车速、距离进行测试、估计，可以算出冲突双方将发生事故的时间，根据图 3 进行判别是否为严重冲突[7]。

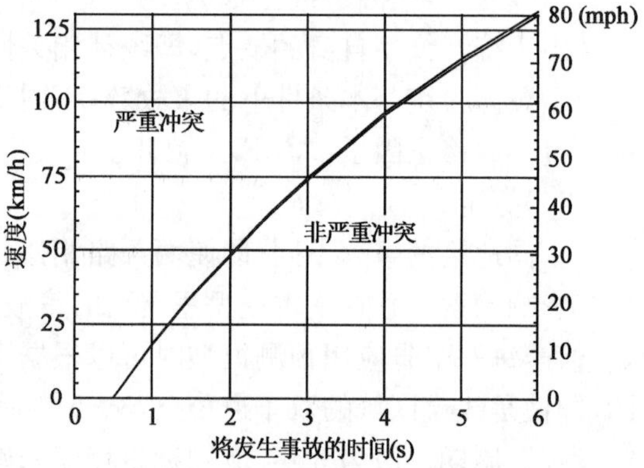

图 3 严重冲突判别

交通冲突技术主要应用于已有公路，尤其适用于平面交叉安全改进前后对交通冲突观测结果的对比分析。如果用事故数据进行对比分析，则需要有足够长的时间进行事故数据的积累、分析。

9 结语和进一步的研究工作

从定性方向进行安全性评价，有规范符合性检验、安全检查清单；从定量方向进行安全性评价，有事故相对多发路段判别、运行速度一致性、事故预测等。

这些评价方法适用于新建公路、改扩建公路的安全性评价，对应于建设过程为可行性研究、初步设计、施工图设计、预开通、运营阶段的安全性评价。对设计阶段的安全性评价，可根据评价结果对设计方案进行完善；对现有公路的安全性评价，可为安全改进提供依据。

由于各种评价方法基础理论研究时的研究方法、数据质量、技术水平不尽相同，导致评价结果的表现形式也各有差别，为此需要尽可能运用较多的方法，根据安全评价的起源和定义，各种方法评价的结果即潜在的不安全点(路或方案的某一段)进行归纳,不同的方法评价结果皆认为是不安全点,需要给予更多的关注。对安全性评价的结果即不安全点,应进行进一步的分析,提出安全改进的建议。

由于事故预测、运行速度预测等研究成果在我国研究的周期还相对较短,且还没有得到大规模的实际应用,同时用于建模的样本受样本采集区域条件的限制,可能不能代表我国普遍情况,实用化不够等,还需做进一步的应用、完善工作。

冲突技术关于严重冲突的定义、判别标准等也需要根据我国实际交通状况进行进一步的研究。

国内利用驾驶员驾驶负荷来进行安全性评价尚未开展相关研究,需就驾驶负荷的度量、测定,驾驶负荷与道路 & 交通特征的关系,驾驶负荷一致性与安全性关系等进行深入的研究。

无论怎样,利用各种安全性评价方法,找出公路上潜在的不安全点并进行改进,尤其是对设计阶段公路进行安全性评价,可以有效地提高公路安全性,具有重大的社会、经济意义。

参考文献

[1] 公安部交通管理局. 中华人民共和国道路交通事故统计年报(2005 年度)[R]. 2006,5.

[2] Road Safety Manual. Recommendations from the World Road Association(PIARC). 2005:107.

[3] 交通运输部公路科学研究院. 公路安全审核指南[R]. 2006,5.

[4] 张铁军,唐琤琤,张巍汉. 双变量区间过滤法进行事故多发段判别[J]. 公路交通科技. 2006,23(4).

[5] 交通运输部公路科学研究院. 山区双车道公路路线设计参数的研究[R]. 2006,9.

[6] Kay Fitzpatrick. Lily Elefteriadou et al. Speed Prediction for Two-Lane Rural Highways. Publication NO. 99-171. August 2000.

[7] Sverker Almqvist. Christer Hyden. Methods fot Assessing Traffic Safety in Developing Countries. Building issues-SIDA and LCHS. Volume 6. 1994.

缆索护栏在高速公路路侧安全防护中的应用

文 涛[1] 罗建中[2] 高海龙[1] 李长城[1]

(1.交通运输部公路科学研究院 北京 100088;
2.山西忻阜高速公路建设管理处 山西 035500)

摘 要:本文首先对缆索护栏在国内外的研究和应用现状进行了综述,阐述了缆索护栏的结构组成(主要包括缆索、立柱、防阻块三个部分),对缆索护栏与其他护栏进行了对比分析(通过比较可知,缆索护栏具有良好的经济效益、社会效益和环境效益),提出了缆索护栏的适用条件,最后分析了在设置缆索护栏时需考虑护栏的端部外展、变形量、布设位置、最小设置长度、初始拉力大小等因素,为缆索护栏在忻阜高速公路的推广应用打下了良好的理论基础。

关键词:高速公路 路侧安全 缆索护栏 柔性护栏

1 引言

截止到2009年底,中国高速公路通车总里程达到6.5万km,快捷舒适、四通八达的高速公路网初步形成,但在高速公路飞速发展的同时,道路交通事故数量也在逐年上升,其中路侧事故占的比重最大,据不完全统计,路侧事故数占全部道路交通事故的1/3左右,路侧事故所造成的伤亡人数比重则要明显高于路侧事故数比重,由此可见,路侧事故相比其他类型事故而言,更具严重性。

作为高速公路重要的路侧安全防护设施,护栏通过自身变形或者失控车辆抬高吸收碰撞能量,从而改变车辆的行驶方向,起着防止车辆冲出路外、减低驾驶员受伤程度和保护路侧建筑物的作用,最大限度降低道路交通事故的严重程度和减少经济损失,为高速公路高效便捷行车提供了安全保障。高速公路的护栏形式按照受力力学特性不同可以分为刚性护栏、半刚性护栏和柔性护栏。其中,我国使用最广泛的护栏形式是半刚性护栏,即波形梁护栏。柔性护栏是一种具有较大缓冲能力的韧性护栏,主要是缆索护栏,国内对于缆索护栏研究很少,相关规范的建立主要是借鉴国外研究成果以及一些高速公路上柔性护栏的使用经验。

"忻阜高速公路路侧安全防护技术"是原交通部2007年确立的忻阜高速公路科技示范工程二十余项科技示范课题之一。针对路侧安全问题,研究适用于忻阜山区高速公路的缆索护栏,对于提高科技创新示范路的交通安全水平、节约运输经济成本、提高交通运输效率、缓解当前交通安全所面对的严峻形势具有十分重要的现实意义。

2 缆索护栏国内外研究和应用现状

国外方面,日本和美国等国家使用缆索护栏的历史较长,并且一直进行着缆索护栏的碰撞试验和研究工作,积累了大量的资料和丰富的经验。在理论分析和模拟实验的基础上,通过实车足尺护栏碰撞验证实验和公路上的应用实践,并对缆索护栏的适用范围、结构设计、功能要求、施工安装等方面作出了明确的规定,研发的产品和安装设备也有一定的市场。缆索护栏的发展经历了一系列的变化,包括英国、美国、澳大利亚、法国、捷克、印尼、中东、新西兰、泰国、马来群岛、斯堪的纳维亚、南非等在内的30多个国家和地区都在使用。

国内方面,我国研究缆索护栏的时间不长,设计、生产和安装主要借鉴国外有关资料。1988年开始设计时,主要是借鉴日本、美国的一些产品宣传资料。1992年竣工的合宁高速公路合肥至周庄段首次在路侧和中央分隔带采用了缆索护栏,在通车的第一个5年里,在数百次撞索事故中,端柱无一损坏,极少发生断索现象,收到了很好的效果。1994年初我国制定了行业标准《高速公路交通安全设施设计及施工技术规范》(JTJ 074—94),对缆索护栏的设计、生产和安装作出了相关规定。2004年初,原交通部在全国组织实施的"安保工程”中，109国道北京段、108国道剑门关段等路段都使用了缆索护栏；一些高速公路的高危魔鬼路段和部分高等级公路也相继使用了缆索护栏。2005年8月，成渝分公司在重庆段15～16 km走马附近，试装了柔性护栏，安装至今，再也没有发生过死亡事故。我国对缆索护栏的研究和应用主要是借鉴国外相关经验，但是我国道路上各种车辆组成比例与国外有较大差异，因此如何使缆索护栏符合我国国情，以及如何在我国推广缆索护栏，还有待进一步研究。

3　缆索护栏的结构组成

缆索护栏是一种具有较大缓冲能力的柔性安全护栏，是与刚性护栏相对应的另一极端形式。它以数根施加了初拉力的缆索固定于支柱上，主要依靠缆索的拉应力来抵抗车辆的碰撞并吸收碰撞能量，缆索在弹性范围内工作，具有较大的韧性缓冲能力，能达到“以柔克刚”的效果。汽车与缆索护栏的碰撞是一个极为复杂的问题。从汽车撞击缆索护栏的过程来看，这是一个典型的大位移、大转动、大应变且具有未知约束的强非线性问题，在这一复杂的撞击过程中，缆索的拉应力随着汽车的相对运动不断变化，缆索和中间立柱的摩擦力则随着缆索拉应力的变化而变化，这一变化又影响着汽车的运动轨迹。

缆索护栏主要由防阻块、缆索、固定缆索部件、立柱等组成。防阻块由螺栓固定在立柱上，缆索由固定缆索部件安装在防阻块上。

(1)缆索。缆索是钢索护栏的主体部分，对其强度、韧性、索径和防腐能力等均有较高的要求。护栏采用5根或者6根平行缆索，由优质碳素结构钢制造，要求表面镀锌，具有较高的强度和抗腐蚀性能。

(2)护栏立柱。护栏立柱包括端部立柱和中间立柱，是主要的受力构件。中间立柱在拦截过程中承受较大的冲击力，需要有较大的抗弯刚度和抗扭刚度，采用圆筒形焊管支撑架，普通碳素结构钢板制造；端部立柱承受缆索拉力和失控车辆的碰撞力，采用三角形支架的稳定结构，铸钢制造。

(3)防阻块。防阻块称为钢索托架，与立柱采用的材料相同。它能支撑缆索，保持缆索的距离和结构形态，具有缓冲吸能、减少绊阻等作用。

4　缆索护栏的优点分析

近年来，国内外对防护护栏试验检测和使用效果表明，高性能的柔性缆索护栏有它独特的优点。缆索护栏价格便宜、容易修理，施工和撞击后维修较经济，能提高高速公路路侧安全性和透视效果，合理地使用柔性缆索护栏具有一定的社会效益、经济效益和环境利益。

4.1　经济效益

(1)工程造价较低，节约钢材资源。在工程造价方面，缆索护栏相对其他护栏而言，具有较强的优势。依据有关文献的调研分析，不同种类护栏的每延公里造价是：混凝土墙式护栏整体式约为15万元，分离式约为18万元，波形梁护栏约13万元，缆索护栏约为11万元，可见，缆索护栏经济效益十分显著；使用钢材方面，相对波形梁护栏的用钢量，缆索护栏用钢量更加节省，从表1可以看出，缆索护栏比防护等级相同的三波形梁钢护栏相节约钢材77%左右，比双波形梁钢护栏节约钢材47%左右，满足“资源节约、可持续发展”的理念。

每公里护栏使用钢材对比　表1

护栏类型	每公里钢材用量(t)	节省钢材比例(%)	备　注
缆索护栏	13.7		5根缆索，立柱间距7m
双波形梁护栏	26.1	47.5	立柱间距4m
三波形梁护栏	60.2	77.3	立柱间距2m

(2)施工方便，安装成本较低。缆索护栏的立柱设置间距较灵活，立柱打入或埋入比波形立柱数量少，跨越涵洞、通道等结构物障碍时，调整桩位较容易，这给施工安装带来极大的方便，挂缆后的线形调整也较容易。安装时，将施加初应力的缆索用索端锚具固定于端部，在中间立柱上设置防阻块或托架和U形螺栓与缆索相连；施工时，工艺比波形护栏拼接简单，施工成本降低。

(3)减少维修费用,具有防盗性能。缆索护栏完全依靠缆索的拉应力来抵抗车辆的碰撞,依靠立柱、托架的解体变形、移位及缆索的摩擦来吸收失控车辆的能量。由于缆索在弹性范围内工作,因此缆索护栏在遭碰撞事故后,一般不需要更换缆索,只需要更换中间立柱和托架。缆索护栏基本不需要除锈涂漆保养,具有较好的防盗性能,减少了维修养护等相关费用,在冬季,由于缆索护栏结构不阻雪,减少了冬季防滑、除雪及日常公路养护工程量。相比而言,波形钢护栏在遭碰撞后,则需要更换波形板,还需要更换立柱,平时还需要定期除锈涂漆保养。

4.2 社会效益

(1)具有良好的路侧安全防护功能。缆索护栏具有较好的柔韧性,能有效地吸收失控车辆的能量,防止车辆冲出路侧边缘,不易发生二次事故。因此,车损及伤亡率均低于混凝土护栏和波形梁护栏;同时,缆索护栏的碰撞突破率也低于波形梁护栏。

(2)适用性强,符合我国地域特征复杂的国情。在软土路段和估计有不均匀沉降路段设置缆索护栏,可有效地减轻路基沉降对护栏的损伤;在长直路段、大弯道、风景区和要求美观的地方,由于缆索护栏具有美观的外形,设置缆索护栏与景观较协调,驾驶员没有压抑感,行车较舒适;在积雪地区,设置缆索护栏可大大减轻清扫积雪工作量,有利于提高风雪天气通行能力;缆索护栏不仅适用于温度比较高的南方,同时由于缆索直径小,迎风面积远远小于波型钢护栏,在东北(寒冷)地区也同样适用。

(3)缆索护栏对车辆的包容性好,对大尺寸车辆有较好的引导作用。

4.3 环境效益

(1)防腐性能优良,且耐用环保。缆索护栏表面采用防腐技术处理,除采用传统的热镀锌方式外,还可采用"多元合金共渗"技术,该技术环保、无污染防腐性能非常好,通过连续自动化热浸镀技术,在熔融状态的锌液中添加铝、镁、硅等元素,在一定温度下将镀液浸镀在钢板或钢带表面,形成具有高耐腐蚀性的锌-铝-镁等合金镀层。

(2)具有良好的通透性和景观融合效果。缆索护栏结构简洁明快,通透性好,护栏形式美观,与高速公路周边的环境非常协调,汽车行驶时没有压迫感没有压迫感,可在缆索护栏上加线形诱导标、轮廓标或外加 PE 塑料扣板进行装饰,更能增强视觉诱导效果,减轻驾驶员的疲劳。

5 设置路侧缆索护栏需考虑的因素

随着我国高速公路的迅猛发展以及服务水平的提高,护栏市场会不断地扩大,北方积雪地区,风景名胜地区,希望护栏美观、降低造价的地区,都是设置缆索护栏的理想地方。但是在具体设置缆索护栏时,需考虑以下几个因素:

(1)缆索护栏的变形量。护栏在碰撞受力后的变形量是护栏设置时要考虑的一个重要因素,尤其当被防护对象是刚性物体的时候。如果护栏防护的是刚性物体,那么护栏与被防护物体之间的距离应不小于护栏在受车辆撞击后所发生的实际变形量。《高速公路护栏安全性能评价标准》(JTG/T F83-01—2004)给出了缆索护栏的最大动态变形量为 1 000mm。如果护栏与障碍物间距不能得到保证,那么在到达碰撞物体前的一段护栏就要采取加大力柱尺寸、减少力柱间距、加强梁板强度等措施以减小护栏的变形量。

(2)缆索护栏初始拉力大小。柔性缆索护栏初始拉力大小对碰撞轨迹和缓冲宽度有直接影响。改变材料的力学性能,选择弹性模量与强度比值小,且抗拉强度比较大的材料,可以增大缓冲距离。选择相应缆索材料将会更加充分体现出此种结构的优点。

(3)缆索护栏端部外展。护栏的端部通常进行外展处理,主要用于路侧护栏由起始位置到被防护障碍物(如桥墩)过渡。外展处理使路侧护栏端部距离行车道更远,将护栏逐渐引入到与行车道边缘线平行的位置,使护栏防护的路侧障碍物不引起驾驶员较多的注意,有利于行车安全。护栏外展的缺陷也很明显,展开率($b:a$)越大,车辆碰撞角就越大(图 1)。随着碰撞角的增加,事故的严重程度也会增加。推荐设计速度为 100km/h 和 80km/h 的公路,其路侧护栏端部展开率分别为 1∶18 和 1∶16。

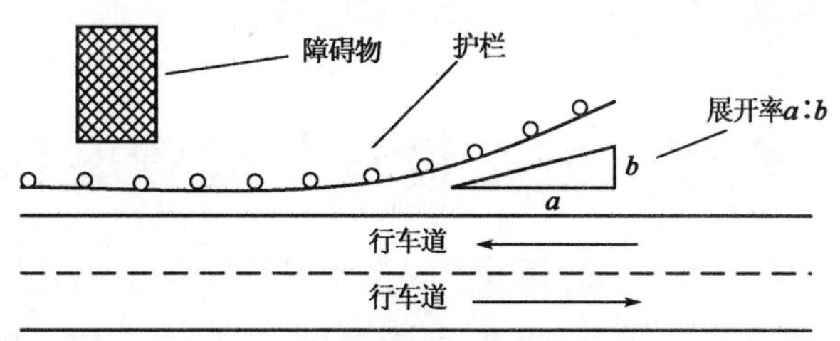

图1　护栏端部外展处理示意图

(4)缆索护栏的设置位置。我国高速公路路侧护栏一般设置在土路肩上,《高速公路交通安全设施设计及施工技术规范》(JTJ 074—94)中只根据土路肩宽度对路侧护栏与路肩边缘之间的最小距离进行了规定,却没有对护栏与障碍物之间应有的合理间距进行规定,护栏位置的设置与其作用发挥的程度紧密相关,与道路交通安全息息相关。在设置缆索护栏时,应结合高速公路的实际情况和缆索护栏的功能要求,对其具体的布设位置进行研究,既要让路侧缆索护栏发挥功效,又不影响正常的交通秩序。

(5)缆索护栏的最小设置长度。护栏最小设置长度是指护栏的标准段、渐变段和端头所构成的总长度。路侧护栏的最小设置长度,主要考虑护栏的整体作用,只有当护栏作为连续梁时,才能很好地发挥整体效果,护栏才是有效的。如果护栏设置长度较短,不但影响美观,而且不能发挥护栏的导向功能,增加碰撞的危险性。

6　结语

本文对缆索护栏的研究和应用现状进行了综述,阐述了缆索护栏的结构组成,并对缆索护栏的优点进行了分析,其适应性强,安全性好,施工方便,维护修复容易,经济效益明显,并结合山区高速公路的特点,提出了缆索护栏的适用条件,最后分析了在设置缆索护栏时需考虑的关键问题。

忻阜高速公路处于山西省山区,是交通运输部在2007年确立的全国四大科技示范工程之一,自西向东分别穿越忻定冲积平原、文山、东冶盆地、五台盆地边缘、凤凰岭、清水河河谷到长城岭止。忻阜高速忻长段有数十公里位于平原河谷地带,路侧地形条件相对较好,这为路侧宽容设计提供了良好的条件。另外,由于忻阜高速忻长段经过著名佛教圣地五台山风景名胜区,这对路侧环境的和谐设计提出了更高的要求。根据忻阜高速公路的自然景观,结合缆索护栏特有的通透性和与路侧景观的协调性,在沿线部分路段路侧设置缆索护栏,将会使高速公路与自然风光融为一体,并将取得良好的经济效益和社会效益,成为忻阜高速公路建设的一大亮点,这将推动缆索护栏在山西省乃至全国正在建设或即将开工建设的高速公路中的推广应用。

参考文献

[1] 黄孝伟,时成林,王红远．浅谈长珲高速公路缆索护栏的应用[J]. 吉林交通科技,2009(4).

[2] 吴大军,叶万忠. 公路护栏的设置[J]. 河南科技,2007(11).

[3] 张建功,陈静. 道路安全防护技术在山区公路上的应用[J]. 交通科技,2009(3).

[4] 中华人民共和国行业标准. JTG D81—2006　公路交通安全设施设计规范[S]. 北京：人民交通出版社,2006.

[5] 交通部公路安全保障工程技术组. 公路安全保障工程设施技术指南[M]. 北京：人民交通出版社,2006.

[6] 刘少源. 高速公路汽车与护栏碰撞的简化计算方法——柔性梁法[J]. 公路交通科技,1995(6).

[7] 孙月长. 缆索护栏的设计与应用[J]. 公路,1996,1.

[8] 中华人民共和国行业标准. JTG/T F83-01—2004　高速公路护栏安全性能评价标准[S]. 北京：人民交通出版社,2004.

[9] 中华人民共和国行业标准. JTJ 074—94　高速公路交通安全设施设计及施工技术规范[S]. 北京：人民交通出版社,2002.

[10] 重庆华驰交通科技有限公司. 缆索护栏调研报告(第二版)[R]. 2006.

护栏端头安全设计与处置案例

李长城[1] 高海龙[1] 王海东[2] 郭建武[2]

（1.交通运输部公路科学研究院 北京 100088；
2.山西忻阜高速公路建设管理处 山西 035500）

摘 要：目前，国内在路侧护栏端头、中央分隔带护栏开口、出入口三角区护栏端部的安全设计方面还存在问题，因护栏端头处置不合理而导致交通事故的现象越来越受到关注。基于此，本文总结了护栏端头安全设计的要点，给出了国内典型的护栏端部设计案例，并介绍了部分欧美国家成熟的护栏端头处置方式或产品，为道路安全设计人员提供针对性的参考。

关键词：路侧 交通安全 护栏端头 安全设计

1 概述

据估算，我国每年有1/3的死亡事故发生在汽车与路侧碰撞的单车事故中。护栏作为一种重要的交通安全设施，在防止车辆冲出路外坠入沟壑深谷，降低事故严重后果方面发挥了重要作用。尽管如此，公路交通事故中很大一部分仍与路侧护栏的不合理设置有关。

当前，护栏在设置方面存在的主要问题是：护栏防撞等级不足、不同刚性护栏间缺乏过渡、护栏端头未进行安全处理等，其中，又以护栏端部未进行安全处理最为突出和严重（图1和图2），意外车辆撞在出入口三角区护栏端部或中央分隔带护栏开口端部，通常引发后果十分严重的伤亡事故。

图1 未作安全处理的波形梁护栏端头

图2 车辆被护栏刺穿

美国事故数据显示，导致人员伤亡的事故仅占护栏碰撞事故的6%，然而，因护栏端部未进行合理处置而造成的事故，占上报护栏碰撞事故的大多数。以国内高速公路为例，虽然绝大多数高速公路设置了半刚性护栏，在立交的匝道入口、出口处设置了沙桶，但沙桶本身不具有防撞性，又缺乏对沙桶设置进行必要的碰撞试验和研究，单个的沙桶难以起到有效的安全保护作用，加之缺乏养护，有些沙桶根本就是一个空桶，仅能借助上面的反光膜起到危险警示的作用，还是有很多事故发生在护栏的端部，而且事故中重大事故的比例较大。由此可见，护栏端部的合理设计与处置，对于减少路侧事故和降低事故严重性具有重要意义。

2 护栏端头安全设计

护栏端头安全设计指的是护栏在起点或终点处所做的一种特殊处理（护栏标准段开始端或结束端所设置的端部结构）。路侧护栏主要依据路堤填土高度、边坡坡度及路侧的危险程度决定是否设置，因此，一般路侧护栏不是连续设置的，每设置一段护栏就有一个起点和终点需设置护栏端头。端头处置的重点在起点处，也即护栏段的上游或称迎车面，如设在上跨桥桥墩迎车面以及设在中央分隔带起终点的护栏端头。

车辆撞到未经特殊处置的护栏端头时，由于碰撞角度大(基本上相当于正面相撞)，对车辆的导向作用不显著，缓冲时间短，加速度大。因此，汽车与护栏端头碰撞事故的严重程度要远远大于汽车与路侧刮擦事故的严重性。此外，护栏端头还可能刺穿车辆，或者导致车辆倾覆。基于上述原因，护栏端头设计时应使其具有以下独特的性能：

(1)失控车辆正面碰撞时具有很好的吸能效果；

(2)端头护栏板不会穿透乘客车厢危及乘客安全；

(3)端头侧板应具有很好的导向性能使失控车辆不会在端头处因阻绊而突然停住；

(4)护栏端头结构连接牢固，整体性好。

此外，由于护栏端头是与护栏标准段相连接的，因此，良好的护栏端部安全处置需要与护栏标准段的设置要求一并考虑，才能最大限度地发挥护栏端头的安全特性。

2.1　护栏横净距

路侧护栏横净距是指路侧护栏与行车道边缘线间的侧向距离，其大小主要取决于设计时速，如表1所示。

护栏横净距　表1

设计速度(km/h)	侧向距离(m)	设计速度(km/h)	侧向距离(m)
120	3.2	60	1.4
100	2.4	40	1.0
80	2.0		

作为一般性的原则，护栏在保证功能正常发挥的同时，路侧护栏宜设置在距离行车道尽可能远的地方。如果有可能的话，护栏要尽量设置在横净距之外，特别是那些相对较短的、孤立的护栏。对于长而连续的护栏来说，如果护栏起点位于横净距以外，然后逐步过渡到行车道边缘附近，横净距就不那么重要了。当需要设置路侧护栏防护孤立的障碍物时，没有必要刻意坚持上表给出的横净距。

2.2　护栏基础

如果是防护路基，为保证护栏发挥良好的性能，护栏到路基边缘的距离必须充足，以确保护栏立柱获得足够的土壤支撑力。通常0.6m的距离就能够满足对护栏立柱的支撑要求，如图3所示，但该距离与土壤的特性、边坡坡度、预期碰撞条件、立柱截面、立柱埋深等因素有关。

如果路侧边坡很窄且对应的路肩宽度不足，或当立柱埋设于变坡点时致使护栏基础不稳，如图4所示，可将立柱埋深增加0.3m或更多，以抵消变坡点处降低的土基支持力。此外，也可采取减少立柱间距、在土壤中埋设金属板件等措施。

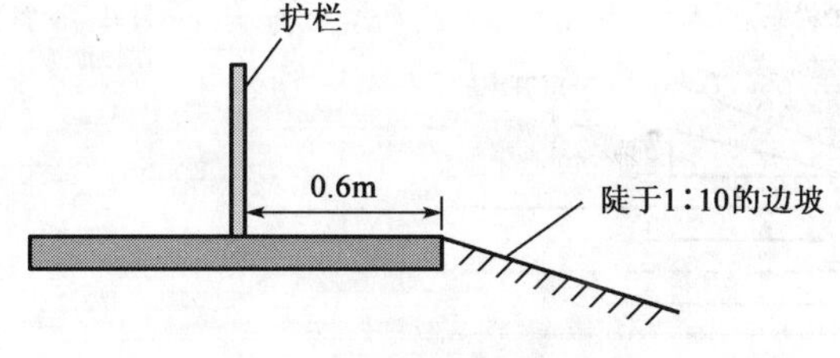

图3　护栏设置位置距路基边缘距离要求

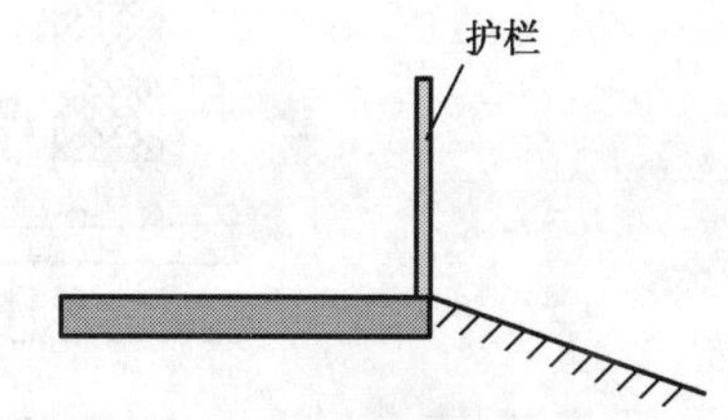

图4　护栏设置在边坡边缘

2.3　地形条件

路缘石和路侧边坡是两个需要特别注意的因素。在车辆与护栏发生碰撞前，如果车辆穿过路缘石或路侧边坡的话，可能会导致两种不利情形：其一，碰撞前车辆腾空，跨过护栏；其二，车辆与护栏的碰撞点太低，车辆前部钻进护栏，并在护栏立柱处发生卡阻或阻绊。

(1)路缘石

碰撞试验结果表明，在可能发生高速、大角度碰撞的地方不宜组合使用护栏和路缘石。如果必须同时使用，应考虑使用高度小于100mm的路缘石并增加护栏强度以减少变形量。其他措施还包括：在立柱后再增加一个波形梁、减小立柱间距、横梁双层化或增加摩擦梁。在低速道路上，也存在跳车的可能，但其风险较小，从经济效益比来看，改变设计可能不合适。

路缘石不论其是否与护栏联合使用，在设计时速高的道路上都不应采用。如果路缘石与波形梁护栏一起使用的话，应符合下列条件：

①路缘石最大高度为100mm；

②如果路缘石高度大于100mm，则应在护栏后面增加另外的梁板或在现有梁板下方增加摩擦梁以提高护栏的刚度；

③路缘石与护栏面齐平或位于护栏面之后。

波形梁护栏端头处置应位于路缘石之外。如果路缘石必须使用的话，路缘石应在护栏端头前15m的地方将高度降至50mm。如果降低路缘石的高度不可行，那么需要将波形梁护栏在端头前15m处起，以1∶25的比率向外展开，同时使护栏的高度逐渐提高至等于正常路段护栏高度与路缘石高度之和，随后再进行正常的护栏端头处置。

(2)边坡坡度

路侧护栏的设计和测试多是在水平地形条件下进行的，如果护栏设置在坡度大于1∶10的边坡上，那么，在某些碰撞角度和速度情况下，失控车辆可能会跨过标准路侧护栏或者碰撞点很低。

对波形梁的碰撞试验表明：当护栏置于1∶6的边坡上时仅部分满足要求。试验还表明，当碰撞角度为15°时，护栏能够导向车辆；当碰撞角度为25°时，碰撞会导致跳车。因此，已有的设置于1∶6边坡上的波形梁护栏可保留，但不推荐在1∶6的边坡上新建。然而，缆索护栏在1∶6的边坡上时却能够满足防护性能。

总体来讲，路侧护栏应设置在坡度为1∶10或更缓的边坡上；当边坡坡度大于1∶6时，可能不具备设置护栏的条件，如非要设置，需谨慎考虑，并留出侧向空间余量以保证失控车辆以设计碰撞高度撞向护栏。

2.4 护栏端部外展

当路侧护栏不能平行于行车道边缘线时，需要考虑将路侧护栏向外展开，外展的部分通常是护栏的端部，主要用于路侧护栏由起始位置到被防护障碍物(如桥墩)过渡(图5)。外展处理使路侧护栏端部距离行车道更远，将护栏逐渐引入到与行车道边缘线平行的位置，使护栏防护的路侧障碍物不引起驾驶员较多的注意。

护栏外展的缺陷也很明显，展开率($b∶a$)越大，车辆碰撞角就越大。随着碰撞角的增加，事故的严重程度也会增加，特别是刚性和半刚性护栏系统更为显著。此外，车辆与外展段发生碰撞后，提高了车辆被弹回行车道或对向车道而引发二次事故的可能性，对双车道而言，该问题应引起特别注意。

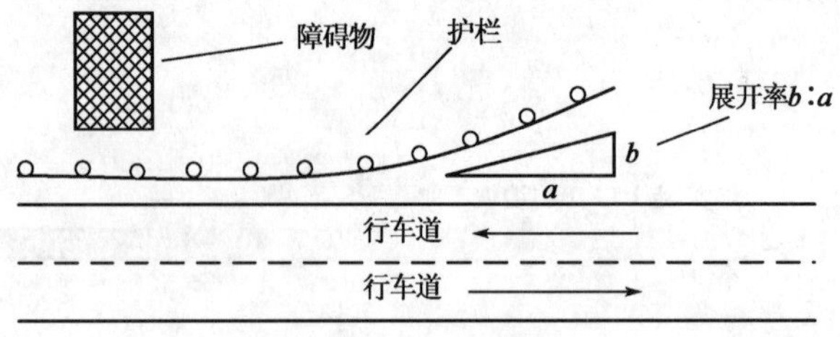

图5 护栏端部外展处理示意图

目前，国内路侧波形梁护栏的上游端部多进行外展处理。表2给出不同设计车速下，路侧护栏最大展开率的推荐值。

护栏端部展开率推荐值　表 2

设计速度(km/h)	展开率($b:a$)	设计速度(km/h)	展开率($b:a$)
120	1∶20	60	1∶12
100	1∶18	60 以下	1∶8
80	1∶16		

3　护栏端头处置案例

目前,国内对护栏端头的处置方法仍比较局限,一般多采用将端头外展的做法,即在护栏端头和标准段间设置渐变段实现端头外展,圆头式和地锚式为常见的两种处置形式。处置方式相对单一,缺少安全性更好的一些护栏端头专用设施产品,在国外,专用于护栏端头的产品多为专利产品。尽管如此,国内护栏端头处置在实践中还是发挥了较好的效果,除对端头进行特殊处置外,还可以辅以其他一些经济性好的措施以进一步改善护栏端部的安全性,例如:如果条件允许,在端头前方放置沙桶或警示桶;改进和完善标志、标线系统,确保驾驶员与道路间的"交互"作用顺畅;在端部涂以反光漆或粘贴反光膜,以提高端头在夜间或能见度较低天气条件下的视认性。

3.1　波形梁护栏端头

公路上采用的圆头式端头,如图 6 和图 7 所示。公路上采用的地锚式端头,如图 8 和图 9 所示。但图 8 所示护栏端头处理方式存在缺陷,护栏端头形成了一个"斜坡",将导致与其碰撞的车辆沿"斜坡"爬升,速度快的车辆将会抛向空中,护栏最为基本的拦截作用不能发挥,不可避免地发生翻车、坠车等事故。图 9 所示的端头处置方法充分利用了地形条件,在使护栏端部高度基本保持不变的情况下,将端头自然掩入边坡并进行锚固。

图 6　圆头式端头(1)

图 7　圆头式端头(2)

图 8　地锚式端头(1)

图 9　地锚式端头(2)

3.2　混凝土护栏端头

混凝土护栏端部的处理形式不多,主要有外展式和斜坡式。外展式的目的是使路侧护栏端部距离行车道更远,有时设计人员需结合端头处的实际地形条件,将端头"隐匿"或"消隐"于路侧山体或挖方边坡中,如图 10 所示。斜坡式类似于波形梁护栏端头的地锚式,目的在于减小车辆与端头的直接作用面积,通过斜坡时车辆向上爬升从而转移和消耗部分碰撞能量，如图 11 所示，如果路侧具备条件的话，斜坡式端头也应进行外展处理。由于斜坡式端头会对碰撞车辆产生提升作用，可能导致车辆翻向路侧，因此，在路侧为深谷、陡崖的路段应慎重采用。

图 10 护栏端头“隐匿”

图 11 斜坡式

4 其他新型护栏端头

下面介绍一些国外采用的护栏端头形式，需要指出的是，以下这些护栏端头多为专利产品，产品种类繁多、形式多样，能够满足不同路况条件和不同的防撞等级。近些年，路侧安全问题以及护栏端部处理问题越来越受到重视，在新型护栏端头研发的需求也在迅速增长，对此，一方面，宜参考和借鉴国外的成熟产品，适时地加快国外适用产品的引进消化速度；另一方面，需加大研发力度，制定护栏端头的防撞标准，鼓励专利产品的开发。图 12～图 19 是欧美国家普遍采用的一些护栏端头形式（产品），这些产品都通过了相应的测试，并且在实践中提出了良好的性能。鉴于篇幅所限，这些产品的产品规格、技术参数以及性能特点从略。

图 12 Brifen 缆索护栏端头

图 13 ELT 护栏端头

图 14 GR-7 Slotted Rail（狭槽滑动轨道端头）

图 15 SRT-350 护栏端头

图 16　FLEAT 式护栏端头

图 17　外展 REGENT 式护栏端头

图 18　Sequential Kinking Terminal-SKT 式护栏端头

图 19　BEAT-SSCC 式护栏端头

5　结语

路侧安全设计在国内还处于起步阶段，护栏端头的安全设计作为路侧防护设计系统中的一个“细节”问题尚未得到足够的重视，但发生在护栏端部的、后果严重的交通事故，客观上说明了护栏端头安全设计的需求。基于此，本文总结了护栏端头安全设计的要点，给出了国内典型的护栏端头设计案例，并介绍了部分欧美国家成熟的护栏端头处置方式或产品，以期为道路安全设计人员提供针对性的参考。此外，为改善我国护栏端头设计方面存在的安全问题，特提出以下几点建议：

(1)将护栏端头处置作为安全评价的内容；

(2)开展护栏端头的实车碰撞试验，验证现役护栏端头的安全性能；

(3)采取标志(识)、标线等经济性措施，弥补和加强非特殊护栏端头处置的安全效果；

(4)加大新型护栏端头产品的研发力度。

参 考 文 献

[1] 高海龙，李长城，等，公路路侧安全评估及防护方法研究报告[R]，2007，11.

[2] 李长城，汤筠筠，阚伟生. 公路路侧安全设计理念与案例[J]. 交通科技，2007，2：61-64.

[3] 唐波，雷正保，林骥. 高速公路半刚性护栏端头研究[J]. 公路，2004，10：171-173.

[4] 解建华，孙小端，陈永胜，等. 美国高速公路护栏端部处理[J]. 道路交通与安全，2006，4：38-40.

[5] 葛书芳. 防撞垫及其在高速公路中的应用[J]. 公路交通科技，2003，6：147-149.

[6] 杨佩佩，黄兰华. 路侧安全设计[J]，公路，2007，5：115-118.

基于驾驶员特性的公路三维动态视距研究

廖军洪[1,2] 杨润富[3] 张巍汉[2] 郐洪波[2]

(1.北京交通大学 北京 100044;
2.交通运输部公路科学研究院 北京 100088;
3.山西忻阜高速公路建设管理处 山西 035500)

摘　要:本文在分析国内外公路视距研究不足的基础上,提出了公路三维动态视距,详细阐述了公路三维动态视距的基本原理、关键技术以及计算过程。由于三次B样条曲线具有二阶连续性、灵活性等特征,本文采用三次B样条曲线表征公路线形,为计算三维动态视距奠定基础,同时,也为由GPS数据反算公路几何要素提供了方法。三维动态视距是在三维空间中利用空间几何向量关系而非投影到水平面和竖直面进行视距计算,在计算中考虑了平纵线形、驾驶员动态视野和夜晚时车前照灯照射范围等因素的制约,为更客观地评价公路线形连续性提供了新的思路和方法。

关键词:三维动态视距 样条曲线 驾驶员特性 动视角 视距

1 引言

驾驶员的驾驶行为与获取的视觉信息密切相关,视距是驾驶员获取视觉信息的重要量测方式之一。因此,确保驾驶员视距满足现行标准的要求是保障公路交通安全的基础工作,也是公路设计人员、安全评价人员必须考虑的安全因素。我国《公路工程技术标准》(JTG B01—2003)已经对高等级公路的停车视距、会车视距、超车视距的低限值作了明确规定,为了更科学、合理地分析驾驶员驾驶过程中视距的变化情况,评价线形的连续性和一致性,有必要进一步优化公路(特别是山区公路)视距的计算方法。

2 研究现状及不足

2.1 研究现状

国内在视距方面侧重于传统视距计算方法及其应用研究,如平曲线视距横净距计算方法的优化[4]、缓和竖曲线上的视距研究[11]、行车视距在道路设计中的应用[10]、平面视距保证的计算方法及其程序实现[15]等。近年来,视距相关方面的研究也逐步深入,同济大学提出利用三维空间坐标计算路线各点的"空间视距"来量化驾驶员的视觉信息,并在此基础上提出运行车速的预测模型[2,13];昆明理工大学利用公路设计数据,建立虚拟三维场景,进而进行视距量测和分析。

国外在公路视距方面研究相对较多。20世纪90年代,就有人提出在二维平面线形上考虑路侧净区的平面视距计算方法,并得到了较多应用。近年来,在视距方面具有代表性的研究是:利用GPS数据在三维空间中计算公路上各点的视距值[9];利用道路影像、拓扑数据在GIS平台上生成公路三维实体模型计算视距[5];采用有限元方法表示路面及路侧障碍物辅助计算视距[3]等。

2.2 存在的不足

总结国内外研究内容及特点,主要存在以下不足:

(1)传统的视距计算方法只考虑了平曲线或竖曲线因素,仅适用于线形非常好、几乎没有平纵组合的平原地区线形情况[8],没有考虑驾驶员动态视角路侧障碍物等因素。

(2)现有的视距计算方法未考虑夜晚时车前照灯照射范围对驾驶员视距的制约。

(3)尽管"空间视距"在国内已经得到一定应用,但没有考虑夜晚情况下车照前灯照射范围的制约。同时,采用多段线表述路线,计算方法较为复杂且其准确性有待进一步检验。

(4)尽管在三维虚拟场景中能够模拟白天、夜晚、雾天等情况，并能计算视距，也考虑了动视角等因素，但该方法成本较高，不利于广泛使用。

(5)尽管国外提出了利用GPS坐标拟合样条曲线来表示路线，但坐标数据采集方式在国内不易实现，同时没有考虑驾驶员动态视角及夜晚行车时车前照灯照射范围的制约。该计算方法仅适用于线形变化不大、起伏较小的丘陵地区线形情况，而对于山岭重丘区的适用性有待检验[8]。

(6)尽管GIS具有强大的空间分析功能，可以利用航拍影像数据分析视距，但基础数据不易获取，在国内可操作性较差，并且其精度还有待验证。

综上所述可知，尽管国内外在公路视距计算及分析方面研究较多，但仍然存在如影响驾驶员视距的主要因素没有完全纳入到计算方法中、在国内应用可操作性不强等不足。因此，有必要在现有研究成果的基础上，提出更合理、实用的视距计算方法。

3　公路三维动态视距原理

驾驶行为是以驾驶员感受到的视觉信息为基础，视觉信息的变化会导致驾驶行为的改变，当视觉信息变化超过驾驶员操作能力或发生突变时，容易引发交通事故。作为量化驾驶员视觉信息指标之一的视距受到公路平纵线形、驾驶员动视力、路侧等因素的影响。为了更合理地计算驾驶员视距，本文提出了公路三维动态视距。

3.1　定义

本文提出的公路三维动态视距是指：在公路三维线形中，车辆以一定速度行驶时驾驶员在动视角(夜晚时为车辆前照灯照射范围)内，沿着道路延伸方向，从能看到的车道中心线或边缘线(平曲线上时为车道边缘线)的第一个点开始搜索直至第一个不能看到的点为止，该点至观察点沿路线的距离即为三维动态视距，如图1所示。

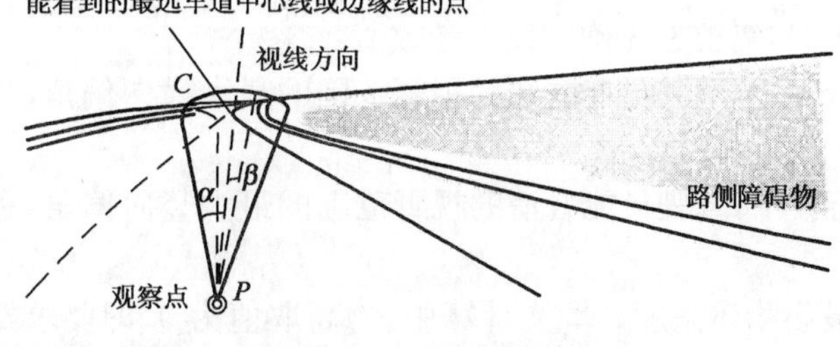

图1　三维动态视距示意图

其中，观察点P为驾驶员眼睛的位置，视线方向即为三维空间线形上观察点的切线方向，α、β分别为驾驶员横向和与垂直于路面方向的视线偏角，C为能看到的最远车道中心线或边缘线的点，沿路线长度PC即为观察点P的三维动态视距。

3.2　关键技术

三维动态视距计算及应用过程采用的关键技术主要有：公路线形的三维表征方式、驾驶员横向和竖向视线角与速度的关系模型。

(1)公路线形的三维表征方式

三维动态视距计算的核心是空间三维点和空间向量间的几何关系运算，而进行空间运算的前提是确定空间点的三维坐标。传统的计算方法是直接采用设计图中的逐桩坐标表进行计算，尽管该方法提供了关键点的坐标，但不便于计算。因此，本文利用路线上控制点的三维坐标构造样条曲线来表征公路线形[1]。由于三次B样条曲线具有如下特性，因此将其作为公路线形的三维表征形式。

①三次B样条曲线是由多段多项式曲线组合而成，相邻两段曲线在连接处是二阶连续的[7]，即相邻两段曲线连接处是光滑的而非突变。

②三次B样条曲线除了具有连续性外，还具有局部性，当移动曲线上的第i个控制顶点，只影响定义在区间(U_i, U_i+k+1)(其中k为样条次数3)上那部分曲线的形状[12]。

③从理论上讲,只要保证控制点和描述曲线的样点数足够多,则样条函数所带来的计算误差就会足够小[14]。

④三次B样条曲线是一种非常灵活的曲线,曲线的局部形状受相应顶点的控制很直观,能够通过设计特征多边形顶点满足特殊的技术要求[6]。

(2)驾驶员横向和竖向视角与速度的关系模型

相关研究资料表明,驾驶员的动视力(观看运动中的物体或是自己在运动状态下观看物体时的视力)与车辆行驶速度有关。视力在速度高时与静止相比,一般降低10%～20%,极端的场合甚至降低30%。由此可知,在不同的行驶速度下,驾驶员的视野是不一样的,因此,在进行视距计算时必须考虑动视力的制约因素。本文用横向视角α、竖向视角β、距离l_0来描述当前行驶速度下,驾驶员在头部保持静止状态时所能看清的视野范围的最大横向偏角、最大竖向偏角和能辨别物体的最远距离。通过试验研究,可以确定横向、竖向视角和驾驶员所能看到的最远距离与运行速度的关系模型,从而在视距计算中加入视角限制条件,使视距值更能反映实际情况。

4 三维动态视距计算方法

4.1 基本假设

本文特做以下假设及约定,以便计算三维动态视距:

(1)驾驶员身体始终与路面垂直,驾驶员视线的中心线与观察点的切线方向相同,且与路面平行,计算过程中人眼至路面的垂直距离近似采用驾驶员视高h_1。

(2)在视距计算过程中,当待验算点位于直线时取该车道中心线的三维坐标进行计算,位于平曲线时,则应对中心线坐标进行修正。

(3)在计算三维动态视距时,需要首先确定以下参数值:

α——车辆在一定速度行驶下,驾驶员能看清的视野范围的最大横向偏角,利用驾驶员视角与速度的关系模型计算。

β——车辆在一定速度行驶下,驾驶员能看清的视野范围的最大竖向偏角,利用驾驶员视角与速度的关系模型计算。

h——驾驶员能辨别的最小物体高度。本文计算中,物高取值为0,即要求驾驶员直接看到路面。原因是在某些线形情况下(如凸曲线),虽然驾驶员能够看到0.1m高度的物体顶面,但看不到物体所在的路面情况(如路面的坑槽)和路线的走向,对行车仍有一定影响[12]。

h_1——驾驶员视高,计算中驾驶小汽车时取值为1.2m,大货车时取2.0m。

l_0——驾驶员所能辨别物体的最远距离,与车辆行驶速度有关,该距离为驾驶员的最大视距值。

β_1——在夜晚行车时,车辆前照灯灯束上仰角度,计算中取值为1°。

δ——在计算过程中等值判定误差判定容忍度,计算中取值为0.001,即只要差值的绝对值小于0.001时两值就被认为相等。

t——控制由四个控制点确定的三次B样条曲线上其他连续点步长的参数取值,计算中取值为0.05。

4.2 计算方法

三维动态视距计算及分析主要分以下步骤进行。

(1)计算控制点坐标

以路线起点为参照点[设该点的坐标为(0,0,0)或采用实测坐标],利用平曲表中交点桩号对应的坐标,推算道路中心线上各点的x、y坐标,并利用坡度、坡长等计算出相对z坐标,经过异常处理后的点即为拟合样条曲线的控制点。

(2)生成公路线形

利用控制点坐标序列,拟合三次B样条曲线,并使拟合曲线经过路线起点和终点。以四个点为步长向前移动,在每四个点确定的多项式中,按步长t计算空间点x、y、z坐标值,生成空间三维线形。假设点P_{j-1}

$P_j P_{j+1} P_{j+2}$为四个控制点，则 $P_j(x_j y, z_j)$和 $P_{j+1}(x_{j+1}, y_{j+1}, z_{j+1})$之间的曲线则用以下方程表示，其中$t \in [0,1]$。当 t 取不同值时，即可生成这两点间曲线上的空间点序列，并可以得到该点的切线向量表达式。

$$[x(t), y(t), z(t)] = \frac{1}{6}[t^3\ t^2\ t^1]\begin{pmatrix} -1 & 3 & -3 & 1 \\ 3 & -6 & 3 & 0 \\ -3 & 0 & 3 & 0 \\ 1 & 4 & 1 & 0 \end{pmatrix}\begin{pmatrix} x_{j-1} & y_{j-1} & z_{j-1} \\ x_j & y_j & z_j \\ x_{j+1} & y_{j+1} & z_{j+1} \\ x_{j+2} & y_{j+2} & z_{j+2} \end{pmatrix}$$

(3)确定三维动态视距

根据计算精度要求及计算效率需要，确定步长 t，利用样条曲线分段方程，在确定观察点 A 后，根据 t 值计算待验算点 B 的空间坐标，在三维空间中分别从平曲线和竖曲线、驾驶员动态视线偏角(α、β)、车前照灯照射范围(β_1)等方面验算 B 点是否在驾驶员视野范围内，若该点满足各个约束条件，则按步长推进，验算下一个相邻点，若不满足，则计算观察点至该点沿路线的距离，即为观察点 A 的三维动态视距，确定三维动态视距总流程如图 2 所示。三维动态视距确定过程的核心是在三维空间中，利用空间向量关系判断待验算点是否满足横向、竖向动态视角以及车前照灯照射范围等条件的要求。主要约束条件判断过程如下。

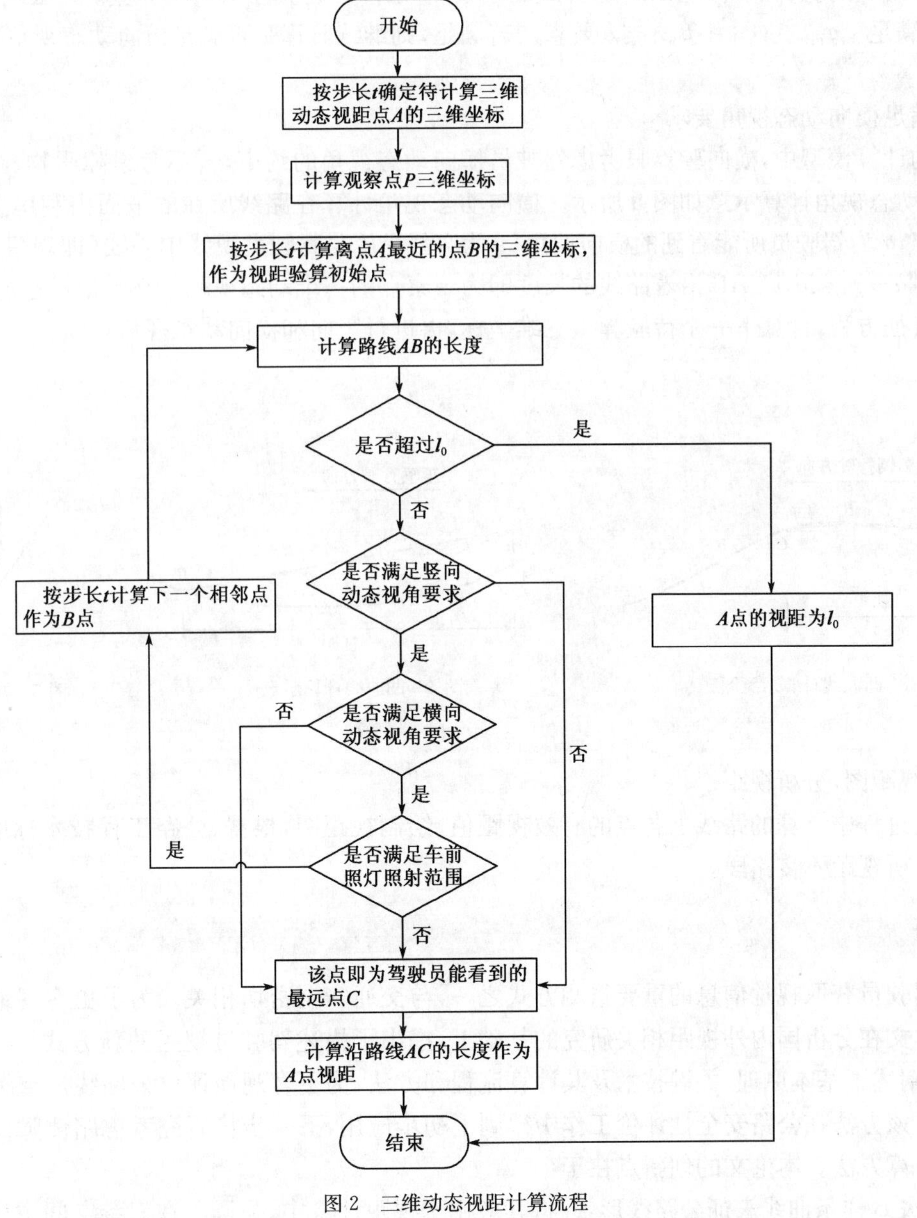

图 2　三维动态视距计算流程

①是否满足竖向动态视角要求

在判断是否满足竖向动态视角要求时，主要分为凸曲线和凹曲线两种情况。

a. 凸曲线判断

凸形竖曲线示意如图 3 所示，其中 φ_{PB}、φ_{BC} 分别为直线 PB、BC 与水平面的夹角，φ_B 为 B 点切线与水平面的夹角，φ_A 为 A 点切线与水平面的夹角。

对于凸曲线上的验算点，首先判断与观察点距离是否小于 l_0。若大于 l_0，则观察点三维动态视距为 l_0；否则，判断是否满足 $||\varphi_{PB}-\varphi_A|-\beta|<\delta$。若不满足，则该点距观察点沿路线距离即为观察点三维动态视距；否则，继续用 $|\varphi_{PB}-\varphi_B|<\delta$ 验算坡顶时的判断条件。若不满足，终止视距验算，沿路线 AB 间的距离则为观察点的视距值；否则，用 $|\varphi_{PB}-\varphi_{BC}|<\delta$ 验算，若满足，则该点至观察点沿路线的距离即为观察点视距，若不满足条件则继续验算是否满足横向动态视角要求。

b. 凹曲线判断

凹曲线示意如图 4 所示。其中，φ_{PB} 为直线 PB 与水平面的夹角，φ_A 为 A 点切线与水平面夹角，β 为车辆行驶过程中驾驶员竖向动态视线偏角，在夜晚驾驶时则为车辆前照灯灯束上仰角度 β_1。

对于凹曲线上的验算点，首先判断是否满足小于 l_0 条件。若大于 l_0，则观察点三维动态视距为 l_0；否则，判断是否满足 $|\varphi_{PB}-(\varphi_A+\beta)|<\delta$ 要求。若满足，则继续验算是否满足横向动态视角要求；否则，计算视距值。

②是否满足横向动态视角要求

在本文的计算模型中，横向验算只考虑驾驶员横向动态视角的约束，暂不考虑障碍物、路侧净区等因素的影响，横向动态视角计算示意如图 5 所示。横向动态视角计算在路线所在的平面内利用空间向量关系进行计算。图中，α 为驾驶员所能看到的横向偏角，χ 为直线 AB 与驾驶员视线中心线（即观察点 A 的切线）的夹角，若满足 $|\alpha-\chi|<\delta$，则 AB 沿着路线的长度即为观察点的三维动态视距；否则，根据选定步长值，利用公路路线三维表征方程，计算下一个待验算点三维坐标，再进行竖向和横向动态视角判断。

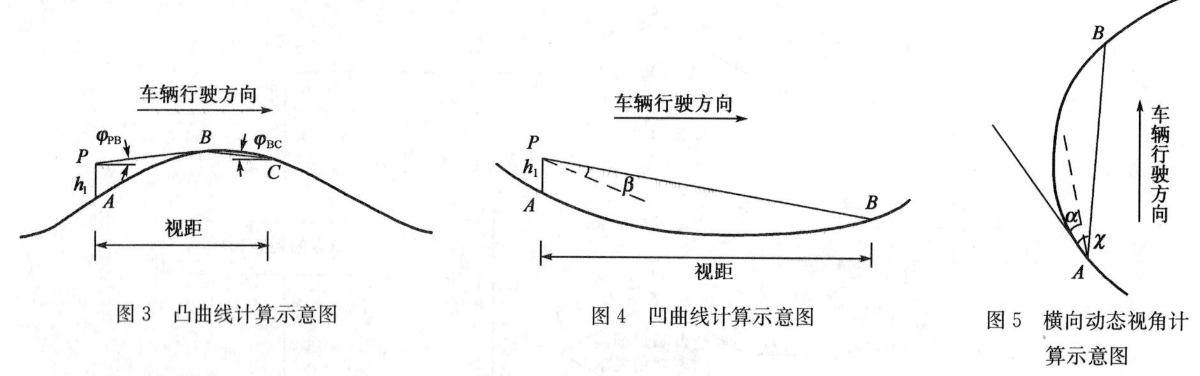

图 3　凸曲线计算示意图　　图 4　凹曲线计算示意图　　图 5　横向动态视角计算示意图

(4)绘制视距图，分析视距

利用前述过程中计算的路线上各点的有效视距值，绘制视距图，根据《公路工程技术标准》(JTG B01—2003)要求，分析视距不良路段。

5　结语

视距是驾驶员获取视觉信息的重要量测方式之一，与交通安全密切相关。为了更客观地评价线形一致性、连续性，本文在分析国内外视距相关研究的基础上，提出了描述驾驶员视距的新方式——公路三维动态视距，并详细阐述了基本原理、关键技术及其计算流程和方法，为更客观地评价公路线形连续性提供了新的思路和方法。该方法在公路安全性评价工作中得到了初步应用，下一步将研究考虑路侧障碍物情况下的三维动态视距计算方法。本论文的创新点在于：

(1)用三次 B 样条曲线表征公路线形，并将其应用于视距计算中，强调了在三维空间中计算视距的重要性,并提供了由 GPS 数据推算路线几何要素的方法。

(2)将驾驶员的特性纳入到视距计算中,考虑了动视角对驾驶员视距的影响。

(3)考虑了夜晚时车前照灯照射范围对驾驶员视距的制约。

(4)提供了三维动态视距的计算流程及计算方法。

参考文献

[1] BEN-ARIEH, D., CHANG., RYS, M., and ZHANG, G. (2004) "Geometric Modeling of Highways Using Global Positioning System Data and B－Spline Approximation." J. Transp. Eng. 130 (5):632-636.

[2] 郭忠印,杨志清,高建平,等. 高速公路空间视距与运行车速关系研究[J]. 公路交通科技.

[3] HASSAN, Y; EASA, S M; ABD EL HALIM, A. O. (1996). "Analytical Model for Sight Distance Analysis on Three—Dimensional Highway Alignments." J. Transp. Res. Record 1523. Transportation Research Board, Washington, D. C:1-10.

[4] 蒋玲玲,王平安,张泽桂. 平曲线视距横净距的计算[J]. 河南交通科技,1999,19(1):34-38.

[5] KHATTAK, A. J. and SHAMAYLEH, H. (2005). "Highway Safety Assessment through Geographic Information System-Based Data Visualization." J. Computing in Civil Engineering. 19(4): 407-411.

[6] 李朝晖. 三次B样条曲线特征多边形顶点的设计技巧[J]. 河北理工学院学报,2000,22(4):60-63.

[7] 李庆扬,王能超,易大义. 数值分析[M]. 北京:清华大学出版社,2001.

[8] LOVELL, D. J. (1999). "Automated Calculation of Sight Distance from Horizontal Geometry." J. Transp. Eng., 125(4): 297-304.

[9] NEHATE, G. and RYS, M. (2006). "3D Calculation of Stopping－Sight Distance from GPS Data." J. Transp. Eng. 132(9):691-698.

[10] 肖葵香. 行车视距在道路设计中的应用[J]. 铁道建筑,2003,12:73-75.

[11] 袁国林,程建川. 缓和曲线上的视距研究[J]. 中外公路,2002,22(2):18-19;2002,22(3):28-31.

[12] 杨晓静. B样条曲面构造方法的研究与实现[D]. 北京:北京工业大学,2003.

[13] 杨志清,郭忠印,何勇,等. 高速公路空间视距算法研究[J]. 公路交通科技,2006.

[14] 袁海平,何锦龙,杨国春. 三次样条曲线算法的改进及Java语言实现[J]. 科技经济市场,2006,(10): 66-67.

[15] 张映雪,符锌砂. 平面视距保证的计算方法及其程序实现[J]. 长沙交通学院学报,2000,16(3):33-36.

基于模糊逻辑理论的道路交通安全评价方法

王 琰[1] 张雁林[2] 郭忠印[3] 徐贺飞[2]

(1.交通运输部公路科学研究院 北京 100088;
2.山西忻阜高速公路建设管理处 山西 035500;
3.同济大学 上海 201804)

摘 要:根据国内外道路交通安全相关研究,选用运行车速与设计车速差和相邻路段运行车速差作为评价指标。以模糊逻辑理论为基础,通过对调研数据的测试,建立了合理的隶属函数,从而构建了道路交通安全模糊评价模型,并基于评价结果对道路交通安全等级进行了划分,最后给出了该评价方法的应用实例。理论分析和实例表明,该评价方法不仅合理,而且具有广泛的适用性。

关键词:道路安全评价 模糊逻辑 车速 道路安全等级

1 引言

世界正面临一个全球性的道路交通安全危机,全世界每天多达14万人为此受到伤害,造成3 000多人死亡,1.5万多人终生残疾,被称为"永不休止的战争"。据统计,在我国平均每5min就有一人丧生于车轮下,每1min都有人因交通事故而伤残。因此,道路交通安全问题已成为关系人类可持续发展的社会问题。如何采取有效措施,预防交通事故,是世界各国普遍关注和重点研究的课题。道路交通安全管理技术是预测、预防交通事故的重要手段,其核心是道路交通安全的评价、预测和决策技术。其中,道路交通安全评价是安全管理的基础。国外的道路交通安全评价方法大都基于经典集合理论和事故资料,如早期的相对事故率法、欧波(Oppe)的学习心理学模型、史密德(Smeed)的回归模型以及近期美国的交互式公路安全设计模型(IHSDM)和《公路安全手册》中的事故预测模型等。由于经典集合理论的局限性和事故的随机性,使其评价结果不甚合理。近年来,国内学者引入层次分析法、模糊数学理论、灰色系统理论对道路安全评价方法进行探讨,取得了一定的研究成果,建立了道路交通安全灰色评价模型、多层次灰关联评价模型、模糊综合评判模型等。但这些方法对于评价指标体系的建立尚未达成共识,评价指标仍然依赖于事故资料,而且评价指标较多,评价过程繁杂,使其应用受到一定的局限。笔者在前人研究成果的基础上,引入模糊逻辑理论,选用车速指标,建立了一种更为合理和具有广泛适用性的道路交通安全评价模型。

2 道路交通安全问题的模糊性

道路交通安全本身是一个模糊概念,即其内涵和外延是模糊的,不清晰的,因此很难在安全与不安全之间划定出明确合理的界限[1]。以往的道路安全评价方法大都建立在经典集合理论的基础上,对道路安全状况的评价和道路安全等级的划分过于绝对化,不仅有悖常理,而且抹杀了很多潜在的、有价值的信息。例如规定以亿车公里事故率为1.8为界限,低于该值认为安全,高于该值认为不安全。那么面对这样三个路段,一个路段的亿车公里事故率为1.0,另一个为1.8,第三个为1.9。评价结果为前两个路段安全,后一个路段不安全,这显然是不甚合理的,而且前两个路段的安全性差别也无法体现出来。这种不合理的结论是由于"非此即彼"的传统思维逻辑的不合理性造成的,面对安全这样一个"亦此亦彼"的模糊概念,经典数学显得无能为力。其次,评价本身是人的思维判断过程,评价结果通常以口语化的词汇来表达,例如"好"、"中"、"差"等,这使得经典数学的不适应性进一步加剧。

3 模糊逻辑理论简介

模糊集合的概念是由L. A. Zadeh于1964年提出的。模糊逻辑理论主要用于研究现实世界中一些模糊不清的问题,并使之清晰化。模糊逻辑的引入可将人的判断、思维过程用比较简单的数学形式直接表达出来，从而使对复杂系统作出符合实际和人类思维方式的处理成为可能。根据 L. A. Zadeh 著名的“不相容定理”[2]，复杂性和精确性是互相矛盾的，随着系统复杂性的增加，人们对其进行精确描述的能力下降，直至达到这样一个界限，即精确的描述失去意义。在这种情况下，“模糊”的描述则不是不可取的，至少它对于那些无法进行精确分析的问题提供了解决的可能。

道路交通安全系统正是这样一个无法进行精确描述的复杂系统，模糊集合理论为解决这类问题提供了3个十分有用的工具，即隶属函数、语言变量和模糊算子[3]。借助于隶属函数，可以合理地解决“安全”与“不安全”概念间的过渡，而不必像经典数学那样，硬性地规定一个绝对的界限；语言变量的引进使评价结果以口语化形式的词汇表达成为可能；不同的模糊算子反映不同的思维方式，采用多个模糊算子，便能综合考虑多种不同的评价观点。因此，模糊逻辑理论的引入，可以使评价过程更符合客观事物的发展规律，建立道路交通安全的模糊评价模型是合理和可行的。

在经典集合理论中，任何一个元素或个体与任何一个集合之间的关系只有“属于”和“不属于”两种情况，两者必居其一，而且只居其一，绝对不允许模棱两可。而在模糊逻辑理论中，一个元素可以以不同的隶属度属于不同的集合，隶属度由隶属函数确定。这样，元素在不同集合间的过渡是渐变的，而不是突然的。模糊集合完全由其隶属函数来刻画，论域 U 中的模糊子集 A，是以隶属函数 μ_A 表征的结合。μ_A 称为模糊子集 A 的隶属函数，$\mu_A(u)$称为 u 对 A 的隶属度，它表示论域中的元素 u 属于模糊子集 A 的程度，它在[0,1]闭区间内可连续取值。而且，模糊逻辑模型一般具有如下属性，即每个元素对于所有模糊子集的隶属度之和为 1[4]。

4　道路交通安全评价指标的确定

确定评价指标是评价的重点问题。评价指标的确定应当遵循科学性、可操作性、可比性等原则。常用的道路安全评价指标有事故指标、交通冲突指标、车速指标、行车风险指标等[5]。事故指标具有代表性，但是由于事故发生的随机性和事故统计的不完善，使得其信度难以保证，而且对于拟建和新建道路，事故资料无法获得。交通冲突技术可以通过短时间的观测来获取大量的交通冲突样本，从而改善安全评价的信度和效度。但在观测获取交通冲突样本时，必须耗费大量的人力，而且现场勘测受调查人员的主观判断、调查时间、地点和交通情况等变化因素的影响较大，不同调查人员冲突判断能力不同，调查结果也不一样，如何提高调查的客观性和准确性尚待研究；同样，对规划中的道路也无法获得交通冲突样本。行车风险指标的获得，主要通过对路段交通流的视频录像或交通仿真实验，尚有关键技术问题有待解决。相比之下，车速是道路交通安全的主要影响因素，而且易于观测，有比较成熟的车速预测模型对拟建道路进行车速预测，从而基于车速指标的评价模型对拟建、新建、已建以及改建道路具有普遍的适用性。因此，本文选用车速指标进行研究。

车速指标主要有运行车速 v_{85}、相邻路段运行车速差 $|\Delta v_{85}|$、运行车速与设计车速差 $|v_{85}-v_d|$、不同车型间的运行车速差 $|v_{小车}-v_{货车}|$ 等。其中，运行车速 v_{85} 指在某路段上 85%分位车速。大量的调查研究表明，车速的差值与道路交通安全具有密切的相关性。在我国，由于货车超载现象严重，超载货车的运行车速很低，导致 $|v_{小车}-v_{货车}|$ 出现不合理的离散性。因此，笔者选用 $|v_{85}-v_d|$ 和 $|\Delta v_{85}|$ 作为道路交通安全的评价指标。$|v_{85}-v_d|$ 反映了路段的设计一致性，$|\Delta v_{85}|$ 反映了相邻路段的协调性。其中，v_d 是道路设计时确定的设计车速，v_{85} 对于已建道路可以通过现场实测获得，对于拟建和改建道路可以通过车速预测模型获得。

5　模糊逻辑理论在道路交通安全评价中的应用

目前，基于运行车速与设计车速差 $|v_{85}-v_d|$ 和相邻路段运行车速差 $|\Delta v_{85}|$ 的道路交通安全评价标准(表 1)已得到广泛认同[6]。

然而，这种评价方法是基于经典集合理论的，即一个道路元素的安全性只能属于一个集合(好、中或差)，评价结果过于绝对化。为了实现评价的过渡性和连续性,并且对路段安全状况进行更加精确的区分,需要引入模糊逻辑理论。

基于 $|v_{85}-v_d|$ 和 $|\Delta v_{85}|$ 的道路交通安全评价标准　表1

安全性	$\|v_{85}-v_d\|$ /(km/h)	$\|\Delta v_{85}\|$ (km/h)	安全性	$\|v_{85}-v_d\|$ /(km/h)	$\|\Delta v_{85}\|$ (km/h)
好	≤10	≤10	差	>20	>20
中	10～20	10～20			

5.1 模糊集的确定

在道路交通安全评价中,将道路交通安全水平确定为好、中、差三个等级,相应确定三个模糊集(好为 μ_G,中为 μ_F,差为 μ_P)。

5.2 隶属函数的确定

由于模糊集完全由其隶属函数来刻画,因而各模糊集隶属函数的选择是非常重要的。隶属函数的确定实质上是人们对客观事物中介过渡的定性描述,这种描述本质上是客观的。由于模糊集理论研究的对象具有“模糊性”和经验性,每个人对同一模糊概念的认识和理解存在差异,使得隶属函数的确定又含有一定的主观因素。由于评价指标 $|v_{85}-v_d|$ 和 $|\Delta v_{85}|$ 在评价标准上呈线性分布,因此采用三角形和梯形隶属函数[7]。为了建立合理的隶属函数,需要经过实际数据的测试,以使评价结果尽可能与实际情况相符合。测试方法为比较路段的期望事故率与模糊评价模型预测事故率 R_{fuzzy},选择使两者相差较小的隶属函数。以评价指标 $|\Delta v_{85}|$ 为例,通过对调研数据的统计分析,可以回归出事故率与评价指标 $|\Delta v_{85}|$ 的函数关系,路段的评价指标值所对应的函数值(事故率)即为路段的期望事故率。模糊评价模型预测事故率 R_{fuzzy} 的计算方法如下式:

$$R_{fuzzy}=\mu_G\times W_G+\mu_F\times W_F+\mu_P\times W_P$$

式中:W_G——模糊集为好的事故率权重因数,其值为道路交通安全性等级为好的路段的平均事故率,本研究中取 $W_G=0.77$;

W_F——模糊集为中的事故率权重因数,其值为道路交通安全性等级为中的路段的平均事故率,本研究中取 $W_F=1.93$;

W_P——模糊集为差的事故率权重因数,其值为道路交通安全性等级为差的路段的平均事故率,本研究中取 $W_P=3.52$。

此处道路交通安全性等级依据表1中的评价标准确定。

测试结果如图1所示,评价指标 $|v_{85}-v_d|$ 的测试过程类似,不再赘述。

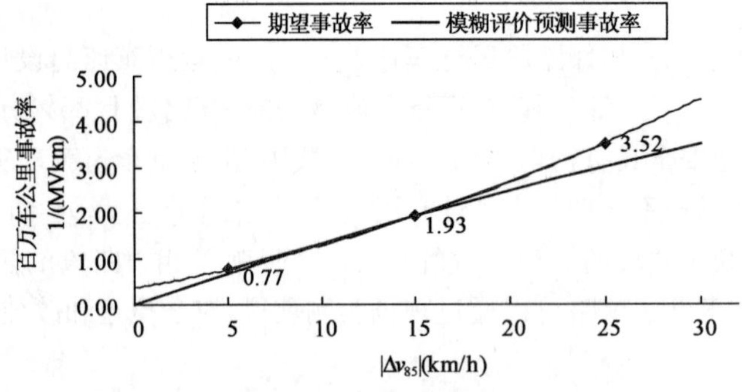

图1 期望事故率与模糊评价预测事故率的比较

经测试确定隶属函数如图2和图3所示。

5.3 基于模糊逻辑的道路交通安全等级划分

根据确定的隶属函数,可以得到路段的安全性对于各模糊集(好为 μ_G,中为 μ_F,差为 μ_P)的隶属度。

可以看出，模糊逻辑理论的应用使得路段的安全性可以不同的隶属度属于不同的模糊集，安全概念的边界被模糊化，安全水平的变化是渐进的。路段安全水平的差异不仅表现在其所隶属的模糊集之间的差别，而且表现在其对于同一模糊集的隶属度的差别，从而可以更加精确地区分不同路段安全水平的差异。

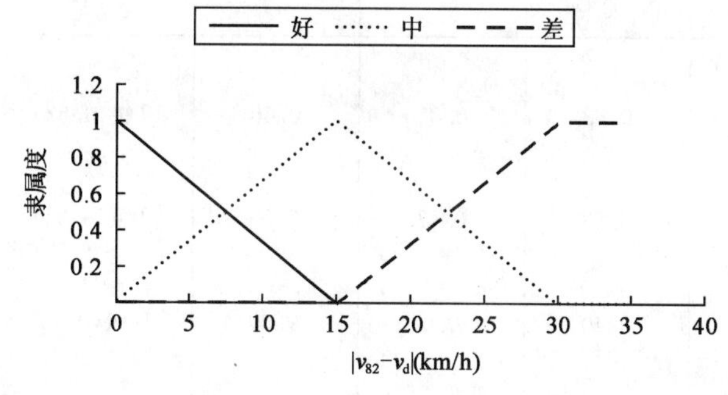

图 2　基于 $|v_{85}-v_d|$ 的评价模型隶属函数

图 3　基于 $|\Delta v_{85}|$ 的评价模型隶属函数

基于上述模糊评价结果，可以将道路交通安全水平分为四个等级，从而确定对不同路段实施改善的优先次序。安全等级划分结果如下：

I 级：安全水平为好，最大隶属度为 μ_G，μ_G 越大，安全水平越高。

II 级：安全水平介于好与中之间，$\mu_F>\mu_G$，μ_G 越大，安全水平越高。

III 级：安全水平介于中与差之间，$\mu_F>\mu_P$，μ_P 越大，安全水平越低。

IV 级：安全水平为差，最大隶属度为 μ_P，μ_P 越大，安全水平越低。

基于模糊逻辑理论的道路交通安全评价方法为道路交通安全管理决策提供了有力的技术支持，依据评价结果，可以更加精确地区分不同路段安全水平的差异，从而确定改善的优先次序，在有限的资金约束下，制订合理的改善方案。

6　应用实例

选取某新建高速公路连续 5 个路段说明上述模型的应用。各路段的平面线形、设计车速 v_d 和运行车速 v_{85}（由 IHSDM 预测模型得到）见表 2[8]。根据表 1 的评价标准，评价结果如表 2 所示。基于模糊逻辑理论的道路交通安全评价结果如表 3 所示。

对比表 2 和表 3 的评价结果，可以看出评价结果基本是一致的，但是表 3 的评价结果更精确，不仅表现在评价等级划分更细致，而且对于同一等级内部的安全水平相近的路段都以隶属度的大小来加以区分。

基于经典集合理论的道路交通安全评价结果　表 2

路段编号	平曲线半径(m)	长度(m)	v_d (km/h)	v_{85} (km/h)	$\|v_{85}-v_d\|$ (km/h)	安全性	$\|\Delta v_{85}\|$ (km/h)	安全性
1	850	330	80	100.3	20.3	差		
							5.7	好
2	∞	526	80	106	26	差		
							7	好
3	615	224	80	99	19	中		
							9	好
4	∞	746	80	108	28	差		
							2	好
5	2 600	454	80	106	26	差		

基于模糊逻辑理论的道路交通安全评价结果 表 3

路段编号	$\lvert v_{85}-v_d \rvert$				$\lvert \Delta v_{85} \rvert$			
	μ_G	μ_F	μ_P	安全等级	μ_G	μ_F	μ_P	安全等级
1	0.00	0.65	0.35	III 级(0.35)				
					0.62	0.38	0.00	I 级(0.62)
2	0.00	0.27	0.73	IV 级(0.73)				
					0.53	0.47	0.00	I 级(0.53)
3	0.00	0.73	0.27	III 级(0.27)				
					0.40	0.6	0.00	II 级(0.40)
4	0.00	0.13	0.87	IV 级(0.87)				
					0.87	0.13	0.00	I 级(0.87)
5	0.00	0.27	0.73	IV 级(0.73)				

7 结语

鉴于道路交通安全本质的模糊性和经典集合理论的局限性，引入模糊逻辑理论，选用运行车速与设计车速差 $\lvert v_{85}-v_d \rvert$ 和相邻路段运行车速差 $\lvert \Delta v_{85} \rvert$ 两个评价指标，研究道路交通安全评价方法，取得了较为满意的结果。理论分析和实例表明，该方法与以往的评价方法相比，具有以下特点：

(1)对于拟建、已建和改建道路具有普遍的适用性；

(2)评价指标易于观测；

(3)评价结果更加精确可靠；

(4)能够为管理者提供尽可能多的信息。

该方法可以为确定道路交通安全改善的优先次序提供依据，为在有限的资金条件下制订道路安全改善方案提供有力的技术支持。可以预见，模糊逻辑理论在道路交通安全领域具有广阔的应用前景。随着研究的不断深入，基于模糊逻辑理论的道路交通安全研究也将取得更多新的成果。

参考文献

[1] 刘运通. 论道路交通安全的宏观评价[J]. 中国公路学报，1995，8(1)：158.

[2] Zadeh L A, Outline of a new approach to the analysis of complex systems and decision processes [J]. IEEE Transactions on Systems, Man, and Cybernetics, 1973,3 (1): 28.

[3] 彭祖增，孙韫玉. 模糊数学及其应用[M]. 武汉：武汉大学出版社，2002.

[4] 赵振宇，徐用懋. 模糊理论和神经网络的基础与应用[M]. 北京：清华大学出版社，南宁：广西科学技术出版社，1996.

[5] 郭忠印，方守恩，等. 道路安全工程[M]. 北京：人民交通出版社，2003.

[6] Lamm R, Psarianos B, Cafiso S. Safety evaluation process of two-lane rural roads: A ten year review [J]. Transportation Research Record, 2002(1796): 51.

[7] Gulley N, Jang J S. Fuzzy-logic toolbox. The Math Works Inc., Natick, Massachusetts, 1995.

[8] 郭忠印，孔令旗，杨轸，等，路线技术指标运用均衡性评价方法研究[R]. 上海：同济大学交通运输工程学院，2005.

桥梁防撞护栏创新设计研究

李　勇[1]　刘志忠[2]　邓富俊[2]
（1.交通运输部公路科学研究院　北京　100088；
2.山西忻阜高速公路建设管理处　山西　035500）

摘　要：本文利用高性能计算机群完成了桥梁防撞护栏创新设计的模拟碰撞研究，对其护栏设计进行优化比选，最终优化方案达到了PL3级防撞性能，所完成的新型桥梁防撞护栏已经在南京至太仓高速公路（南京至常州段）得以运用，取得了良好的效果。

关键词：交通安全设施　新型桥梁护栏　计算机模拟　优化

1　前言

随着交通事业的发展，从20世纪80年代开始，道路护栏作为重要的交通安全设施在我国获得大规模应用。在几十年的应用过程中，我国道路护栏的种类不断丰富，功能也不断拓展。今天，护栏已经成为保障道路交通安全顺畅的重要设施，其最基本的作用体现在两个方面：一是设计良好的护栏系统能够大幅度降低恶性交通事故的发生频率和严重程度；二是能与其他道路交通设施配合，形成整洁美观的路容路貌。

图1　桥梁护栏损坏事故

护栏在我国的应用也经历了发生、发展直至接近成熟的过程。总结我国道路护栏的应用情况可以发现，当前主要存在以下两方面的问题：

一是道路条件的不断完善，带来交通流量和成分的变化，现行的护栏设置标准是否仍然适用。

二是，近几年我国交通行业更多地强调护栏的经济性、景观协调性，但对护栏的基本功能——防护性能却有一定的忽视。许多工程为了追求美观和经济，盲目上一些没有经过论证的护栏系统，产生了安全隐患。图1为桥梁护栏损坏事故 。

2　模拟试验方案

为保持桥梁护栏的通透性和良好的防撞性能，设计了如图2所示的新型桥梁护栏。

设计护栏整体高度为985mm，下部采用高为40cm的新泽西钢筋混凝土护栏结构形式，混凝土中每2m预留263mm的方孔，并预埋上下钢板及套筒。护栏上部构造采用梁柱结合的钢结构，上部构造的立柱插入下部混凝土的预埋套筒中，中间灌注水泥砂浆将上下部结构连接成一体。

为保证该种桥梁护栏具有良好的防撞性能，进行了模拟碰撞试验，并分析优化其设计方案。模拟碰撞试验条件如下。

2.1　车型

试验用车型见图3。

2.2　碰撞角度

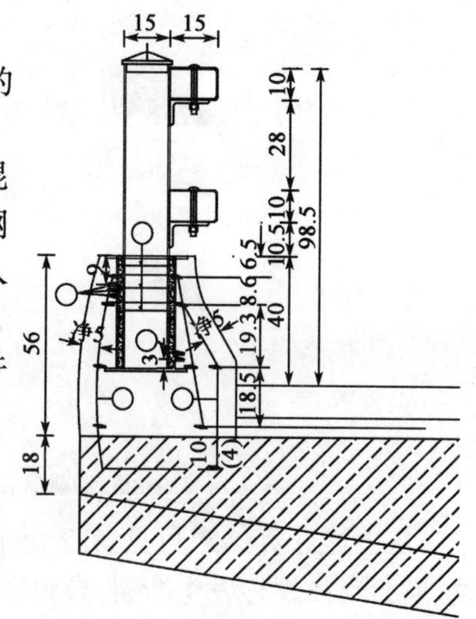

图2　新型桥梁护栏截面图(尺寸单位：cm)

2004年颁布的交通部推荐标准《高速公路护栏安全性能评价标准》(JTG/T F83-01—2004)中对碰撞角度的要求已经改为20°。综合考虑专家咨询意见和有关研究成果，本项目模拟检验中采用的碰撞角度为20°。

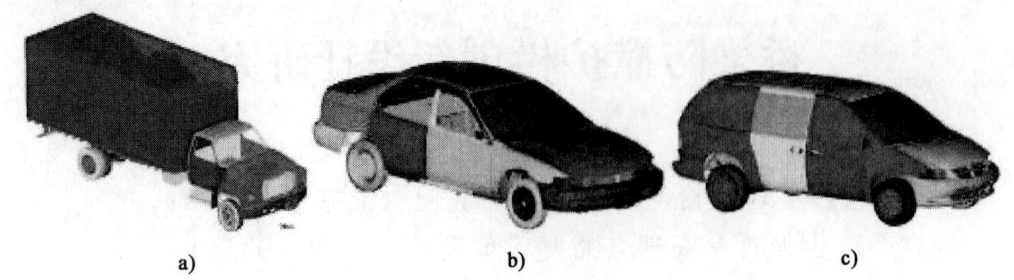

图3 试验用车型

a)14t货车；b)1.5t小轿车；c)2t商务车

2.3 最终模拟碰撞方案

模拟碰撞方案见表1。

模拟碰撞方案 表1

方案模拟编号	车型	护栏参数					碰撞条件		
		试验段总长度	L (cm)	M (个)	N (个)	S_1 (cm)	碰撞速度 (km/h)	碰撞角 (°)	碰撞点
1	14t货车	3L	996	4	8	98	80	20	中间段
2	1.5t轿车						100		中间段
3	2t商务						120		中间段

3 模拟碰撞结果及分析

3.1 模拟碰撞方案一

试验车型：14t货车；碰撞角度：20°；碰撞速度：80km/h。

依据《高速公路交通安全设施设计及施工技术规范》(JTJ 074—94)中有关桥梁护栏防撞等级划分的规定，验证设计方案是否达到设计的防护等级(PL3)，并在此基础上做出相应的防撞性能评价。

图4 模拟碰撞方案一

护栏-车辆碰撞模型如图4所示。

通过计算得到图5所示的模拟碰撞结果。

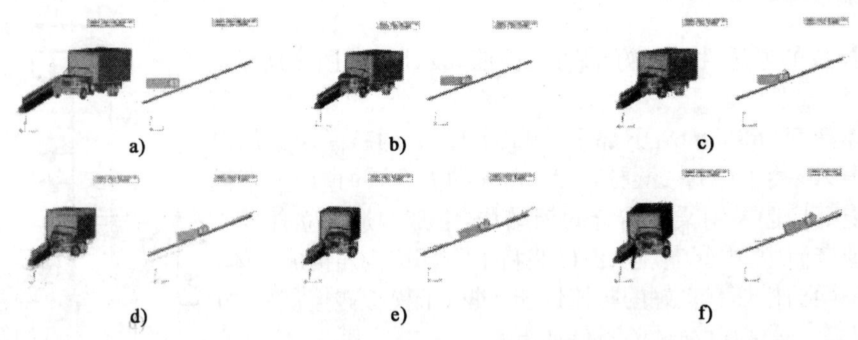

图5 模拟碰撞一计算结果

a)起始状态；b)碰撞后0.12s；c)碰撞后0.24s；d)碰撞后0.36s；e)碰撞后0.48s；f)碰撞后0.6s

从上述计算结果可见，在标准的PL3级护栏检验条件下，护栏上部横梁与立柱之间的连接螺栓发生断裂，横梁套筒螺栓发生断裂，导致碰撞过程中上部横梁脱落并飞出，失去对事故车辆的导向作用，车辆直接撞击护栏立柱，产生了较大的阻拌，车辆变形严重。由于横梁与立柱之间的连接螺栓强度不够，导致护栏未达到PL3级防护等级。

为了确定合适的横梁、立柱连接螺栓强度，将有限元模型中连接螺栓加强。原设计方案中套筒连接螺栓采用Q235-B钢制M12螺栓、横梁连接螺栓采用Q235-B钢制M16螺栓，改套筒连接螺栓为高强螺栓M16，横梁连接螺栓为高强螺栓M20，高强螺栓机械性能均达到国标规定的8.8S级。重新按照模拟试验一的条件进行计算，结果如图6所示。

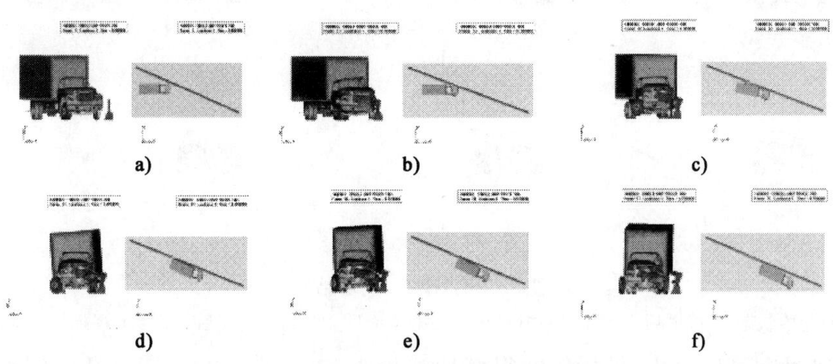

图6　螺栓加强后模拟碰撞一计算结果

a)起始状态；b)碰撞后0.1s；c)碰撞后0.3s；d)碰撞后0.5s；e)碰撞后0.6s；f)碰撞后0.75

从模拟碰撞过程可以看出，原设计方案螺栓加强后，14t的货车以80km/h、20°的角度碰撞护栏时，车辆并未翻出桥侧，护栏对车辆也未产生明显阻绊，碰撞后车辆能够顺利导出。车辆的驶入驶出角度的比较如图7所示。

车辆最大驶出角度满足标准要求，碰撞过程中护栏能够起到很好的导出作用，车辆未出现甩尾、翻越等危险情况。

护栏在碰撞过程中的动态最大变形量如图8所示。

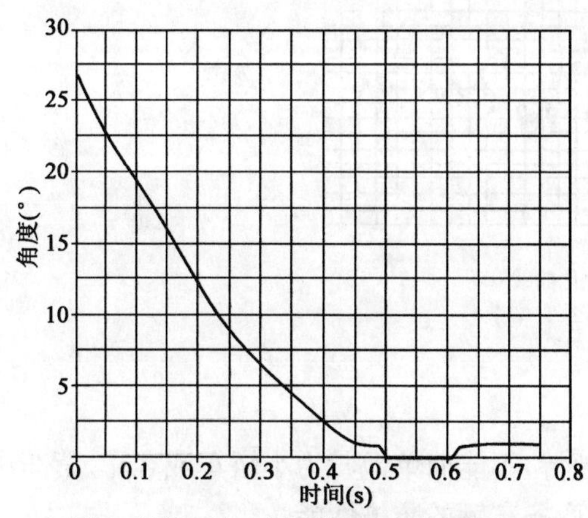

图7　模拟碰撞一车辆驶入驶出角度变化图

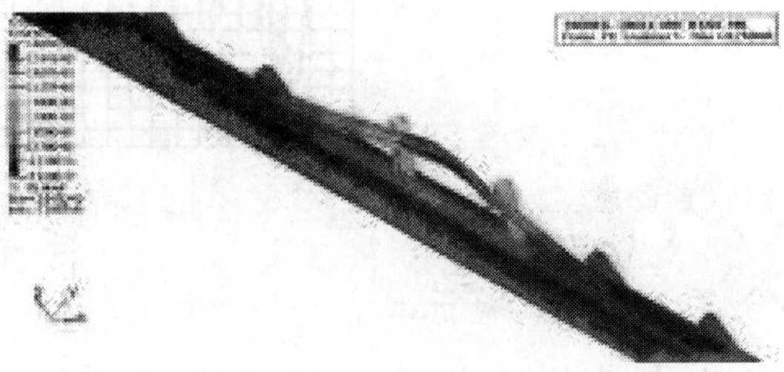

图8　模拟碰撞一护栏最大动态变形量

分析得出碰撞过程中护栏的最大动态变形量为36.5cm，满足护栏防撞性能评价标准的要求。

图9所示为碰撞点处6个横梁连接螺栓和2个立柱与横梁连接螺栓在碰撞过程中的受力情况。8.8S级高强螺栓M20、M16所能承受的最大力分别为200kN和130kN，从图中可以看出，碰撞过程中横梁套筒连接螺栓的最大受力为100kN，立柱与横梁连接螺栓的最大受力为75kN，均未达到螺栓的极限，并有一定的安全系数。计算结果表明，增强螺栓后的设计方案达到了PL3级防护标准。

3.2　模拟碰撞方案二

车型：1.5t小轿车；角度：20°；碰撞速度：100km/h。

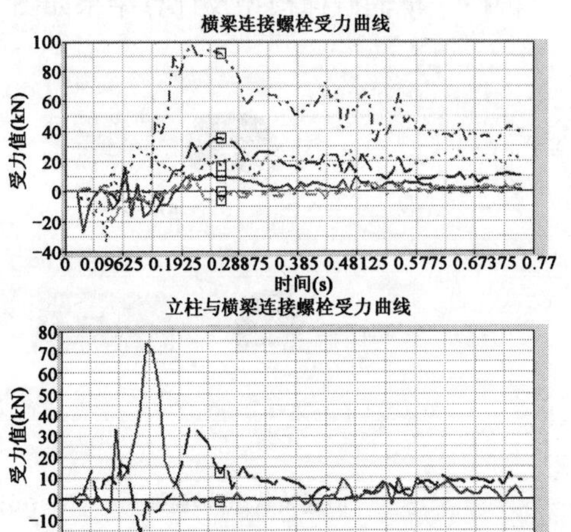

图9　模拟碰撞一连接螺栓受力图

护栏—车辆碰撞模型及计算结果如图10所示。

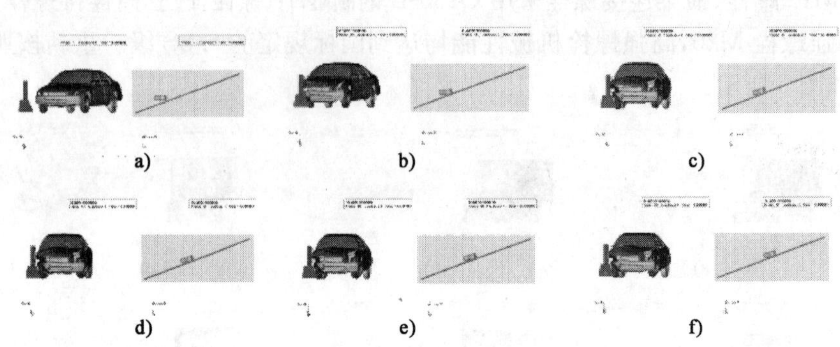

图10 模拟碰撞二计算结果

a)起始状态;b)碰撞后0.07s;c)碰撞后0.15s;d)碰撞后0.25s;e)碰撞后0.34s;f)碰撞后0.4s

从上述模拟碰撞过程可以看出,护栏能够很好地防护1.5t小轿车以100km/h、20°角的碰撞,碰撞过程中车辆没有翻出桥侧,没有明显绊阻,碰撞后车辆顺利导出,说明护栏的防护性能满足要求。

图11为碰撞过程中车辆x、y两方向重心加速度变化曲线。从图示结果分析,车辆在x方向的重心加速度峰值绝对值为10ms,其平均值小于20g,y方向最大加速度绝对值小于20g。根据模拟结果可以判定,护栏对小轿车的防护性能满足《高速公路护栏安全性能评价标准》(JTG/T F83-01—2004)的要求。

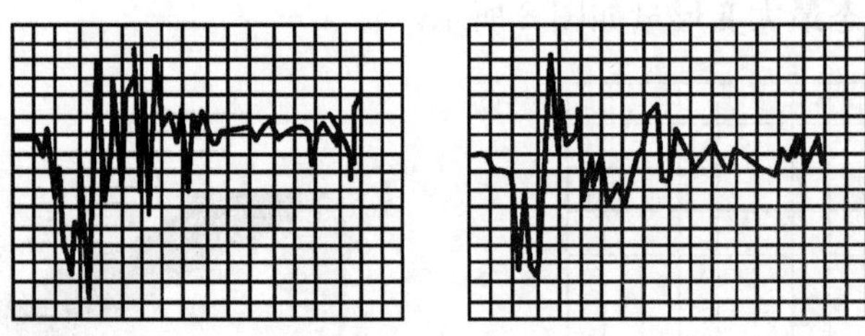

图11 车辆重心加速度变化曲线

3.3 模拟试验三

车型:2t商务车;角度:20°;碰撞速度:120km/h。

高速公路行驶的商务车辆越来越多,而且汽车构造较为独特,不能简单地归为小轿车或客车、货车中,需要对其单独考虑。本次模拟试验的目的就是考察护栏对典型商务车辆的防护性能。

护栏—车辆碰撞模型及计算结果如图12所示。

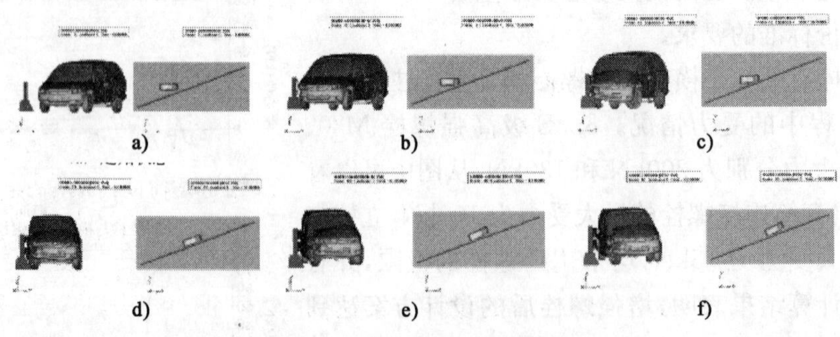

图12 模拟碰撞三计算结果

a)起始状态;b)碰撞后0.035s;c)碰撞后0.075s;d)碰撞后0.14s;e)碰撞后0.2s;f)碰撞后0.25s

从图12模拟碰撞的过程可以看出:碰撞过程中商务车未翻越护栏,防撞护栏对碰撞车辆具有良好的导向和防护作用,能使车辆顺利导出,驶出角度较小,满足安全防护要求。

图 13 为护栏碰撞时的最大动态位移图，分析得出其最大动态位移为 24cm，满足护栏防撞性能评价标准的要求。

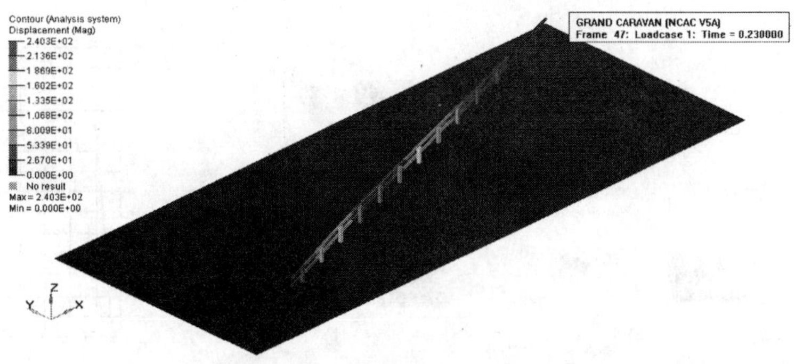

图 13　护栏最大动态变形量

4　护栏结构优化

护栏结构优化方案见表 2。

护栏结构优化方案　　表 2

优化方案名称	护栏优化参数(mm)													
	横梁			立柱			连接套筒				托架			备注
	B	*H*	*T*	*B*	*H*	*T*	*L*	*B*	*H*	*T*	*B*	*H*	*T*	
方案一	90	130	6	150	150	5	900	116	76	4	80	125	10	
方案二	90	130	5	150	150	5	900	116	76	5	80	125	10	

4.1　优化方案一

将桥侧护栏的连接点置于立柱中心处，设定横梁截面尺寸为宽 130mm，高 90mm，厚 6mm；立柱截面尺寸厚度为 5mm；连接套筒长 900mm，宽 116mm，高 76mm，厚度 4mm；托架宽为 80mm，高 125mm，厚度 10mm。托架在连接处长度为 170mm，其余长度为 130mm。

车辆—护栏碰撞模型及仿真结果见图 14。

套筒在整个护栏防撞性能中起到了十分关键的横向连接作用。优化方案一用了套筒设计，长度为 900mm，且将连接处置于立柱中心处。通过模拟试验结果分析(图 15)，碰撞过程中护栏绊阻现象得以较大程度改善，护栏能顺利地将碰撞车辆导出。护栏的最大侧向位移为 224mm，变形较小。防撞能力各项指标均满足 PL3 等级要求。

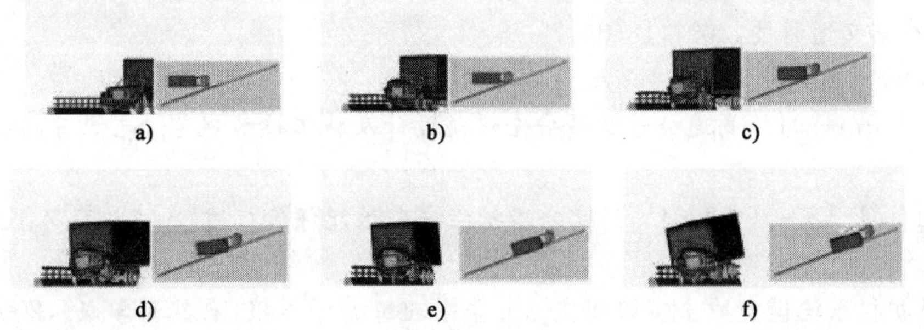

图 14　优化方案一模拟计算结果

a)起始状态；b)碰撞后 0.1s；c)碰撞后 0.2s；d)碰撞后 0.3s；e)碰撞后 0.4s；f)碰撞后 0.5s

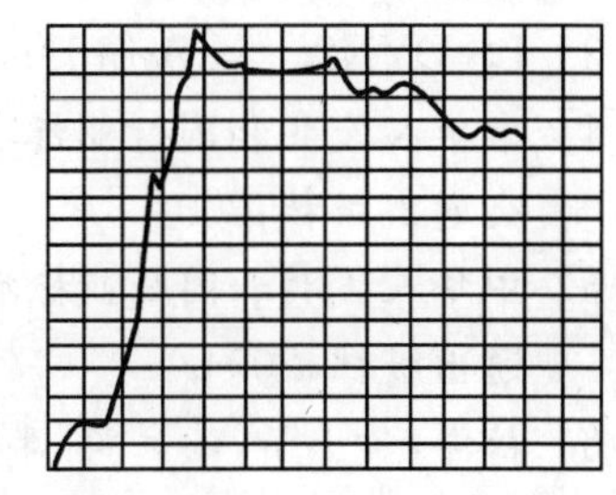

图 15　优化方案一侧向位移分析

4.2　优化方案二

为使桥侧护栏选材更为经济，在方案一的基础上进一步优化，将其中的横梁厚度 6mm、套筒厚度 4mm 都优化为 5mm，其余几何尺寸不变，进行模拟碰撞试验，结果如图 16 所示。

由碰撞结果分析得出，横梁和套筒的厚度均变为5mm后，在减少钢材用量、降低成本的同时，其防撞能力未明显下降，仍然满足PL3防护等级的要求(图17)。

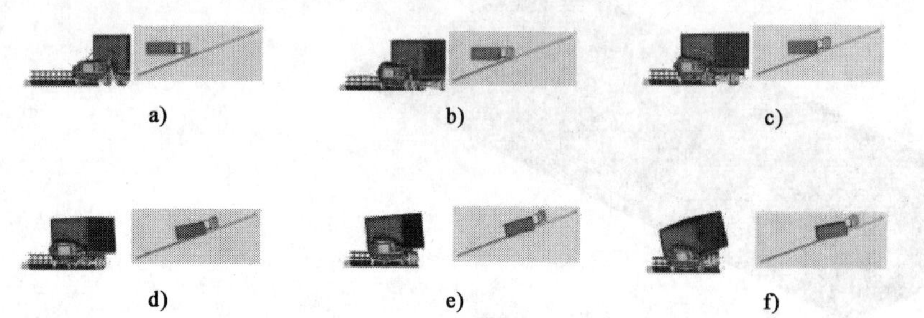

图16 优化方案二模拟计算结果

a)起始状态；b)碰撞后0.1s；c)碰撞后0.2s；d)碰撞后0.3s；e)碰撞后0.4s；f)碰撞后0.5s

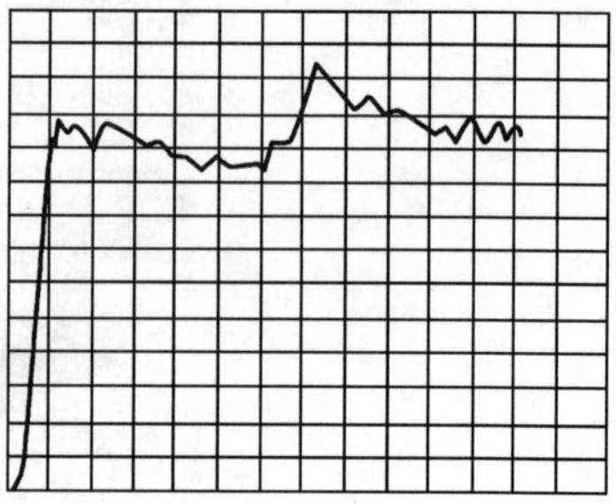

图17 优化方案二侧向位移分析

5 结语

(1)在套筒连接螺栓和横梁连接螺栓强度足够的情况下，设计方案总体防护性能能够达到《高速公路交通安全设施设计及施工技术规范》(JTJ 074—94)中规定的桥梁护栏PL3防护等级。

(2)原设计方案中套筒连接螺栓采用Q235-B钢制M12螺栓、横梁连接螺栓采用Q235-B钢制M16螺栓，经模拟检验，强度不能满足要求。建议：将套筒连接螺栓换为高强螺栓M16，横梁连接螺栓换为高强螺栓M20(高强螺栓机械性能需达到GB/T 1231—91中的8.8S级，与之配套的螺母需达到8H级。)

(3)经过优化后的第一、二种护栏结构形式完全满足PL3防撞等级要求，并将侧向最大变形位移由原方案的36.5cm，分别减少到22.4cm和12.8cm，起到良好的优化效果。

(4)立柱与混凝土基础之间采用灌注水泥砂浆的方式进行连接，建议实际施工中对该部分施工质量进行重点检查，并考虑提高该部分施工便利性的措施。

(5)护栏混凝土基础与桥梁板之间的连接强度应慎重选择，既要保证护栏具有较高的防护性能，又要考虑发生碰撞后维护工作的方便性。建议针对不同的应用情况，对护栏混凝土基础与桥梁板之间的连接强度进行校核，一方面保证护栏能够达到设计的防护等级，另一方面还要保证发生剧烈碰撞时桥梁板不至于断裂，以利于事故之后桥梁的维护。

参考文献

[1] 李勇，侯德藻. 车辆碰撞混凝土护栏的碰撞力计算方法[D]. 国际公路安全研讨会论文集，2005：400-405.

[2] 唐琤琤. 路侧护栏设计[J]. 公路交通科技，2001，18(3)：75-78.

[3] LS-DYNA keyword user’s manual April 2003 version970.

[4] 中华人民共和国行业标准. JTJ 074—94 高速公路交通安全设施设计及施工技术规范[S]. 北京：人民交通出版社，2004.

[5] 中华人民共和国行业标准. JTG/T F83-01—2004 高速公路护栏安全性能评价标准[S]. 北京：人民交通出版社，2004.

[6] 杜洋，黄小清，汤立群. 半刚性护栏系统模型冲击实验研究[J]. 华南理工大学学报(自然科学版)，2003，31(12)：66-70.

[7] 郭军，丁桦，程耿东. 汽车碰撞砼护栏过程的数值模拟[J]. 计算力学学报，1997，14(11)：388-393.

[8] 郭军，程耿东. 汽车碰撞砼护栏过程的简化分析[J]. 汽车工程，1998，(20)4：233-239.

连续长大下坡路段安全性分析技术探讨

刘兴旺　吴京梅　杨曼娟　陈　瑜

（交通运输部公路科学研究院　北京　100088）

摘　要：连续长大下坡路段交通事故频发，是公路中典型的事故黑点。治理连续长大下坡交通安全问题，是近几年研究的重点。连续长大下坡路段安全性分析是制定安全处置措施的前提，本文在论述影响连续长大下坡安全问题因素的基础上，探讨了制动片温度、弯道、制动失灵车辆速度、路侧防护栏等级及线形协调性分析技术，这些分析技术可作为科学、合理地制订连续长大下坡路段处置措施的依据。

关键词：连续长大下坡　安全性　分析技术

1　前言

近几年来，我国公路建设事业快速发展，在交通运输、区域及全国经济发展中起到重要的支撑性作用。由于目前特殊的交通状况，货车超载严重，货车机动性能整体水平相对较差，在一些受到地势限制的连续长大下坡路段，经常发生货车制动失灵引起的重大及重大以上交通事故，给经济及社会发展带来严重影响。2003 年公安部和安全生产监督管理局两部局督办治理的全国 29 处公路危险路段，绝大部分属于连续长大下坡路段。

目前，在我国交通运输状态及车辆技术前提下，不能短时间从根本上解决连续长大下坡路段的交通安全问题，更多地需要在连续长大下坡路段设置交通安全设施，采用主动避免与被动防护方法来减少交通事故发生率，常见的处理措施有设置降温池、检修区、避险车道、路面减速设施、加强型护栏等。这些设施的设置位置、尺寸大小的确定，需要对连续长大下坡路段进行科学、系统的分析，在此基础上才可完成。本文结合相关课题研究成果，探讨连续长大下坡路段安全性分析需采用的方法技术。

2　影响连续长下坡路段安全性的因素

像通常路段一样，在连续长大下坡路段也有三类因素影响着行驶的安全性，即人、车、路。从人的角度而言，由于连续长大下坡行驶的危险性，驾驶员驾车注意力提高，驾驶员反而不是影响车辆安全的主要因素。

从车辆角度而言，发生事故的原因表明，主要是车辆制动失灵。随着下坡长度增加，制动距离增长，制动鼓温度随之升高，当达到失效温度，就可能会引起制动失灵。因此，车辆制动鼓温度变化是引起连续长大下坡事故发生的主要因素。

连续长大下坡路段，同时伴有小半径曲线段，车辆在曲线段转弯，需要满足转弯车辆力的平衡。在弯道处，车辆行驶速度越快，所需离心力越大，要求路面提供的侧向摩擦力越大，由此引起的驾驶操作越发困难。当车辆制动失灵，行车速度随着坡长增加而增加，速度达到一定数值，在一些曲线段就可能出现侧翻、侧滑冲出路外的危险。因此，曲线半径也是影响连续长大下坡路段安全性的一项重要因素。

车辆制动失灵后，速度越来越快，增加了驾驶难度及冲出路外的可能性，预知失灵车辆随路线的变化，可以借此分析车辆通过曲线路段的可能性、车辆碰撞路侧护栏的能量等，制动失灵后车速变化也是影响交通安全的一项因素。

结合车辆制动失灵车速变化，分析路侧防撞护栏防撞等级及防撞能量变化，可以确定当前路段路侧防撞等级及适合性。车辆防撞等级合理，可以较好地避免车辆冲出路外，发生车毁人的亡事故。路侧防撞等级是影响事故发生严重性的重要因素。

此外，与其他路段一样，连续长大下坡路段的线形连续性对于事故的发生也有着重要影响。下面就逐一介绍各个影响连续长大下坡安全性的影响因素的分析方法。

3 连续长大下坡制动片温度分析

分析连续长大下坡路段制动片温度变化，可以确定连续长大下坡车辆制动失灵位置，这是设置避险车道、设置降温池、设置加强型防护、预测车辆制动失灵后速度变化的前提。

分析连续长大下坡路段制动片温度变化，采用预测方法进行。在这方面，欧美国家所做的研究较成熟，可借鉴这些成果，使用 PIARC[1] 提供的成熟的汽车制动器温升计算模型，模拟长大下坡路段汽车制动消能热衰退过程，绘制制动片温度随道路里程变化的分布图，确定制动片温度超过警戒线的路段(建议 260℃为制动片效能失效温度警戒线)，该模型为：

$$T(x)=T_0+\left\{T_\infty-T_0+K_2\left[\frac{1}{3.6}[W\theta-F_{\mathrm{drag}}(W,v)]V+P_{\mathrm{eng}}(G_{T_i},v)\right]\right\}\left[1-e^{-3.6K_1x/v}\right] \tag{1}$$

其中：$K_1=hA_C/m_BC$，$K_2=1/hA_C$，h 为 v 的函数。

式中：T_∞——制动器外部环境温度；

T_0——制动器初始温度；

A_C——制动系统的有效热传导面积；

m_B——制动系统的有效热质量；

C——制动系统的热容量；

W——货车总重；

θ——纵坡段的坡度；

x——到坡顶的距离；

v——货车下坡的平均速度；

G_{T_i}——第 i 个挡位的传动比。

上式可通过迭代得到随路段变化的温度。

4 弯道分析

分析连续长大下坡小半径曲线段处车辆的安全性。采用力学平衡公式，在曲线段车辆主要受力为离心力及路面提供的侧向摩擦力。车辆离心力随着车辆速度增大而增大，但侧向摩擦力是个定值，当车辆行驶速度达到一定数值，就会出现车辆冲出路外、翻车的危险。分析连续长大下坡小半径曲线段的安全性，结合车辆行驶速度，采用下式进行：

$$v=\sqrt{127(\varphi+i)R} \tag{2}$$

式中：v——平曲线对应的最大转弯速度，m/s；

R——平曲线半径，m；

φ——路面摩擦系数，干燥状态下取 0.4，冰雪下取 0.11，雨水存在下取 0.2；

i——路面超高度。

将曲线半径、路面超高及 φ 值带入上式，即可计算出曲线处车辆的最高安全行驶速度，当预测发现车辆的行驶速度可能超过以上计算值，则该曲线段发生事故的可能性就增高。

5 连续下坡制动失灵车辆行驶速度分析

连续长大下坡车辆事故，主要是由于车辆制动失灵所造成。车辆制动失灵后，制动效能在减少车辆重力势能上所起到的作用很小。所以结合坡度、坡长变化，依据动能定义或运动学理论，即可计算车辆下坡过程中的速度变化规律。

从长下坡坡顶至制动失效点这段距离，制动效能良好，车辆行驶速度均匀，可认为是个定值。从制动失效点起，车辆制动效能失去作用，行驶速度随着坡度、坡长的增加而增加，由此可以推算出车辆速度随着坡度及坡长变化的预测模型：

$$v_i = v_{i-1} + \left[\frac{g\{-i + 0.015\cos[\arctan(|i|)]\} + 0.1923 v_{i-1}^2}{v_{i-1}} \right] \Delta L \tag{3}$$

式中：v_i——当前分段间隔结束时车辆速度，km/h；

v_{i-1}——当前分段间隔起始时车辆速度，也为上一分段间隔结束时车辆速度，km/h；

g——重力加速度，9.81m/s^2；

ΔL——路段分段间隔距离，为了提高预测准确定，通常以1m作为一个分段间隔；

i——坡度，下坡为负，上坡为正。

在计算时，以制动失灵位置为起点，以ΔL为1m一个间隔进行计算，通过逐步迭代即可预测全线车辆速度变化。

6　路侧护栏防护等级分析

路侧护栏对于防护失控车辆冲出路侧有着重要作用，因此很有必要结合预测失灵车辆速度对连续长大下坡路段路侧护栏防撞等级进行分析，以确定哪些路段需要加强防护。路侧防护栏等级分析应结合碰撞能量、路侧危险程度、发生事故的可能性来综合确定，如图1所示。

图1　护栏等级确定过程图

车辆碰撞能量分析采用下式计算：

$$E = 9\,810 \times \frac{1}{2g} m (v \sin\theta)^2 \tag{4}$$

式中：E——碰撞能量，J；

m——碰撞车辆的质量，t；

v——车辆的碰撞速度，m/s，碰撞速度可通过预测求得；

θ——车辆的碰撞角度，20°；

g——重力加速度，9.81m/s^2。

碰撞能量与路侧防撞等级之间的关系，参考文献[2]。公路路侧防撞等级见表1。

公路路侧防撞等级　表1

等　级	碰撞车速(km/h)	车辆质量(t)	碰撞角度(°)	最大碰撞能量(kJ)	代　号
1	40	10	20	70	B
2	100	1.5	20	60	A、Am
	60	10	20		
3	100	1.5	20	280	SB、SBm
	80	10	20		
4	100	1.5	20	400	SA、Sam
	80	14	20		
5	100	1.5	20	20	SS、SSm
	80	18	20		
6	特殊设计护栏：需要特殊设计的公路，如集装箱占有率相当高、跨越非常重要建筑区等				N、Nm

《公路交通安全设施设计技术规范》(JTG D81—2006)中,结合路侧险要程度对路侧护栏所需等级作了详细的规定。针对路侧险要等级,规定了需设置相应的护栏等级,如图2所示。

根据上述车辆碰撞能量分析,并依据碰撞能量及路侧险要程度,即可确定路侧护栏防护等级。

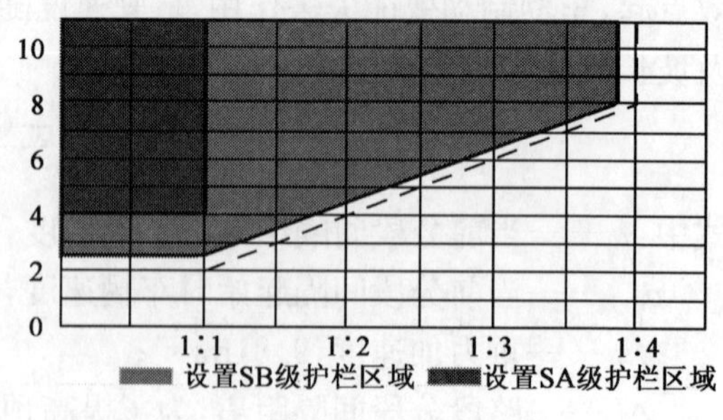

图2 路侧与护栏等级对应图

7 连续长大下坡路段线形协调性分析

线性连续性采用运行速度分析方法[3]进行,道路线形协调性评价选用相邻路段之间的运行速度差值 Δv_{85} 作为评价指标。评价公式如下:

$$\Delta v_{85} = |v_{85i} - v_{85i-1}| \tag{5}$$

线形协调性安全评价标准见表2。

道路线形车辆运行速度协调性检验标准　表2

前后路段运行速度差(Δv_{85})	级　别	前后路段运行速度差(Δv_{85})	级　别
$\|\Delta v_{85}\| < 10$km/h	协调性优	$\|\Delta v_{85}\| > 20$ km/h	协调性不良
10km/h $< \|\Delta v_{85}\| < 20$km/h	协调性良		

8 结语

本文详细论述了影响连续长大下坡路段安全性的因素,结合课题相关研究成果,提出了连续长大下坡制动片温度、弯道、失灵车辆行驶速度、路侧护栏防护等级及线形连续性分析方法和计算公式。这些分析技术对合理、正确制订连续长大下坡安全处置措施意义重大。

参考文献

[1] PIARC Technical Committee on Road Safety (C13). Road Safety Manual[R]. World Road Association. 2003.

[2] 中华人民共和国行业标准. JTG D81—2006 公路交通安全设施设计技术规范[S]. 北京: 人民交通出版社,2006.

[3] 中华人民共和国行业标准. JTG/T B05—2004 公路项目安全性评价指南[S]. 北京: 人民交通出版社,2004.

线形诱导标设置条件的探讨

陈　瑜[1]　陈建文[2]　王建伟[1]　宋双明[2]
(1.交通运输部公路科学研究院　北京　100088;
2.山西忻阜高速公路建设管理处　山西　035500)

摘　要:线形诱导标用于引导或警告驾驶员平面线形的变化,科学合理地设置线形诱导标有利于公路行车安全。在总结国内外研究成果和标准规范的基础上,针对国内外对线形诱导标设置条件的规定比较模糊,不便于实际操作的问题,对公路平曲线线形诱导标的设置条件进行了探讨,从视距和线形协调性两方面讨论了线形诱导标的设置条件。根据人机工程学并结合平曲线行车视距,讨论得出视距不良平曲线路段的界定条件;根据曲线路段运行速度的连续性和运行速度理论,讨论得出急弯曲线路段的界定条件;同时,根据道路设计理论和运行速度预测模型推导出便于实际计算的应设置线形诱导标的急弯和视距不良路段的判定方程,为后续线形诱导标的相关研究和实际工作提供了借鉴。

关键词:交通工程　线形诱导标设置　视距　线形协调性　平曲线

1　前言

线形诱导标用于引导或警告驾驶者前方公路平面线形的变化,使其根据线形适当改变行车方向促使安全运行。科学、合理地设置线形诱导标有利于公路行车的顺畅、舒适、安全。是否设置线形诱导标与曲线半径、曲线长度、偏角及驾驶者的视线有关。但什么条件的平曲线需要设置线形诱导标,设置多少,如何设置,国内外规范中少有具体的方法,只有一些原则性的规定。本文结合国外有关线形诱导标设置的标准规范及相关的研究成果,探讨线形诱导标设置条件的有关问题。

2　线形诱导标的设置原则

综合国内外的标志规范,线形诱导标的设置应遵循以下原则:

(1)线形诱导标应设置于行驶方向发生变化的路段,如小半径曲线路段、匝道、急弯路段等。

(2)线形诱导标的设置应和线形一致,并垂直于车的行驶方向。

(3)线形诱导标的设置间距应保证在驾驶者的视野里始终有两个线形诱导标(我国要求视野里有 3 个)。

(4)任何曲线,只要设置了线形诱导标,则至少设置 3 个。

(5)线形诱导标的设置高度最低为标志下缘距地面 1.2m。

3　线形诱导标的设置条件

国内外规范对线形诱导标设置条件的规定都比较模糊,即视距不良或急弯平曲线路段应设置线形诱导标,但并没有明确说明视距不良和急弯路段的界定标准,因此为道路设计、施工和管理人员实际工作带来了一定的问题。本文在现有有关研究成果的基础上,探讨需要设置线形诱导标的视距不良和急弯曲线路段的界定标准。

3.1　视距不良曲线路段的界定

为了行车安全,驾驶人员应能随时看到汽车前面相当远的一段路程,一旦发现前方路段上有障碍物或迎面来车,能及时采取措施,避免相撞,这一段必需的最小距离称为行车视距。行车视距是否充分,直接关系着行车安全。车辆行驶于平曲线路段前方时,驾驶员应能看到前方一定长度的路程,发现前方的曲线路段,以便顺利完成转向操作。如果平曲线的设计不能保证驾驶员及时看清曲线路段,则该曲线为视距不良曲线路段。

根据人体工程学原理，人的视野为正前方左右各60°的范围，而20°以内、10°以外为瞬息区，在这个范围内人能在很短的时间内视认物体；30°以内、20°以外人需要集中注意力才能够认清物体。如图1所示，驾驶员在阴影范围以外的视野内视认物体一般要分散驾驶员的大量注意力，不利于行车安全，即只有驾驶员在瞬息区内看清曲线的全貌，才能不影响其正常驾驶。因此，可以认为驾驶员在瞬息区内可以看清曲线全貌的曲线路段为视距良好的曲线路段；反之，为视距不良路段。

由此可知，视距条件良好的曲线路段首先应满足平面视距的要求，弯道内侧行车视线不应被树木、建筑物、路堑边坡或其他障碍物所遮挡；在此基础上还要满足曲线起点处驾驶员能够在瞬息区内看到曲线路段全貌的要求。不能满足以上条件者即可判定为应设置线形诱导标的视距不良曲线路段。

驾驶员能否在瞬息区内看到曲线路段的全貌可根据道路设计理论计算判定。以双车道公路为例，如图2所示，S表示设计视距，Z表示保证设计视距所需的最大横净距。

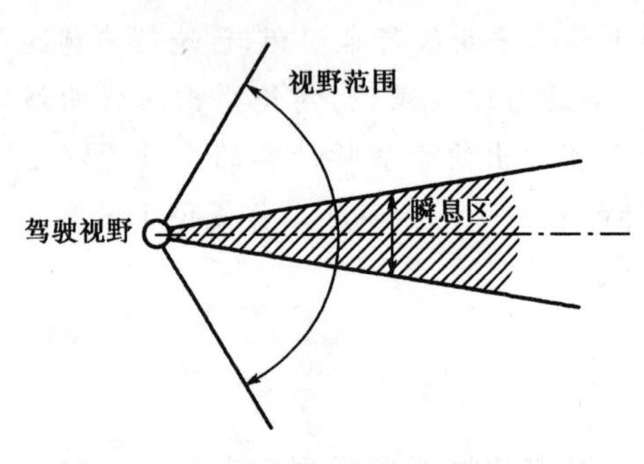

图1　驾驶员视野示意图

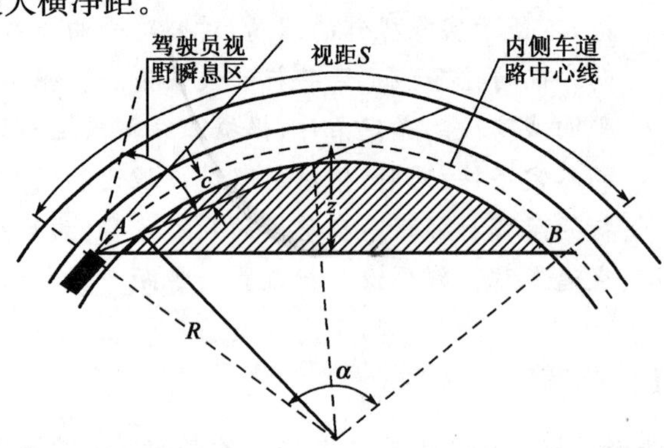

图2　最大横净距及驾驶员视野示意图

假设驾驶员的视线高距离路面1.2m，驾驶员座位距未加宽时路面内边缘的水平距离为1.5m，则车辆在弯道上行驶时视点的运动轨迹半径R_s为：

$$R_s = R - \frac{B}{2} + 1.5 \tag{1}$$

式中：R_s——视点轨迹半径，m；

B——弯道路面宽度，m。

根据道路设计理论，曲线最大横净距的计算方法如表1所示。

曲线最大横净距计算方法　　表1

计算条件		计算方法
未设缓和曲线	$L \geqslant S$	$Z=\frac{S^2}{8R_s}$
	$L<S$	$Z=\frac{L}{8R_s}(2S-L)$
设置缓和曲线	$L \geqslant S$	$Z=\frac{S^2}{8R_s}$
	$L'<S \leqslant L$	$Z=R_s\left(1-\cos\frac{\alpha-2\beta}{2}\right)+(l_s-l_0)\cdot\sin\left(\frac{\alpha}{2}-\delta\right)$
	$L<S$	$Z=R_s\left(1-\cos\frac{\alpha-2\beta}{2}\right)+l_s\cdot\sin\left(\frac{\alpha}{2}-\delta\right)+\frac{S-L}{2}\cdot\sin\frac{\alpha}{2}$

表中：Z——最大横净距，m；

S——设计视距，m；

L——视点圆曲线轨迹长，$L=\pi\alpha R_s/180$，m；

α——L 所对应的圆心角，即路线转向角，rad；

l_s——缓和曲线长度，m；

l_0——车辆计算位置到缓和曲线起点的距离，$l_0=(L'-S)/2$，m；

L'——视点轨迹平曲线总长，包括缓和曲线和圆曲线，m；

δ——夹角值，rad，当 $L<S<L'$ 时，$\delta=\arctan\left\{\frac{l_s}{6R_s}\left[1+\frac{l_0}{l_s}+\left(\frac{l_0}{l_s}\right)^2\right]\right\}$；当 $L'<S$ 时，$\delta=\arctan\frac{l_s}{6R_s}$；

β——缓和曲线角，rad。

根据图 2 所示，要满足驾驶员能在瞬息区内看到曲线路段的全貌，只需满足 $C>Z$，即：

$$R_s(1-\cos\theta)>Z \tag{2}$$

因此，需要设置线形诱导标的视距不良曲线路段判定条件为：不满足设计视距的要求，或满足设计视距要求但不满足式(2)的要求。

3.2　急弯曲线路段的界定

过去人们一直把汽车行驶理论作为道路线形设计的基本理论，修建的道路均以汽车行驶要求为标准，只注重平面线形设计和纵断面线形设计。随着道路等级的提高，行车速度的加快，交通事故不断增加，研究人员从大量交通事故的统计分析中发现，道路线形设计除满足汽车行驶要求外，还应满足驾驶员和旅客的心理和生理的要求。从安全角度看，人的交通安全应比车的交通安全显得更加重要，不恰当的线形组合更容易造成交通事故、降低通行能力。所以道路设计时各线形要素的协调性受到了越来越多的关注。运行速度检验是评价线形有效的方法之一。2004 年交通部颁布的《公路项目安全性评价指南》(JTG/T B05—2004)提出了采用相邻路段的运行速度差来评价线形设计协调性的方法，即：

(1) $|\Delta v|\leqslant$10km/h，运行速度协调性好，线形协调性好；

(2)10km/h $<|\Delta v|\leqslant$20km/h，运行速度协调性较好，条件允许时宜适当调整相邻路段技术指标，使速度差小于或等于 10km/h；

(3) $|\Delta v|>$20km/h，运行速度协调性不良，相邻路段需重新调整平、纵面设计。

因此，可以认为弯道路段运行速度与相邻路段相差 10km/h 时，该弯道路段即可判定为需要设置线形诱导标的急弯曲线路段。

根据《公路项目安全性评价指南》(JTG/T B05—2004)，运行速度应采用 v_{85}，如获得 v_{85} 数据有困难时，可根据表 2 方法预测。

平曲线运行速度预测方法　表 2

曲线连接形式		平曲线模型
入口直线接曲线	小客车	$v_1=-24.212+0.834v_0+5.729\ln R$
	大货车	$v_1=-9.432+0.963v_0+1.522\ln R$
入口曲线接曲线	小客车	$v_1=1.277+0.924v_0+6.19\ln R-5.959\ln R_{前}$
	大货车	$v_1=-24.472+0.990v_0+3.629\ln R$

表中：v_1——曲线中部的运行速度，m/s；

v_0——曲线入口的运行速度，m/s；

R——当前曲线半径，m；

$R_{前}$——前接曲线的半径，m。

然后，采用路段运行速度(预测值或 v_{85})计算曲线半径，则：

$$R=\frac{v_{85}^2}{127(\mu+i)} \tag{3}$$

当采用路段运行速度计算的平曲线半径大于设计速度对应的曲线半径时，则可以认为该曲线路段线形变化强烈，对驾驶员刺激性大，因此可判定其为需要设置线形诱导标的急弯路段。

综上所述，考查一段曲线路段是否需要设置线形诱导标时，要分别从视距和运行车速两方面考虑，验证其是否属于视距不良或急弯路段，当一段曲线路段符合其中一种路段的特征时，就需要设置线形诱导标。同时，在实际的工作中，是否需要设置线形诱导标，还要根据相应路段的事故情况来确定，驾驶员对曲线路段反应不及所引起的冲出路外、对撞、撞中央分隔带等事故集中的弯道，应设置线形诱导标。

4 结语

线形诱导标是一种有效的引导或警告驾驶者前方公路平面线形变化的交通标志，能有效改善线形条件较差的弯道的安全性能。本文在总结国内外研究成果的基础上，从视距和运行速度的角度，对线形诱导标的设置条件进行了探讨，提出了是否需要设置线形诱导标的判别条件，为线形诱导标设置和弯道安全性改造等研究提供了参考。

参 考 文 献

[1] 李长城，阚伟生. 高速公路平面线形与安全关系的探讨[J]. 公路交通科技，2007，24(1)：126-128.
[2] 宋涛，张永生，郭彩香. 山区公路平曲线运行速度预测模型研究[J]. 交通运输工程与信息学报，2007，5(1)：118-123.
[3] 钟小明，陈永胜，张杰，等. 公路坪曲线路段大型车运行速度模型研究[J]. 公路交通科技，2005，22(12)：35-38.
[4] 毛慧. 线形诱导标设置[J]. 公路交通科技，2001，18(5)：90-92.
[5] 柯愈明，彭金涛. 公路平曲线双指数设计公式及其应用[J]. 公路交通技术，2005，4：1-3.
[6] 胡利娥. 运行速度对高速公路线形设计安全性的分析评价[J]. 湖南交通科技，2006，32(2)：37-40.
[7] 中华人民共和国行业标准. JTG/T B05—2004 公路项目安全评价指南[S]. 北京：人民交通出版社，2004.
[8] 裴玉龙. 公路勘测设计[M]. 哈尔滨：黑龙江科学技术出版社，1997：105-110.
[9] 周一鸣，毛恩荣. 车辆人机工程学[M]. 北京：北京理工大学出版社，1999：88-93.

第四篇 低碳环保

关于岩质路堑边坡喷播生态防护几点误区分析

罗建国[1]　金亮亮[2]　梁爱学[2]　李　波[1]

（1.山西忻阜高速公路建设管理处　山西　035500；

2.交通运输部公路科学研究院　北京　100088）

摘　要：喷播生态防护技术在我国公路、铁路、水利等边坡防护工程中已大范围应用，对于保护坡面、恢复植被起到了显著的作用。但与此同时，由于对客土喷播的基本原理、技术特征、适用范围等问题认识不一，缺少相应的技术指南，加之成本限制，使得喷播生态防护坡面保护和植被恢复效果受到较大影响。本文在总结北方地区喷播技术使用情况的基础上，归纳了喷播技术在使用上存在的几大误区，并对今后的技术发展提出一些建议，以促进坡面生态防护的发展。

关键词：岩质边坡　喷播技术　生态防护

1　引言

近年来，我国不断加大基础设施建设，产生了大面积的裸露高陡边坡，导致工程区周围生态环境恶化。交通设施建设不可避免地要对通过地区的生态环境产生影响，主要表现为改变地形地貌、扰乱土壤结构、破环植物群落、降低生物多样性、影响区域气候、造成并加剧水土流失等。针对以上不利影响，需要及时、合理、有针对性地采取各种生态恢复措施，同时这些措施应符合可持续发展的原则，从而使开发建设项目对环境的不良影响减少到最低程度。因此，边坡生态环境的恢复与重建，已成为我国交通建设工程与环境保护工作中不可缺少的重要内容，也是诸多环境保护科技工作者必须解决的重要理论与技术问题。

随着环保意识的提高，我国基础设施建设部门对于生态防护越来越重视。对于土质边坡，已普遍采用了湿法喷播、三维网植草等技术来建植植被、固土护坡。对于土质情况较差的边坡和岩石边坡，由于缺乏植物生长的基础，往往采取浆砌片石、挂网喷锚等工程防护措施，不仅被破坏的植被得不到恢复，而且也影响了边坡的生态环境及景观。因此，为保证石质边坡的稳定又能实现长久绿化，环境保护和基础设施建设部门采用了喷播防护技术。

喷播技术是指使用专用机械设备，将客土、基材、植物种子和各种添加物均匀地混合在一起，以压缩空气或高压水流为输送载体，把混合物料喷涂于立地条件较差的边坡表面使之形成稳定的营养土层，以达到保护边坡、恢复植被目的的一种生态工程技术。目前存在的两种喷播建植模式包括以美国为代表的高养护型——湿法喷播快速植草技术和以日本为代表的高投入型——干法喷播防护技术。湿法喷播是指以高压水流为物料的输送载体，如液压喷播；干法喷播是指以压缩空气为物料的输送载体，如厚层基材喷播。

当前，喷播防护技术已在我国公路、铁路、水利等边坡防护工程中大范围应用，起到了显著的保护坡面、恢复植被的作用。但与此同时，由于各施工单位对客土喷播的基本原理、技术特征、适用范围等问题认识不一，缺少施工技术指南，加上受成本限制，在配料和施工中存在一定的不规范现象，使得喷播防护施工的坡面保护效果和植被恢复效果受到较大影响。本文在总结北方诸省市喷播技术使用情况的基础上，归纳出喷播技术在使用上存在的几大误区，并对今后的技术改进提出一些建议。

2　北方地区坡面喷播生态防护技术分析

2.1　技术总体介绍

坡面喷播生态防护与其他植被护坡技术相比，喷播植被护坡技术适用范围更为广泛，可以应用于其他植被护坡难以应用的岩石边坡，同时，作为一种植被护坡技术，仍然具有同一般植被护坡技术相同的功能。这些功能主要包括：护坡功能、改善环境功能和景观功能。

采用喷播植被护坡技术可以在岩石上为植物创造生长基础，能满足对土壤要求严格的植物的生长需要。它可以恢复因工程建设开发而破坏的生态系统，创造出与自然表土相近的生长基础，培育出稳固边坡和与周边环境和谐的植被，从而可有效地恢复生态，在短期内形成良好植被演替群落。基材混合物由绿化基材、植壤土、纤维及植被种子按比例混合而成，具有一定的抗侵蚀性及稳定性，是植被生长的载体，与其他几种技术相比，喷播护坡技术具有施工工艺简单、成本较低及后期管理粗放的优点，且其应用范围更加广阔，自技术开发成功以来现以逐渐为市场的主导，为我国岩石边坡植被护坡技术的发展起到了重要的促进作用。

2.2 误区分析

尽管喷播生态防护技术在我国已经得到一定程度的应用，但由于区域自然环境的差异和不同施工企业技术方面的差异，使得喷播技术在普及和推广上存在一些误区：主要表现为基质选材、种子配比、喷播厚度、施工技术、后期管护等几个方面。

2.2.1 喷播基质、基材选材及配比需要完善

进行喷播绿化时，基质的配比被认为是喷播技术最基础、最关键的，也是所有工序中的重点和难点。对于喷播技术而言，喷播基质主要由绿化基材和植物种子两部分组成，二者的选材都最终影响到喷播基质的性质。坡面防护及植被恢复是一项难度较大的生态工程。

喷播材料在土壤表面形成的喷播层，实质上是一层保证草种迅速萌芽、生长的养生覆盖物，基质的选材和配比是否科学合理，不但影响客土层的干裂与剥离，而且影响种子的发芽、生长及成坪。首先，它应具有良好的稳定性，能牢固地附着在边坡表面，有效防止风吹和雨水冲刷而不脱落；其次，应具有良好的吸水、保水和保肥的性能，使喷播时的水和肥料不易顺坡流失，当浇水或下雨时能再吸水，并能防止喷播层中的水分过快蒸发，使草种在生长初期始终处于湿润状态；第三，喷播材料应无毒害性，保证对草种、幼苗无害，对环境无污染。这就要求喷播基质必须标准化、产品化，以工厂生产代替现场配制。目前，喷播基质的研究多集中在客土喷播后植被恢复产生的效益方面，对于喷播中基质的性能及使用的用量、配比缺乏系统化的研究。

2.2.2 植物种子选择及配方要科学

边坡生态防护是一个系统工程，对于边坡生态防护用植物的选择，需综合考虑边坡坡度、边坡土壤理化性质、土壤结构和土壤厚度、当地降雨和气温，以及种植目的等。种子是植物生长的基础，要根据坡面土质情况来确定苗木的种类和适当的植物配置模式。黏土边坡的可选植物配置模式比砂土边坡丰富。采用混合种植模式总体上优于简单种植。若植物选择得当，均可取得良好的护坡效果。

当前应用喷播技术时，对植被生态恢复目标设定的关注不够，具体表现是：

(1)设计阶段片面追求景观效果，忽略群落组合及生物演替规律；

(2)缺乏对植物习性的了解，植物品种选择不当；

(3)植物种类单一、组合不合理，容易遭受病虫害及其他有害生物的侵害。

目前，岩石边坡植被护坡技术中植被种子的类型多以草坪草种为主，品种单一、组合简单，需严格的后期管理，且过多地追求景观效果，而忽略了植被的生态功能和适应性，从而导致坡面人工植被群落生态稳定性差。从工程实践中看，初期入侵的植被多为一年生草本，生活周期短，从而导致坡面在一年中的大部分时期内无活的植被存在，使岩石边坡植被护坡工程的生态功能基本丧失，工程质量难以保障。

2.2.3 喷播厚度不够

从土壤的角度看，坡面植被恢复绝大部分是在表面的客土层上进行的。在那么薄的土壤基础上，植物要完成从种子发芽到生长发育再到与周边植物群落相融合的漫长过程，如果没有特殊的土壤材料和相应的土壤厚度，这个过程的实现将会是非常困难的。

喷播基材的厚度影响着植物的生长发育，喷播厚度过薄，不利于基材混合物中水分的保持，也不利于植物根系的生长，而喷播过厚又增加了工程的造价，并且不利于自身的稳定，因此，需要确定基材混合物的合理

喷播厚度。影响基材混合喷播厚度的因素主要包括：边坡类型、年平均降水量和边坡的坡度，所以在制定喷播基质标准时必须充分考虑这些因素。

现如今，由于缺乏相关技术规范指导和约束，各施工单位在实际操作中“自由发挥”，完全忽略边坡生态恢复的长远利益。在实施中，喷播厚度不够，意味着植被所需营养及水分等生长元素都严重缺乏，直接影响植物生长。从边坡稳定性和植被生长要素考虑，合理的喷播厚度是边坡生态恢复重要的技术保障之一。

2.2.4　施工技术适用不规范

目前国内喷播技术较多，主要有框架内植草、三维网喷播植草、湿式喷播、客土喷播、厚层基材、高次团粒、边坡TBS植被护坡绿化、植被型生态混凝土技术等技术。

各种喷播施工技术的环节均包括清坡、挂网、喷播、养护等，其具体施工技术会影响生态恢复的质量和效果。目前我国喷播技术并不成熟，在分析技术的适应性方面缺乏相应的技术指导规范和标准，在选择施工技术时就往往出现误区，选择不合理技术，导致最后施工质量和效果不佳。选择合理施工技术是边坡生态恢复成功与否的关键环节。

2.2.5　忽视后期管理

岩石边坡植被护坡技术应用活的植物来实现其主要功能，生物活体的长期稳定生存需要一定的生态环境条件，在岩石边坡植被护坡工程中水分的供给显得尤为重要，成为影响工程长期稳定的主要因素。在我国，施工单位交验工程项目以后，后期管理几乎也就随之中断，这就导致边坡植被生长效果下降，甚至生态恢复失败。

从客观条件讲，公路、铁路是数百、数千公里的带状构造物，从而导致产生的边坡绵延分布，而我国大部分地区降雨量小或极不均匀，投入大量的人力、财力进行养护管理是不现实的，后期管理难的问题已成为岩石边坡植被护坡技术应用的重要限制因素。然而关键地段的后期管护还是必要的，比如生态脆弱地带，靠自生演替很难恢复的就有必要靠人为力量维持其生态稳定，加强后期管理。

3　实施中需要解决的问题

3.1　适地适树、科学配方

3.1.1　植物选种

植物种类选择的基本原则是，选择适合当地气候、地质条件，具有较强抗旱及抗寒性能的草、灌、乔相结合的立体配置的混合植物种类，而且尽量采用与当地自然植被相类似的植物种类。随着对喷播技术的不断摸索，边坡植物的选型已由较单一的草本植物向多样化的草、灌结合方向发展，草、灌结合建立多样性的植物群落这一理念已得到广泛的认可。

3.1.2　种子配比

选择的植物种，一般要求适合当地气候条件，有较强的固土护坡、控制侵蚀能力（根系发达），并有耐旱、耐瘠薄、抗逆性强的特点，并兼有环境美化功能。

在植物种类的选择方面，可依植物在群落中的地位和作用分为3个类型，且各自所占比例如下：

(1)建群种：体现边坡防护功能和适应能力的种类，通常在群落中的比例在50%以上；

(2)伴生种：在植物群落中的第一重要种类，当建群种生长受到阻碍时，可由它来维持和体现坡面防护的功能，并对不良环境有较强的适应能力，此类植物的比例在30%左右；

(3)保护种：一般是发芽速度和初期生长速度较快，能在植物群落组合中充分发挥先期生长的优势，此类植物在占20%左右。

北方地区喷播主要是采用草本植物。草本植物发芽生长快、能早期在坡面形成植被覆盖，而且基本不需要事前进行种子处理，施工使用方便，因此成为北方喷播技术所采用的主要植物种类。尽管草本植物对于快速恢复坡面植被覆盖起到十分重要的作用，但由于其根系浅、耗水量大、稳定性差，在施工后不仅需要较高的人工养护作业，而且退化较快，因此如何通过喷播构建草—灌植物群落或乔、灌、草植物群落，是保证边坡植被长期稳定存在的重要问题。我国虽然已经有很多关于植物种类选择、配置、种植密度，以及野生乡土护坡植物的开发利用等的研究，但我国地域辽阔、气候地质地貌多样，植物选择与配置复杂，现有研究远远不能满足实际工程运用，仍是许多地区公路边坡植被恢复中尚未解决的问题。因此，有必要继续开展高速公路绿化的植物配置研究，明确配置形式与其功能之间的关系，帮助认识不同绿化植物配置在绿化效果上的差异，保障设计的最终成效，并以此作为探讨公路边坡防护设计的基础。

3.1.3 基质配比

基材配比的确定是喷播技术在工程应用中存在的一个难题。绿化使用的基材不仅要求其能为植物生长提供很好的养分支持以达到绿化护坡的效果，而且要求此种基材能与岩石边坡很好的黏合和具有一定的硬度以提高抗冲刷的能力。基材的确定一般要遵循如下原则：必须适宜于所选草种的生长发育，喷射后的基材在要求的时间内必须具有一定的强度，并且在保持自身稳定的同时，还应尽量增加边坡的稳定性，含有植物生长所需的养分和水分，这些都影响着基质的配比。

在常规情况下，喷播基材各组分的质量比范围分别是：中黏性壤土 65％～80％，泥炭土 16％～30％，缓效性肥料 1％～5％，保水剂 0.01％～0.08％，黏结剂 0. 1％～0.8％；具体情况下则需根据实际边坡的地理、地质、气象条件等来选择基材配比，采用的配比要因地制宜。喷播基材是保证喷播成功的重要因素，其主要成分须按一定的配比进行喷覆，才能达到喷播建植的效果。基质的配比通常是根据不同类型边坡和当地的立地条件会有不同的配比方案。基质配比影响植物的发芽率和长势，而植被能否长久生长靠的是基质的强度和抗旱性，二者同样与基质配比密切相关。

3.2 建立合理的设计规范、施工规程、验收标准

我国的边坡生态防护技术正处于发展的初级阶段，客土生态防护等边坡防护技术从植物的选择、喷播基材配方、喷播厚度、施工工艺到养护管理均靠经验。路基边坡生态防护技术的设计、施工规范和验收都未制定标准，现行的《公路路基设计与施工规范》也只是较粗略地提到，在这种情况下，边坡生态防护的质量就得不到保证。到目前为止，我国的高速公路边坡生态恢复研究基本上处在定性的和经验的发展阶段，对它的理论认识落后于它基于工程概念的实践。由于缺乏基础理论指导，也缺乏经验总结，阻碍了边坡生态恢复的发展。

通过对高速公路边坡稳定性、基材流失情况、植物多样性、景观效果、动物栖息情况，建设过程中的规划、设计、施工与材料标准化、规范化等的研究，使我们认识到，当前应尽快制定一套科学的边坡生态恢复的评价标准体系，使高速公路边坡生态恢复工作有法可依、有章可循。此外，还应开展喷播技术专项研究，解决该技术与我国自然环境和工程环境相结合的问题，编制技术指南或施工规范，制定技术标准。

3.3 强化技术的适用性

在我国，喷播防护技术的适用范围尚需限定，目前，在交通领域广泛应用的边坡喷播防护技术包括：三维网喷播植草、湿式喷播、客土喷播、厚层基材、高次团粒、边坡 TBS 植被护坡绿化、植被型生态混凝土等技术，但这些技术都有一定适用范围，不是任意坡度条件下都可应用的，目前我国喷播技术使用中存在着诸多不合理的现象。因此要加强喷播防护技术的适用性研究，根据地理环境、气候条件、立地情况等因素综合分析，明确各种因素下技术的适用性，并制定出相关的指导性规范。

4 结语

喷播生态防护技术，作为一种恢复边坡生态环境的新兴技术，已经广泛应用在公路、铁路、河道、矿山治理等基础建设中，本文试图通过总结前人经验，分析出喷播防护技术应用的几大误区，并提出建议性解决方法，以供参考。喷播防护技术目前在我国应用并不成熟，主要以经验指导实践，缺乏相应的理论和规范，所以，开展有关喷播防护技术的理论和系统研究非常必要。

参 考 文 献

[1] 章梦涛,邱金淡,颜冬.客土喷播在边坡生态修复与防护中的应用[J].中国水土保持科学,2004, 2(3) : 10-12.

[2] 杨喜田,赵宁,董惠英.论厚层客土喷播技术的植物群落目标设定和植物种选配[J].中国水土保持科学,2006,2(1):70-74.

忻阜高速公路融雪剂在除雪当中对环境的危害及防治措施

李振兴 吕宏宇

(山西忻阜高速公路建设管理处 山西 035500)

摘 要:本文介绍了融雪剂的主要成分和除雪机理,分析了大量使用融雪剂对路基、沥青路面、桥梁和植物的危害,并结合忻阜高速的实际情况,提出了预防措施。

关键词:忻阜高速 融雪剂 环境危害 防治措施

1 概述

忻阜高速公路忻州至五台山段是山西省东出西联、融入环渤海经济圈的重要东出口,也是晋煤外运和通往佛教圣地五台山的重要旅游通道,被交通运输部确定为全国四项“高速公路科技示范工程”之一,已成功地将忻阜高速建设成一条“科技、环保、绿色”的高速公路。忻阜高速途经忻府区、定襄县和五台县及五台山,地处北温带,不仅冬季气候寒冷、降雪较多,而且降雪期较长,特别是五台山脚下K90～K124段,属于严寒地区,降雪期达6个月之久。

降雪造成路面积雪结冰,严重影响了忻阜高速的正常通行,且增加了交通事故的发生频率。如何在冬季保证忻阜高速的安全通行和晋煤安全快捷送达目的地,增加运输效率,是对忻阜高速保畅通的严峻考验。目前忻阜高速主要采用以除雪机为主的机械除雪和以撒布融雪剂为辅的化学融雪方法。但机械除雪存在除净率差、易损路面等缺点。融雪剂能很好地弥补机械除雪的不足,从而成为忻阜高速公路除雪一种的重要方式。但融雪剂的大量使用使高速公路及对周围环境危害的问题也日益突出。忻阜高速已建成了科技示范的精品工程,如何将此路养护成“安全、耐久、绿色、环保”的道路,是我们所面临的新课题。

2 融雪剂的主要成分和除雪机理

目前,忻阜高速使用的融雪剂基本上以氯化钠为主,即将原盐经粉碎、筛分为一定粒度的颗粒或将盐溶于水形成盐水,再用机械抛洒于路面及其他场地进行融雪作业。

氯盐类融雪剂除雪机理是降低冰点,加速积雪融化。融雪剂溶于雪水后,其冰点在零度以下,溶于水后冰点在-10℃。融雪剂溶于雪水后,水中离子浓度上升,使水的液相蒸汽压下降,但冰和雪的固态蒸气压不变,达到冰水混合物固液蒸汽压等状态,冰随即溶化。

3 融雪剂对高速公路及其周边环境的影响

3.1 对沥青路面和路基的影响

融雪剂对沥青混凝土路面侵蚀严重(图1)。融雪剂与沥青产生化学反应,会大幅折减沥青材料和砂石料的握裹能力,造成沥青表面脱落,在较多重载车辆荷载作用下,逐渐形成沥青面层脱落、坑槽、拥包,直至大面积的路面破损。如果不能进行有效的防治,将会对高速公路的通行能力和资金带来巨大的损失。

融雪剂中的盐类遇水后发生的盐涨现象,会造成路基破坏。有报道称,应用NaCl融雪的普通公路,寿命会缩短1/2以上。

3.2 对桥梁及车辆的危害

氯离子是一种高效活化剂,不仅对桥梁金属构件和车辆底盘及车身腐蚀严重,而且能够在极低的浓度下

图1　融雪剂对沥青路面的危害

破坏钢筋表面的钝化膜，通过一定的环境条件共同作用，进而引起混凝土内钢筋锈蚀。由于氯离子有利于混凝土内部保持湿润，从而减小混凝土的电阻率，导致混凝土内部的钢筋加速锈蚀，严重时体积膨胀，使混凝土中钢筋处出现纵向裂缝，最终使混凝土保护层剥落，截面承载力失效(图2)。

图2　高速公路桥梁因使用融雪剂造成桥梁冻胀、裂缝

融雪剂对车辆也有很大的腐蚀，尤其是对车的轮胎、底盘发动机以及变速器。融雪剂对底盘的腐蚀主要体现在：使底盘生锈，长时间腐蚀容易造成底盘损坏。一般情况下，新车底盘有一层保护，但还需要增厚一下，最好给车做一个底盘装甲，这样就能减少积雪对底盘的腐蚀。融雪剂对发动机和变速器的腐蚀主要体现在：变速器表面容易出现磕痕和掉漆，降低其使用寿命。该问题的解决办法就是给发动机安装一个下护板，从而有效地减少腐蚀。融雪剂对轮胎的腐蚀主要表现在使轮胎氧化，出现裂纹，降低轮胎的使用寿命。该问题的最好的解决办法就是待积雪融化后及时洗车，用清水清洗轮胎和底盘等部位，减轻融雪剂对车辆的腐蚀。

忻阜高速特大桥、大中桥梁里程长达16km，特别是除雪难点——古峪沟大桥3.4km，因使用大量融雪剂，必须引起高度重视。

3.3 严重威胁绿化植物生长

融雪剂对植物生长影响十分显著。当浓度大于2‰～3‰的盐水浸入绿地，植物即会因生理性缺水导致生物量减少、叶黄、枯枝甚至整株死亡(图3)。据统计，因融雪剂造成高速公路中分带草坪死亡率达20%，树木及其他植物的损害高达5%～10%。2002年冬季，北京市在9d之内，将7 000t融雪剂抛洒于街路上，造成第二年春天3 000株行道树、40万株绿篱及5万m^2绿地相继死亡。

忻阜高速K0～K43为盆地河谷农业耕作区，路基两侧全是农田，由于排水设施不完善且为了节约耕地，路基填筑高度较低，甚至有些地段路面与农田基本平行。积雪堆积在路肩上，含有融雪剂的雪水融化后很容易流到路基两侧的农田之中，造成土地硬化、板结和盐碱化。由于盐在土壤中降解需15年时间，若不采取有效措施，会严重影响农作物的生长。

图3 融雪剂造成树木和草坪的枯死

3.4 污染水资源

含大量融雪剂的雪水最终会通过各种途径进水体，并导致地表及地下水污染。人们若长期饮用被融雪剂污染的水源，容易导致高血压等多种疾患，严重危害人体健康。

忻阜高速主要跨越滹沱河、滤泗河和清水河，其中共9次跨越滤泗河，段落为K62～K68；13次跨越清水河，忻阜高速沿着清水河进行展线，跨越段落长达36km。堆在桥上(图4)的积雪融化后很容易通过桥梁排水系统排到河道之中，造成地表及地下水污染，且沿河两岸村庄密集，沿线村庄一直利用河水进行饮用和农田灌溉。如何减少融雪剂污染水质成为难点。

图4 忻阜高速清水河大桥

4　防治措施

根据当地气象资料、沿线条件、忻阜高速的路况、除雪量、积雪深度、气温、危害交通范围等条件制订除雪工作计划，同时做好除雪机械设备的准备。

4.1　科学合理地使用融雪剂

参考《北京市融雪剂使用管理办法》中的规定："在降雪前或初始时，可视情况施洒（撒）适量融雪剂。在降雪量不超过10mm/次时，施洒（撒）量不得大于10g/m^2，在中到大雪时，可在此基础上适当增加施洒（撒）量，保障路面不结冰。"结合忻阜高速的实际情况，尽量采用机械方式进行除雪，适量施洒（撒）融雪剂，合理确定抛洒融雪剂的时间及抛洒（撒）量。

4.2　规范融雪剂的安全使用

含有融雪剂的积雪，不能随意倾卸，特别是桥梁上的积雪，一定要进行清运，避免污染土壤、植被和水质。尽量以喷洒融雪剂溶液代替人工撒布固体融雪剂，并应提高融雪剂溶液的温度，增强融雪化冰效果。

4.3　针对不同地段使用不同类型的融雪剂

（1）针对平原区两岸全是农田的，采用以尿素为主的复合型融雪剂。此融雪剂是氮肥和微量元素肥的组合体，不但融化了冰雪，而且给中分带、边坡上的花草进行了施肥，雪水排到两岸农田中反而改善了土质。

（2）在桥面上除雪采用醋酸钙镁代替氯盐作为融雪剂。研究表明，醋酸钙镁代替食盐作为融雪剂，可以大幅降低对钢筋的腐蚀，单独使用醋酸钙镁比食盐对钢筋的腐蚀性小很多，此外在已被食盐腐蚀了的钢筋上使用醋酸钙镁也会减轻钢筋腐蚀。

4.4　采取局部防护措施

在易发雨雪冰冻灾害的重要路段，可采用钢筋阻锈剂、防腐蚀钢筋、镀锌钢筋、环氧涂层钢筋等防锈措施。在桥梁和隧道出入口处，可安装融雪剂自动喷淋装置，以提高融雪化冰效率。

4.5　提高机械除雪效率

除雪作业中尽量采用机械除雪，机械化除雪是高效除雪的根本保证，几乎所有发达国家的经验都证明了这一点，日本北海道2002年除雪设备总数为982台，其中融雪洒布装置只有67台。可见，融雪剂除雪只占很小的比例。在以后的除雪工作中，要尽可能地使用机械除雪，一定要做好充分的保证工作。同时，除雪中机械的配备要合理，并保证机械相互协调配合，防止对路面的破坏。一定要有严密的安全措施，尤其是一定要安装警示灯和警示标志，防止交通事故的发生。

参 考 文 献

[1] 洪乃丰．融雪剂及其对基础设施的腐蚀危害[J]．建筑技术，2004，(4)：256-258.

[2] 范杰，马颖．除雪剂在除雪中的应用及其对环境危害的防治[J]．重庆交通学院学报，2007，(3)：78-81.

[3] 韩立军，董继先．高等级公路冬季机械除雪养护方法的探讨[J] 科技与经济，2004，(3)：14-16.

[4] 石坚，杨芳国．寒冷地区高速公路桥面铺装过早破坏原因分析和处理方法[J]．辽宁交通科技，2004，(2)：20-22.

[5] 李强，刘丽波．高速公路的路面清雪与防冻结措施施工[J]．现代日用科学，2003，(1)：35.

[6] 吴文伟．融雪剂融雪技术与规范管理[J]．环境卫生工程，2004，(4)：230-233.

隧道弃渣在忻阜高速公路中的综合应用

吴志俊[1] 田瑞芳[2] 赵秀文[3] 韩卓峰[3]

(1.山西省交通规划勘察设计院 山西 030012;
2.山西省重点公路工程建设领导组办公室 山西 030001;
3.山西忻阜高速公路建设管理处 山西 035500)

摘 要:高速公路隧道弃渣作为筑路材料,应用范围很广。本文在对现有弃渣利用的基础上,归纳了隧道弃渣综合利用技术,首次明确提出了隧道弃渣综合利用筛分流程,并将其应用在整个忻阜高速公路全线的建设中,具有很高的经济效益和社会效益。

关键词:公路隧道 弃渣 忻阜高速 工程应用

1 引言

随着山区高速公路的大规模修建,产生了大量的隧道弃渣。由于受施工工艺、建设管理条件和施工工期等各方面的限制,在隧道弃渣利用上缺乏综合规划,利用较单一,因此未将隧道弃渣作为优质筑路材料全面、综合的加以利用,利用率较低,仅为20%左右。现实情况是:一方面将大量的隧道洞渣废弃,需要占用大量的土地;另一方面又需开山取料或征用农田取土,既造成大量浪费,又破坏和污染环境。

2 工程概况

忻州至阜平高速公路是山西通向东部京津唐环渤海湾经济区的关键通道,是山西省高速公路网总体规划中第四横的重要组成部分,全长124.02km。全线共有5座隧道,开挖洞渣量达244.2万m^3,其中凤凰岭隧道为特长隧道,右线长5 823m,全隧道开挖量达110.4万m^3。

若将开挖出的洞渣全废弃,需占用土地366.3亩。在设计中,以交通部“六个坚持,六个树立”的公路勘察设计新理念为项目设计指导思想,按照“不破坏是最大的保护”的设计理念,本着环保、经济、方便和可持续发展的原则,依托凤凰岭隧道施工,对其弃渣的综合应用进行研究,并将研究成果推广到整个忻阜高速的建设中,使忻阜高速公路隧道洞渣变废为宝、综合利用,保护自然环境,努力把忻阜高速公路建设成一个建设节约型、环境友好型的典型示范工程。

3 弃渣综合利用筛分流程

根据隧道围岩等级、开挖方法和洞渣物理力学性质,确定弃渣利用的范围以及对应的工作流程,详见图1。

开掘出的洞渣按照上述筛检流程,结合围岩级别进行大致分类,集中堆放渣料与分散布置弃渣场相结合。弃渣场应选在地形开阔,运输方便、易于施工之处。

4 弃渣综合利用

隧道弃渣作为筑路材料,其利用范围非常广泛,可在路堤填料、混凝土砌筑、机制砂加工、碎石加工、隧道明洞及仰拱回填、软地基处理等多个方面进行利用。在归纳隧道弃渣利用技术方法以及最新进展的基础上,系统和全面地总结了弃渣综合利用对应的材料要求。针对弃渣石料应用于路堤填筑给出了选料和级配、施工工艺、质量控制与检测;在挡墙、桥台、排水沟、仰拱填充、机制砂生产和碎石加工等方面提供了选材、级配、强度等质量标准等具体技术指标,从而尽量做到料尽其用、节约成本,更好地保护生态环境。

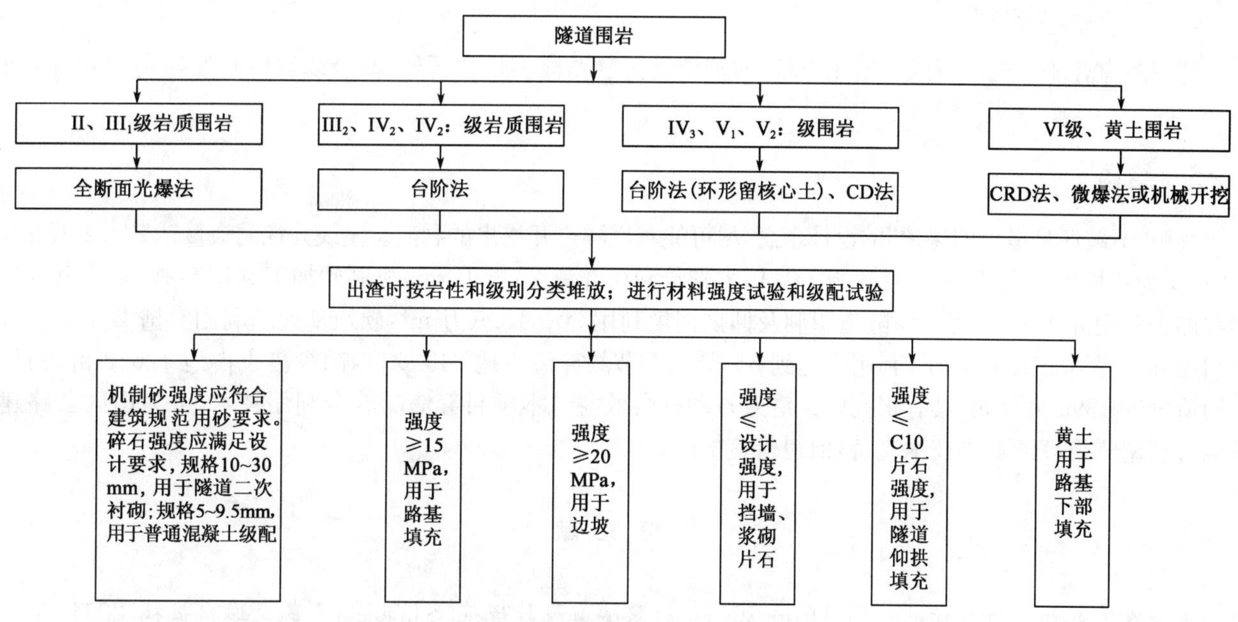

图1　隧道弃渣综合利用筛分流程图

4.1　路基填料

忻阜高速隧道弃渣岩性为碎砾石土、灰岩和花岗片麻岩，几乎所有的弃渣均可作为路基填料使用。从施工进度安排考虑，全线共利用弃渣 84.1 万 m^3 作为路堤填料。

将筛检出的弃渣，按《公路路基设计规范》(JTG D30—2004)要求的填料强度和粒径，二次破碎后进行填筑。

铺筑试验路，在对试验段填石路堤工程施工进行的基础上，提出适用于试验路堤的质量控制体系：

(1)针对地质情况和现场开挖试验，提出相应的填石料开完工艺方案，确定爆破方法和参数；

(2)是否建议采用大吨位振动压路机械，以达到较高的压实度；

(3)基于所采用的施工机械，进行更多种组合进行填筑试验，参照压实干密度和压沉值法检测数据，确定施工工艺和质量控制体系；

(4)按照填筑试验所确定的施工参数确定施工方案，应用所确定的检测标准对填筑质量进行检测检验。

采用压沉值法和压实干密度法两种方法对比检验填充路堤的密实度。

4.2　圬工砌筑

利用隧道弃渣中的片石，修筑护坡、挡墙、排水沟渠等，全线圬工砌筑共利用弃渣 26.5 万 m^3，其具体强度需满足设计要求。

4.3　明洞和仰拱填充

将隧道弃渣中的片石，用于隧道明洞和仰拱填充，全线隧道共利用弃渣 13.9 万 m^3。

4.4　机制砂和碎石

选择质量好、强度高的隧道弃渣，用于加工机制砂和碎石，相关规定如下：

(1)机制砂应符合《建筑用砂》(GB/T 14684—2001)中关于分类和规格的要求。

机制砂在类别和用途方面要求如下：I 类宜用于强度等级大于 C60 的混凝土；II 类宜用于强度等级 C30～C60 及抗冻、抗渗或其他要求的混凝土；III 类宜用于强度等级小于 C30 的混凝土和建筑砂浆。

(2)碎石规格为 10～30mm，用于隧道二次衬砌；规格为 5～9.5mm，用于普通混凝土级配；具体强度和级配须满足设计要求。

全线机制砂加工利用弃渣 20.5 万 m^3，碎石加工利用弃渣 15.3 万 m^3。

4.5 软地基处理

利用隧道弃渣中的片石或不规则石块，对河滩处湿软路段回填片石处理，全线软地基处理利用弃渣 2.1 万 m^3。

5 结语

按照“不破坏是最大的保护”的设计理念，尽可能利用隧道开挖出的洞渣。全线开挖洞渣量达 244.2 万 m^3，其中：作为路堤填料利用弃渣 84.1 万 m^3，圬工砌筑利用弃渣 26.5 万 m^3，机制砂加工利用弃渣 20.5 万 m^3，碎石加工利用弃渣 15.3 万 m^3，隧道明洞及仰拱回填利用弃渣 13.9 万 m^3，软地基处理利用弃渣 2.1 万 m^3，共利用隧道弃渣 162.4 万 m^3，利用率达到 66.5%；并节约弃渣占地 243.6 亩，减少借土占地 126.2 亩，初估节约造价约 4890 余万元，具有很高的经济效益和社会效益。本项目弃渣的综合利用技术，可为山区公路建设综合利用隧道弃渣提供技术支持，值得借鉴推广。

参考文献

[1] 中华人民共和国行业标准. JTJ D70—2004 公路隧道设计规范[S]. 北京：人民交通出版社，2004.
[2] 中华人民共和国行业标准. JTG F10—2006 公路路基施工技术规范[S]. 北京：人民交通出版社，2006.
[3] 中华人民共和国交通运输部. JTG D30—2004 公路路基设计规范[S]. 北京：人民交通出版社，2004.
[4] 中华人民共和国交通运输部. JTG E42—2005 公路工程集料试验规程[S]. 北京：人民交通出版社，2005.

忻阜高速公路路基冲刷计算分析

赵俊刚[1]　李　波[2]　韩卓锋[2]

（1. 山西省交通规划勘察设计院　山西　030012；
2. 山西省忻阜高速公路建设管理处　山西　035000）

摘　要：本文通过对忻阜高速公路路基三种冲刷类型进行分析介绍，提出一些个人的设计思路和想法，供大家参考和探讨。

关键词：自然冲刷　一般冲刷　局部冲刷

1　引言

拟建忻州至阜平高速公路忻州—长城岭段是山西通向东部京津唐环渤海湾经济区的关键通道，是我省高速公路网"人字骨架、九横九环"总体规划中第三横的重要组成部分，是交通运输部确定的典型示范工程和科技示范工程。项目的实施，对实现加快中西部地区政治、经济发展战略，完善国家干线公路网，促进我省及周边地区的经济建设，特别是促进忻州市的经济发展和全国四大佛教圣地之一——五台山的旅游开发，有着非常重要的意义。

在公路路基冲刷防护中，目前护岸（挡墙、护坡）用得最多，其优点主要是：(1)用它来支撑路基土，保证路基的必要宽度；(2)它能抵御洪水对路基的冲刷破坏作用；(3)护岸建筑结构简单，施工较为方便。

路基冲刷深度是确定防护工程基础埋置深度的依据。一般防护工程的损坏，除因布置不适当，或本身结构强度不够外，往往是由于基础埋设过浅，以致基础被水淘空而引起的。故对路基防护工程基础冲刷深度的确定应引起足够的重视。

2　详细设计的必要性

忻阜高速 K60＋000～K124＋000 段路线沿滤泗河和清水河布设，路堤侵入河道后，压缩河道流水断面，必然改变天然河道的水力因素，使水位升高，流速增大，加剧对路堤的危害。同时，局部河床形态与水力因素的变化，将影响上、下游较长河段的水流状态，引起对沿河建筑物、农田、房舍的危害。另外，滤泗河和清水河及其支流多属常年流水性河流，资料表明各河流的径流分布趋势与降水量的分布趋势大体一致，除气候影响外，还与地貌、地质、植被等自然因素相关。枯水期流量小，洪水期流量大，降雨多集中在七、八月份，水位暴涨暴落。

本段全长 64km，扣除桥隧后，路基长度为 43.651km，其中护岸长 27.540km，占路基全长的 63.1%，最长一段为 2.922km。护岸所占比重之大，单段段落长度之长，是目前山西高速公路建设过程中前所未有的。

但是，目前规范中对如此长度的路基冲刷还无明确计算方法，仅是参考桥梁水文的相关计算。这种方法在护岸长度较短时可以采用，当长度增加、受力模式发生改变时，两者是有一定区别的。

3　冲刷类型

河槽的冲刷变形是水流泥沙的运动、河槽地质及构造物三者相互作用的结果，通常可分为三类：自然冲刷、一般冲刷和局部冲刷。

3.1　自然冲刷

在天然条件下，河槽的自然演变（变形）可分为四种：(1)河流发育成长过程中河床纵断面的变形，如河源的河槽高程逐渐降低和河口河槽高程可能逐渐增高等，这种变形在较长的时期内才能察觉；(2)河槽横向移动所引起的变形，如边滩的下移，河湾的发展、移动和天然裁直等所引起的河槽变形。该种变形比第一种变形要快得多，变形的幅度也大得多；(3)河段最大深涨线不规则摆动而形成的冲刷变形，通常称为集中冲刷。河段越不稳定，这种变形就越明显和严重；(4)在一个水文周期内河槽随水位、流量变形而发生的周期性冲淤变形，通常称为河槽天然冲刷。

3.2 一般冲刷

构造物或路基的修建压缩了天然水流断面，引起单宽流量和垂线流速增大，水流挟沙能力增强，因而发生对河槽的冲刷。

3.3 局部冲刷

构造物直接阻挡水流，造成了水流流线结构的改变，在其周围以强烈的涡流形式与河槽床面泥沙发生作用，因而在构造物周围，特别是迎水面附近形成向下的流束强烈地淘刷河床，在局部范围内产生深的冲刷坑即局部冲刷；由水流挟沙能力随着冲刷坑的加深而减小，达到冲淤平衡时，冲刷即停止。

4 忻阜线冲刷特点

一般认为在长期河流演变过程中，河流的冲刷与淤积趋于平衡状态，河流演变过程与路基防护时间相比较，路基防护的时间是很短暂的，故一般情况对自然冲刷不予考虑。但对忻阜线来说，自然冲刷不仅是不可忽略的，而且还是设计的重点。

由于忻阜线护岸走向与河道基本保持一致，修建路基使天然水流断面压缩比较严重，由原河道最宽约300m压缩至最短约60m。使河道的自然演变时间人为缩短，演变过程人为修改，在新的冲於平衡到来前，河道冲刷应以自然冲刷为主。而在自然演变的实际过程中，河道水流以“S”形不断演变调整，不断寻求最合适的平衡模式，在此过程中，水流方向必定会与护岸在一定范围内存在大小不一的夹角，所以，局部冲刷在新的冲於平衡过程中是不可避免的。而达到新的平衡后，自然演变基本结束，局部冲刷也随之减少或消失，此时冲刷应基本属于一般冲刷。

总的来说，在路基建成后的一段时间内，河流冲刷是以自然冲刷为主，局部冲刷为辅。在达到冲於平衡以后的时间里，是以一般冲刷为主，其他次之。

5 冲刷计算分析

5.1 自然冲刷

因河槽自然演变引起的冲刷，目前尚无可靠的计算方法，只能做出适当地估计。经过查阅相关资料和咨询有关专家后，采用谢才—曼宁公式对自然冲刷进行简要估计。下面以K107+188～K111+190段为例，对路基自然冲刷进行简要的计算分析。

设计流量、河床纵坡均采用K107+188～K111+190段的相关数据：$Q=1\,384.821\text{m}^3/\text{s}$。

先假定通过设计流量Q的水深$h_k=2.31\text{m}$，根据河床横断面求得：

过水面积：$A=257.30\text{m}^2$

湿周：$\chi=115.62\text{m}$

河床纵坡：$i=1.108\%$

河床糙率：$n=0.033\,3$

水力半径：$R=A/\chi=2.23\text{m}$

根据谢才—曼宁公式：

$$v=1/n\cdot R^{2/3}\cdot i^{1/2}=5.38\text{m/s}$$

$$Q'=A\cdot v=1\,384.95\text{m}^3/\text{s}$$

两者之差：$(Q'-Q)/Q=(1\,384.95-1\,384.821)/1\,384.821\times100\%<10\%$

计算的 Q' 值与 Q 值之差小于10%，故可确定河槽的水深 $h_k=2.31\text{m}$，流速 $v=5.38\text{m/s}$。

尽管谢才—曼宁公式不是直接用于计算冲刷的，但是通过对水深的不断调整，使计算流量与实际流量接近，同时其流速也趋于一个比较合理的范围。则认为此时水深等即是冲淤平衡后相关参数，可以作为设计数据进行参考。

5.2　一般冲刷

一般冲刷计算模式现在比较成熟，常用《公路工程水文勘测设计规范》(JTG C30—2002)中64-1修正式，64-2简化式计算。现假设只有一般冲刷对其进行计算。

还是以K107＋188～K111＋190段冲刷为例。相关数据如下：

设计流量：1 384.821m^3/s

河床比降：1.108

左滩分界点：4.000

右滩分界点：102.650

左滩糙率：22.000

主槽糙率：35.000

右滩糙率：22.000

桩号	高程
0.000	1 220.00
4.000	1 215.38
14.500	1 215.38
18.000	1 216.89
38.000	1 216.87
40.000	1 215.38
54.300	1 215.38
61.000	1 216.75
102.65	1 216.86
110.00	1 217.00
111.00	1 220.50

由设计流量推求设计水位计算结果如下：

设计水位：1 218.618cm

左、右滩流量：40.636m^3/s

全滩面积：238.675m^2

全滩平均流速：5.803m^3/s

全滩平均水深：2.184m

最大水深：3.238m

根据《公路工程水文勘测设计规范》(JTG C30—2002)P42的9.5.2计算得：

(1)一般冲刷采用64-1(修正式)

$$h_p=[A\times Q^2/(\mu\times B_c')\times(h_{mc}/h_{cp})^{\frac{5}{3}}]/(E\times d_c^{\frac{1}{6}})]^{\frac{3}{5}}=5.362\text{m}$$

(2)一般冲刷采用64-2(简化式)

$$h_p=1.04\times(A\times Q^2/Q_c)^{0.90}\times[B_c/((1-\lambda)\times\mu\times B^2)]^{0.66}\times h_{mc}=3.238\text{m}$$

式中：单宽流量集中系数 $A=(B^{0.5}/H)^{0.15}=(82.33^{0.5}/5.4)^{0.15}=1.461$。与汛期含沙量有关的系数 E 取0.86。河槽平均粒径 $d_{cp}=50\text{mm}$。

一般冲刷如采用64-1(修正式)为5.362－3.238＝2.124，一般冲刷如采用64-2(简化式)为4.706－3.238＝1.468。

通过比较分析，两者接近。可见，采用谢才—曼宁公式进行计算，在一定程度上可以满足设计要求。

5.3 局部冲刷

局部冲刷规范推荐采用桥墩计算模式，在路基计算时，两者是有区别的。与路线长度相比较，桥梁等构造物压缩河道仅是点，而护岸等则是线，两者在空间上是一维与二维的差别。导致在冲刷计算时，两者所占比重不同，受力模式不同，影响程度也不相同。

目前对沿河路基的局部冲刷深度的计算，各国许多学者均展开了研究，基本上是按下降水流的水力学原理，由桥墩的局部冲刷深度公式延伸而来，有代表性的主要有雅罗斯拉夫采夫、唐德海、蒋焕章、高冬光公式，这几个公式都可用来计算护岸或护坡的局部冲刷深度，但各个公式结构形式差别很大，考虑因素也不同。

路基手册中采用在雅罗斯拉夫采夫公式，但是其中未考虑 h（水深）这一因子，且其粒径采用裸露出来的河床沙的最大粒径，导致计算结果存在很大的随机性，在计算时偏差也较大。

《公路水文勘测设计与水毁防治》(2002.1)中所提到的蒋焕章公式为

$$h_{sm}=[\varphi'/C'(h/\Delta)1/n_{0-1}]K_\theta K_m h$$

式中：h_{sm}——护墙局部冲刷稳定深度，m；

h——护墙处计算河床面水深，m；

K_m——河床面上下墙面陡度 m 相同时，$K_m=e^{-0.3}m$；河床面以下为垂直墙时，$K_m=e^{-0.25}m$；

$$K_\theta-K_\theta=(\theta/90)0.35(2-\theta/90)0.13$$

θ——水流方向与路基交角，°；

φ'——系数，$\varphi'=K\varphi=2.4$；

C'——系数，$C'=C=1$；

n_0——垂线流速分布指数，$n_0=5(h/\Delta)0.06$；

Δ——泥沙起动底速 v_0' 计算位置高度，m；$d_{50}\geqslant0.7$mm 时，$\Delta=d_{50}$；$d_{50}<0.7$mm 时，$\Delta=0.7$mm；

d_{50}——泥沙中值粒径，m。

此公式其中尽管也有不足之处，但是相对目前研究的其他公式而言，是相对比较符合实际的。在实际工程设计时，也常采用蒋焕章公式进行计算。

6 结果分析和运用

通过对忻阜线三种冲刷的实例分析，可以得出：在计算路基冲刷时，首先要确定哪种冲刷起主要作用，再根据其特点采用合适的公式或经验进行计算、分析，这样才能得出切合实际的数值。

当构筑物较多压缩河道的水流断面，但水流流向不冲刷构筑物时，一般要考虑自然冲刷和一般冲刷；当构筑物较少压缩河道的水流断面，但水流流向冲向构筑物时，只考虑自然冲刷与局部冲刷；当构筑物较多压缩河道水流断面，水流流向冲向构筑物时，三种冲刷均要考虑，并应考虑 1m 的安全值。

7 结语

由于各地情况不同，冲刷计算方法也不尽相同，但均需考虑平衡原理。

同时希望《公路工程水文勘测设计规范》(JTG C30—2002)中路基冲刷部分在沿用桥涵冲刷的基础上，能对路基本身的自然冲刷和局部冲刷等进一步进行明确和规定。

参考文献

[1] 中华人民共和国行业标准. JTG C30—2002 公路工程水文勘测设计规范[S]. 北京：人民交通出版社，2002.

[2] 蒋焕章. 公路水文勘测设计与水毁防治[M]. 北京：人民交通出版社，2002.

[3] 交通部第二公路设计院. 公路路基设计手册[M]. 北京：人民交通出版社，2004.

忻阜高速隧道节能照明技术的研究和推广

高 阳

（中国公路工程咨询集团有限公司 北京 100083）

摘 要：本文分析了当前高速公路隧道节能照明技术的发展现状，指出了其存在的主要问题，并针对各种节能技术进行研究，将采用节能灯具、供配电系统节能、运营限速节能等技术应用到忻阜高速公路中，所应用的节能技术具有一定的推广性。

关键词：隧道照明 节能 灯具 推广

据统计，我国已建高速公路隧道照明用电量惊人，电能浪费严重。以3 000m长隧道为例，其照明总功率接近300kW，按照每天有一半左右的灯工作，电费按1元/度计算，每年电费大约是131.4万元。如果将3km的隧道折算成3座1 000m的长隧道，电费增加1.7倍；折算成10座300m的短隧道，电费将增加4.6倍。

隧道运营后产生电能浪费的主要原因在于前期采取了不合理的照明设计方案，中期施工过程中部分功能未能实现以及后期运营采用了不适当的照明控制方案。为了使隧道照明更符合国家“建设节约型社会”的要求，必须考虑贯穿全阶段的隧道节能照明技术，选出最适合隧道照明特点的节能技术，在本项目依托工程上加以应用，并进行推广。

1 节能照明技术研究现状

高速公路隧道照明采用的节能技术种类繁多，所取得的节能效果也不尽相同，目前采用的主要技术包括以下几种。

1.1 采用节能灯具

(1)采用LED灯具

LED灯具主要包括集成封装大功率LED和单颗芯片排布式LED，其中单颗芯片排布式根据反射方式不同又分为镀膜透射和反射镜反射。在本项目实施时，LED的技术瓶颈——发热大、光衰大、坏点率高、标准不统一等尚未得到圆满解决。

(2)采用无极灯

无极灯是无电极荧光灯的简称，属于技术比较成熟的灯具。无极灯主要优点是寿命较长，对环境要求较低，适合隧道、工矿等污染较重的环境；缺点是造价较高压钠灯高，实际寿命有待观察。无极灯又包括低频灯具和高频灯具两种。低频灯具高功率较多；高频灯具的接口更通用，造价更为便宜。

1.2 针对传统高压钠灯的节能方案

采用高压钠灯进行设计，应配合辅助手段进行照明节能。

(1)变功率高压钠灯

在路灯照明中使用较多，但是采用控制线进行控制失效情况较多，如改为双电源进线，电缆造价较高。

(2)采用电子镇流器

主要通过提高功率因数，降低电感器的用电功率，但市场上电子镇流器良莠不齐，质量无法保障。

(3)节能型电感镇流器

能将常规的高压钠灯的20%镇流器功率减少到接近10%，但是节能型电感镇流器尚处在研究开发阶段。

(4)节能控制柜

主要是采用降压进行节能,其主要技术瓶颈在于需要对母线进行分段,增大故障概率,并且其降压效果受“木桶效应”的影响要大打折扣。

1.3 针对规范进行合理取值

在《公路隧道通风照明设计规范》(JTJ 026.1—1999)(以下简称《照明规范》)中一个重要参数就是洞外亮度,因为其取值受洞口未成型等多种条件局限,设计人员往往得不到准确数值,因此一般采用4 000cd/m²。

照明计算的另一个重要参数就是交通量,它直接影响基本照明亮度指标,而往往设计单位均按照远景年交通量进行设计。

1.4 供配电方案的照明综合节能

目前,国内高速公路在隧道照明节能上的主要应用是选用节能型变压器,而针对变电站的主接线形式、配电方案、供电半径等关键技术问题,并没有系统的阐述。

另外,隧道照明节能可以考虑在短隧道预装风、光互补发电站,但是其占地面积较大,造价较高。

1.5 照明控制方案节能方案

目前,许多国内已建高速公路采用分时控制较多,分时控制没有考虑环境因素和交通量对隧道照明的影响,会造成能源的浪费或照明亮度过低,影响行车安全。

另外,国内对限速后的隧道照明控制并没有进行论述,也未预留控制条件,导致建设和运营脱节。

1.6 相关工程节能方案

在《照明规范》第3.7.1条对接近段的减光措施进行了相关的规定,主要包括植树、绿化、洞口形式和墙面反射率等。降低洞外亮度需要土建、绿化等专业的配合,且受当地人文环境制约,可操作性不强,因此不作进一步研究。

2 依托工程研究方案

本项目共有五个隧道:凤凰岭、长城岭属于特长隧道,火焰山属于长隧道,文山和长江塘属于中短隧道。其中,长城岭隧道为三车道,其余隧道均为两车道,针对本项目隧道特点进行以下研究。

2.1 节能灯具研究

根据当前节能灯具的技术发展,结合隧道照明规范对节能灯具的亮度、均匀度和技术成熟的要求以及隧道特殊环境对灯具对环境适应性的要求,选择节能、寿命长、适合隧道恶劣环境使用的节能灯具。经过经济对比,高频电磁灯的总建设费用和运营费用最低,且其节能效果非常明显,具有重大优势,因此本项目隧道照明采用高频电磁灯,共采用灯具 6 910 套。图 1、图 2 分别为采用高频电磁灯、传统高压钠灯隧道入口段照明效果图。

图 1 采用高频电磁灯隧道入口段照明效果图

图 2 采用传统高压钠灯隧道入口段照明效果图

2.2　传统高压钠灯灯具的节能设备研究

采用高压钠灯节电设备是与采用节能灯具是两条独立研究方向，如果选择节能灯具，再采用节电设备的意义就不大，因此未在本工程中采用节电设备。

2.3　规范合理取值研究

根据洞口现场实测，并结合隧道洞口的绿化、朝向等因素，本项目洞外亮度选择 3 500cd/m^2。

交通量一般可以选择开通 5 年、10 年和 20 年。考虑到本项目采用高频电磁灯的寿命可以达到 6 年，且加强照明开启时间较短，寿命会更长；再加上选用 5 年交通量后期改造量大，选用 20 年交通量造价较高，综合以上因素选用开通 10 年的交通量。表 1 为忻阜高速隧道照明设计标准。

忻阜高速隧道照明设计标准　表 1

隧道段落	两车道段长(m)	三车道段长(m)	设计亮度(cd/m^2)
入口段	90	99	89
过渡段 1	72	72	27
过渡段 2	90	90	9
基本段	L	L	3.6
出口段	63	63	18

通过选用节能灯具和规范合理取值，全线应座隧道总照明功率由 1 369.12kW 降低到 724.01kW，总功率下降 40%以上。

2.4　供配电方案的综合节能研究

研究采用合理、优化的供配电方案，减少隧道照明负荷在变、配电系统的电能损耗，从而达到隧道照明综合节能的目标。

1)供电系统

(1)节能设备

主要研究、比选本项目应选用哪种节能型变压器，传统的高损耗变压器应当不予采用。因此，本项目全采用 SCB10 干式变压器，较 SC、SCB9 等传统变压器损耗更低。

(2)照明负荷和通风负荷的供电变压器独立

对于有通风负荷的变电站，将照明负荷和通风负荷采用独立变压器进行供电。在负荷使用较少的季节，可以一台变压器运行，另一台变压器备用，减少变压器空载损耗。

(3)变压器负载率

传统的各类变压器的负载率一般选择在 70%～80%。由于变压器制造水平的提高，传统的 70%左右的负载率为最佳运行区段的设计概念已变化，变压器负载率宜控制在 55%～70%较妥，以使变压器处于最佳经济运行区段。

2)配电系统

(1)经济电流密度

经济电流密度就是使输电导线在运行中，电能损耗、维护费用和建设投资等各方面都是最经济的。根据不同的年最大负荷利用小时，选用不同的材质和每平方毫米通过的安全电流值。许多项目在进行配电方案设计时，均以热稳定、电压降等进行电缆校验，而忽视了经济电流密度的校验，这会造成电缆损耗增大，从而造成后期运营电能的浪费。

因此，本工程在配电设计在电缆截面选取时，均进行了经济电流密度校验，其负荷利用小时主要结合隧道机电设备的运营时间来综合选取。加强照明的年最大负荷利用小时分别取 3 000h 和 4 300h，基本照明的年最大负荷利用小时取 8 000h。

(2)合理设置变配电所

根据《公路隧道交通工程设计规范》(JTG/T D71—2004)的第 9.2.3 条的规定:"长度大于 3km 的隧道宜根据隧道的长度、负荷等级、负荷分布情况在洞中合理设置变配电所。"

针对三车道长城岭隧道长度大于 3km,可以根据规范要求在洞中合理设置变配电所,经过对比采用 1km 半径建设费用最低,相应的运营费用也比较适中,因此采用 1km 作为基本照明的供电半径。另外,针对洞口加强照明负荷较多的情况,在洞口设置了加强照明专用埋地变。目前,全线共采用埋地变 14 套。

2.5 运营方案节能方案研究

(1)照明自动控制技术

本依托工程在隧道照明控制中采用洞外亮度自动检测技术,通过对洞外亮度的判断,合理地开启灯具,使电能的节省达到最优。

(2)照明回路的分级

传统隧道照明进行配电,一般入口段和过渡段 1、过渡段 2 的照明配电箱均单独进行配电,分别进行控制。但是根据规范,入口段和过渡段 1、过渡段 2 的同一级回路的开启和关闭是同步的,因此入口段和过渡段的同一级电缆是可以合并的。经过合并后,同样的控制级数,供电电缆长度可以减少接近一半。

(3)通过隧道限速进行照明运营控制

从目前全国通车的隧道看,隧道照明按照限速 80km/h 进行设计,但是在运营时,考虑到安全等因素,隧道采用 60km/h 的限速较多,这也意味着采用 60km/h 进行照明控制就可以满足隧道行车安全。

因此,隧道运营时,照明的亮度应与隧道限制速度一致,即不需要按照设计亮度来进行运营照明,应按照实际车速来控制照明亮度。但是设计时无法取得交警对隧道限速的规定,因此必须按照常规速度进行设计,但可以预留降低运行速度的控制条件。

本项目隧道限速 60km/h,表 2 是按照限速 60km/h 得出的隧道照明控制方案。

60km/h 隧道照明设计标准 表 2

隧道段落	两车道设计段长(m)	三车道设计段长(m)	设计亮度(cd/m²)	运行段长(m)	运行亮度(cd/m²)	控制方式
入口段	90	99	89	两车道 45 三车道 54	77	近期最大开启 3/4
过渡段 1	72	72	27	45	23	近期最大开启 3/4
过渡段 2	90	90	9	72	7	近期最大开启 3/4
基本段	L	L	3.6		近期 1.5 远期 2.5	近期开启 1/2,远期开启 3/4
出口段	63	63	18	63	近期 7.5 远期 12.5	近期开启 1/2,远期开启 3/4

需要指出的是,预留隧道限速控制条件除了包括运行亮度的降低外,对于加强段长度的减少一样重要。从表 2 中可以看出,降低行车速度后入口段长度可以减少一半,因此入口段的后一半完全可以按照过渡段 1 来进行照明控制,相应的过渡段 1、过渡段 2 均往后顺延。

3 社会和经济效益

3.1 社会效益

高频电磁灯照明效果较好,其白色光源有效地提高了行车舒适度,驾驶员现场反应良好,取得了较大的社会效益。

3.2 经济效益

根据运营现场的实测报表得出的数据,与类似长度的其他工程隧道的实测值进行比较,可以看出采用节能方案后运费电费将得到大幅度节省。相比较传统采用高压钠灯的隧道，每公里照明节电费用达到20.80万元。

4 关键技术和推广内容

4.1 选择了技术成熟的节能照明灯具——高频电磁灯

对多种节能灯具进行技术测试，最终经过技术和经济的综合比对，选取高频电磁灯作为本项目的隧道照明灯具，其舒适度较高，取得了重大社会效益，适宜推广。

4.2 推行了供、配电方案节能的全方位节能理念

本项目将供、配电和照明全方位综合节能概念也纳入了隧道照明节能技术的理念，将节能理念渗透到照明的源头、照明的传输载体和照明的终端等各个环节，真正做到了全方位照明节能，适合进行推广。

4.3 引入了经济电流密度的概念

由于公路和民用建筑电气规范均未对进行经济电流密度校验进行规定，相关电气规范也未给出隧道照明负荷的年最大负荷利用小时。因此，常规的隧道照明工程一般都没有进行经济电流密度校验，处在严重不经济的运行条件。本工程通过对年最大负荷利用小时的合理取值，对配电电缆均进行了经济电流密度校验，达到了照明节能效果。

4.4 按照隧道限速进行了运营照明控制

针对建设和运营前后脱节的情况，本课题建议在建设时预留照明限速控制条件，在运营照明控制时以实际隧道限速进行照明控制，真正实现了节能的一致性。

参考文献

[1] 李韧. 湖南省高速公路隧道通风、照明与供配电节能的实践与探索[J]. 中国交通信息产业，2009.

[2] 中华人民共和国行业标准. JTJ 026.1—1999　公路隧道通风照明设计规范[S]. 北京：人民交通出版社，2000.

[3] 任建卫，屈志豪. 高速公路隧道照明及供配电节能的实践与思考[J]. 交通信息产业，2007，05：106-113.

[4] 水利电力部西北电力设计院. 电力工程电气设计手册：电气一次部分[M]. 北京：中国电力出版社，1989.

[5] 中华人民共和国行业标准. JTG/T D71—2004　公路隧道交通工程设计规范[S]. 北京：人民交通出版社，2004.

[6] 高阳. 高速公路省界隧道机电设施的统一性探索[J]. 中国交通信息产业，2010，116(2)：96-100.

[7] 高阳. 高速公路外供电中施工用电与运营用电的统一初探[J]. 公路交通技术，2010，12(6)：119-125.

离网型太阳能供电交通设施系统性能研究

杨　勇　朱传征　杨丰艳　韩文元

（交通运输部公路科学研究院　北京　100088）

摘　要：太阳能供电系统在交通设施领域得到了广泛的应用，与之相伴随的是，相关的性能参数检测尚在起步状态，如何便捷、有效地确定太阳能供电系统的性能，是当前设计、检测人员研究的热点，本文根据已有的文献和工程经验，研究分析了太阳能供电系统中各主要组成部分的功能和工程技术人员在检测和日常维护中所需着重关注的技术要点，以及与其配套使用的负载性能对供电系统性能的要求和限制，并通过理论计算的形式，提出了在太阳能供电系统使用地点日照、气候条件一定的条件下，根据系统设计要求所需，计算太阳能电池、蓄电池等理论容量的方法，以期为相关设施的设计、研究和检测工作提供技术支持。

关键词：交通工程　太阳能　检测　容量

1　引言

太阳能是一种清洁、无污染的可再生能源，有效的开发和利用太阳能资源，既可解决当前所面临的能源紧缺难题，又可为未来能源结构的调整打下基础[1-3]。因此，不论是从解决当前能源供应不足问题的角度，还是从保护地球生态环境使社会经济走可持续发展之路的角度，研究利用太阳能及其相关技术都具有重大战略意义。

太阳能供电方式应用于公路交通领域，其主要的优点一方面在于无污染的可再生能源是社会进步和科技发展的趋势，另一方面在于其安装使用的独立性，尤其适用于在电网覆盖不完善的公路沿线应用，以降低为个别机电设施专门敷设电力线缆的成本。现阶段太阳能交通设施的研发和应用正处于蓬勃发展的时期，与之相关的太阳能设施层出不穷，日益丰富着公路交通机电产品的种类，同时也为公路使用者提供了更为方便、安全的使用条件。

为了更好地保证太阳能交通设施高效、稳定地工作，有效延长系统的使用寿命，如何分析研究供电系统性能参数的合理性以及与负载的匹配性能，从而对其提出相应的改进方案，对潜在的设计和故障隐患予以整改，逐渐成为该领域设计、检测人员研究的重点，也是太阳能离网供电技术在公路交通领域应用拓展的一个重要突破口。

2　太阳能供电系统的组成结构

太阳能供电的交通设施一般由太阳能电池方阵、充放电控制器、蓄电池和负载四部分组成[4]，如果所选用的负载为交流负载，则还需要增加与其相匹配的逆变器，其相应的结构简图如图1所示。

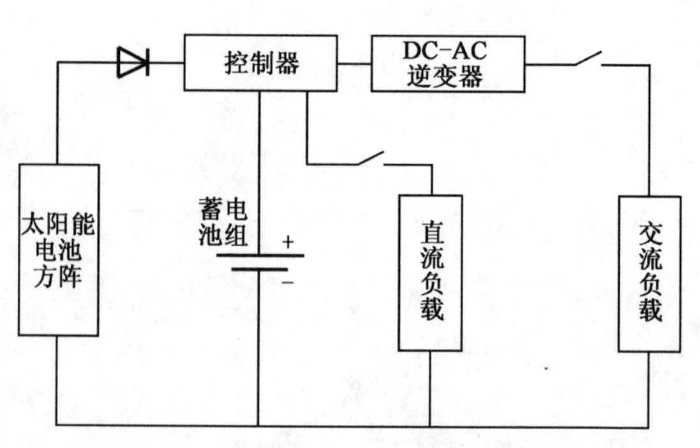

图1　太阳能供电系统结构简图

3　负载特性及系统容量设计合理性分析

负载对太阳能供电系统的设计和选型具有非常重要的影响[5]。负载特性可分为稳态特性和动态特性。其中，稳态特性包括正常运行条件下的伏安特性和功率特性等，主要影响太阳能供电系统各组成单元的容量设计，需要考虑负载功率与发电功率之间的平衡；而动态特性包括启动和停止，以及电压和电流突变期间的电压和电流之间的非线性函数关系，相对于太阳能供电系统输出性能，负载动态特性对供电系统冲击较大，如不能保证相当的设计冗余，可能会影响系统的使用寿命，甚至导致大功率负载无法正常启动。

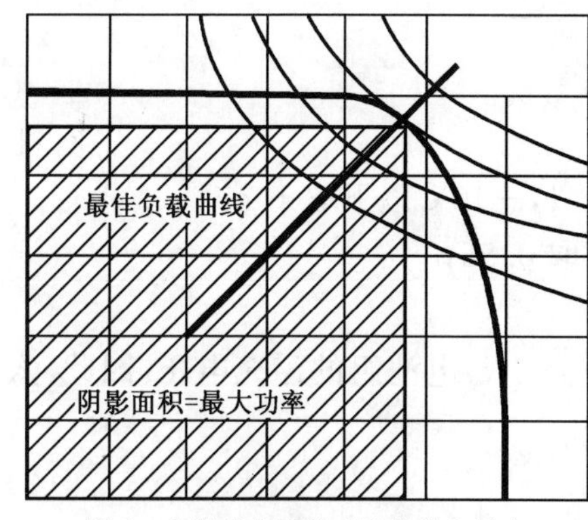

图2　太阳能电池的 I-V 特性和最大功率特性曲线

基于以上原因，在通过理论公式计算验证供电系统设计容量和实际容量与负载耗损相匹配的前提下，要充分考虑负载动态特性对供电系统的瞬间冲击要求，建议在负载选择时尽量选取无冲击电流的阻性负载，如必须选用电感性负载或电容性负载，则必须考虑浪涌电流和持续时间。一般情况下，浪涌电流在额定电流的数倍到十数倍，持续时间在百毫秒量级。

负载选择的另一个重要因素是负载工作点与太阳能电池的最大功率点匹配问题。太阳能电池输出伏安特性曲线、输出功率曲线和负载特性曲线一般都是非线性曲线。其中，太阳能电池的输出伏安特性曲线上，电流与电压乘积为最大值时的工作点为最大功率点，在负载工作点与其相接近的情况下，太阳能电池阵列将输出最大功率，其示意图如图 2 所示。

4　太阳能电池性能参数检测

太阳能电池组件光电性能参数的试验室方法检测是采用钨灯、水银弧灯和高压氙弧灯等光源用作太阳模拟器，模拟出与太阳光接近的辐射光谱和平行光束照射的条件，在试验室控制的温湿度条件下，通过专用设备，如 I-V 曲线测试仪等测得组件相关光电性能参数，如伏安特性曲线、光谱响应曲线等[6-9]。

以 I-V 曲线测试为例，测试的基本电路图如图 3 所示，图中左侧部分为待测太阳能电池的等效电路，右侧是测量电路，通过条件负载 R_L 的阻值来获得连续可调的伏安特性曲线。

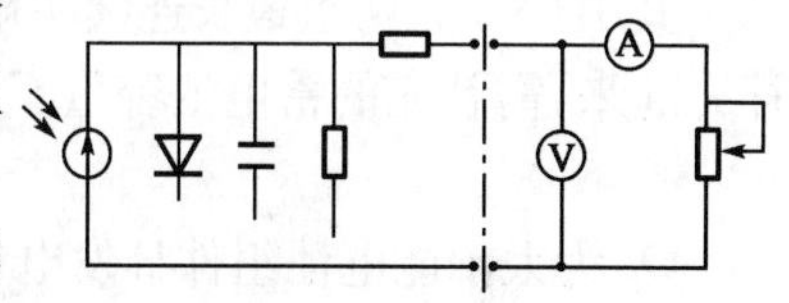

图3　太阳电池测试输出特性的原理图

在工程实际应用中，太阳能发电系统为了达到规定的输出，往往需要将多个太阳能电池组件串联和(或)并联构成太阳能电池阵列，而且在系统使用现场无法达到试验室检测所需的环境和设备要求，因此，现场测试对工程设计应用的合理可靠性更具有现实意义。

根据已有的相关标准和工程案例，可将现场检测分为检测环境、现场参数测试和理论复核三部分。

(1)检测环境条件的控制

气候及阳光条件(第一种情况)：天气晴朗，太阳周围无云，阳光总辐照度应不低于标准总辐照度的 80%，天空散射光所占比例应不大于总辐射的 25%，在测试周期内，辐照的不稳定度应不大于±1%。

气候及阳光条件(第二种情况)：天气晴朗，太阳周围少云，阳光总辐照度应不低于标准总辐照度的 60%，天空散射光所占比例应不大于总辐射的 25%，在测试周期内，辐照的不稳定度应不大于±10%。

其中，第二种气候及阳光条件下，一般是辐照度不稳定情况下太阳能电池阵列的光电性能，而现在的工程应用中，通常采用将太阳能日辐射量 H_t 转换成在标准光强下的平均日辐射时数 H 的方法，因此使用率较低。本文重点介绍第一种气候及阳光条件下的测试方法。

(2)检测参数的确定

在通常条件下，太阳能供电系统现场检测比较容易测得的数据是在稳定光照条件下的开路电压和短路电流，在断开原有负载，接入一个可调负载的情况下，通过连续调节负载阻值可绘得较连续的太阳能电池阵列伏安特性曲线，进一步分析计算得到最大功率点及充电电流、电压等参数。

(3)系统参数的理论计算

蓄电池的设计容量对保证系统对负载连续供电能力有很重要的影响。一方面，由于日照条件的差异性，太阳能电池阵列发电量在满足负载日常所需的前提下，会存在不足和过剩的情况，蓄电池可以在其中起到调节、均衡的作用；另一方面，连续阴雨天期间，负载的用电完全从蓄电池取得，满足设计要求的连续阴雨天期间的耗电量也是确定蓄电池容量的因素之一。由此可以得到，蓄电池的容量C计算公式为：

$$C = A \times Q_L \times N_L \times T_o / C_c K_\alpha \tag{1}$$

式中：A——安全系数，取1.1～1.4；

Q_L——负载日平均耗电量，等于工作电流乘以日工作小时数；

N_L——最长连续阴雨天数；

T_o——温度修正系数，一般在0℃以上时取值为1，−10℃以上取1.1，−10℃以下取1.2；

C_c——蓄电池放电深度，一般铅酸蓄电池取0.75，碱性镍镉蓄电池取0.85；

K_α——包括逆变器等交流回路的损耗率，通常为0.7～0.8。

为满足蓄电池组充电所需的电压要求，太阳能电池阵列输出电压应高于蓄电池组的浮充电压，因此，太阳能电池组件串联数N_s可由下式计算得到：

$$N_s = U_R / U_{oc} = (U_f + U_D + U_c) / U_{oc} \tag{2}$$

式中：U_R——太阳能电池方阵输出最小电压；

U_{oc}——太阳能电池组件的最佳工作电压；

U_f——蓄电池浮充电压；

U_D——二极管压降，一般取0.7V；

U_c——其他因数引起的压降。

在N_s确定的情况下，太阳能电池阵列的充电能力还取决于太阳能电池组件并联数N_p，可由下式推导得出：

$$N_p = (C' + N_w \times Q_L) / (Q_p \times N_w) \tag{3}$$

其中，N_w为两组最长连续阴雨天之间的最短间隔天数，主要考虑要在此段时间内将亏损的蓄电池电量补充起来，需补充的蓄电池容量C'为：

$$C' = A \times Q_L \times N_L A_h \tag{4}$$

Q_p为太阳能电池组件日发电量：

$$Q_p = I_{oc} \times H \times K_{op} \times C_z A_h \tag{5}$$

式中：I_{oc}——太阳能电池组件最佳工作电流；

K_{op}——斜面修正系数；

H——太阳能电池方阵安装地点的太阳能日辐射量H_t转换成在标准光强下的平均日辐射时数；

C_z——修正系数，主要为组合、衰减、灰尘、充电效率等的损失，一般取0.8。

由以上计算结果可得到所需太阳能电池方阵的功率P：

$$P = P_o \times N_s \times N_p W \tag{6}$$

式中：P_o——太阳能电池组件的额定功率。

通过将计算结论与现场测试得到的结果相结合，即可判断实际安装情况是否符合设计的要求。

5 使用环境对系统的影响

太阳能供电系统在使用地区气候日照一定的条件下，环境温度和灰尘沉积情况对系统的使用效果有较大的影响。

温度对太阳能供电系统的影响主要体现在对太阳能电池阵列和蓄电池组两方面。一方面太阳能电池作为一种半导体材料，其本征载流子浓度、载流子扩散长度、光子吸收系数等都会受到温度条件的影响，体现在测量上，短路电流I_{sc}与温度成正比关系，而开路电压U_{oc}与温度成反比关系，由于I_{sc}和U_{oc}的温度系数均比较小，因此，太阳能电池板相对而言具有较好的温度适应性。

另一方面，环境温度会影响到蓄电池的效率和使用寿命。低温情况下，各种类型蓄电池的充、放电深度均存在较大幅度的下降，直接导致蓄电池有效容量的减少；同时，温度过低，使电池长期充电不足，造成负极硫酸盐化，最终导致电池放不出电。高温情况下，蓄电池的有效容量所受到的影响较小，但是长期在高温条件下工作会严重影响蓄电池的使用寿命。按国际惯例，当环境温度超过25℃时，温度每升高10℃，电池使用寿命将减少一半，有如下公式：

$$L_{25} = L_T \times 2(T-25)/10 \tag{7}$$

式中：T——电池在实际运行时的环境温度；

L_T——在环境温度为T时，电池的使用寿命；

L_{25}——在环境温度为25℃时，电池的设计寿命。

由此可见，太阳能供电系统中，温度条件对太阳能电池板的影响较小，不需做额外处理，而蓄电池的保温功能则成为设计施工中需注意的重点。一般要求对蓄电池的储存需采取保温、防水的处理，常见的方案有地埋、竖井和地面储存间等，可根据各地的具体条件选择实施，同时应注意储存空间的排水问题，以避免积水导致蓄电池短路失效。

6　结语

本文简要介绍了公路交通用太阳能供电设施的系统组成和负载的选用原则，以及相关参数的测量方法和环境对各组成部分影响的大小，提供了现场测试与理论计算相结合的方法以验证系统构成对需求的适应性，有利于太阳能供电系统的应用和推广。

参考文献

[1] “十五”国家高新技术发展计划能源技术领域专家委员会. 能源发展战略研究[M]. 北京：化学工业出版社，2004.

[2] 顾树华，刘洪鹏. 2000～2015年新能源和可再生能源产业发展规划[M]. 北京：中国经济出版社，2001.

[3] 严陆光，崔容强. 21世纪太阳能新技术[M]. 上海：上海交通大学出版社，2003.

[4] 王长贵，崔容强，周篁. 新能源发电技术[M]. 北京：中国电力出版社，2003.

[5] 王长贵，王斯成. 太阳能光伏发电实用技术[M]. 北京：化学工业出版社，2005.

[6] X. S. Cai. Renewable Energies, Present & Future(J.), Advanced Technology of Electrical Engineering and Energy, 2005, 24(1): 69-75.

[7] Yang Chen, Smedley K M. A cost-effective single-stage inverter with maximum power Point Tracking (J.), IEEE Transactions on Power Electronics, 2004, 19(5): 1289-1294.

主动发光诱导设施的施工特点与注意事项

杨丰艳[1] 张 强[2] 朱传征[1] 崔晗晶[1]
(1. 交通运输部公路科学研究院 北京 100088;
2. 山西忻阜高速公路建设管理处 山西 035500)

摘 要:本文简述了在隧道内应用的主动发光诱导设施设置的一般原则与施工注意事项,提出了可行的施工建议与意见,为主动发光设施的进一步完善与应用提供经验总结。

关键词:交通工程 主动发光 突起路标 轮廓标

1 引言

主动发光诱导设施是随着LED技术的不断提升发展而来的一种新型交通安全设施,概括地说,就是在现有的诱导设施产品的基础上,进行改造,加入高亮度发光二极管,使其具有主动发光的特性。

认知心理学认为:人通过视觉接受外界信息的数量是有限的,适当的视觉刺激可以增强人对该信息加工处理的效率,更容易唤起人的识别兴趣。驾驶人员在复杂的道路环境中识别出有用的信息并不是一件容易的事情,在山区公路弯多路险的条件下,驾驶员的眼睛一般注视着道路正前偏下方,而交通标志及其他安全警示设施一般设置在路侧,在此条件下识别这些标志更为困难,因此有必要采取技术措施增强这些设施的刺激强度,使其发挥应有的功能。现有技术和经济条件下增加刺激的措施一是增加发光亮度,二是变静态为动态。在此条件下,主动发光诱导设施应运而生。

2 诱导设施的种类及特点

目前,市场上比较成熟的主动发光诱导设施产品主要有主动发光突起路标、主动发光轮廓标等,此类设备大多都是采用集中供电的方式来实现的。图1是集中供电式主动发光诱导设施的一种线路连接示意图。

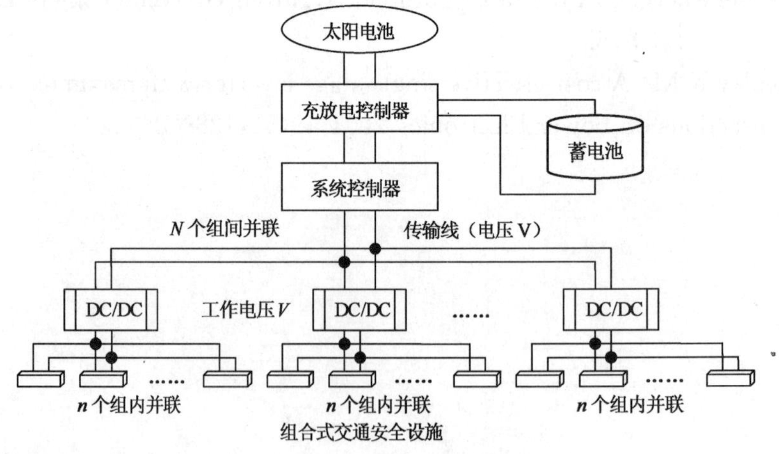

图1 集中供电交通安全设施连接图

(1)主动发光突起路标

主动发光突起路标对于行车安全有良好的引导作用,一般是通过管线供电,统一控制闪烁频率,控制灵活,可同步闪烁,效果美观,一般适用于沿线连续布设或隧道内布设,可以起到视线诱导、保障行车安全的作用,是当前突起路标的发展趋势,见图2。

图 2　主动发光突起路标及安装效果图

(2)主动发光轮廓标

主动发光轮廓标的应用原理与主动发光突起路标类似,同样具有组合式发光,高亮度 LED 单元和逆反射片相互配合,全天候工作。

主动发光轮廓标要求密封防水设计完善。此类产品一般应用在道路两侧或在隧道内壁,可起到视线动态诱导及微照明的作用。图 3 的这类轮廓标产品,表面逆反射材料的透光孔具有凹透镜结构,可增大 LED 灯的光发散角度,增加照射范围。

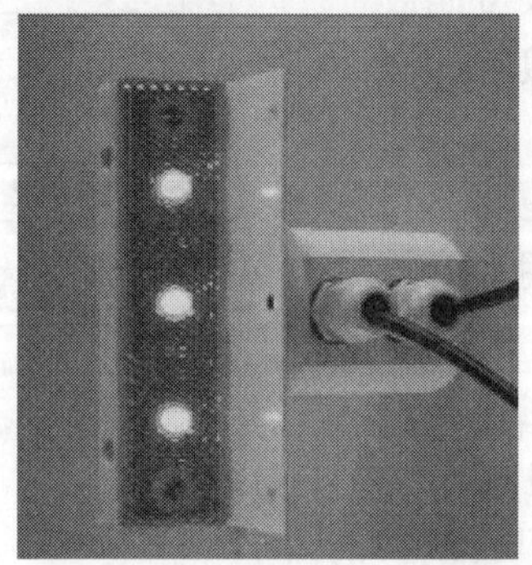

图 3　主动发光轮廓标及安装效果图

这两类主动发光诱导标志还可组合使用,从空间上给驾驶员以更强的刺激,更好地引导车辆行驶。

图 4 是主动发光轮廓标与主动发光突起路标组合,应用在中短无照明隧道的实际效果图,目前已运行半年有余,使用效果得到了广泛好评。

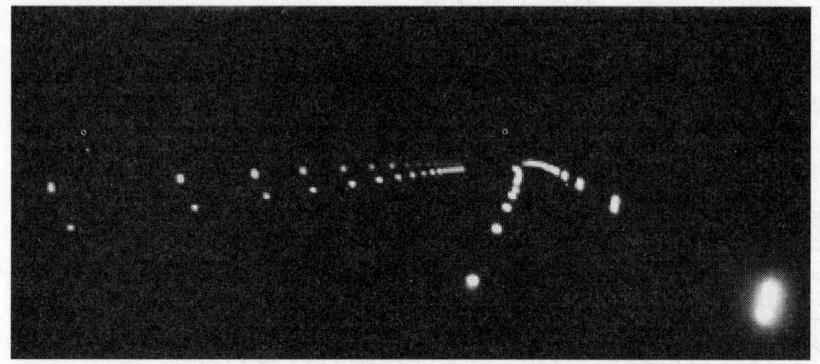

图 4　主动发光突起路标与轮廓标组合使用效果图

3　诱导设施的一般设置原则

这类产品进入市场时间不长,但显示了其良好的适应性与安全性。

主动发光诱导设施的设置原则在布设方面基本上与普通诱导设施是一致的,但是因其为主动发光,需要增加供电部分,涉及机电工程的施工,就需要增加机电工程的注意事项,且在土建过程就要考虑预留管线孔、槽等问题。如果采用太阳能供电，还需要考虑太阳能板的安装、选址、防盗等问题。

在新建公路上安装主动发光诱导设施与在旧路改造上安装主动发光诱导设施略有不同。一般来说，在新建公路上伴随机电工程同步进行，相对整个机电工程项目是较小的部分；但是如果是旧路改造，则需要考虑的问题相对较多，本文将以隧道内的应用为例，着重介绍旧路改造中主动发光突起路标的安装特点及注意事项。

根据现场施工经验，我们总结出如图5所示的安装步骤。

按照图5所示步骤，施工所需考虑的要点和可能存在的问题及相应的解决方法主要包括：

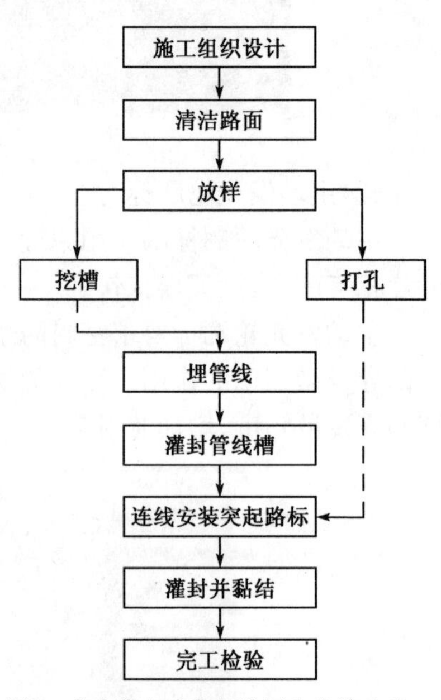

图5 集中供电式突起路标在公路改造工程中的安装步骤图

(1)因需要封路施工，所以施工组织设计过程中，需要充分考虑施工周期和施工人员调配问题，以及施工现场的安全保障工作，须有合格的电气工程师到场指导现场施工。

(2)路面钻孔及挖槽时，一定要事先了解隧道内的路面情况，不可破坏路面的防水层或者隧道内的配筋等，不能破坏路面下的其他预埋件，这就需要施工前充分了解道路现有的的土建及机电情况。

(3)预埋管的选择，目前在隧道内的开槽主要是道路两侧的纵向槽，但是有时也会涉及横穿路面的管线槽。一般来说，横穿路面的或可能被车辆经常碾压的部位预埋的管线，大多选择不锈钢管或内外层镀锌的钢管，而其他的地方可以考虑选择价格较便宜的PVC管。

(4)灌封管线槽的时候，在考虑不影响路面质量的情况下，也要适当考虑路面美化作用。管线槽的灌封，可根据道路的实际情况选用不同的材料；以不影响车辆正常行驶、避免出现裂纹等为原则。

(5)每个突起路标接线处的灌封材料要仔细考虑，既要能在维修的时候比较容易打开灌封部分，又要保证接线头的密封、防水、电气安全等。可选择密封防水接线盒来更好地保证接头的安全与维修，只是会增加成本。

(6)黏结突起路标的时候，要注意将黏结剂涂灌在突起路标底部的周边，先使突起路标底部向上，将黏结剂涂灌于稍距边缘的周围，钉脚周围可以减少深量，然后把钉脚插入已灌有黏结剂的孔内，孔内的黏结剂会有溢出而填充于近钉脚的中心位置，轻轻左右转动道钉，使胶分布均匀，再以橡皮锤轻捶突起路标顶端，使之平整且完全固定。

(7)图6是突起路标安装的一个简易图例，可参考实施。

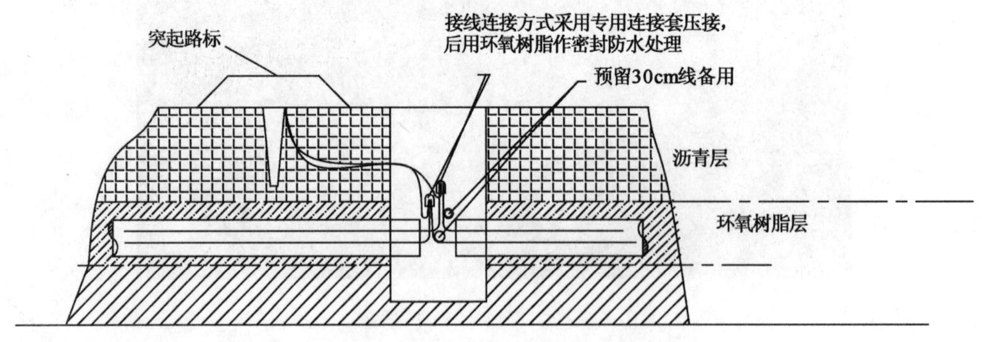

图6 主动发光突起路标安装示意图

4 问题与预防

此类主动发光产品已广泛应用，存在的主要问题是无论轮廓标还是突起路标的安装，都需要在路面或墙壁上开槽、走线，为尽量减少对路面和墙面的破坏，可充分利用道路两侧的路缘石、电缆沟、排水沟等。

参考文献

[1] 韩文元,等.交通部西部交通安全保障课题[M].太阳能技术在低能耗交通安全设施中的应用研究报告,2005,11.

[2] 中华人民共和国国家标准.GB/T 19813—2005　太阳能突起路标[S].北京:中国标准出版社,2005.

[3] 朱祖祥,葛列众,张智君.工程心理学[M].北京:人民教育出版社,2000.

[4] 中华人民共和国行业标准.JT/T 431—2000　高速公路LED可变信息标志技术条件[S].北京:人民交通出版社,2000.

[5] 杨九龄,刘会学.GB 5768—1999　道路交通标志标线.应用指南[M].北京:中国标准出版社,1999.

[6] 交通部公路科学研究所.公路安全保障工程调研报告[R].2003,8.

高速公路绿化工程施工管理措施初探

梁爱学[1] 焦建明[2] 沈 毅[1]

(1.交通运输部公路科学研究院 北京 100088;
2.山西忻阜高速公路建设管理处 山西 035500)

摘 要:本文详细介绍和分析了高速公路环境绿化工程施工管理的现状。根据高速公路自身的特点和公路环境绿化的功能需求,结合相关工程管理上应用比较成熟的管理方式和方法。从完善环境绿化施工管理角度出发,鼓励应用先进的施工组织方式、采取科学的控制方法,以实现规范的施工管理方式,使高速公路环境绿化施工管理更加完善,创造具有特色的公路绿化景观。

关键词:高速公路 绿化工程 施工 管理

1 引言

从20世纪90年代开始,公路建设从可持续发展的思路出发,提出建设生态路、环保路、旅游路的概念,强调公路安全、功能、环保、经济,除了考虑用路者的利益之外,更加注重对环境的影响,讲究公路与自然环境的协调和融合。

截至2003年底,我国公路建设“五纵七横”在建和未开工项目还有6 200km,而且未开工项目主要集中在中西部地区的崇山峻岭,到2007年历时4年的时间已全面建成“五纵七横”国道主干线系统。这些高速公路建设中的环境恢复、保护工作非常艰巨。高速公路环境恢复主要措施之一的景观绿化施工工作也相当繁重。高速公路景观绿化工程管理工作显得也尤为重要。

2 高速公路环境景观绿化施工组织、管理的基本要求

本人根据公路沿线生态环境的现状和以及高速公路环境景观绿化施工满足防眩光、边坡防护、绿化美化、休息和优化生态环境的多种要求,以及高速公路绿化施工的特点,总结公路绿化施工的经验,对高速公路环境绿化施工过程提出以下组织管理的建议,供大家探讨。

2.1 建立项目经理的责权利管理目标和考核机制

项目经理职责是由其所承担的任务决定的。施工项目经理除了履行国家和工程所在地政府的有关法律、法规和政策,还要编制景观绿化工程项目施工组织设计,加强成本核算,科学组织现场人、财、物资源,做好人力、物力和机械设备资源的优化配置等。同时明确项目经理的物资和精神奖励,以及对没有完成任务的给予经济或行政处罚。

2.2 选择优秀的项目经理

在高速公路景观绿化施工中,选择什么样的项目经理取决于两个条件,其一是景观绿化施工项目的需要,其二是企业储备人员的素质。总体而言,在高速公路景观绿化施工中施工项目经理基本要具备:政治素质、领导素质、知识素质、实践经验、身体素质五个方面的要求。

2.3 成立规模适宜、部门齐全的项目经理部

在公路景观绿化施工中根据施工项目需要,项目经理部应组建计财部门、工程技术部门、物资设备部门、监控管理部门,分别对工程预算、合同、资金收支、成本核算;技术管理、施工组织设计、劳动力配置;材料工具的询价、采购、计划供应、运输、机械的使用;工程安全特别是高速公路景观绿化施工安全,工程质量、文明施工等进行全面管理。

2.4　明确项目经理部的管理内容

高速公路景观绿化施工项目经理部管理的内容主要包括：质量控制、安全控制、进度控制、成本控制，以及合同管理、信息管理和项目总体协调，简称“四控、两管、一协调”。

2.4.1　质量管理

质量是打开市场的金钥匙。按照质量产生、形成、发展和日益完善的过程大体要经历4个阶段：质量检验阶段、统计方法管理质量、全面质量管理阶段和质量管理和保证标准（ISO 9000—GB/T1900）阶段。建筑工程中的质量检验方法、统计方法，质量管理静态控制中的排列图法和直方图法，以及动态控制的管理图法和相关图法，全面质量管理方法和质量保证体系基本上全部得以应用。在公路景观绿化工程施工管理中，现阶段常用质量检验法，部分应用全面质量管理的方法，在公路景观绿化上要逐步完善统计方法管理质量和质量管理和保证标准。

2.4.2　安全管理

安全包括人身安全和财产安全，高速公路景观绿化工程安全隐患要高于普通景观绿化工程。在施工中要充分利用好“屏蔽理论”严防安全事故。同时要防止人的不安全行为和物的不安全状态。

2.4.3　进度管理

高速公路环境施工，施工组织方式常用的是流水施工。按照流水施工的组织方式，工程施工的进度主要有横道图和网络图的表现方式，多采用水平横道图和双代号网络图表现。采用水平横道图表现施工进度在国内和绿化施工中使用比较普遍。网络图在国际上使用比较多，但在绿化施工中很少采用。随着市场管理的进一步完善，网络图在景观绿化工程中也会普遍采用。

2.4.4　成本管理

项目成本的构成主要有直接成本和间接成本。按照施工项目开展时间顺序，在项目预算时的成本为预算成本；按照项目计划施工时的成本为计划成本；施工项目在实际中实际发生的成本为实际成本。在建筑工程中项目的成本可以通过盈亏平衡法和因素分析法进行预测；而在绿化工程中，施工项目的成本控制主要根据计划时苗木的实际单价，通过相对简单的价值工程法预估出结果。随着公路景观绿化施工的不断发展盈亏平衡法预算项目成本应该得到应用。

3　高速公路景观绿化施工和建筑工程施工的主要区别

在国内，建筑工程从1984年11月的鲁布革工程以来，逐渐走向成熟和规范管理，有自身一套比较成熟的管理和技术理论作为基础和标准。而绿化工程施工，虽然近年来也有了很大发展，但是在具体的实施、规范管理和技术标准还有很大的发展和待完善的空间。

3.1　从质量管理分析

从20世纪20年代的质量检验阶段，经过40年代使用统计方法管理质量，再经过60年代的全面质量管理阶段到现在的质量管理及保证标准，质量管理在建筑市场已经基本全面应用。而公路景观绿化工程对质量的管理主要还停留在质量检验阶段的水平。统计方法管理质量在绿化工程中基本没有什么应用。而质量管理和保证标准（ISO 9000—GB/T 1900）在施工管理中应用的更低。

3.2　从进度管理分析

现代施工的组织方式基本上采用流水施工的方式，对流水施工进度的表现方式，主要有横道图和网络图，现代建筑施工中网络图和横道图应用比较普遍。在绿化工程进度管理中经常可以看到水平横道图表示工程项目的进度，但是很少看到网络图在工程中的应用。

3.3　从成本管理分析

在建筑工程中项目的成本可以通过盈亏平衡法和因素分析法进行预测。而在绿化工程中，施工项目的成本控制主要根据施工计划时苗木的实际单价，通过相对简单的价值工程法预估。从预算成本经过计划成本到最终实际成本相差比较大。

3.4 从工期和材料分析

高速公路景观绿化工期一般在每年的春季和秋季，主要材料也是有生命的植物材料；而建筑工程则基本不受季节的影响，建筑材料也是容易保存和处理的非生命的资源。这决定了景观施工的风险比建筑工程要大。

4 景观绿化工程施工管理重点对策

通过以上高速公路景观绿化施工中存在问题的分析，结合高速公路的特点，对高速公路景观绿化工程管理对策主要做好以下几点。

4.1 选择优秀的项目经理，建立精干、高效的项目经理部

通过企业任命或企业内部竞争选择产生的项目经理首先要具备丰富的专业技术知识和勇于承担责任的工作干劲，具有成熟而客观的判断能力，较强组织协调和管理能力，遇事机智、诚实可靠、言行一致并能够吃苦耐劳。然后要依据项目的目的性、高效性结合项目经理部管理跨度和分层统一的原则、业务系统化管理原则、弹性和流动性原则以及项目的组织与企业组织一体化原则健全项目经理部的部门设置。在高速公路景观绿化施工中至少要建立经营核算部门、工程技术部门、物资设备部门和监控管理4个部门。针对高速公路景观绿化施工的特点，编制施工组织管理规划，进行"四控、两管、一协调"全面项目控制，即质量控制、安全控制、进度控制、成本控制，以及合同管理、信息管理和项目总体协调。对施工现场的生产要素进行优化配置和动态平衡，主要体现在"5M"管理上，主要包括人力资源、材料、设备、资金、技术和生产要素。同时对项目进行"四全管理"，即全员、全过程、全方位、全天候。充分考虑以上因素，对施工项目进行综合组织协调。

4.2 建立特定项目的管理办法

针对高速公路景观绿化施工的需要，建立和企业内部管理相一致的项目经理部管理办法，明确项目经理部各部门的职责，落实项目经理部岗位制度，通过绩效考核，调动项目部员工的积极性。要通过项目经理的带动在项目部树立正气，增强团结向上的凝聚力。对施工项目工作上有突出成绩的员工，要给予表扬和奖励，对工作造成损失的要批评和处罚，提高项目部员工积极性、主动性和岗位上的责任感。

4.3 编制施工项目完整规范的技术管理要求

在高速公路景观绿化施工中，除了要体现景观绿化施工的共性的特点之外，还要体现高速公路景观绿化施工在功能上的特点，并在工程施工中逐步落实。

在互通绿化施工中，要注意栽植树木对路面车辆的视线的诱导。不要在交通的交汇点栽植高大乔木，保证路面视线的通视。其次考虑景观效果，在中央分割带施工中要注意苗木的冠幅和高度，以及栽植间距要满足防眩光的功能，同时也要丰富路面的景观。边坡和护坡道景观绿化施工要注意边坡的稳定，以及施工对边坡稳定的影响和边坡水土流失防治，其次要达到丰富路域景观的效果。隔离栅景观绿化施工，要起到隔离保护和增加公路景观的效果。服务设施的景观绿化施工主要是为在服务设施中停留的人们提供一个舒适安静的小环境，使整个服务设施与外部景观协调，充分发挥休息设施的效果，同时选择健康植物材料进行合理配植，以达到在公路服务设施休憩的目的。

4.4 引进科学、先进的管理方法

高速公路景观绿化施工和发展与比较成熟的建筑施工项目相比较，在工程管理上进行的"四控、两管、一协调"还存在差距。根据工程施工项目共同的特点，在高速公路景观绿化施工中可以逐步学习和引进成熟、先进的管理方式和方法。

高速公路景观绿化施工质量管理除可以利用质量检验方法外，还可以逐步引进项目管理中控制管理的主要方法和统计方法管理质量，即应用静态控制法中的排列图法、直方图法和动态控制法中的管理图法、相关图法。统计方法管理质量已在建筑工程中广泛使用，而且直观简单，在景观绿化工程中具有很大的借鉴意义。对全面质量管理主要是指戴明循环法(也称PDCA循环法)，即按计划→实施→检查→处理4个阶段周

而复始地进行质量管理。实际上，在高速公路景观绿化施工中也在不自觉地应用这些管理方法，只是应用的不够规范和准确，在高速景观施工中可以继续完善采用。而质量管理和保证标准(ISO 9000—GB/T 1900)在景观绿化施工管理中采用的较少，在高速公路景观施工中可以逐渐参考应用。

对于施工进度管理，公路景观绿化施工主要采用水平横道图法表示，而国际上比较大的项目普遍采用网络图表示工程进度。网络图能明确表达工作的先后顺序和相互制约关系，便于找到关键工作，抓住关键工期，找出最优的方案，合理调动人力和物力，降低项目成本，更重要的是网络图在计算机中广泛应用。所以用网络图特别是双代号网络图表现施工进度的方法应在高速公路绿化施工中大力推广使用。

对于成本管理，高速公路景观绿化工程基本上按照施工图预算成本，施工组织计划时的计划成本和实际发生的实际成本构成。在景观施工不断发展和完善过程中，可以通过使用盈亏平衡分析法，对项目的总利润、保本工程量和项目盈亏平衡点进行分析，从而更好做好高速公路景观绿化工程的成本管理。

4.5　注重交通安全管理

高速公路景观绿化施工比普通景观绿化施工发生事故的概率要大，公路绿化施工安全管理非常重要。一定要按照标准的公路绿化施工要求进行，施工队伍要着安全标志服，停车要有明显的标志；严肃认真地服从高速交警和高速路政执法人员的统一安排，确保施工安全。

5　结语

高速公路景观绿化工程管理，自20世纪90年代公路建设从可持续发展的思路出发，提出建设生态路、环保路、旅游路的概念以来，不断发展和规范。由于高速公路景观绿化施工结合了公路施工的特点，而且具有项目规模小，其工程管理上的有关规范建设需进一步落实和发展。

如上所述，在高速公路景观施工上，可以逐渐应用在工程管理上应用比较成熟、科学、有效的组织管理和预测方式，以使高速公路景观绿化工程做得既规范又科学。

厚层基材喷播边坡防护技术研究

沈　毅　晏晓林　梁爱学　李统益

（交通运输部公路科学研究院　北京　100088）

摘　要：干旱半干旱地区高速公路路基边坡植被恢复是目前的一项技术难点。本文分析了厚层基材喷播的概念、原理、材料组成及施工工艺。通过项目实践，提出了适宜西宁地区厚层基材喷播边坡植被恢复的植物材料紫花苜蓿、柠条、老芒麦、披碱草、中华羊茅、碱茅等，分析了植物选择的原理及适当配比，并阐述了厚层基材喷播、覆盖、后期管护等重点和难点技术，以有效解决石质边坡生态和植被恢复的难题。本文特别为在高大边坡或难施工、难养护地区提供了实践性技术指导。

关键词：厚层基材喷播　公路边坡　生态恢复

1　引言

高等级公路建设填挖方工程会导致大量的山体表土裸露、原生植被破坏、自然景观切割、水土流失、环境污染等一系列生态环境问题。高速公路边坡生物防护作为高速公路绿化的重要组成部分，对防止水土流失、减轻污染、稳固路基等有着极为重要的意义[1]。而在陡峭的边坡上进行植物种植存在着很大的难度[2]。植被作为公路路域生态环境恢复与重建的主体具有工程措施所不可替代的作用[3-5]。在干旱半干旱地区进行公路路域植被恢复是目前相关生态工程的一个技术难点，尤其植被恢复技术的选择是公路路域植被恢复与重建成功的重要基础[6]。

2　项目概述及项目背景

本项目立足于为干旱半干旱地区特别是青海地区的高速公路路域生态恢复提供理论和实践依据，引进了国内外先进的技术和产品，通过试验对比，为高速公路路域生态恢复提供切实可行的方法。该试验也是西部交通研究课题的重要组成部分。

其中边坡是试验最主要的组成部分。厚层基材喷播技术作为边坡绿化和植被恢复的重要手段，特别是在高大边坡、石质边坡的绿化防护中起着举足轻重的作用，也是本项目试验的主要内容之一。边坡植物群落的选择应充分考虑植物及根系对边坡的稳固作用，保持边坡本身的稳定性[7-8]。

3　自然环境概况

工程所在地海拔 2 400m 以下，属温暖干旱气候，其特点是：气候寒冷、降雨量小，对植物生长不利，夏季日照长，雨水少，蒸发量大。沿线所经地区年平均气温 5.9℃，极端最高气温 33.9℃，极端最低气温－22.6℃，相对湿度 56%，历年风向 SE，历年平均风速 2.0m/s，最大风速 18.0m/s ，多年最大积雪厚度 18cm，降水量 367.5mm，蒸发量 1 676.8mm，无霜期 130d 左右，最大冻土深度 1.34m。土壤是影响植物生长的关键因素，本项目沿线土壤种类多变、有机质含量低、结构差。路基施工后土质多为生土，且掺有大量水泥、混凝土、砂石料等，中央分隔带的大部分厚度不够，对植物生长不利。

4　厚层基材喷播分析

植物生长的条件是土壤和水分。对于岩石边坡，硬度高，土壤成分极少，植物生根、发育非常困难，如果在坡面上回填种植基质,因岩石边坡大多又陡又急,回填物往往很难固定,若岩石光滑则固定更加困难,还会因降雨、流水等外因而遭到冲刷流失。因此,岩石边坡实现绿化必须同时具备两个基本条件:一是坡面上必须有植物能赖以持续生长的种植基质;二是种植基质能永久固定在坡面上。

厚层基材喷播生态防护新技术其核心是在岩石坡面上营造一个既能让植物生长发育而种植基质又不被冲刷的多孔稳定结构。它利用专用的喷射设备将土壤、有机质、保水材料、肥料、木纤维、黏合剂和植物种子等混合后喷射到岩石上,由于专用黏合剂的黏结作用,混合物可在岩石表面会形成一层连续的具有孔隙的硬化体。一定程度的硬化使种植基质免遭冲蚀,而混合物中的保水材料、营养成分适合植物种子的生根发育。

本项目的试验基础为填方路基,路基边坡高度为 5m 左右,边坡土质条件也较好,没有大面积的石块。因此本试验项目没有采用锚杆进行锚固,基材喷播厚度也较小,喷播厚度为 5cm。为了适应西部干旱半干旱地区的条件,本试验掺加了有机质、保水剂、黏合剂、木纤维等材料,采用了将基材、种子、肥料等混合均匀后一次喷射的方法,保证了喷射的均匀性和一致性。

5　厚层基材喷播材料

5.1　喷播基材

5.1.1　土壤

土壤作为喷播最主要的基材,选择时应因地选材,就近选择。土要求干净无杂质、无杂草、保持干燥,并过筛去掉大的颗粒以便于喷播使用。土壤选择应尽量选择肥沃的壤土,不含盐碱,无病虫害,无杂草种子。

5.1.2　有机质

有机质的使用主要是增加土的肥力和保证土壤的通气性,常用的有东北泥炭、腐叶土、堆肥、锯木屑、谷壳以及经充分发酵的家畜肥料等。其中东北泥炭性能最好,它具有持水量高、通气良好、轻质、持水、透气和含有机质的特点,可蓄水保水,防止土壤板结,改善土壤的物理结构,并保持长久的肥效。本试验项目采用东北泥炭,和土壤配比为 1∶1。

5.1.3　肥料

肥料主要用化学肥料和有机肥。本试验项目针对土壤的具体条件,在施加泥炭土进行改良的基础上,还施加了有机肥 $100g/m^2$,以改良土壤的颗粒结构和通透能力。为了增加土壤肥力,施加 N—P—K 复合肥 $30g/m^2$,以全面改良土壤的理化性质,提高土壤性能。

5.1.4　保水剂

保水剂是一种无毒无害的功能性高分子化合物,遇水可吸水膨胀成百上千倍,这些水分不易用一般的物理方法排出,而植物根系却能吸收贮藏于保水剂中的水分。保水剂可将偶然降雨迅速地吸收而膨胀成凝胶将水分贮藏起来,干旱时便慢慢地释放给根系。客土喷播岩石表面上的种植基层平均厚度一般为 10cm,比一般土层薄,而且岩石基本上不透水,极不易贮藏水分,岩石上植物种子的发芽和生长对气候相当敏感,稍一干旱便会凋败枯萎。此时保水剂的保水作用是岩石上植物得以正常生长发育的关键。根据实践经验,岩面上绿化用的保水剂可选择吸水倍率较低,但吸水重复性好并且使用寿命长的丙烯酰胺－丙烯酸盐共聚交联物类的较大颗粒产品。

5.1.5　木纤维

木纤维是将木质材料经加工成丝状,具有弹性、韧性和黏性,通过掺加使基质材料能较好地与原地基黏接,并减少喷播后平面裂缝。

5.2　植物材料及配方

本项目选用植物材料均为适应当地自然气候条件的乡土植物品种。采取了混播的方式,避免了单一品种抗逆性差的弱点,达到了优势互补的效果。植物材料及配方见表 1。

厚层基材喷播植物材料及配比　表1

植物类别		品种	用量百分比
灌木		柠条(Caragana ssp)	10%
草本植物	禾本科	老芒麦(Elymas sibiricas)	20%
		披碱草(Elymus dahuricus Turcz.)	20%
		中华羊茅(Festuca Sinensis)	20%
		碱茅(Puccinellia tenuiflora)	10%
	豆科	紫花苜蓿(Medicsgo sativa)	30%

5.2.1　柠条(Caragana ssp)

柠条又称为大柠条、白柠条 、柠条锦鸡儿等,为豆科锦鸡儿属多年生灌木。根系庞大,株高1.5～3m,最高可达5m以上。

柠条具有耐风蚀、不怕沙埋的特点。其根系被风蚀裸露后,一般情况下仍能正常生长。植株被沙埋后,分枝的生长则更加旺盛。

在不同类型的沙土中其生长量也显著不同,在流动沙地上的生长最为旺盛。

柠条抗逆性极强,能抵御－30℃～－40℃的严寒,表现出极强的抗旱性。柠条具有广泛的适应性和很强的抗逆性,是荒漠、荒漠草原地区优良的防沙固沙植物。

5.2.2　紫花苜蓿(Medicsgo sativa)

紫花苜蓿是世界上栽培最早、种植最广的饲草,我国栽培已有2000多年的历史。紫花苜蓿在东北、华北、西北地区已普遍种植,南方也有栽培。

紫花苜蓿系豆科苜蓿属多年生草本植物,是中寿牧草。紫花苜蓿根系发达,主根粗大,有较强的耐寒、抗旱和再生能力。紫花苜蓿喜温凉、半干旱的气候,生长最适宜的温度在25℃左右。年降水量300～800mm、无霜期在100d以上地区都可以种植。5～6℃即可发芽,能耐受－5 ～－6℃的寒冷。成年植物能耐－20℃左右低温,在雪被覆盖下可耐－44℃严寒。

紫花苜蓿需水较多,对土壤选择不严,除重黏土、底湿地、强酸强碱地外,其他土壤均可生长。

紫花苜蓿根系茂密,盘根错节,能保持水土。凡有苜蓿覆盖的地方,地面无冲刷现象。

5.2.3　碱茅(Puccinellia　tenuiflora)

在重盐碱地上种植碱茅要比在耕地上种草难度稍大,因盐碱土物理化学性状较差,土层板结、坚实、通气透水性不良,加之碱茅种子细小,千粒仅0.12g,拱土能力很弱,所以必须精细整地和播种,才能达到全苗。

5.2.4　中华羊茅(Festuca Sinensis)

中华羊茅为多年生直立疏丛型禾草,须根系发达。该品种适应性强,在海拔2 300～4 300m地区生长良好,同时也能在低海拔地区栽培;根系发达,须根稠密,入土较深,具有较强的抗旱能力,冬季能抗低温－38.1℃的寒冷气候,能够适应各种复杂的生境条件;对土壤要求不甚严格,耐盐碱,在pH值为8.1～8.8的范围内生长良好;分蘖再生能力强,适于青海、宁夏、新疆、西藏、甘肃、四川、内蒙古、河北、山西、东北等地区种植。

5.2.5　老芒麦(Elymas sibiricas)

老芒麦属多年生疏丛型禾本科牧草,根系甚为发达,呈须状、属须根系,分蘖力强。

该品种抗寒性非常强,在－36～－38℃的地区可正常越冬。它适应性好,对土壤要求不严格,适于青海、甘肃、西藏、四川、宁夏、新疆、河北、内蒙古、山西、东北、等地区。老芒麦是禾本科披碱草属多年生疏丛型禾草,株高90～150cm;根系发达,呈须状。老芒麦抗寒力强,在－30～－40℃的低温和海拔4 000m左右的高原能安全越冬,翌年返青较早;能耐湿,抗旱力稍差;对土壤的适应性较广,适于弱酸性或微碱性腐殖质土壤生长。

5.2.6　披碱草(Elymusdahuricus Turcz.)

禾本科披碱草属多年生优质牧草,疏丛型,须根发达,多而稠密,根深可达100cm,但根量的70%分布于

0～10cm 的土层内。茎秆直立，株高为 70～160cm。

披碱草具有非常广泛的适应能力，在年平均气温为－3～16℃、1 月份平均气温为－28～－30℃、7 月份平均气温为 15～24℃、大于等于 10℃的积温为 1 600～3 200℃、无霜期为 100～280d、年降水量为 150～600mm 的地区均能种植。对水热条件要求不严，能够适应较为广泛的土壤类型，从我国自然分布的情况看，黑钙土、暗栗钙土、栗钙土、和黑垆土上均有分布。最适宜的土壤 PH 值为 5～9，当 PH 值为 2～3 时对种子萌发有一定影响。

披碱草具有一定的耐盐能力，属于中等抗盐牧草，能够抗御严寒的侵袭，具有很强的分蘖能力，一般单株分蘖枝条数为 30～50 个，在水肥和管理条件好、土壤疏松时的分蘖枝条数最多可以达到 100 个以上。抗旱、耐瘠薄土壤能力强，加之强大的节根系统，使其兼具耐践踏、耐牧和再生能力强等诸多优点，因此也是优良的水土保持植物之一。

6　厚层基材喷播施工工艺

6.1　整修边坡

整修边坡主要工作是清除边坡上不稳定的石块，把凹凸不平的地方大致整平，以便让种植基材厚薄均匀。对于松散的岩石要用水泥砂浆抹缝黏结，若岩石边坡本身不稳定，应该进行加固处理。本试验项目坡面平整采取了除杂清理和平整相结合的措施，对边坡的杂草、杂物、石块等进行了清理，特别是对根系发达、侵占性强的多年生杂草，采用了化学除草和人工除草相结合的方式进行了全面清除，避免因外来杂草的入侵而影响试验的准确性。并对坡面进行了初步平整，使坡面保持一定的坡度和平整度，以利于喷播的进行。

6.2　种植基材喷播

将按比例混合后呈干粉状的种植基材和种子、肥料等的混合物用专用的客土喷播机在大功率空气压缩机作用下均匀地将其喷播到坪床表面，并且在喷口处用另外的设备同时加水，这样才能使种植基材落在岩石上时就是潮湿的。喷射设计厚度为 5cm± 0.5cm。喷射厚度是植物生长的关键所在，喷播时应随时检查基材厚度以保证施工质量。种子的用量关系着植物群落能否形成的关键，本试验由于采用了种子材料和基材混合后喷播的方式，种子用量在单平面用量的基础上，充分考虑了由于深度对萌发的影响，增加了种子用量。

6.3　覆盖

覆盖的目的一是防止雨水冲刷，二是防止水分蒸发过快，三是保温利于种子发芽。常用的覆盖方式有无纺布覆盖和草帘覆盖。本项目采用了无纺布覆盖的方式。

无纺布采用涤纶、丙纶原料制造，经针刺、精梳、布中心加机织布夹层，再经双道梳理、气流成网针刺复合成布，后压滤布形成具有三维结构的材料。这种材料具有透气、透光、透水的特点。本试验覆盖无纺布用量为 $18g/m^2$。

6.4　养护

草坪植物虽然适应性强，但仍然是“三分种、七分养 ”，因此应特别重视草坪的养护。在养护期间应随时观察草坪的水肥情况。水分主要是看根系土壤的湿润程度，在草坪成坪后由于其自身会形成一层草毯，对土壤中的水分散失有一定的保护性。一年以后，草坪基本上会形成其自身的生态，不需要特别的养护。

7　结语

厚层基材喷播技术可以有效地解决裸露边坡的生态植被恢复的难题，特别是对边坡坡度较大、施工和管护难度大的边坡生态植被恢复，优势更加明显。该项技术的出现及日益完善，可形成稳定的植被覆盖和良好和生态系统，从根本上降低了由于高速公路修建不可避免地对环境造成的影响，对干旱半干旱地区的植被恢复及脆弱的生态系统的防护有着至关重要的作用。

参考文献

[1] 王思成,兰剑,王宁.高速公路边坡生物防护技术研究进展[J].宁夏农学院学报,2003(2):77-80.
[2] 王代军,胡贵馨,高洁.公路边坡侵蚀及坡面生态工程的应用现状[J].草原与草坪,2000(3):22-24.
[3] 王可钧,李焯芬.植物固坡的力学简析[J].岩土力学与工程学报.1998(6):687-691.
[4] 王库.植物根系对土壤抗侵蚀能力的影响[J].土壤与环境.2001,10(3)250-252.
[5] 舒翔,曹映泓.建绿色通道,走环保之路——惠河高速公路边坡综合治理实践[J].公路,2001(3):79-83.
[6] 吴长文,章梦涛,付奇峰.斜坡喷播绿化技术的研究[J].中国水土保持,2000(4):24-26.
[7] 冯静.挤压多支盘混凝土灌注技术[J].岩土工程界,1998,1(1):26-27.
[8] 任海,蔡锡安,饶兴权,等.植物群落的兴替理论[J].生态科学,2001,20(4):59-67.

浅述公路边坡生态恢复措施

梁爱学　李统益　高捍忠

（交通运输部公路科学研究院　北京 100088）

摘　要：本文分析了公路边坡生态植被恢复主要措施的特点和局限性，指出公路边坡生态植被恢复应因地制宜，选择切实可行的生态植被恢复措施。在同一地区不能拘泥于一种措施，应从当地的具体立地条件出发，采取多种方式相结合的综合防护措施，做到优势互补，突出针对性，确保最佳的防护效果和生态效果。

关键词：公路边坡　植被恢复　措施

1　引言

公路绿化是国土绿化的重要组成部分，加速公路绿化建设，不仅可以稳定路基，美化环境，改善生态环境，而且对完成防护林体系配套工程起着主要推动作用[1]。随着我国高速公路的发展，与之相配套的环境问题已日益凸现出来，高速公路在修建过程中，不可避免地会破坏沿线的植被，同时高速公路路基由于坡度大，易受雨水的冲刷，造成路基塌陷等安全隐患[2-3]，导致植被的规模和平衡受到了破坏，出现恶性循环。特别是西部地区出现水土严重流失、土地沙化等现象更为严重，因此本着可持续的发展战略，公路路域生态植被恢复势在必行。

植物固坡主要通过植物的根、茎、叶的作用改善土层的结构状态，提高土层的等效抗剪强度，阻止土层的滑移与运动，提高边坡的运动性[4]。因此植物固坡在增加边坡稳定性、减少水土流失以及改善生态环境方面有着很大的积极作用[5]。

2　我国公路边坡生态恢复现状

我国的公路路域生态工程技术，经历了从简单到多样、从传统技术到现代技术的发展过程。我国最初的公路绿化模式就是种行道树，绿化技术主要借鉴林业部门的造林技术。随着全国公路网的初步形成，绿化的范围扩展到公路边坡，园林部门的种草和铺草皮技术被引入公路领域，并与植树技术相结合，形成了公路绿化的传统技术模式。高等级公路的建设，促使我国公路路域生态工程技术开始向现代化转变，以机械喷附为代表的新型植被建植技术在国内许多高速公路建设中被尝试应用，绿化范围也从公路边坡扩展到中央分离带、互通立交和服务区，全方位、立体式、多功能、景观生态的设计理念和绿化模式正成为我国公路路域生态建设的指导思想。具有中国特色的现代化公路路域生态工程技术体系已经有了初步的框架结构。

国家已经十分重视道路建设中的生态建设和环境保护，在国发[2000]31 号文件《国务院关于进一步推进绿色通道建设的通知》中指出：绿色通道要和公路、铁路、水利设施建设统筹规划，并与工程建设同步设计、同步施工、同步验收。生态恢复已经具有和公路建设同等重要的位置。

3　主要生态植被恢复措施

我国国土辽阔，各地气候、环境、土壤等条件差异很大，导致边坡防护和植被生态恢复措施方式多样性。

公路边坡生态恢复是一个综合性的课题，应从公路边坡坡度、坡长、环境条件等综合考虑，选择合适的技术措施，以取得最好的效果。

公路边坡常用生态植被恢复措施可分为人工建植技术、机械建植技术、人工+机械复合建植技术3种方式，如表1所示。

公路边坡常用生态植被恢复措施　表1

人工建植技术	铺草皮
	人工播种
	人工移栽
机械建植技术	液压喷播
	客土喷播
	厚层基材喷播
	植被混凝土喷播
	连续纤维增强土喷射
人工+机械复合建植技术	植生带
	三维网
	土工格室植草
	刚性骨架植草
	六角形混凝土空心块植草
	混凝土预制件骨架植草
	营养袋

4　西塔高速主要应用生态植被恢复措施特点

为了给西部地区路域生态恢复提供切实可行的技术，我们在青海省西宁至塔尔寺高速公路上进行了边坡生态植被恢复试验，将多种不同的植被恢复技术应用到边坡，通过试验对比，选择适合于西宁地区乃至于西部地区的植被恢复技术，为西部干旱半干旱地区的公路路域生态植被恢复提供依据。

根据具体情况，西塔高速公路先后选择了厚层基材喷播、植生带、三维网、营养袋、柠条播种、柽柳扦插6种技术方案(表2)，并通过建植效果和护坡效果、成坪速度、覆盖度等指标的综合测试，对该技术在该地区的应用做出了客观的评定。

西塔高速边坡植被恢复技术方案　表2

建植方式		种子配比方案
客土喷播		柠条10%，草本植物占90%(其中老芒麦20%、披碱草20%、中华羊茅20%、碱茅10%、紫花苜蓿30%)
植生带	纸质植生带	老芒麦20%、披碱草20%、中华羊茅20%、碱茅10%、紫花苜蓿30%
	麻纤维植生带	老芒麦30%、披碱草30%、中华羊茅20%、碱茅20%
三维网		柠条10%，草本植物占90%(其中老芒麦20%、披碱草20%、中华羊茅20%、碱茅10%、紫花苜蓿30%)
营养袋		袋中柠条100%，袋间空地老芒麦20%、披碱草20%、中华羊茅20%、碱茅10%、紫花苜蓿30%
柠条播种		柠条种子
柽柳扦插		柽柳插条

4.1　厚层基材喷播

厚层基材喷播生态防护技术，其核心是在岩石坡面上营造一个既能让植物生长发育而种植基质又不被冲刷的多孔稳定结构。它利用专用的喷射设备将土壤、有机质、保水材料、肥料、木纤维、黏合剂和植物种子等混合后喷射到岩石上，在专用黏合剂的黏结作用下，混合物可在岩石表面形成一层连续的具有孔隙的硬化体。一定程度的硬化使种植基质免遭冲蚀，而混合物中的保水材料、营养成分适合植物种子的生根发育。

本项目的试验基础为填方路基，路基边坡高度为5m左右，边坡土质条件也较好，没有大面积的石块。因此本试验项目没有采用锚杆进行锚固，基材喷播厚度也较小，试验喷播厚度为5cm。为了适应西部干旱半干旱地区的条件，本试验掺加了有机质、保水剂、黏合剂、木纤维等材料，采用了将基材、种子、肥料等混合均匀后一次喷射的方法，以保证喷射的均匀性和一致性。

厚层基材喷播适用范围广，特别适合石质边坡、高大边坡、生态条件脆弱或施工、养护困难的区域；可乔、灌、草混播，容易形成稳定的植物群落，能形成良好的植被层，可有效地防止水土流失。

4.2　植生带建植技术

植生带技术最早应用于市政园林绿化，近年来开始尝试用于公路边坡防护工程。植生带边坡生态植被恢复具有播种量精确、稳定、合理，施工简单、省工、省时的特点，而且出苗率高、出苗齐、成坪快，易形成较好的初期防护，早期对杂草有较好的抑制作用。加工时，可根据需求加入肥料，保持养分补给。因此植生带在公路边坡生态恢复和防护方面具有广阔的应用前景。

西塔项目应用了纸质植生带和麻纤维植生带两种不同类型材料的植生带。纸质植生带主要是应用纤维纸，中间固定种子材料、肥料、保水剂等加工而成。麻纤维植生带是利用麻纤维、稻草纤维、草种、保水剂、肥料等成分经过机械化粉碎、搅拌，再由两层无纺布固定，复合而成。

4.3　三维网植被恢复技术

三维网又称防侵蚀网垫，多用于边坡防护、环境绿化、资源保护等领域。三维网一般以热塑树脂为原料。三维植被固土网垫由多层塑料凹凸网和双向拉伸平面网组成，并在交接点处经热熔后黏结而形成一种稳定的立体网结构。面层外观凹凸不平，材质疏松柔韧，留有90%以上的空间可充填土壤及沙粒，蓬松的网包能将土颗粒、草籽、营养土等填充物充分地固定在三维空间中，从而有效控制土壤流失。底层双向拉伸网具有延伸率低、强度高的特性，起着防止坡体下滑的作用，可有效阻止水土流失。网垫的高孔率可提高表层土的通透性，有利于植物根系的发育，促进植物的快速生长，植物的根系可从整个植被网垫中舒适均衡地穿过，深入地下达0.5～2m之深。这样植被、网垫和泥土三者就形成一种牢固的复合力学嵌锁体系，起到复合护坡的作用，可提高坡面的抗冲刷能力。

由于网垫表面凹凸不平，可使风及水流在网带内边层形成无数小涡流，起到缓冲消能作用，并促使其携带物沉积在网垫中，这样就有效地避免草籽及幼苗被雨水冲走流失，大大提高了植草覆盖率。当植草生长茂盛后，植物根系可从网垫中舒适均衡地穿过，深入地下达半米以上，与网垫、泥土三者形成一个牢固的复合整体。植被的覆盖可使地表土壤免受雨水的直接冲击，并缓冲雨水流速，阻止水流的形成，即使形成水流也几乎是清澈而不含任何泥土的，同时三维网垫及植物根系还可起到浅层加筋的作用。因此这种复合体系具有极强的抗冲刷能力，能够达到长期有效防护边坡的目的。网垫颜色可采用黑色，以便吸收热能，增加地表温度，有利于种子发芽，延长植被生长期，在寒冷地带更为适用；也可采用绿色，视觉效果极佳，且避免因网垫吸收热能过热将植草烫伤致死，在高温地带更为适用。网垫原材料采用聚乙烯，无毒且化学稳定性可靠，埋在地下寿命可达50年以上，即使暴露的阳光下寿命也可达十几年，适用于作为百年大计的交通建设。

三维植被网护坡技术综合土工网和植被护坡的优点，可有效地解决岩质边坡、高陡边坡防护问题。应用实践表明，三维植被网护坡对边坡的稳定极为有利，防护效果非常好，有效地解决了岩质边坡、高陡边坡防护问题，显著提高了边坡的整体和局部稳定性，而且还有利于边坡植被的生长，同时工程造价也较低，符合边坡工程的发展方向，在我国水土保持中有很大的应用价值。

4.4　营养袋植被护坡技术

营养袋植被护坡主要是通过人为地进行群落空间划分和进行植物种群间的竞争的干预，使其形成更加稳定和合理的群落结构。在西塔项目中，采用营养袋内播种柠条、袋间空地播种其他草本植物的形式。通过这种混播种子的区域人为划分，使发芽和和生长缓慢的柠条在早期竞争中获得一定的空间和阳光、肥料等方面的保证。从而使在早期竞争中处于劣势的柠条在成长到一定程度后才参与到和其他草本植物的竞争中，容易形成中后期稳定的群落结构。

营养袋技术可人为调控植物群落的结构，改善群落组合，满足不同植物品种的播种深度要求，使乔木、灌、草优化组合，增加边坡结构的稳定效果，且施工简便，适合于不同规模的工程项目。

4.5 单一灌木植被防护措施

单一的灌木植被防护是最常见的传统防护形式。西塔项目应用了条播柠条和柽柳扦插两种方案。柠条和柽柳是西部干旱半干旱地区常见的乡土树种，适应当地的条件。条播和扦插的方式开沟增加了坡面的粗糙度，从而减缓水流的流速，减少了雨水对坡面的冲刷；节省种子、集中施肥，提高了肥料和营养的使用率，简单易行，播种情况易于控制，可以大规模施工。但条播在较高大或较陡的边坡上操作不便，对坡面的扰动较大，植物种子用量大。如播种深度较浅，易使种子暴露在地表，抗旱能力降低，且易受雨水的冲刷，应采取覆盖的方法。扦插的方式成本低、简单易行，开槽后槽内可以积存一定的水分和肥料，从根本上缓解水分和养分的补充和缺乏现象。

5 边坡生态植被恢复植物选择

5.1 选择方法和原则

公路边坡生态恢复最关键的问题之一是选择适合的植物种类及组合。选择植物种类应考虑边坡的坡度、坡长等条件，如表3所示。

植物选择和坡度关系 表3

坡　度	植被生长发育状态
小于1∶1.7 (30°以下)	可以恢复以乔木为主的植物群落。周边的本地种容易侵入，植物生长容易。若形成植被覆盖层，边坡表面几乎不发生土壤侵蚀
1∶1.7～1∶1.4 (30°～35°)	35°以下的边坡如果不做植物防护，周边植物的自然入侵可以形成植物群落
1∶1.4～1∶1.1 (35°～45°)	可以建造以草本覆盖地表，以中、低高度乔木为主的植物群落
1∶1～1∶0.8 (45°～50°)	可以建造由低矮乔木和草本构成的植物群落。若种植高大乔木，会带来坡面不稳定
大于1∶0.8 (50°以上)	如恢复以草本为主的植被，必须结合加固坡面的工程措施

除充分考虑边坡的情况外，植物选择还应从气候条件、土壤条件和种植目的等方面综合考虑。一般来说，公路边坡生态植被恢复选择的植物应具有以下的特点：

(1)适应当地气候，抗旱性强；

(2)根系发达、扩展性强，有利于保持水土，提高吸收功能；

(3)耐瘠薄、耐粗放管理，适应性良好，有较强的抗逆性，耐粗放管理和恶劣的自然条件；

(4)植物群落具有稳定性和自繁能力，有利于自然更新；

(5)种子丰富，发芽力强，容易更新；

(6)一般为地被植物、灌木或矮乔木，群落低矮，受风力影响小，有利于边坡结构的稳定；

(7)播种栽植的时期较长；

(8)育苗容易并能大量繁殖。

5.2　西塔高速边坡生态植被恢复植物选择

西塔高速在充分考虑了气候、土壤、边坡情况等全部因素后，选择了紫花苜蓿、老芒麦、披碱草、中华羊茅、碱茅5种草本植物和灌木植物柠条进行防护。

5.2.1　紫花苜蓿(Medicsgo sativa)

紫花苜蓿是世界上栽培最早、种植最广的饲草，我国栽培已有2000多年的历史。紫花苜蓿在东北、华北、西北地区已普遍种植，南方也有栽培。

紫花苜蓿系豆科苜蓿属多年生草本植物，是中寿牧草，紫花苜蓿根系发达，主根粗大，有较强的耐寒、抗旱和再生能力。紫花苜蓿喜温凉、半干旱的气候，生长最适宜的温度在25℃左右。年降水量300～800mm、无霜期在100d以上地区都可以种植。5～6℃即可发芽，能耐受－5～－6℃的寒冷。成年植物能耐－20℃左右低温，在雪被覆盖下可耐－44℃严寒。

紫花苜蓿需水较多，对土壤选择不严，除重黏土、底湿地、强酸强碱地外，其他土壤均可生长。紫花苜蓿根系茂密，盘根错节，保持水土能力强。

5.2.2　碱茅(Puccinellia tenuiflora)

在重盐碱地上种植碱茅要比在耕地上种草难度稍大，因盐碱土物理化学性状较差，土层板结、坚实、通气透水性不良，加之碱茅种子细小，千粒仅0.12g，拱土能力很弱，所以必须精细整地和播种，才能达到全苗。

碱茅茎秆柔软，叶片丰富，尤其在春秋季节，是放牧场上的优良牧草。在多年生禾本科牧草中属于营养丰富、适口性强的优质牧草。

5.2.3　中华羊茅(Festuca Sinensis)

中华羊茅为多年生直立疏丛型禾草，须根系发达。该品种适应性强，在海拔2 300～4 300m地区生长良好，同时也能在低海拔地区栽培。根系发达，须根稠密，入土较深，具有较强的抗旱能力，冬季能抗低温－38.1℃的寒冷气候，能够适应各种复杂的生境条件。对土壤要求不甚严格，耐盐碱，在pH值8.1～8.8的范围内生长良好。分蘖再生能力强，适于青海、宁夏、新疆、西藏、甘肃、四川、内蒙古、河北、山西、东北等地区种植。

5.2.4　老芒麦(Elymas sibiricas)

老芒麦属多年生疏丛型禾本科牧草，根系甚为发达，呈须状、属须根系。

该品种抗寒性非常强，在－36～38℃的地区可正常越冬，适应性好，对土壤要求不严格，适于青海、甘肃、西藏、四川、宁夏、新疆、河北、内蒙古、山西、东北、等地区。老芒麦是禾本科披碱草属多年生疏丛型禾草，株高90～150cm。根系发达，呈须状，返青较早；能耐湿，抗旱力稍差。对土壤的适应性较广，适于弱酸性或微碱性腐殖质土壤中生长。老芒麦分蘖力强。

5.2.5　披碱草(Elymusdahuricus Turcz.)

披碱草，禾本科披碱草属多年生优质牧草，疏丛型，须根发达，多而稠密，根深可达100cm，但根量的70%分布于0～10cm的土层内。茎杆直立，株高为70～160cm。

披碱草具有一定的耐盐能力，属于中等抗盐牧草，能够抗御严寒的侵袭，具有很强的分蘖能力，一般单株分蘖枝条数为30～50个，在水肥和管理条件好、土壤疏松时的分蘖枝条数最多可以达到100个以上。抗旱、耐瘠薄土壤能力强，加之强大的节根系统，使其兼具耐践踏、耐牧和再生能力强等诸多优点，因此也是优良的水土保持植物之一。

6　结语

在公路边坡上进行植被恢复是一项复杂的综合工艺和技术，应充分考虑各种客观因素的影响。要以护坡和生态功能为主，同时兼顾景观效果。要从长远利益和大局出发，突出其防护和植被的稳定性和可持续性。每一种植被恢复工艺都有一定的适用范围和局限性，应有重点和针对性，可采取多种防护措施相结合的方式，以弥补单一方法的缺陷和不足。

参考文献

[1] 沈爱玲,宋元斌,杨勇.盐碱土地区公路栽植柽柳的试验研究[J].公路交通科技,1999.16(1):84-86.

[2] 刘书套,等.高速公路环境保护与绿化[M].北京:人民交通出版社,2001.

[3] 周德培,张俊云,等.植被护坡工程技术[M].北京:人民交通出版社,2003.

[4] 王可钧,李焯芬.植物固坡的力学简析[J].岩土力学与工程学报.1998.17(6):687-691.

[5] 杨永兵,施斌,杨卫东,等.边坡治理中的植物固坡法[J].水文地质工程地质,2002(1):64-67.

第五篇 科 研 攻 关

新型薄层聚合物改性水泥混凝土透水降噪路面及其在高等级公路中的应用研究

冯建刚[1]　韩　萍[2]　赵朝华[3]

（1.山西忻阜高速公路建设管理处　山西　035500；

2.山西省交通科学研究院　山西　030006；

3.重庆交通大学　重庆　400074）

摘　要：综合水泥混凝土路面和沥青混凝土路面各自的优点，重庆交通交通大学提出了一种独立于两者之外的具有自主知识产权的新型聚合物改性水泥混凝土透水降噪路面。该路面兼具水泥混凝土路面的高强度和沥青路面的高柔性特点，且具有透水、降噪等功能。文中介绍了这种新型路面的原理、性能、施工及应用推广情况。

关键词：聚合物混凝土　透水　降噪　柔性　彩色路面

1　引言

新型聚合物改性水泥混凝土透水降噪路面是一种区别于现行水泥混凝土路面和沥青混凝土路面，具有透水、降噪等多重功能，兼具水泥混凝土路面的高强度和沥青混凝土路面的高柔性路面。水泥混凝土是一种无机材料，沥青胶结料是一种有机材料，水泥混凝土路面和沥青混凝土路面各自的优点十分突出，但缺点也非常鲜明，两种路面的设计原理不同，在现行的理论框架内，二者的优点难以同时兼得，缺点难以同时克服。

要使路面既具有水泥混凝土路面的高强度，又具有沥青路面的高柔性，既具有无机材料的稳定性，又具有有机材料的黏结能力，则路面研究必须从材料方面突破，从结构设计原理上创新。

通过将有机材料和无机材料的结合，添加有机柔性聚合物对水泥进行改性，项目前期已研制成功了一种强度高、变形大、稳定性好的新型路面材料，基于这种路面新型材料，提出了一种新型路面结构，即“新型薄层聚合物柔性水泥混凝土透水降噪路面”（以下简称“新型路面”）。理论、试验和试点工程研究的表明，这种新型路面综合了现行水泥混凝土路面和沥青混凝土路面两者的优点，同时克服了两者的缺点。

2　新型路面设计原理与特点

路面设计中以抗裂和变形作为路面设计控制参量，路面材料的强度与变形能力作为路面主要设计指标。新型路面结构所用的路面材料既不同于普通的水泥混凝土，也不同于沥青混凝土的性能，而是既具有水泥混凝土路面的高强度，又具有沥青路面的高柔性——既具有无机材料的稳定性，又具有有机材料的黏结能力。

改性聚合物的加入使形成的改性柔性聚合物水泥混凝土具有一系列卓越性能。该路面结构除了具有弹性好、强度高等力学特点外，多孔隙的材料也使路面具有噪声低[1]、透水性强等功能。另外，材料本身性质决定了施工特点，路面施工时采用摊铺机一次成型，无需碾压，施工速度快，路面平整度好，行车的舒适性大大提高。路面还具有维修简单、快捷的优点。

2.1　弹性好、强度高

聚合物改性水泥混凝土是以碎石为集料、改性聚合物和水泥为胶结料形成的高弹性混凝土。特制的改性聚合物不仅具有优良的物理、力学和化学性能，而且具有良好的耐油、耐燃、耐热、耐光、耐酸碱、耐臭氧老化等性能。由于改性聚合物和水泥互相作用并牢固地结合在一起，从而形成优良且具有弹性的复合材料。聚合物改性水泥浆黏结间断级配的碎石后，就形成了弹性好、强度高的透水混凝土。

2.2 孔隙率大、透水性好

采用间断级配石子形成骨架结构来配制改性聚合物混凝土，面层有较大的孔隙率，具有良好的透水性和抗滑性，使雨天行车的安全性大幅度提高。路面透水性的特点对解决隧道路面渗水问题提供了一个较好的选择。

2.3 噪声低

高孔隙的路面结构使行车的噪声大幅度降低，应用于市政道路可大大改善城市噪声污染问题。

2.4 扬尘少

由于采用的改性聚合物水泥黏结力强的特性，集料表面形成了一层弹性好、胶结力强的稳定聚合物水泥浆膜(图 1)，聚合物水泥耐磨性强，因此和普通水泥混凝土路面相比，能大大降低路面扬尘、改善道路环境。

图 1 聚合物改性水泥浆

2.5 施工简单、平整度好

路面采用带有自振功能的沥青摊铺机一次成型，不用压路机碾压，施工速度快，面层平整度好，行车舒适。

2.6 阻燃

路面材料极难燃烧，尤其适合做隧道路面，增加了隧道防火安全系数。

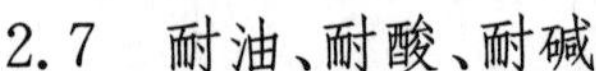

2.7 耐油、耐酸、耐碱

聚合物混凝土长期在油、酸、碱等恶劣环境中强度损失极小，使路面耐腐蚀能力提高。

2.8 维修简单、快捷

对于该路面的表面松散、与底层黏结失效等病害，可以采用表面泼洒特制聚合物水泥浆的方式进行修复，浸入的聚合物水泥浆可以将表面松散粒料胶结为一体，并将面层与底层黏结起来，因而修复简单、快捷。

同时路面还可修筑为不同色彩的彩色路面，色彩鲜艳丰富、经久耐磨。

作为孔隙骨架混凝土结构，路面也具有一些力学特点，如相比普通密实水泥混凝土而言，孔隙骨架水泥混凝土收缩系数降低，温度应力减小；路面的大孔隙使路面内部难以形成动水压力；孔隙的存在可以降低铺面表面温度等。

3 新型路面的施工及推广应用情况

聚合物柔性水泥胶结料的高强度、高柔性、高稳定性、高黏结力，聚合物改性透水降噪路面施工简单，可采用冷拌碾压工艺一次成型，只需摊铺机摊铺整平，无需压路机碾压，既省去了水泥混凝土路面振捣、抹平工艺，也省去了沥青路面的热拌、碾压工艺，路面的平整度、行车舒适度得到了极大提高。

图 2 渝武路云门连接线

聚合物改性水泥混凝土路面已在渝武路云门连接线、江津观音岩长江大桥施工便道和南岸辅仁路 E 线修筑了试验观察路段，应用面积共约 11 000m^2。

3.1 渝武路云门连接线应用情况

渝武路云门连接线聚合物改性水泥混凝土路面(如图 2 所示)总长 100m，宽 11m，路面设计厚度 6cm。自 2005 年 12 月通车至今，无任何裂缝出现，表面无松散，无扬尘，噪声小，行车经过时只听到汽车发动机的声音，平整度好，行车以高速(120km/h)通过时，无任何颠簸现象，行车舒适。

3.2　江津观音岩长江大桥施工便道应用情况

江津观音岩长江大桥于2006年4月14日修筑完毕，全长900m。考虑到该桥路面重交通路面，路面厚度设计为6cm和8cm两种。后由于施工原因，一些地方实际厚度仅为3～4cm。

便道使用条件极度恶劣，摊铺后不到24h已通行小型车辆，施工重车（混凝土罐车）通行时也不到48h，而且施工车辆高峰期日均超过500辆次。

尽管如此，路面在重载作用下使用情况良好，表面无松散、裂缝等任何破坏形式出现。虽然路面纵坡较大，但路面的抗滑性能使重车在雨天的安全性得到了充分保证。

值得一提的是，为了进行路面破坏后的维修试验，修筑时在路面下预设了部分脱空，然而至今路面仍无任何损坏。对于部分预设的脱空修复情况表明：聚合物改性水泥混凝土路面维修方便、维修速度快。

3.3　南岸辅仁路E线施工情况

2006年8月修筑的南岸辅仁路E线工程，施工条件极其不利，纵坡7.8%，变宽幅度大，喇叭口的路面宽度由16m增加到45m，路面面积约7 000m²。由于施工原因导致碾压混凝土基层平整度极差，压实度不够，强度较低，且面层摊铺期间最高气温超过40℃。在如此施工不利的条件下，聚合物柔性水泥混凝土面层的摊铺顺利完成，且铺筑效果良好。

3.4　湖北沪蓉西高速公路

2007年底，经过前期试验路对比验证得出的路面典型结构形式在交通部科技示范工程——湖北沪蓉西高速公路上进行了应用，施作面积超过11万m²，长度超过12km，实施路段包括吉心立交互通匝道（含主线双向400m）、大水井隧道（双向）及马水河大桥右幅（宜昌～恩施方向），从应用来看，路面力学耐久性能卓越，透水降噪效果明显，平整舒适性全面提高，彩色标识鲜明，景观效果宜人，取得了满意的示范效果（如图3所示）。

图3　聚合物路面在沪蓉西高速公路应用效果

造价分析表明，路面面层造价小于130元/m²，综合碾压混凝土基层增加的单价折算到面层后，路面造价小于150元/m²，低于同路段的沥青路面造价。

3.5　云南昆石高速公路

云南昆石高速公路路面由于长下坡地段桥面沥青面层的严重推移问题，造成经常性的进行养护与改造，为了解决推移及其他病害问题，云南省高速公路投资有限公司在总长约1.5km（面积约17 500m²）范围内采用聚合物改性水泥混凝土铺装进行改造，拟为云南省高速公路的铺装改造提供新的思路和方法。云南省高速公路投资有限公司对于聚合物路面的应用高度重视，对路面应用前景充满信心。

3.6　重庆外环高速公路

聚合物改性水泥混凝土路面按计划实施在重庆绕城公路南段第S7合同段和第S8合同段左线共约3.6km范围内，包含：

(1)老房子大桥桥面铺装（桩号：K127＋767～K128＋621左线）；

(2)环山坪隧道路面铺装(桩号:K124+952~K127+503左线);

(3)一般路段的聚合物改性水泥混凝土路面结构(桩号:K127+503~K127+767左线)上述3种路基结构形式。

截至2009年10月份重庆绕城高速公路实施完毕,从实施情况来看,施工简单快捷,只要把握好关键环节,路面施工质量就可充分保证。

3.7 广东虎门大桥桥面铺装实桥试验——马房北江大桥聚合物混凝土钢桥面铺装

广东虎门大桥的钢桥面铺装层病害严重,广东虎门大桥的钢桥面铺装和病害引起了国内外同行的关注。广东省交通厅、广东交通建设集团、虎门大桥公司十分重视虎门大桥的钢桥面维修加固与铺装。

广东虎门大桥的钢桥面维修加固与铺装方案已历时两年多,进行了大量方案的比选。2009年2月6日,广东省虎门大桥公司通知课题组参加了虎门大桥钢桥面铺装方案评审会。通过专家评审,聚合物改性混凝土钢桥面铺装方案被列为两个比选方案之一,在广东马房北江大桥进行实桥铺装试验,目前试验已经完毕,实施情况来看,施工简单快捷,实施期间引起了广东交通行业多方领导与专家的关注,并对铺装前景充满了信心。

3.8 应用总结

沥青路面变形好,但强度低,材料稳定性差且造价昂贵,施工及设备复杂,施工成本高,一般彩色、透水降噪等环保功能;水泥路面强度高,材料稳定性好,但路面变形小,易发生脆断等早期破坏,路面寿命短,且行车舒适性差,施工复杂。聚合物改性水泥混凝土综合了两种路面的优点,既具有水泥混凝土路面的高强度,又具有沥青路面的高柔性——既具有无机材料的稳定性,又具有有机材料的黏结能力,且工艺简单、快捷,大幅降低综合造价,节约材料,改善生态环境。

4 新型路面的经济性分析及应用前景展望

项目提出、研究的新型路面结构兼具水泥混凝土路面的高强度、耐久性好和沥青路面的行车舒适、便于维修的特点,值得特别指出的是多孔结构的采用会大幅提高路面的使用性能,透水对安全性的提高、降噪对声污染的改善符合目前功能型路面发展的方向。项目研究形成成套技术后,会提高路面、桥面铺装的整体水平,显示出卓越的技术优势和效益。

同时由于改性聚合物混凝土材料的性能、特点以及路面设计理论,路面设计厚度一般为4~6cm,综合造价与高速公路沥青混凝土面层相比减少明显。将聚合物改性柔性水泥混凝土透水降噪路面应用于高等级公路路面和桥面的投资不高于甚至低于目前采用的沥青混凝土路面的情况下,得到透水、降噪的高性能功能型路面,具有明显的直接和间接经济效益。

新型聚合物改性柔性水泥混凝土透水降噪路面的研制成功,为我国公路建设提供一种有发展前途的、独立于现有水泥路面和沥青路面之外的一种新的路面结构选择,创新性强、社会效益突出。

项目的完成,对解决公路路面的破坏,对延长道路使用寿命,保证交通的安全、快捷具有积极的意义。

5 结语

新型薄层聚合物柔性水泥混凝土透水降噪路面在现行水泥混凝土路面和沥青混凝土路面之外形成一种新的路面形式,成为两种路面结构的一种补充,为高等级公路、城市道路的建设提供一种新的选择。项目的研究对推动公路科技自主创新、提高公路工程建设质量具有积极的现实意义。

参考文献

[1] 曹孝振,姚安子.建筑中的噪声控制[M].北京:水利水电出版社,1989.

[2] 中华人民共和国行业标准.JTG D50—2006 公路沥青路面设计规范[S].北京:人民交通出版社,1997.

忻阜高速公路凤凰岭隧道进洞方法设计优化及施工

焦建明[1]　李道欣[2]　张　琦[1]　吕宏宇[1]

(1.山西忻阜高速公路建设管理处　山西　035500；
2.山西省交通科学研究院　山西　030006)

摘　要：隧道进洞方法从刚开始的大开挖到如今的零开挖，在理念不断创新的同时施工技术也在不断进步。各种工法与辅助施工手段进行不同组合，就能适应不同的地质地形，实现快速、安全进洞。本文在总结不同隧道进洞方法的基础上，结合忻阜高速公路凤凰岭隧道进出口的地形地质情况，提出了凤凰岭隧道进口反压挡墙斜交直接进洞方案和出口双层小导管直接进洞方案，取得了很好的工程效果。

关键词：隧道进洞　施工　开挖　综述

1　引言

随着公路交通事业的不断发展，我国公路建设已经进入新的快速发展时期，山区公路选线伴随而来的是大量的桥梁与隧道工程，有的高速公路桥隧比例占到60％以上。在山区的公路规划和建设中，环境保护日益受到重视。凤凰岭隧道是忻阜高速的关键性工程，其环保型建设技术意义重大，进洞方法的选择是其科学、环保建设的关键，因此，选择一种快速、安全、合理、经济的隧道进洞技术，是一件十分重要的工作。

2　凤凰岭隧道工程概况

凤凰岭隧道是忻阜高速公路关键性控制工程，位于五台县城东南10km左右的台城镇马家庄村与茹村镇柏板坡村之间。设计为分离式隧道，左右线大致平行布设，最大间距50m，全长5 868m，属特长隧道。隧道进出口围岩破碎、偏压较大、洞身穿越段地质结构复杂，高地应力、软弱带、断层破碎带较多，并且处于高烈度地震区域。地质勘察结果表明，隧道的主要不良地质表现为洞口围岩破碎、偏压严重、洞身段断层、岩溶较发育，隧道施工中有塌方、涌水的可能。

隧道围岩主要为寒武系、奥陶系的石灰岩、白云岩、白云质灰岩、泥质岩、角砾状灰岩、泥页岩、砂岩，局部段为远古界千枚岩、硅质白云岩、板岩。忻州端洞口段为第四系砾卵石层、亚黏层、亚砂土层。

3　凤凰岭隧道原进洞方案

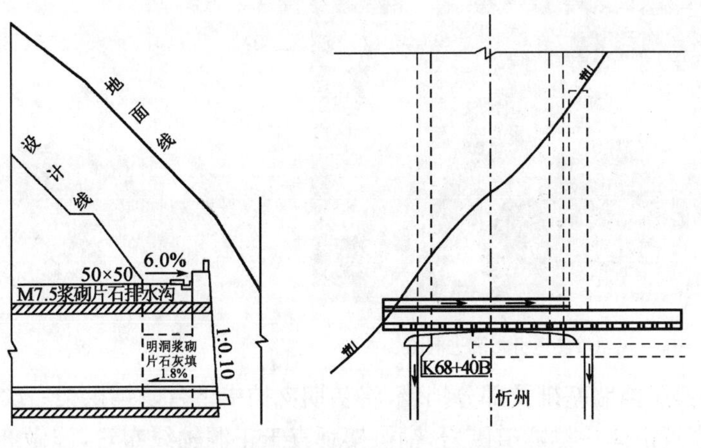

图1　凤凰岭隧道忻州端原进洞方案

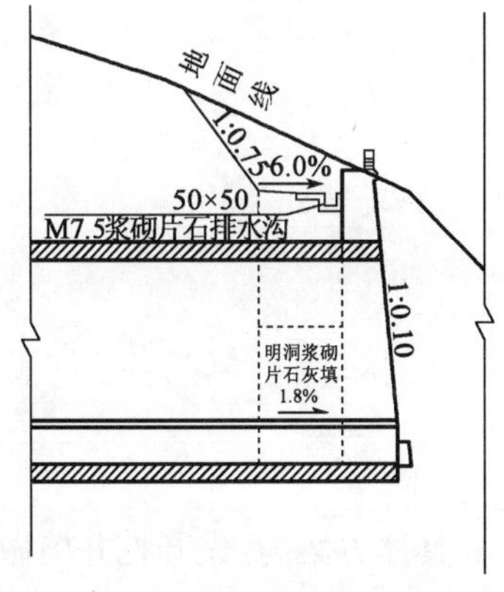

图2　凤凰岭隧道阜平端原进洞方案

凤凰岭隧道(忻州端)洞口段为新生界第四系中更新统匿河组密实砾卵石层夹砂土层,且洞口段属于深埋偏压,原设计为刷坡+ϕ108长管棚进洞,刷坡高度60多m,管棚长度40m,环向间距40cm,外插角1°～5°,如图1、图2所示。根据现场地形、地质条件,此设计进洞方法将产生约20万m^3的土方量。

凤凰岭隧道(阜平端)洞口段为新生界第四系上更新统残坡积物碎石土、块石土层,呈碎裂状结构,且属于浅埋风化段。原设计为套拱+ϕ108长管棚进洞,管棚长度40m,环向间距40cm,外插角1°～5°。该方案是在残坡积层内先行刷坡开挖,然后采用管棚进洞。该法可能形成地质灾害的风险大(如破碎山体崩塌等)。

4 凤凰岭隧道进洞方法设计优化及施工

凤凰岭隧道(忻州端)洞口段由于有高陡边坡,且为软弱土夹石层,隧道轴线与坡面斜交,左线隧道与横断面与坡面夹角45°,右线隧道与横断面与坡面夹角54°,存在大断面地质偏压,在很大程度上影响着洞口段支护结构的受力与变形,因此,选择合理的进洞方法,实现在高陡边坡下斜交进洞至关重要。原设计进洞方案,为了消除洞口偏压,需要刷坡约20万m^3的土方量,不仅破坏了周边的生态环境,也增长了工期。

为了保护生态环境,体现忻阜高速的科技示范作用,忻阜高速公路建管处组织全国范围内的隧道施工、工程地质方面的专家,结合设计单位的施工图设计优化工作,通过对现场地形的仔细考察,提出为减小开挖边仰坡对山体的扰动,保证洞口山体的稳定性,遵循"早进洞、晚出洞"、"少刷,甚至不刷边仰坡"和"零开挖"绿色洞门的隧道进洞原则,经过仔细研究分析,建议凤凰岭隧道进口段采用反压挡墙斜交进洞法进洞,如图3所示。

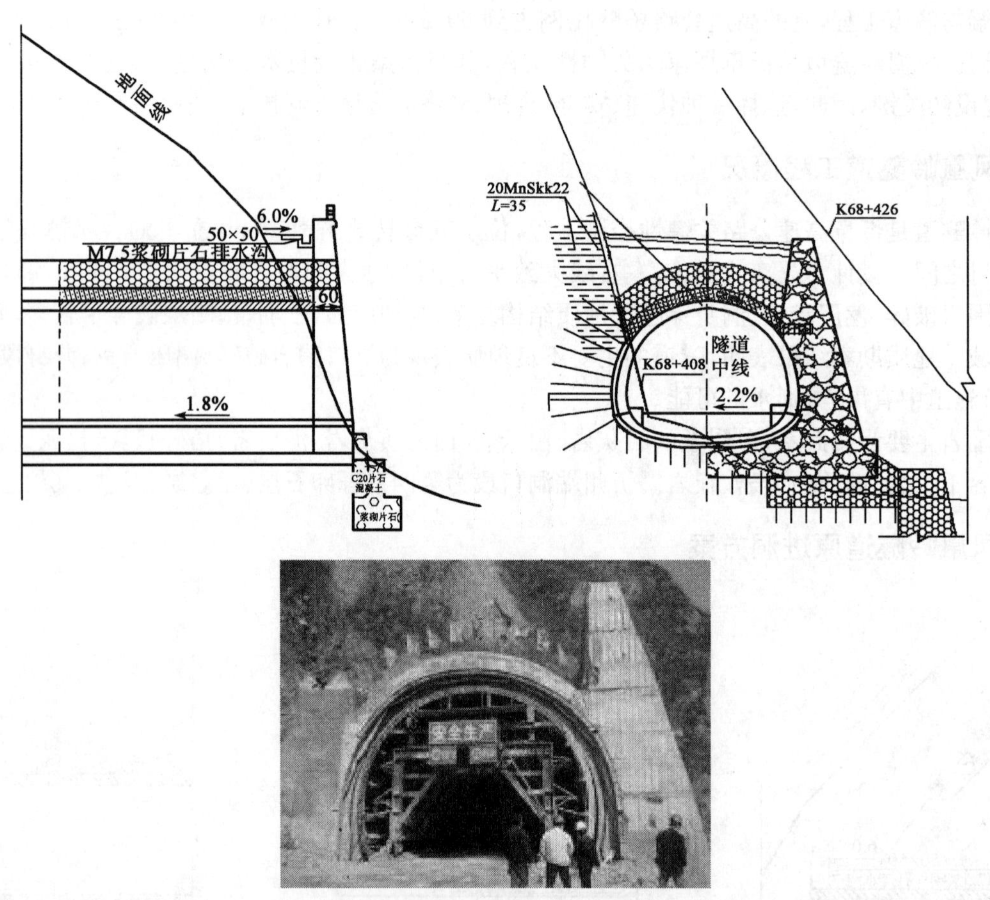

图3 凤凰岭隧道忻州端进洞图

具体方案为:先开挖并施做山体外侧偏压挡墙基础及部分挡墙,将初期支护中下台阶钢拱架一次性埋置于挡墙内,并预留钢拱架接头,然后开挖靠近山体一侧隧道围岩,钢拱架垂直于正洞轴线布置,施做3m长套拱,套拱施做完成之后采用大管棚进洞,采用三台阶七步流水法施工。

施工后通过监控量测发现隧道变形很小，凤凰岭隧道（忻州端）洞口段采用反压挡墙斜交进洞法的方法是可行的。采用此方法进洞不仅减少工程量，不仅保护了隧道洞口周边的生态环境，而且也缩短了工期。

凤凰岭隧道（阜平端）洞口段由于风化严重，采用大管棚成孔十分困难，影响隧道施工进度，因此，结合洞口段的地形地质情况，因地制宜，提出了以下建议：

(1)左右线洞口要加长暗洞长度，缩短明洞长度。对于隧道右线出口，将暗洞接长 8.5m，明洞长度由原设计 6m 减短为 3m；对于隧道左线进口，将暗洞接长 6.9m，明洞长度由原设计 8m 减短为 5m。

(2)左线首先施作偏压墙基础注浆小导管，在注浆小导管施工完成后，再施工偏压墙基础片石混凝土，此片石混凝土基础厚 2m，位于仰拱下面。且在此混凝土内预埋工字钢拱架，为施工套拱做好施工准备，基础混凝土可以分几次施工。右线先施工浆砌片石基础，再施工片石混凝土基础，基础如图 4、图 5 所示。

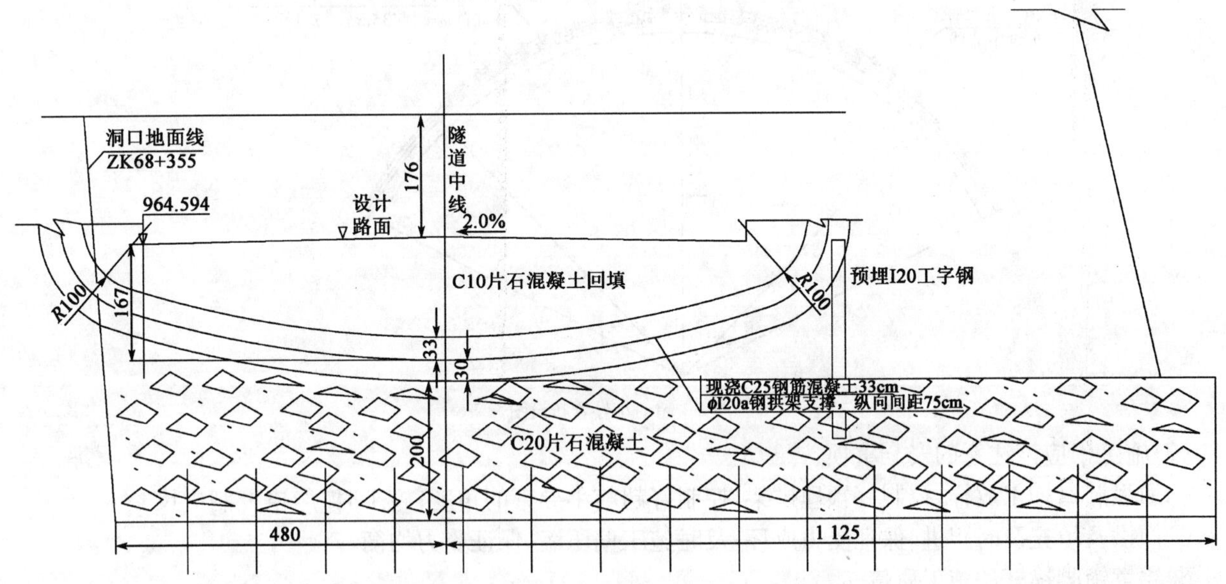

图 4　凤凰岭隧道左线出口进洞图（尺寸单位：cm）

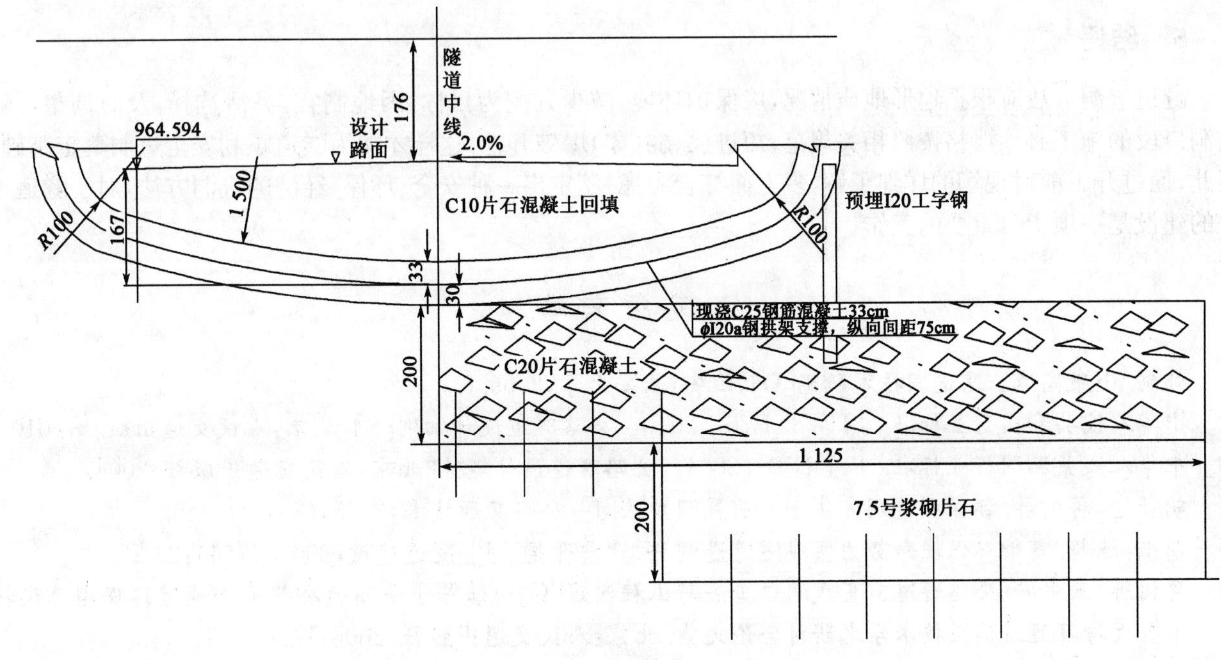

图 5　凤凰岭隧道右线进口图（尺寸单位：cm）

(3)在偏压墙基础混凝土施工完成后，利用已经预埋好的工字钢进行套拱的施工，采用I20工字钢，每50cm一榀，ϕ22连接钢筋，连接钢筋间距0.3m，并挂设ϕ8双层钢筋网片，采用挂板C25喷射混凝土，混凝土厚25cm，在左侧能施工锚杆处施工ϕ25自进式锚杆，锚杆长3.5m。

(4)偏压墙在预埋工字钢的时候同时施工，在施工完几榀套拱后，及时施工仰拱及填充，仰拱及填充长度控制在2～3m，保证受力成环。

(5)在偏压墙施工到拱腰以上后，在套拱外侧及时施作80cm厚的钢筋混凝土。

(6)在施工完明洞套拱后，在明暗交界处施作超前双层ϕ42小导管，ϕ42小导管长5m，并注水泥浆，超前小导管环向间距35cm，层间距20cm。超前小导管布设如图6所示。

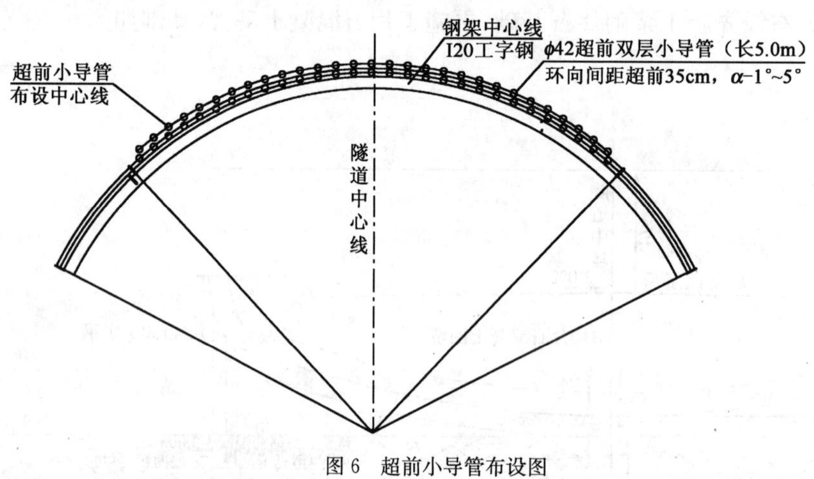

图6 超前小导管布设图

(7)施工中应该注意的安全事项：

①加强洞口施工放样，控制好预埋拱架，控制好超前小导管的角度；施工时，严格控制进尺。

②仰拱及填充及时跟进，保证受力成环；及时施工偏压墙，保证受力均衡。

③注意锁脚锚杆的施工质量。

施工实践证明，凤凰岭隧道(阜平端)洞口段取消长管棚而改用双层小导管直接进洞的做法，不仅节约两个多月的工期，保护环境，而且同时也节省了约十几万的费用。

5 结语

隧道进洞方法应根据地形地质情况，以保护环境、减少开挖为目标，因地制宜，灵活选择，及时调整。隧道洞口段的施工必须严格按照相关规范，短进尺、弱(零)爆破开挖，这样才能为隧道顺利安全进洞奠定基础。因此，通过开工前对现场的详细了解，多方面综合考虑，制定出一种安全、环保、经济的进洞方法，对于隧道工程的建设是一项十分重要的工作。

参考文献

[1] 韩剑.小康高速公路进洞技术研究[D]，西安：长安大学，2009.6.

[2] 中华人民共和国行业标准. JTG/T D70—2010 公路隧道设计细则[S]，北京：人民交通出版社，2010.

[3] 中华人民共和国行业标准. JTJ D70—2004 公路隧道设计规范.北京：人民交通出版社，2004.

[4] 胡壮志，蒋树屏.环保型进洞方法——前置洞口法[J].公路交通技术，2005，(3)：142-145.

[5] 胡平，陈超.贯彻环保理念努力实现隧道进洞施工“零开挖”[J].隧道建设，2007，27(4)：23-25.

[6] 蒋树屏，王永安.公路隧道前置式洞口工法与工程实践[C]//江苏宁淮高速公路老山隧道环保型建设技术暨大跨径隧道建设技术学术研讨会论文集.北京：人民交通出版社，2006：7-12.

[7] 黄伦海，蒋树屏，张军.公路隧道洞口环保型设计施工现状及展望[J].地下空间与工程学报. 2005.6(3)：455-456.

围岩分级技术在忻阜高速公路隧道中的应用

罗建国[1] 高晓春[2] 李 波[1] 聂志维[1]

（1. 山西忻阜高速公路建设管理处 山西 035500；
2. 山西省交通规划勘察设计院 山西 030012）

摘 要：本文针对目前公路隧道勘察设计阶段围岩分级与施工过程围岩分级差异较大、施工过程围岩变更争议较多的现状，在对围岩分级和亚级分级总结的基础上，提出了隧道围岩亚级分级建议方法，并将其应用在忻阜高速公路隧道的施工中。

关键词：公路隧道 围岩分级 忻阜高速 工程应用

1 引言

随着国内交通事业的飞速发展，隧道的建设需求量逐步加大。同时，由于建设地理区域的差异，隧道围岩千变万化。因此作为隧道设计、施工的基础——围岩分级，在隧道建设中的作用更加突显，对其精确程度也要求更高。但现有的公路隧道设计规范对施工中出现较多的 III、IV、V 级围岩划分不够详细，导致施工时争议较大。因此必须建立更为科学的公路隧道围岩分级。本文在总结国内外众多围岩分级的基础上，提出了新的围岩分级方法，并将其应用在忻阜高速公路隧道的施工中。

2 围岩分级方法的发展及现状

国内外围岩分类、分级从 Terzaghi (1946)最早提出发展至今[6]，分类方法有上百种之多。从最初的单一指标分类，到多项指标分类，再到以多种因素组合的分级方法，围岩分级逐渐从以主观经验定性的描述，向以经验定性描述和定量指标结合的分类法发展，并将继续发展成为以定量分析为主的围岩分级。目前，国内采用的围岩分级方法基本上是公路系统和水利水电系统的分级方法。

2.1 公路隧道围岩分级方法

我国公路隧道大规模建设开始于 20 世纪 80 年代，但在全国经济和交通事业飞速发展的带动下，公路隧道建设技术取得了长足的进步。现在的公路隧道越修越长，断面越修越大，这样的隧道对设计、施工都提出了更高的要求。由于围岩分级在隧道设计、施工中的重要性，所以更应该对其进行划分。《公路隧道设计规范》(JTG D70—2004)对围岩分级方法进行了较大的修订，放弃了原来经验判断的分类方法[6]。采用以定性描述和定量分析相结合的围岩基本质量指标 BQ 值法，合理地考虑了影响围岩稳定性的地质因素、力学因素及施工因素，用逐步回归、逐步判别等方法建立并检验围岩基本质量指标 BQ 的计算公式，将隧道围岩分为 I～VI个等级。这种定性与定量相结合的方法，提高了分级的准确性，得到了业内大多数人的认可。但由于 BQ 值法中，定义的围岩级别的 BQ 值范围较大，往往不能更好地与实际施工条件相结合，指导施工。这就需要在围岩分级过程中，对围岩分级进行细化，把工程地质条件和岩体力学性质参数联系起来，并借鉴已建工程的经验教训，进行围岩亚级分级，使得围岩级别更好地与工程实际相统一。

2.2 水利水电工程围岩分级方法

《水利水电工程地质勘察规范》(GB 50287—1999)对围岩的分级方法也就是通常所说的“HC 分类法”。其分级是以岩石强度、岩体完整程度、结构面状态、地下水和主要结构面产状 5 项因素之和的总评分为基本判据，围岩强度应力比为限定判据。5 项分类因素中，分为基本因素和修正因素。基本因素中，岩石强度以单轴饱和抗压强度 R_b 为定量指标，岩体完整程度以完整性系数 K_v 为定量指标。修正因素中，地下水评分按干燥到渗水滴水（水力压头 $H \leqslant 10\text{m}$）、线状流水（水力压头 $10\text{m} < H \leqslant 100\text{m}$）与涌水（水力压头 $H > 100\text{m}$）3 种情况，结合基本因素总评分获得；主要结构面产状评分按其产状与洞轴线夹角取得，其处理方法与《公路隧道设计规范》(JTG D70—2004)类似。

2.3 围岩亚级分级发展现状

随着围岩分级地位的不断凸显，亚级分级受到了广泛的关注。许多科研机构、高等院校都纷纷展开研究，进行了大量数据收集、理论分析、数值模拟、工程验证等工作，取得了可喜的成果。

交通部西部交通建设科技项目《公路隧道围岩分级指标体系与动态分类方法研究》，以围岩的自稳性为指标，制定出统一的围岩（岩质围岩和土质围岩）分级标准。

交通运输部主持编写的《公路隧道设计细则》建议公路隧道围岩分级应通过地质调查、勘探、试验等方法和手段，根据取得的围岩定性值特征和岩体基本质量指标(BQ)进行基本质量分级。

3 课题组建议的分级方法

通过对比可以发现，以上两种对围岩的分级方法较为相近，尤其是对隧道施工中常见的 III、IV、V 级围岩亚级分级的方法较为相似。为此，综合以上两种分级方法，将围岩的定性特征和自稳性作为共同的判别条件，给出围岩亚级分级的建议方法，见表 1。

课题组建议的围岩亚级分级方法　　表 1

围岩级别		围岩的定性特征	自稳性
基本级别	亚级		
I	—	坚硬岩，岩体完整，整体状或巨厚层状结构	跨度 20m，可长期稳定，偶有掉块，无塌方
II	—	坚硬岩，岩体较完整，块状或厚层状结构；较坚硬岩，岩体完整，块状结构或整体状结构	跨度 10～20m，可基本稳定，局部可发生掉块或小塌方；跨度 10m，可长期稳定，偶有掉块
III	III_1	坚硬岩，较破碎($K_v=0.4\sim0.55$)，结构面较发育、结合差，裂隙块状或中厚层状结构； 较坚硬岩($R_b=45\sim60\text{MPa}$)，岩体较完整，结构面较发育、结合好，块状结构； 较坚硬岩($R_b=30\sim45\text{MPa}$)，岩体完整，整体状或巨厚状结构	跨度大于 18m，可发生中～大塌方；跨度 10～18m，可暂时稳定，可发生小～中塌方；跨度 10m，基本稳定
	III_2	坚硬岩，较破碎($K_v=0.35\sim0.4$)，结构面较发育、结合好，镶嵌碎裂状结构或裂隙块状结构； 较坚硬岩($R_b=45\sim60\text{MPa}$)，岩体较破碎，结构面较发育、结合好，块状结构； 较坚硬岩，岩体完整($R_b=30\sim45\text{MPa}$)，整体状或巨厚状结构； 较软岩，岩体完整，结构面不发育、结合好或一般，整体状或巨厚状结构	跨度大于 14m，发生中～大塌方； 跨度 7～14m，可暂时稳定，可发生小～中塌方；跨度 7m，基本稳定
IV	IV_1	坚硬岩，岩体破碎($K_v=0.28\sim0.35$)，结构面极发育、结合一般或差，破裂状结构； 较坚硬岩，岩体破碎～较破碎($R_b=45\sim60\text{MPa}$)，结构面发育、结合一般，破碎状结构； 较坚硬岩($R_b=30\sim45\text{MPa}$)，结构面发育、结合好，镶嵌碎裂结构； 较软岩，岩体较完整($R_b=20\sim30\text{MPa}$)，结构面较发育、结合好或一般，块状结构； 较软岩，岩体完整($R_b=15\sim20\text{MPa}$)，结构面不发育、结合好或一般，整体状或巨厚状结构； 软岩，岩体完整($R_b=10\sim15\text{MPa}$)，结构面不发育、结合好或一般，整体状或巨厚状结构	跨度大于 9m，可发生中～大塌方； 跨度 7～9m，暂时稳定，可发生小塌方； 跨度小于 7m，可基本稳定

续上表

围岩级别		围岩的定性特征	自稳性
基本级别	亚级		
IV	IV_2	坚硬岩，岩体破碎（$K_v=0.2\sim0.28$），结构面极发育、结合一般或差，破裂状结构； 较坚硬岩（$R_b=45\sim60MPa$），结构面发育、结合一般，破碎状结构； 较坚硬岩（$R_b=30\sim45MPa$），结构面发育、结合好，镶嵌碎裂结构； 较软岩，岩体较完整（$R_b=20\sim30MPa$），结构面较发育、结合好，块状结构； 较软岩或以软岩为主的软硬岩互层，较破碎，结构面发育、结合一般，中、薄层状结构； 软岩，岩体完整（$R_b=7.5\sim10MPa$），结构面不发育、结合好或一般，整体状或巨厚层状结构	跨度大于7m，可发生中～大塌方； 跨度6～7m，暂时稳定，可发生小塌方； 跨度小于6m，可稳定
	IV_3	坚硬岩，岩体破碎（$K_v=0.15\sim0.2$），结构面极发育、结合一般或差，碎裂状结构； 较坚硬岩，岩体破碎，结构面发育、结合一般，破碎状结构； 较软岩，岩体较破碎，结构面较发育、结合好或一般，块状结构； 软岩，岩体完整（$R_b=5\sim7.5MPa$），结构面不发育、结合好或一般，整体状或巨厚状结构	跨度大于5m，可暂时稳定～不稳定，可直接发生中～大塌方； 跨度小于5m，可基本稳定
V	V_1	坚硬岩及较坚硬岩，岩体极破碎（$K_v=0.06\sim0.15$）； 较软岩，破碎（$R_b=20\sim30MPa$），结构面发育或极发育； 较软岩，较破碎（$R_b=15\sim20MPa$），结构面发育、结合一般或破碎； 软岩，较破碎，结构面发育、结合一般，碎裂状结构； 极软岩（$R_b=2\sim5MPa$），较完整～完整，结构面不发育或结构面较发育但结合较好	跨度大于6m，完全无自稳性； 跨度4～6m，可暂时稳定，可发生中～大塌方； 跨度小于4m，可基本稳定
	V_2	坚硬岩及较坚硬岩，岩体极破碎（$K_v=0\sim0.06$）； 较软岩，岩体极破碎，碎裂状结构或散状结构； 软岩，岩体破碎，结构面极发育、结合一般或差，碎裂状结构； 极软岩（$R_b<2MPa$），较破碎～完整	跨度大于4m，完全无自稳性； 跨度3～4m，可暂时稳定，可发生中～大塌方； 跨度小于3m，可基本稳定

4　工程应用

忻阜高速（山西忻州—河北阜平）是国家促进中部崛起的重要项目，也是山西省“十一五”重点工程。该线西接大运高速公路，东至晋冀交界五台长城岭，全长124km，采用双向四车道标准，设计速度每小时80km，工程总投资61.6亿元。

根据忻阜高速隧道的勘察设计图纸，忻阜高速公路全线隧道V级围岩长1 746m，占全线的14.6%，IV级围岩长2 005m，占全线的16.8%，III级围岩长6 465m，占全线的54.2%，II级围岩2022.3m，占全线的17%。

忻阜高速隧道现场施工后，发现围岩地质条件与勘察文件有多处不同，给施工带来了诸多不便。因此我们会同建管处、设计单位根据上述提出的方法，对与勘察文件不符的围岩地段进行重新分级，具体内容见表2。

围岩亚级分级在忻阜高速公路中的应用 表2

隧道名称	里程桩号	设计围岩级别	变更后围岩级别
凤凰岭隧道右线	YK74+120～YK74+090	Ⅲ级	Ⅳ级
	YK74+090～YK74+060	Ⅲ级	Ⅴ级
	YK74+060～YK73+990	Ⅲ级	Ⅳ级
	YK73+890～YK73+822	Ⅲ级	Ⅳ级
凤凰岭隧道左线	ZK74+191～ZK74+161	Ⅲ级	Ⅳ级
	ZK74+160～ZK74+065	Ⅲ级	Ⅳ级
	ZK73+960～ZK73+890	Ⅳ级	Ⅲ级
火焰山隧道右线	YK79+710～YK79+680	Ⅳ级	Ⅲ级
	YK77+706～YK77+750	Ⅳ级	Ⅲ级
火焰山隧道左线	ZK79+752～ZK79+740	Ⅴ级	Ⅲ级
	ZK79+740～ZK79+722	Ⅳ级	Ⅲ级
	ZK77+695～ZK77+722	Ⅳ级	Ⅲ级
	ZK77+725～ZK77+760	Ⅳ级	Ⅲ级
长城岭隧道右线	YK121+230～YK121+360	Ⅴ级	Ⅳ级
	YK121+360～YK121+380	Ⅲ级	Ⅳ级
长城岭隧道左线	ZK121+400～ZK121+430	Ⅲ级	Ⅱ级
	ZK121+480～ZK121+510	Ⅱ级	Ⅲ级

通过上述支护参数方案的制订，并经过忻阜高速公路建管处的精心组织，施工单位的严格控制，顺利通过了与原勘察设计不符的围岩地段，目前隧道已贯通，后期的监控量测也说明上述的方案是合理的。

5 结语

勘测设计阶段隧道的围岩分级，是对隧道通过地质的综合评价，是为设计提供基础性资料。施工阶段又是一个完善设计的过程，在施工的过程中，可以根据实际开挖的地质情况，准确地判断隧道的围岩级别，调整相应的支护参数，真正地做到动态设计、动态施工。围岩级别的准确划分既可以保障施工、运营安全，又能避免不必要的浪费，是以人为本和建设节约型社会的完美统一。

参考文献

[1] 中华人民共和国行业标准. JTJ D70—2004 公路隧道设计规范[S]. 北京：人民交通出版社，2004.
[2] 中华人民共和国行业标准. JTG/T D70—2010 公路隧道设计细则[S]. 北京：人民交通出版社，2010.
[3] 王明年. 公路隧道围岩分级指标体系与动态分类方法研究报告[R]. 西南交通大学，2007.
[4] 中华人民共和国国家标准. GB 50218—94 工程岩体分级标准[S]. 北京：中国计划出版社，1995.
[5] 中华人民共和国国家标准. GB 50487—2008 水利水电工程地质勘察规范[S]. 北京：中国计划出版社，2009.
[6] 何泽民、徐林生. 公路隧道围岩分级问题探讨[J]. 西部探矿工程，2007.
[7] 江勇顺. 山区高速公路隧道围岩分级方法及应用研究[D]. 成都理工大学硕士学位论文，2007.

忻阜高速公路聚合物改性水泥混凝土铺装设计

马 钢[1] 王 波[2] 杨福林[2]
(1.山西省交通运输厅 山西 030001;
2.重庆交通大学 重庆 400074)

摘 要:聚合物改性水泥混凝土综合现有水泥混凝土和沥青混凝土的优点,具有优良的力学性能、环境稳定性和耐久性,在路面铺装中已成功应用并逐步推广。为探索聚合物改性水泥混凝土在山西忻阜高速公路长大隧道铺装中的应用,特对其进行聚合物改性水泥混凝土铺装有限元计算设计。

关键词:聚合物改性水泥混凝土 铺装结构有限元设计 隧道

1 引言

由重庆交通大学提出并研究的聚合物改性水泥混凝土路面[1,2]是一种新型路面结构,其性能既不同于普通的水泥混凝土,也不同于沥青混凝土,它既具有水泥混凝土路面的高强度,又具有沥青路面的高柔性——既具有无机材料的稳定性,还具有有机材料的黏结能力。聚合物改性水泥混凝土具有如下特点:聚合物改性水泥混凝土路面采用变形好、强度高、韧性好的柔性聚合物水泥结合料作为路面混凝土胶结材料,内部采用"骨架+空隙+节点"为其结构形式,力学性能优越;其次聚合物改性水泥混凝土施工工艺简单,采用冷拌、摊铺、自振实工艺一次成型,省去传统碾压工艺;另外,聚合物路面还具有透水、降噪等生态、环保功能等。

忻阜高速(山西忻州—河北阜平)是国家促进中部崛起的重要项目,也是山西省"十一五"重点工程。该线西接大运高速公路,东至晋冀交界五台长城岭,全长124km,采用双向四车道标准,设计速度每小时80km。忻阜高速公路全程占国土面积738公顷,计划修建特大及大中桥梁53座、隧道12 000m,工程总投资52亿元,对山西政治经济发展及完善国家公路网具有重要意义。聚合物改性水泥混凝土路面作为科技示范工程被用于山西忻阜高速凤凰岭隧道和火焰山隧道,应用面积超过11万m^2。其中凤凰岭隧道属于特大隧道,长6km,单向坡;火焰山隧道2.2km,单向坡。为此应进行结构设计计算。

2 结构设计方案

2.1 结构形式

聚合物改性水泥混凝土路面结构面层结构分为:功能性表面处理层、4cm聚合物改性水泥混凝土铺装层以及界面黏结防水层。针对忻阜高速公路工程隧道铺装,聚合物改性水泥混凝土路面采用复合板结构,其中聚合物改性水泥混凝土路面板作为复合板结构上面层;水泥混凝土面板作为复合板结构下面层。贫混凝土作为基层和整平层,路基为硬质岩石。水泥混凝土面板下结构层根据有无仰拱分为两种结构形式,但聚合物混凝土面层结构形式不再区分是否具有仰拱,具体结构形式如图1所示。

2.2 路面平面分板设计

在聚合物混凝土路面(铺装)中,基层(钢桥面、混凝土桥面、沥青路面作为基层)无割缝时,聚合物混凝土路面无需割缝。

但针对有割缝的铺装工程,聚合物混凝土面层的平面分板与基面分板相同,即沿原纵缝、横缝处分割,且聚合物混凝土面层应对应原缝处全厚度完全分割,即对应旧混凝土路面的横纵缝处,及时将聚合物混凝土面层完全锯透。

对于本工程,聚合物混凝土面层下设水泥混凝土面板,水泥混凝土面板尺寸为5m×4.5m,因此聚合物

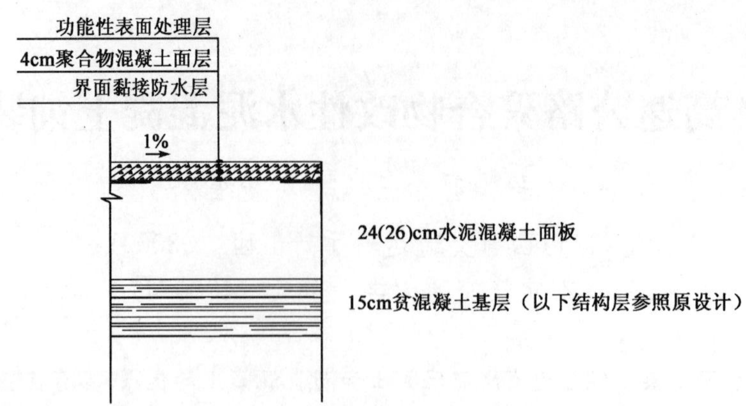

图1 聚合物改性水泥混凝土路面结构模型

改性水泥混凝土面层分板尺寸对应也为5m×4.5m。

2.3 排水及其他附属设施设计

其排水及照明、管线等其他附属设计均参照隧道路面原设计方案，本文不做详细叙述。需要强调说明的是，试验段的排水系统方案设计与其他路段部分一样，而聚合物路面属于透水性路面，其排水将从面层底部排出，相应的排水系统顶面高程应与面层底部一样，这点与常规密实性路面的排水具有微小差别。

3 聚合物改性水泥混凝土路面结构有限元计算

3.1 基本假设

聚合物改性水泥混凝土路面按复合板路面进行有限元设计[3]，其典型结构形式为：聚合物改性水泥混凝土面层＋界面黏结防水层＋复合板下层＋基层＋路基。其中，复合板下层为水泥混凝土面板，在进行聚合物改性水泥混凝土路面结构计算分析时，提出如下假设：

(1)各结构层材料满足均匀性、各向同性和线弹性假设。

(2)面层聚合物改性水泥混凝土为多孔隙率材料，模型建立时认为面层体内连续密实地充满物质，满足连续性假设。

(3)界面防水黏结层在路面施工时是十分重要的结构层，其形态为液体状且厚度极薄，当路面材料硬化成型后，该结构层厚度为零，因此在路面结构计算时，无需考虑其结构层的厚度。

(4)聚合物改性水泥混凝土面层与复合板下层处于复合板受力状态，计算模型中其层间按完全黏结处理。

(5)计算模型中，当复合板下层为水泥混凝土板时，与基层层间按光滑接触面处理。

(6)路面计算模型采用弹性半空间地基假设，即基层与路基部分作为弹性半空间地基进行处理。

3.2 模型建立

模型结构层：按照上述假设，将路面结构分为3层：聚合物改性水泥混凝土面层、复合板下层和弹性半空间地基(基层及路基部分)。

几何尺寸：聚合物改性水泥混凝土面层采用矩形板，平面尺寸为5m×4.5m，面层计算厚度取为4cm；复合板下层为水泥混凝土面板，按轻重车道其厚度分别取为24cm和26cm。

约束条件：考虑路面单板进行计算分析，不计相邻板块之间的钳制约束作用；面层与复合板下层层间关系可为完全黏结；复合板下层与弹性半空间地基的层间关系采用光滑接触处理；弹性板空间地基底部固支，地基四周约束其垂直方向的位移。

材料参数的选取：弹性材料性质主要由材料的弹模及泊松比决定，聚合物改性水泥混凝土的弹模取18 000MPa、泊松比取为0.15；水泥混凝土弹模取为31 000MPa、泊松比取为0.15。

路基土是硬质岩时，根据现行常规路面结构形式及规范要求，泊松比取为0.3，弹性半空间地基计算模

量按式 $E_{tc}=nE_t$ 计算，分别求出为 1 072MPa 和 1 450MPa。

荷载参数：荷载等级选用标准轴载(单轴双轮组轴重 100kN)，使一侧轮胎作用于板长边边缘中部。

单元划分：采用 Solid65 单元进行有限元模型的网格划分，面层及复合板下层均按六面体单元划分，弹性半空间地基采用四面体单元进行划分；面层单元平面尺寸为 5cm×5cm，具有足够的计算精度；同时，为保证单元尺寸的协调性，将面层厚度方向单元厚度均为 1cm。

有限元计算模型：根据模型结构及荷载的对称性，为加快计算速度，本次分析采用了 1/2 对称模型，有限元模型如图 2 所示。

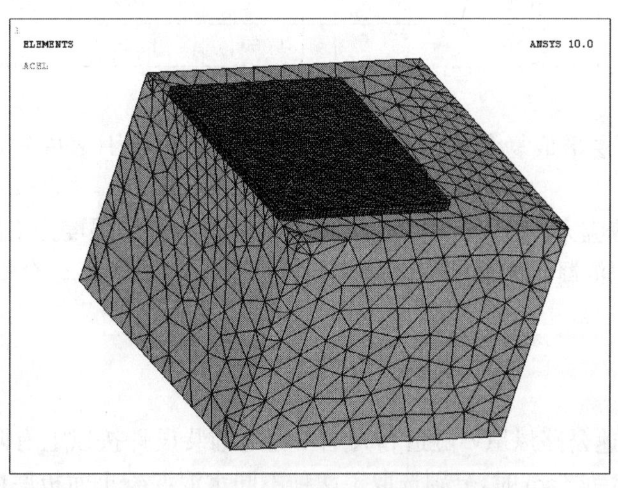

图 2 有限元计算模型(采用$\frac{1}{2}$对称模型)

3.3 聚合物改性水泥混凝土路面结构的温度应力计算分析

聚合物改性水泥混凝土面层厚度为 4cm，按照公路自然区划，III 区最大温度梯度取 $T_g=95$(℃/m)，沿板厚(聚合物改性水泥混凝土面层与水泥混凝土总厚度)线性分布，计入温度梯度修正系数。

考虑到聚合物改性水泥混凝土面层和水泥混凝土的自重，聚合物改性水泥混凝土面层与水泥混凝土的密度分别取为 2 200kg/m^3 和 2 400kg/m^3，线膨胀系数分别为 0.6×10^{-5}/℃和 1.0×10^{-5}/℃。

温度应力计算结果见表 1。

聚合物改性水泥混凝土路面结构的温度应力计算结果 表 1

平面分板尺寸	H_1(cm)	E_1(MPa)	H_2(cm)	E_2(MPa)	E_3(MPa)	S_2(MPa)	S_1(MPa)	S_{yz}(MPa)
5m×4.5m	4	18 000	24	31 000	1 072	1.83	0.50	0.81
5m×4.5m	4	18 000	24	31 000	1 450	1.85	0.50	0.80
5m×4.5m	4	18 000	26	31 000	1 072	1.82	0.54	0.90
5m×4.5m	4	18 000	26	31 000	1 450	1.94	0.54	0.89

注：表中的符号 H 表示结构层厚度；E 表示结构层材料的弹模；S 表示各层材料的最大主应力；S_{yz}表示面层与复合板下层的层间最大剪应力；S_2 表示层间界面法向拉应力。E 的下标 1、2、3 分别代表面层、复合板下层和弹性地基。不作特殊说明，后面各表中符号意义与此相同。

从表中可以看出：

(1)在 5m×4.5m 平面分板尺寸下，不同水泥混凝土面板厚度，温度荷载引起的面层底部拉应力均不大，面层材料能够满足其强度要求。

(2)在 5m×4.5m 平面分板尺寸下，不同水泥混凝土面板厚度，温度荷载引起的层间界面剪应力和层间法向拉应力均较小，界面黏结层材料能够满足其强度要求。

(3)以上计算表明：只要聚合物改性水泥混凝土面层与复合板下层平面尺寸相同，且锯缝彻底贯穿面层的厚度，将不会因为温度的变化而产生结构问题。

3.4 聚合物改性水泥混凝土路面结构的荷载应力计算分析

聚合物改性水泥混凝土面层厚度为4cm，荷载应力计算结果见表2。

聚合物改性水泥混凝土路面结构的荷载应力计算结果 表2

平面分板尺寸	H_1(cm)	E_1(MPa)	H_2(cm)	E_2(MPa)	E_3(MPa)	S_2(MPa)	S_1(MPa)	S_{yz}(MPa)
5m×4.5m	4	18 000	24	31 000	1 072	0.51	−0.24	0.14
5m×4.5m	4	18 000	24	31 000	1 450	0.43	−0.73	0.14
5m×4.5m	4	18 000	26	31 000	1 072	0.46	−0.23	0.13
5m×4.5m	4	18 000	26	31 000	1 450	0.40	−0.73	0.13

从表中看出：

(1) 当面层和复合板下层形成复合板后，面层底部的应力为压应力(表中的S_1)，即聚合物改性混凝土处于受压状态；

(2)荷载作用下，层间剪应力(表中的S_{yz})较小，黏结层材料的黏结强度完全能够满足其受力要求。

通过对聚合物改性水泥混凝土路面结构面层的有限元计算分析表明：聚合物改性水泥混凝土面层材料、界面都能满足要求。

4 结语

综上所述，针对忻阜高速公路凤凰岭隧道和火焰山隧道铺装设计按以上有限元方法进行分析。在聚合物改性水泥混凝土路面厚度为4cm时，分别选取了两种不同水泥混凝土面板厚度和不同弹性地基模量进行结构设计计算，综合比较各种组合下路面结构的计算结果，知其计算结果都是安全可行的。说明聚合物改性水泥混凝土铺装设计是合理的。

参考文献

[1] 易志坚，杨庆国，赵朝华，等. 多功能聚合物骨架空隙混凝土路面. 2007年交通资源节约与环境保护新技术研讨会，2007.

[2] 重庆交通大学，重庆高速公路发展有限公司. 新型薄层聚合物柔性水泥混凝土透水降噪路面及其在高等级公路中的应用研究[D]. 重庆市科技攻关计算项目. 2010.

[3] 朱伯方. 有限元法原理与应用[M]. 北京：中国水利水电出版社，2004.

聚合物改性水泥混凝土路面的服务功能与资源节约

黄　锋[1]　刘　杰[2]　贾广祥[2]
杨庆国[1]　赵朝华[1]
(1.重庆交通大学　重庆　400074;
2.山西忻阜高速公路建设管理处　山西　035500)

摘　要:重庆交通大学提出的并具有自主知识产权的聚合物改性水泥混凝土路面不仅具有优良的力学性能,同时具有透水、降噪、彩色等服务功能。本文介绍了这种新型路面透水、降噪的原理与特点,并介绍了新型路面的彩色、环保等服务功能,论述了新型路面的资源节约。

关键词:聚合物　混凝土　路面　服务功能　透水　降噪　彩色路面　资源节约

1　引言

现代高速公路、城市道路的建设,不仅追求优良的力学性能,而且追求更高的使用功能。在保证路面优良力学性能的同时,路面连通空隙率大、平整度好,具有透水(排水)、降噪等环保功能的路面是近年来国内外高级路面发展的一个方向。尽管目前透水路面已在发达国家得到初步应用,但由于现行透水路面是以改性沥青为胶结料,改性沥青胶结料在力学性能和稳定性能方面的不足使得实现透水降噪路面的投入成本高、技术难度大,限制了这一高级路面的推广应用。

聚合物改性水泥混凝土路面采用聚合物改性柔性水泥为结合料,能够配制出强度高(是同等情况下60℃的沥青混合料的马歇尔稳定度的5～15倍以上)、变形好、连通空隙率大(12%～22%)的骨架空隙混凝土,综合水泥基材料和沥青基材料共同的优点。新型路面在保证优良的力学性能的同时,能实现透水、降噪、彩色标识等生态、环保、景观功能,为现代高速公路的建设走上资源节约、环境友好型的可持续发展之路提供一种新的思路和选择。

2　聚合物改性水泥混凝土路面的服务功能

2.1　聚合物改性水泥混凝土路面的透水功能

普通水泥混凝土和密实的沥青混凝土路面的自然降水通过路面横纵坡排出,所以雨天的路表常被一层水膜所覆盖。当车辆在水膜覆盖的路面上高速行驶时,轮胎与路面之间的水不断地被高速运转的轮胎所挤压,因此会产生动水压力和水雾。当动水压力达到一定程度时能使轮胎上浮,车辆容易发生漂移现象,给雨天车辆行驶带来不安全影响。因此,把密实的路面结构改用骨架空隙路面结构,雨水就可以通过空隙下渗,不能形成动水压力,从而消除了上述不利因素的影响。

关于空隙率与透水性的关系,一般认为[1],8%的空隙率是路面透水性急剧增长的拐点,当空隙率小于8%时,透水系数很小,路面几乎不透水;当空隙率大于8%时,透水系数急剧增长,路面的透水性也随之迅速增大。

聚合物改性水泥混凝土路面内部具有连通的空隙结构,连通空隙率达12%～22%,透水系数达0.3～0.8cm/s,铺筑5cm的骨架空隙混凝土路面结构存在大量的有效连通空隙。雨天时,在铺筑的试验路段观测发现雨水能够从连通下渗、排出,基本不造成路面积水,消除雨天车辆漂移现象。同时,由于雨天路面不积水,消除了前面车辆行驶产生的水雾,减少了潮湿状态下车辆前灯的眩光,提高了车辆雨天行驶的安全性。

2.2 聚合物改性水泥混凝土路面的降噪功能

行车噪声主要是由轮胎与密实路面间空气的抽空与压缩产生的。聚合物骨架空隙混凝土路面铺装具有特别的骨架空隙结构,空隙间彼此连通,且通过表面与外界相通。当汽车在骨架空隙结构的路面高速行驶时,轮胎与路面间被压缩的气体从连通空隙排走,不能形成局部高气压,消除了行车噪声的产生机理,因而大大减少了噪声的来源。同时,聚合物骨架空隙混凝土路面施工采用摊铺机摊铺整平、自振实一次成型,平整度极好,加之路面本身具有较强的柔性,行车舒适,大大减少由于路面不平整而引起车辆颠簸和轮胎振动而产生的噪声。再次,聚合物骨架空隙混凝土路面对声波的传播亦有吸收作用,当声波传播到路表面上时,一部分在路表面上反射,一部分通过空隙进入到材料内部。在声波传播过程中,声波引起空隙中的空气运动,并与空隙内壁发生摩擦,由于空气运动的黏滞阻力和热传导效应,声能就转变为热能被消耗掉。

国内外研究表面[2],当改性水泥混凝土的连通空隙率在15%~25%之间时,对频率在250~1000Hz的中频声(交通噪声的主要频率范围)具有最大的吸声系数,噪声降低效果最明显。

重庆市内环高速公路改造中,吉庆隧道、小泉隧道路段采用了聚合物改性水泥混凝土路面。从隧道改造前后的现场噪声测量中,同一测量点噪声峰值降低了6~10dB。从驾乘人员对噪声影响的感受来看,改造前汽车隧道内行驶时,驾乘人员受到噪声的干扰严重,只有紧闭车窗才稍有改善;改造后汽车隧道内行驶时噪声明显减少,即使开窗听到的声音也较小。聚合物骨架空隙混凝土路面的修建完成,从隧道口周边的居民反映来看,他们受噪声的干扰也明显减少。

2.3 聚合物改性水泥混凝土路面的彩色景观、安全标识功能

彩色路面的研究已有时日,其功能在于改善路面的环境景观与安全标识。社会和公众对彩色路面有着潜在的巨大需求,但现行彩色路面造价一般要在普通沥青路面基础上翻番,国内外一般只能做实验段或示范段。而聚合物改性水泥混凝土路面在实现透水降噪的同时,路面本身的表面处理工序,可以在几乎不增加造价的情况下根据车道标识等要求实现路面的彩色功能,其特殊的表面材料特性和立体的彩色表观效果,在很大程度上能美化环境、引导车流,不仅给驾乘人员带来美的享受,而且构筑起和谐的道路与环境景观。

彩色路面在重庆市内环高速公路改造工程中试验路段的成功应用,立即引起了社会广泛关注和人们的广泛好评,这说明传统的黑白两色路面已经不能满足人们对路面更高的审美层次需求。

2.4 聚合物改性水泥混凝土路面的环保功能

现代城市的地表多被钢筋混凝土的房屋建筑和不透水的路面所覆盖,普通的混凝土路面缺乏透气、透水和调节热量的能力,随之引发一定的环境问题。聚合物骨架空隙混凝土路面具有良好的透水性及保湿性,雨天能够通过自身空隙结构储存多余水分,雨过天晴后,空隙结构中丰富的毛细水通过自然蒸发和太阳辐射作用下的蒸腾作用使路面表的温度降低。骨架空隙混凝土路面的多孔结构还可以缓解晴天太阳光的漫反射,空隙中的空气可以吸收部分热量,从而调节路面的环境湿度和温度,改善城市热循环,缓解热岛效应。

3 聚合物改性水泥混凝土路面的薄层铺装与资源节约

一方面,我国水泥资源丰富,但普通水泥混凝土路面厚度大,使用寿命低,客观上造成对环境的破坏大,对资源的消耗多。另一方面,高等级公路的路面铺装对沥青依赖大,在国际石油价格连续持高、我国战略储备能力有限的情况下,沥青路面成本高、资源有限的问题越来越突出。

聚合物改性水泥混凝土是由聚合物改性水泥胶结料和特定的集料混合胶结而成,能综合水泥混凝土强度高和沥青混凝土柔性好的优点,是一种新型的路面材料。聚合物改性水泥混凝土路面的规模性推广应用可以减少交通建设对沥青材料的过度依赖,为交通建设的可持续发展提供新的资源和材料来源。新型路面的推广应用,还可以带动新型道路聚合物胶结材料的生产,形成新的经济增长点,促进国民经济的发展。

聚合物改性水泥混凝土具有的优良力学性能,可以使路面实现薄层铺装,减少了对沙石料的消耗。同时,聚合物改性水泥混凝土采用冷拌和,节省了热拌和所必需的资源消耗;施工采用摊铺机摊铺整平、自振实一次成型,省去碾压工艺,节省施工费用。

聚合物改性水泥混凝土新型路面的经济效益、社会效益与环境效益显著，但作为一种新型路面，仍然需要有一个不断完善的发展过程。

4　结语

聚合物改性水泥混凝土路面具有优良的力学性能，具有透水、降噪等环保型服务功能，路面本身的表层处理可以做成彩色路面，投资成本不高，是一种环境友好、资源节约的新型路面。

参考文献

[1] 孙立军.沥青路面结构行为理论[M].上海:同济大学出版社,2003.
[2] 伍石生.低噪声沥青路面设计与施工养护[M].北京:人民交通出版社,2005.

聚合物改性水泥混凝土路面在忻阜高速中的应用

王 波[1] 马 钢[2] 杨福林[1] 李文广[3]
(1.重庆交通大学 重庆 400074;
2.山西省交通运输厅 山西 030001;
3.山西忻阜高速公路建设管理处 山西 035500)

摘 要:由重庆交通大学提出并研制的聚合物改性水泥混凝土路面是一种新型路面结构,其施工工艺简单,采用冷拌、摊铺、自振实工艺一次成型,省去了传统的碾压工艺。本文针对聚合物改性水泥混凝土路面在忻阜高速公路凤凰岭隧道和火焰山隧道中的应用,对聚合物改性水泥混凝土路面施工工序和应用情况进行总结,以利于聚合物改性水泥混凝土路面的推广应用并完善其施工工艺。

关键词:聚合物改性水泥混凝土路面 施工工序 应用特点

1 引言

聚合物改性水泥混凝土路面是一种既不同于普通水泥混凝土路面,也不同于沥青混凝土路面的新型路面,它既具有水泥混凝土路面的高强度,又具有沥青路面的高柔性;既具有无机材料的稳定性,又具有有机材料的黏结能力。

聚合物改性水泥混凝土是以碎石为集料、改性聚合物和水泥为胶结料形成的高弹性混凝土。该路面结构具有弹性好、强度高、噪声低、透水性强、扬尘少等优点。路面材料——聚合物改性水泥混凝土的生产采用混凝土的冷拌工艺,可采用普通水泥混凝土搅拌站,也可采用水泥稳定碎石基层搅拌站,还可以对沥青混凝土搅拌站适当改装来生产聚合物改性水泥混凝土。摊铺采用沥青摊铺机一次成型,无需碾压,施工速度快,路面平整度好,行车的舒适性大大提高。聚合物改性水泥混凝土路面还具有维修简单、快捷的优点。

为探索聚合物改性水泥混凝土在山西地区及长大隧道铺装中的应用,并实现隧道铺装的阻燃防火以及透水降噪等效果,选取凤凰山隧道和火焰山隧道进行聚合物改性水泥混凝土铺装试验。其中凤凰岭隧道属于特大隧道,长 6km,单向坡;火焰山隧道 2.2km,单向坡。此次聚合物改性水泥混凝土路面应用面积超过 11 万 m^2。

2 聚合物改性水泥混凝土路面施工工序

2.1 施工准备

施工准备包括施工前水泥混凝土基面处理、准备材料和相关设备。

基面处理分为基面除浆及冲洗基面灰尘、清除杂物、标记横缝和纵缝的确切位置等工艺。相关的材料为经试验合格的水泥、单一级配的碎石和聚合物原材料。

聚合物改性水泥混凝土面层的施工机具如下:1 条基层水泥稳定碎石混凝土生产线(或者商品混凝土生产线)、复配聚合物乳液配料池(可现场并排砌筑,配制能力应满足混凝土拌和需要)、摊铺机(自振良好)、自卸汽车、锯缝机、洒水车、制浆机、喷浆机等。

2.2 聚合物改性水泥混凝土的搅拌和运输

聚合物乳液由多种聚合物原材料配置而成,使用时应在混凝土搅拌地提前准备好储水池,将聚合物乳液储存备用。聚合物改性水泥混凝土搅拌通常情况下采用强制式混凝土搅拌机(商品混凝土搅拌站),根据工程实际情况,也可考虑采用连续式搅拌机或通过沥青混凝土搅拌站搅拌。搅拌前应该根据设计配比,结合现场情况(温度、运距、集料的含水率等)进行试拌,确定最终配比,拌和出来的混合料应满足摊铺所要求的施工性。

正式拌和时应严格控制混凝土的配比准确，防止拌出的聚合物改性水泥混凝土质量出现波动。出厂的混合料必须均匀一致，无花白料，无离析和结块现象，不符合要求时应及时废弃。搅拌过程中专人负责观察混合料状况(主要是干湿状况和施工性)，及时与前场施工人员沟通。

聚合物改性水泥混凝土一般采用自卸汽车运输，根据搅拌站的产量、运距，合理安排运输车辆的单车运量和车辆数量。当运距超过 2km 时，用彩条布或帆布等遮盖聚合物改性水泥混凝土，避免聚合物改性水泥混凝土中的水分挥发，影响材料性能和施工质量。自卸汽车在每次装料前，应将车内废弃物冲洗干净(含未卸净的聚合物改性水泥混凝土)，并保持车厢内湿润且无积水。自卸汽车在搅拌站自装料起到前场摊铺前，所用总时间原则上不超过 90min。如遇搅拌站故障或其他原因，需较长时间停止拌和时，应立即将拌好的料运至前场。如果施工前场遇摊铺出现故障，也应及时通知搅拌站让其暂停搅拌混合料，等摊铺恢复正常，再让搅拌站正常出料。

2.3 界面黏结防水层的施工

界面黏结防水层位于基面和聚合物改性水泥混凝土面层之间，其作用是增强界面的黏结，以保证面层与基层共同受力和变形协调，同时也起到防水的作用。界面黏结防水层由特制的聚合物乳液、水和水泥兑拌成的聚合物水泥浆形成。聚合物水泥浆用制浆机兑拌均匀后，在摊铺机前适当距离内，用适当机具辅以人工将聚合物水泥浆均匀铺设、摊平在基层上后形成。

摊铺机就位前，将摊铺机履带位置先涂刷，其他位置在聚合物改性水泥混凝土运至前场后、摊铺之前进行涂刷，确保摊铺时黏结防水层材料仍处于潮湿和可流动状态。但也不能积液太多，应保证不影响面层摊铺的进度。

2.4 聚合物改性水泥混凝土面层的摊铺和养护

聚合物改性水泥混凝土摊铺采用自振实功能良好且非自由伸缩式的沥青摊铺机进行摊铺。摊铺前，应检查摊铺机的振动功能，确保其处于正常状态；检查熨平板，保证其干净平整，若发现粘有杂物，应及时清除；检查摊铺机的高程(厚度)调整功能，确保按照设计高程和厚度摊铺面层等。聚合物改性水泥混凝土面层摊铺过程中，利用摊铺机自身的夯实功能对面层进行压实，无需碾压。

摊铺方法和沥青混凝土的摊铺类似，一次成型，摊铺过程中要保证平整度，高程误差不超过沥青路面规定要求。摊铺机要匀速行驶，行走速度和搅拌站产量相匹配，一般以 2～4m/min 为宜，尽量避免中途停顿，以确保所摊铺路面均匀不间断。要随时检查摊铺质量，出现离析、边脚缺料等现象人工及时补撒料、换补料，同时也要检查高程及摊铺厚度，并通知操作手。为保证路面摊铺平整度，若基面平整度满足要求，摊铺中应优先采用非接触式平衡梁进行摊铺机的行走控制。摊铺机调试完成后应进行试验段试铺，保证摊铺后的路面平整、无刮缝和接缝、集料接触紧密。只有在以上要求均满足的情况下，方能进行大规模的铺筑，否则应更换摊铺机或者对摊铺机进行再次调试，直到铺筑成型的路面满足以上要求。

摊铺过程中的施工缝处理方法：首先用 3m 直尺检查端部平整度，如不符合要求时，直尺要垂直于路中线切齐清除，清理干净后在端部涂刷聚合物水泥浆接着摊铺。施工缝在摊铺层施工结束后再用 3m 直尺检查平整度，如不符合要求，立即用人工处理。

路面摊铺成型后，立即用薄膜覆盖养生 1～3d。覆盖养生时，薄膜的边缘固定，保证封闭严实，避免局部水分丧失引发质量问题。薄膜的搭接要有一定的长度，约 50cm，以避免水从接缝流入路面。

2.5 聚合物改性水泥混凝土路面的面层锯缝

在聚合物改性水泥混凝土路面(铺装)中，基层(钢桥面、混凝土桥面、沥青路面作为基层)无割缝时，聚合物混凝土路面无需割缝。

但针对有割缝的铺装工程，聚合物混凝土面层的平面分板与基面分板相同，即沿原纵缝、横缝处分割，且聚合物混凝土面层应对应原缝处全厚度完全分割，即对应旧混凝土路面的横纵缝处，及时将聚合物混凝土面层完全锯透。

聚合物改性水泥混凝土路面的面层摊铺养护后，在路面强度可以承受切割机等相关设备和行人时，要及时准确地将聚合物改性水泥混凝土路面面层进行合理分板。分板方式为沿横缝及纵缝标记位置对面层锯缝处理。割缝工艺与普通水泥混凝土割缝基本相同,只是面层锯缝位置应与其下的混凝土基层的锯缝对齐,平面误差不超过 2cm,且锯缝应将面层锯透,使面层在锯缝处彻底断开。割缝结束后立即用水冲洗掉锯缝产生的粉尘。

2.6 聚合物改性水泥混凝土路面的功能性表面处理层

表面处理采用专门的设备喷涂特制的聚合物改性水泥浆,其作用在于防止路面的表面松散、与底层黏结失效等病害的产生。功能性表面处理层由复配的聚合物表面乳液及水泥(P. O42.5)、颜料(可根据要求做成不同颜色,也可不加颜料)等填料组成,其配合比根据气温、喷涂设备及操作人员不同的操作方式而有所不同,配合比需要在满足功能性要求前提下,结合以往施工经验和现场具体情况制定。功能性表面处理层施工完成后,封闭交通,直到面层和表面处理层的力学指标满足设计要求后,才能开放交通。

3 聚合物改性水泥混凝土忻阜高速公路路面施工特点

忻阜高速(山西忻州～河北阜平)是国家促进中部崛起的重要项目,也是山西省“十一五”重点工程。该线西接大运高速公路,东至晋冀交界五台长城岭,全长 124km,采用双向四车道标准,设计速度每小时 80km。忻阜高速公路全程占国土面积 738 公顷,计划修建特大及大中桥梁 53 座、隧道 12 000m,工程总投资 52 亿元。忻阜高速公路是继太旧高速公路之后,山西省东出长城、直抵冀中大平原、融入环渤海经济圈的重要通道。该工程的建设,对实现党中央加快中西部地区政治、经济发展战略,完善国家干线公路网具有重要意义。

3.1 当地气候条件对于聚合物改性水泥混凝土路面铺筑的影响

聚合物改性水泥混凝土在忻阜高速公路中的铺装隧道位于山西省五台县境内,由于气候和天气原因,加之铺装路段位于长大隧道内,聚合物改性水泥混凝土是在 9～20℃的温度条件下铺装的。在这种相对温度较低的情况下,聚合物改性水泥混凝土的混合料干湿度相比以前做了一些调整,由于温度低混合料的水分散发较慢加之混合料的运距也不远,混合料的湿度要相对小一些。当然混合料也不宜太干。若混合料过干,构成混合料的骨架与骨架之间的聚合物水泥胶结料结合力会变得微弱甚至丧失,集料与集料之间不能形成有效黏结,路面材料的强度、变形、韧性都受到严重影响,路面就会在行车作用下,出现石子飞散、路面坑槽等早期病害;若材料过湿,聚合物改性水泥混凝土混合料同样不适合摊铺成型,此时混合料中聚合物水泥结合料过稀、过多,材料将会呈不均匀状态。有的甚至呈稀浆状,在摊铺机的作用下,路面会出现结疤状态。结疤处路面表面基本为聚合物水泥结晶石,材料的表观状态与性能均受到影响,路面本身的透水降噪作用丧失,抗滑性也受到影响。

3.2 长大隧道中聚合物改性水泥混凝土路面应用特点

3.2.1 具有优越的施工条件和施工环境

在较长的隧道内施工沥青混凝土,由于隧道的空气流通差,施工中沥青混凝土的有害气体难于短时间散去,使隧道内的铺装施工环境恶化,增加了施工难度,降低了施工效率。而且也会对施工人员造成身体上的伤害。聚合物改性水泥混凝土路面施工中无污染,且由于具有良好的耐油、耐燃、耐热、耐光、耐酸碱、耐臭氧老化等性能,所以更适合在长大隧道内铺装。随着工业的发展与石油资源的不断开采,以石油资源的逐渐贫乏为代表的能源危机影响着包括交通建设在内的社会各行各业的发展。采用聚合物改性水泥混凝土可以减少交通建设对石油资源的开发和依赖。

3.2.2 具备阻燃防火的性能

长大隧道内的防火一直是工程中未很好解决的技术难题,即使隧道中添加阻燃剂的沥青混凝土路面仍无法避免火灾侵蚀,因而隧道路面铺装以水泥混凝土路面为主。然而水泥混凝土路面的平整度又不及沥青混凝土路面,但聚合物改性水泥混凝土路面的平整度和沥青混凝土路面相当,且具备阻燃防火的卓越性能。综上所述,相比水泥混凝土和沥青混凝土,长大隧道内更加适合采用聚合物改性水泥混凝土路面。

3.2.3　具有透水降噪的性能

聚合物改性水泥混凝土路面由于采用单粒径石料，构成特别的孔隙骨架结构，孔隙间彼此连通，且通过表面与外界相通，所以具有优越的透水性能。

同时，聚合物改性水泥混凝土路面施工采用摊铺机摊铺整平、自振实一次成型，平整度极好，加之路面本身具有较强的柔性，行车舒适，可大大减少由于路面不平整引起的车辆颠簸和轮胎振动而产生的噪声。隧道内聚合物改性水泥混凝土路面噪声比沥青混凝土路面噪声降低3～5dB。

3.3　聚合物改性水泥混凝土在忻阜高速公路中应用总结

根据聚合物改性水泥混凝土在忻阜高速公路中的摊铺施工和应用情况，需要从以下几个方面引起重视。

3.3.1　水泥混凝土表面的粗糙度与干净程度直接影响界面黏结质量

黏结防水层是前场施工中最关键的环节之一，聚合物改性水泥混凝土和水泥混凝土基层之间的界面黏结强度在一定程度上影响着路面的使用寿命。而面层与基层之间的黏结强度是由黏结防水层决定的，所以确保水泥混凝土表面的粗糙度与干净程度满足要求是保证界面黏结质量的必要条件。

3.3.2　大粒径石料或杂物对于路面的铺装具有重要影响

聚合物改性水泥混凝土在搅拌中，搅拌出的混合料中若有粗粒径石料和杂物，会直接影响摊铺质量和路面平整度。大粒径石料和杂物的出现主要是由于石料粒径不统一(本身含有大粒径石料)，其次是因为搅拌站搅拌机上方滤网的破损以及网格过大造成的。解决问题的关键是从源头上要求石料的粒径等满足要求，其次是在搅拌机上方加上适合石料粒径大小的过滤网。

3.3.3　石料质量对于路面的影响

聚合物改性水泥混凝土路面采用粒径为5～10mm单级配玄武岩、辉绿岩、花岗岩或其他满足要求的石料；石子应清洗干净，粉尘质量含量不超过0.5%；石子形状较为饱满，避免石料中出现大量扁平状的“片石”。石料应具有一定的硬度和干净程度，若石料不满足要求，搅拌出的混合料相应地会影响到路面性能。

若石料粉尘过大，不仅影响混合料的干湿度，而且会降低最终路面的透水性能；若石料粒径不合格，则影响路面的平整度、使用效果和表观；若石料中含有大量的扁平状“片石”，混合料的最终强度会略有下降。

3.3.4　薄膜覆盖养护对路面强度的影响

聚合物改性水泥混凝土铺装完成之后，需要按要求及时覆盖薄膜养护，以使路面的强度达到最终要求。如果不及时覆盖薄膜，混合料中的水分散发过快，水化反应不完全，混合料的强度就会受到影响。

4　结语

聚合物改性水泥混凝土路面是一种新型的路面结构，路面的搅拌采用普通混凝土的搅拌方式，摊铺采用沥青摊铺施工工艺。但鉴于新型路面的特点，新型路面的施工与其他两种路面的施工又不完全相同，本文通过结合聚合物改性水泥混凝土在忻阜高速公路隧道内的摊铺施工经验，对新型路面的施工工序和应用特点进行了总结。

(1)结合聚合物改性水泥混凝土路面的摊铺特点和以往施工经验，介绍了聚合物改性水泥混凝土路面的施工工序。主要有施工准备、聚合物改性水泥混凝土的搅拌运输和摊铺，以及路面的养护和后期表面处理等工艺。

(2)结合此次聚合物改性水泥混凝土路面在忻阜高速公路隧道内的应用情况，分析了低温天气对聚合物改性水泥混凝土的干湿影响，并对聚合物改性水泥混凝土路面在较长隧道内铺装的优越性进行了总结。

通过对聚合物改性水泥混凝土路面的施工工艺和关键技术的分析和总结，为今后新型聚合物改性水泥混凝土路面的施工提供一定的经验，对于保证新型路面的推广与健康发展具有重要的现实意义。

参 考 文 献

[1] 易志坚,杨庆国,赵朝华,等.多功能聚合物骨架空隙混凝土路面.2007年交通资源节约与环境保护新技术研讨会,2007.

[2] 易志坚,高春君,张太雄,等.聚合物骨架空隙混凝土路面的施工工艺.2007年交通资源节约与环境保护新技术研讨会,2007.

高速公路科技创新效果评价技术研究
——以忻阜高速公路为例

袁茂存　浦　亮

（交通运输部公路科学研究院　北京　100088）

摘　要：本文以忻阜高速公路为例，建立了高速公路科技创新绩效评价指标体系和评价模型，应用层次分析法对评价模型进行了标定，并对忻阜高速公路的科技创新绩效进行了实证评价。

关键词：绩效评价　层次分析法

忻阜高速公路科技示范工程集中推广应用了众多西部交通建设科技项目成果，在技术、经济、社会和环境诸多方面产生了显著效益。为了全面、准确地评价科技成果推广应用项目的实施效果，对忻阜高速公路及类似示范工程项目科技成果推广应用绩效进行科学、客观、公正的分析与评价。本文以忻阜高速公路为例建立了高速公路科技创新效果评价指标体系，运用定性和定量相结合的评价方法，从技术、经济、社会等方面对高速公路科技创新项目的先进性、实用性和经济性进行评价。评价的总体思路如图1所示。

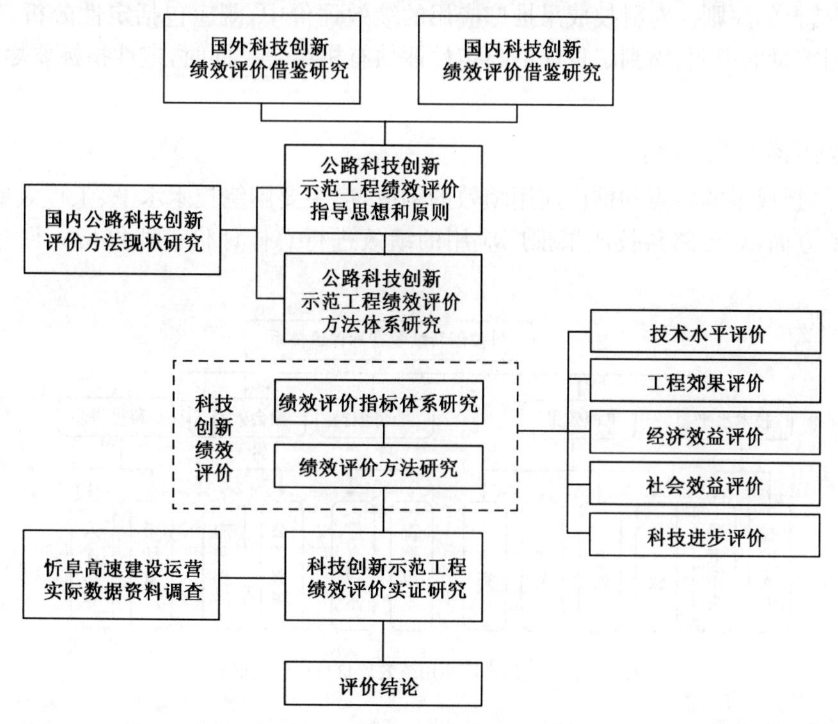

图1　科技成果推广应用绩效评价的总体思路

1　科技创新绩效评价指标体系的构建

1.1　评价指标体系的设计原则

交通运输部科技示范工程应以科学发展观为指导，坚持以人为本，紧紧围绕交通运输发展方式转变这一主线，以依托工程实际需求为导向，鼓励行业自主创新，促进行业集约发展和科技成果的应用转化，为建设安全畅通便捷绿色的交通运输体系提供科技创新保障。因此，科技成果推广应用绩效评价的指标体系设计遵循以下主要原则：

鼓励自主创新的原则。我国经济社会发展已经逐步从传统的生产要素驱动进入创新要素驱动的新阶段，加强自主创新、增强自主创新能力已经成为科学技术发展的战略基点和调整产业结构、转变增长方式的中心环节。建设创新型国家的发展战略，要求科技成果推广应用的绩效评价也应首先坚持鼓励自主创新的原则，努力掌握核心关键技术，鼓励行业通过科技成果推广应用项目，提高科技成果对交通行业发展的贡献率，引导未来交通行业的科技创新和基础设施建设。

促进行业集约发展、和谐发展的原则。针对资源、环境等因素对交通运输建设和发展约束的强化、社会经济发展对交通运输服务质量的不断提高，交通运输部提出要加快完成交通运输发展方式的"三个转变"，实现由主要依靠增加物质资源消耗向科技进步、行业创新、从业人员素质提高和资源节约、环境友好转变，走安全、低碳、绿色、可持续的行业发展道路。科技成果推广应用绩效的评价也应坚持有利于行业集约发展、和谐发展的原则，鼓励依托工程在建设、运营过程中注重安全高效、服务优质、节能减排和资源综合利用，从而促进资源节约、环境友好型交通行业的发展。

系统性与层次性的原则。鉴于科技成果推广应用的绩效表现在技术水平、工程效果、经济社会效益等诸多方面，而各方面的评价特点又不尽相同，因此，相应的绩效评价指标体系也应涵盖创新涉及的各个领域，且对评价指标的设计应充分考虑到系统性和层次性的原则。

科学合理与便于操作的原则。评价指标体系应充分反映和体现交通行业科技创新的内涵和要求，评价指标应能准确、直观地把握科技创新的特点。同时，评价指标应切合实际，易于理解和操作，才能比较客观、全面、准确、有效地评价科技成果推广应用的绩效水平。

定性与定量相结合的原则。对科技成果推广应用的绩效评价中，既应包括定性分析，侧重质的描述，又应包括定量分析，侧重量的说明，做到定量评估与定性评估有机结合。同时，定性指标要尽量量化，以便于横向比较。

1.2 评价指标体系的结构

根据公路交通科技成果的特点和推广应用绩效的构成，应主要围绕技术水平、工程效果、经济效益、社会效益、科技进步五个方面，对公路科技成果推广应用的绩效进行总体评价。评价指标目标体系框架如图 2 所示。

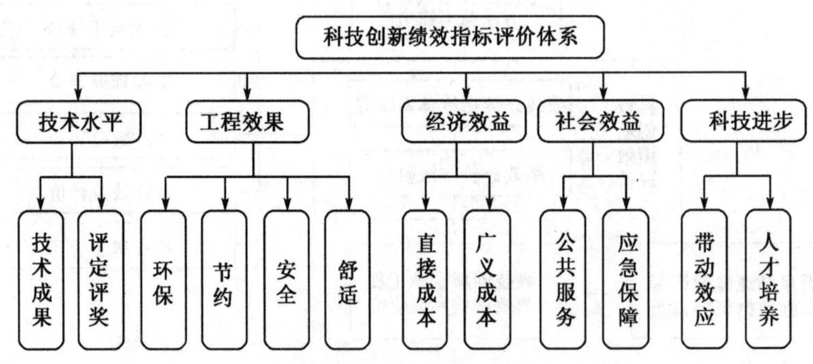

图 2 科技成果推广应用绩效评价目标体系框架

1.3 评价指标的选取

根据上述指标体系的选取原则和逻辑框架，充分考虑指标的科学性、系统性，初步确定指标大类及其关系，并充分考虑可操作的原则，对初选项指标进行进一步的比较和筛选，最后确定评价指标体系。科技成果推广应用的评价分为反映技术水平、工程效果、经济效益、社会效益、科技进步的五大类评价指标，共 31 项。

1.3.1 技术水平指标

衡量所推广科技成果本身的技术创新水平，评价指标包括创新的技术成果和成果的评定评奖情况两个方面。

(1)创新的技术成果

指标1:专利、软件著作权的申请及授权情况。

指标2:提交技术报告及方案数量。

指标3:形成、修订国家或行业技术标准及规范的数量。

指标4:发表论文数量。

(2)成果的评定评奖情况

指标5:示范成果等级水平的鉴定结果。

指标6:示范成果获奖的情况。

1.3.2　工程效果指标

科技成果推广应用的工程效果方面主要从安全、节约、环保、舒适四个方面评价。

(1)安全

指标7:工程减少交通事故及其严重程度效果。

指标8:工程减少地质灾害发生率。

(2)节约

指标9:工程节约电力等能源消耗的情况。

指标10:工程节约筑路材料的情况。

指标11:工程减少车辆行驶燃油消耗的情况。

(3)环保

指标12:工程减少车辆行驶噪声的情况。

指标13:工程减少施工废渣的情况。

指标14:工程提高路域绿化水平的情况。

(4)舒适

指标15:工程减少道路路面损坏的情况。

指标16:工程提高道路平整度的情况。

1.3.3　经济效益指标

科技成果推广应用的经济效益评价采用成果分析法进行,包括项目直接效益和全社会广义效益两个方面。

(1)项目直接效益

指标17:单位里程建设成本降低。

指标18:单位里程运营维护成本降低。

指标19:单位里程全寿命成本降低。

(2)全社会广义效益

指标20:道路用地效率提高。

指标21:耕地占道路用地的比重。

指标22:路面材料循环使用率提高。

1.3.4　社会效益指标

科技成果推广应用的社会效益方面主要包括公共服务和应急保障两个方面。

(1)公共服务

指标23:ETC、联网收费应用的情况。

指标24:服务区功能拓展的情况。

指标25:道路出行信息服务及诱导设施的情况。

(2)应急保障

指标26:道路路况监控监测的情况。

指标27:应急物质储备中心建设。

指标 28:应急救援反应时间。

1.3.5 科技进步指标

科技成果对科技进步的影响评价包括带动效应和人才培养两方面。

(1)带动效应

指标 29:推广应用过程中产生技术完善和新技术成果。

(2)人才培养

指标 30:职称晋升情况。

指标 31:研究生培养情况。

2 科技创新绩效的评价方法

2.1 评价方法的选取

鉴于本研究提出的评价指标体系是分层次的系统结构,而且指标体系中既有定性指标又有定量指标,考虑到层次分析法是一种已广泛应用的、综合定性分析与定量分析的系统分析方法,评价基于层次分析法,建立科技成果推广应用绩效评价的方法体系。

层次分析法的总体思路是:把要解决的问题分层系列化,即根据问题的性质和要达到的目标,将问题分解为不同的组成因素,按照因素之间的相互影响和隶属关系将其分层聚类组合,形成一个递阶的、有序的层次结构模型;然后对模型中每一层次因素的相对重要性,依据对客观事实的判断给予定量表示;再利用数学方法,确定每一层次全部因素相对重要性的权重;最后通过综合计算得到最底层因素相对于目标层的组合权重,完成对评价指标的量化分析研究。

2.2 评价模型及其标定

2.2.1 评价模型

本研究的目标是建立科技成果推广应用绩效评价方法。评价指标划分为技术水平、工程效果、经济效益、社会效益、科技进步五大类(对应中间层指标),共设计 31 个评价指标(对应基层指标)。基于上述评价体系框架建立的科技成果推广应用绩效评价模型如下:

$$E=\sum_{i-1}^{n}\alpha_i \cdot C_i=\sum_{i=1}^{n}\alpha_i \cdot \sum_{j=1}^{m}\beta_j \cdot d_{ij}$$

式中:α_i、β_j——权重,$i=1,2,3,\cdots,n$,$j=1,2,3,\cdots,m$;

C_i——第 i 类指标的总分值,$i=1,2,3,\cdots,n$;

C_1——技术水平评价的总分值;

C_2——工程效果评价的总分值;

C_3——经济效益评价的总分值;

C_4——社会效益评价的总分值;

C_5——科技进步评价的总分值;

d_{ij}——第 i 类指标中第 j 个指标的评分值。

2.2.2 指标权重标定结果

根据层次分析法的分析思路,分别构造中间层指标重要性判断矩阵和中间层包括的基层指标重要性判断矩阵,并对各层进行求解和检验,得到中间层及各基层指标权重标定结果,见表 1 和表 2。

中间层指标重要性判断矩阵 表 1

绩效类别	权重	绩效类别	权重
技术水平	0.167	社会效益	0.204
工程效果	0.270	科技进步	0.154
经济效益	0.204		

基层指标权重标定结果

表 2

指 标	权 重	指 标	权 重
专利软件著作权申请及授权	0.022	单位里程建设成本	0.030
技术报告及方案	0.021	单位里程运营维护成本	0.030
国家行业技术标准及规范	0.027	单位里程全寿命成本	0.041
发表论文数量	0.017	道路用地效率	0.041
成果水平等级评定	0.038	耕地占道路用地比重	0.032
成果获奖情况	0.041	路面材料循环利用率	0.032
减少车辆行驶噪声	0.022	ETC、联网收费应用	0.030
减少工程废渣	0.022	服务区功能扩展	0.029
提高路域绿化水平	0.021	出行信息服务及诱导设施	0.034
节约电力等能源消耗	0.022	实时监控	0.033
节约筑路材料	0.026	应急物资储备中心	0.036
减少车辆行驶油耗	0.022	应急救援反应时间	0.044
减少交通事故及其严重程度	0.046	带动产生后续技术成果	0.096
减少地质灾害发生率	0.041	参研人员职称晋升	0.029
减少路面损坏	0.026	研究生培养	0.029
提高平整度	0.022		

2.2.3 关键性考核指标的确定

科技创新的关键性指标是示范工程总体效果和水平的集中体现，它主要依据评价模型各项基层指标的权重以及各项指标可能提高的潜力来综合确定。

根据评价模型标定结果，结合专家咨询，研究确定成果水平等级评定、成果获奖情况、减少交通事故及其严重程度、减少地质灾害发生率、单位里程全寿命成本、道路用地效率、应急救援反应时间、带动产生后续技术成果 8 项指标是绩效评价的关键性指标。上述 8 项指标集中反映了示范工程在安全、节约、环保和技术等方面的整体效果和总体水平。

3 忻阜高速公路科技成果推广应用绩效评价

3.1 评价标准设计

项目组通过业内专家咨询的方式，对提出的科技成果推广应用绩效评价指标的评价标准进行了细化，将绩效评价分为不合格、合格、中、良、优 5 个档次的评价等级，这 5 个评价等级分别对应的得分标准为 0～60、61～70、71～80、81～90 和 91～100。绩效评价指标的评价标准见表 3。

绩效评价指标的评价标准

表 3

项 目		分 值				
		91～100	81～90	71～80	61～70	0～60
技术水平	专利软件著作权(项)	≥8 项	5～7 项	3～4 项	1～2 项	无
	专著、技术报告及方案数(个)	≥40	30～39	20～29	10～19	<10
	国家或行业技术标准及规范(个)	≥8 项	5～7 项	3～4 项	1～2 项	无
	发表论文数(个)	≥50	35～49	20～35	10～19	<10
	成果等级评定	国际领先	国际先进	国内领先	国内先进	无
	成果获奖情况	国家级一等奖	国家级二等奖、省部级一等奖	国家级三等奖、省部级二等奖	省部级三等奖	其他奖项

续上表

项目		分值				
		91~100	81~90	71~80	61~70	0~60
工程效果	减少车辆行驶噪声(db)	≥3db	2~3db	1~2db	0~1db	无
	减少工程废渣效果	非常大	比较大	一般	比较小	非常小
	提高路域绿化盖度	≥10%	7%~10%	4%~7%	0~4%	无
	节约电力等能源消耗	≥15%	10%~15%	5%~10%	0~5%	无
	节约工程材料效果	非常大	比较大	一般	比较小	非常小
	减少车辆行驶油耗	≥0.5%		0~0.5%		无
	减少交通事故发生率	≥15%	10%~15%	5%~10%	0~5%	无
	减少地质灾害发生率	≥15%	10%~15%	5%~10%	0~5%	无
	减少路面开裂率	≥30%	20%~30%	10%~20%	0~10%	无
	减少路面车辙率	≥40%	30%~40%	15%~30%	0~15%	无
经济效益	单位里程建设成本降低	≥2%	1.5%~2%	1.0%~1.5%	0.5%~1.0%	<0.5%
	单位里程运营维护成本	≥2%	1.5%~2%	1.0%~1.5%	0.5%~1.0%	<0.5%
	单位里程全寿命成本	≥2%	1.5%~2%	1.0%~1.5%	0.5%~1.0%	<0.5%
	道路每亿车公里占地减少	≥15%	10%~15%	5%~10%	0~5%	无
	耕地占道路用地的比例	<50%	50%~59%	60%~69%	70%~79%	≥80%
	路面材料循环使用率	≥80%	70%~79%	60%~69%	50%~59%	<50%
社会效益	ETC、联网收费应用	全路		部分路段		无
	服务区功能扩展效果	非常好	比较好	一般	比较差	非常差
	出行信息服务及诱导设施	全路		部分路段		无
	路况监控监测	全路段实时		部分路段实时		无
	应急物资储备中心	有				无
	应急救援反应时间(min)	<60	60~90	90~120	120~150	≥150
科技进步	产生技术后续带动效益	非常大	比较大	一般	比较小	非常小
	晋升副高级以上职称人数(人)	≥10人	7~9	4~6	1~3	无
	研究生培养	≥20人	15~19	10~14	5~9	<5

3.2 绩效评价

根据本研究建立的各项评价指标的评价标准,通过查阅项目技术文档、分析实际应用效果、咨询相关技术专家,对忻阜高速公路的科技创新绩效进行评价。因项目建成通车时间较短,部分指标的相关数据尚未获得,本研究仅依据目前已有数据评价项目效果。

评价具体结果见表4。

忻阜高速公路科技创新绩效评价表 表4

指标	得分	单项指标	单项得分					指标权重
			91~100	81~90	71~80	61~70	0~60	
技术水平	90.1	专利软件著作权		√				0.022
		专著、技术报告及方案数	√					0.021
		国家或行业技术标准及规范		√				0.027
		发表论文数	√					0.017
		成果等级评定	暂缺数据					0.038
		成果获奖情况	暂缺数据					0.041

续上表

指标	得分	单项指标	单项得分					指标权重
			91～100	81～90	71～80	61～70	0～60	
工程效果	91.1	减少车辆行驶噪声		√				0.022
		减少工程废渣效果	√					0.022
		提高路域绿化盖度	√					0.021
		节约电力等能源消耗		√				0.022
		节约工程材料效果	√					0.026
		减少车辆行驶油耗	√					0.022
		减少交通事故发生率		√				0.046
		减少地质灾害发生率	暂缺数据					0.041
		减少路面开裂率	√					0.026
		减少路面车辙率	√					0.022
经济效益	95.0	单位里程建设成本降低	√					0.030
		单位里程运营维护成本	暂缺数据					0.030
		单位里程全寿命成本	暂缺数据					0.041
		道路每亿车公里占地减少	暂缺数据					0.041
		耕地占道路用地的比例	暂缺数据					0.032
		路面材料循环使用率	暂缺数据					0.032
社会效益	95.0	ETC、联网收费应用	√					0.030
		服务区功能扩展效果	暂缺数据					0.029
		出行信息服务及诱导设施	√					0.034
		路况监控监测	√					0.033
		应急物资储备中心	暂缺数据					0.036
		应急救援反应时间	√					0.044
科技进步	95.0	产生技术后续带动效益	暂缺数据					0.096
		晋升副高级以上职称人数	√					0.029
		研究生培养人数	√					0.029
综合得分	92.6							

3.3　评价结论

从表4中可以看出，忻阜高速公路科技成果推广应用的绩效评价综合评价得分为92.6分，表明科技成果推广应用效果非常显著。其中，技术水平评价为90.1分，工程效果评价为91.1分，经济效益评价、社会效益评价和科技进步评价均为95分。

从绩效评价的主要绩效指标来看，忻阜高速公路科技成果推广应用在节约筑路材料、减少工程废渣、提高路域绿化效果、减少路面病害、降低建设成本等方面创新效果非常显著，在减少车辆行驶噪声、节约电力等能源消耗、减少交通事故及事故损失方面也取得了良好的应用效果。

参考文献

[1] 孙宏才,田平,王莲芬.网络层次分析法与决策科学[M].北京:国防工业出版社,2011.

[2] 许树柏.层次分析法原理:实用决策方法[M].天津:天津大学出版社,1988.

[3] 交通运输部公路科学研究院.福建省节约型交通建设评估体系研究[R],2008.

[4] 徐耀玲,唐五湘,吴秉坚.科技评估指标体系设计的原则及其应用研究[J].中国软科学,2002,21(2):482.